河北省杂粮产业发展研究

● 李顺国　刘　猛　刘　斐　张新仕　王桂荣　著

中国农业科学技术出版社

图书在版编目(CIP)数据

河北省杂粮产业发展研究 / 李顺国等著. --北京：中国农业科学技术出版社，2022.11
ISBN 978-7-5116-6067-1

Ⅰ.①河… Ⅱ.①李… Ⅲ.①杂粮-农业产业-产业发展-研究-河北 Ⅳ.①F326.11

中国版本图书馆 CIP 数据核字(2022)第 225230 号

责任编辑　朱　绯
责任校对　马广洋
责任印制　姜义伟　王思文

出 版 者	中国农业科学技术出版社 北京市中关村南大街 12 号　　邮编：100081
电　　话	(010) 82109707（编辑室）　　(010) 82109702（发行部） (010) 82109709（读者服务部）
网　　址	https://castp.caas.cn
经 销 者	各地新华书店
印 刷 者	北京建宏印刷有限公司
开　　本	185 mm×260 mm　1/16
印　　张	20.75　　插页　8 面
字　　数	505 千字
版　　次	2022 年 11 月第 1 版　2022 年 11 月第 1 次印刷
定　　价	80.00 元

◁━━ 版权所有·翻印必究 ━━▷

项目支持

农业部、财政部"现代农业产业技术体系建设专项资金"（CARS-06）

河北省"三三三人才工程"人才培养资助（A201803031）

国家重点研发专项（2019YFD1001705）

河北省农林科学院基本科研业务费包干制项目资助（HBNKY-BGZ-02）

河北省杂粮杂豆产业技术创新团队（HBCT2018070205）

国家重点研发计划项目：禾谷类杂粮提质增效品种筛选及配套栽培技术（2019YFD1001700）

前　言

杂粮通常是指水稻、小麦、玉米、大豆以外的小宗粮豆作物，主要包括谷子、高粱、糜子、荞麦、绿豆、小豆、豌豆、蚕豆等作物。其特点是抗旱耐瘠、生长期短、产量较低，营养丰富，药食同源、经济价值较高、适宜发展特色产业。由于杂粮环境友好、营养丰富、功能特性突出的特点，杂粮的科技创新和产业发展越来越受到全球的高度关注。CGIAR（国际农业研究磋商小组）发布的"IARC（国际癌症研究中心）中长期发展规划"把杂粮作物作为优先发展对象来预防癌症。根据世界卫生组织（WHO）报告和 Lancet 研究，约 16.2% 的疾病负担归因于膳食，而低杂粮饮食在造成疾病负担因素方面排在各种因素的第一位，推荐每人每天食用杂粮 125 g。当前的新型冠状病毒感染肺炎患者中，中医药参与治疗达到 85% 以上，以传统杂粮薏米为配方的"清肺排毒汤"治疗总有效率可达 90% 以上。中国香港为全球最长寿命地区，民众平均寿命接近 85 岁，得益于早餐吃含有小米、燕麦、大麦、黑麦、小麦粉、玉米和黄豆的七谷面包。遗憾的是，我国居民的饮食结构在一味地向西方看齐，传统五谷杂粮消费比例持续降低，人均小米消费量由解放初期的 13.2 kg/年降到目前 2 kg/年，低杂粮消费饮食带来大量的"富贵病"产生，免疫性疾病增加，仅糖尿病患者每年就以 1 000 万人的速度增加。

党的十八大以来，以习近平同志为核心的党中央高度重视健康中国建设，党的十九大提出了健康中国战略，中共中央、国务院先后印发了《"健康中国 2030"规划纲要》《国民营养计划（2017—2030 年）》《国务院关于实施健康中国行动的意见》《健康中国行动（2019—2030 年）》等系列文件。中华民族发端于农耕文明，以五谷杂粮为主的饮食习惯哺育和培养了我们的肠道微生物种群，是我们的基因所在。杂粮作物中的谷子、黍稷、绿豆、小豆、裸燕麦、荞麦等都是中国的原产作物，其中黍稷有 10 300 年的栽培历史，谷子也有 8 700 年的栽培历史，这些作物是中国农耕文化的重要组成部分，是中华民族数千年健康饮食习惯不可或缺的构成，更是中华民族传统文化内涵的一部分。目前我国杂粮种植面积 1 100 万 hm^2 左右，占粮食播种面积 9.1%，而全球杂粮种植面积占粮食作物的 39.2%。我国干旱半干旱、季节性休耕、盐碱边际土地等适宜种植杂粮且比较优势明显的区域有 7 000 万 hm^2 以上的潜力。杂粮的生态属性、营养特性和厚重的农耕文化，将在乡村振兴战略、健康中国战略新的时代背景下焕发新的生机和衍生新业态。

河北省为我国杂粮主要生产和贸易省份，杂粮品种包括谷子、食用豆、高粱、燕麦、荞麦、黍子、薏苡、藜麦等作物，常年杂粮种植面积 70 万 hm^2 左右，主要分布在两山（太行山、燕山）、坝上和黑龙港雨养旱地，杂粮面积约占全省粮食总面积的10.5%，总产约占全省粮食总量的6%。河北省发展杂粮产业具有显著的优势。一是资源禀赋优越。河北省太行山和燕山浅山丘陵区气候冷凉、昼夜温差大、光照充足、土质肥沃，是全国谷子、高粱、食用豆等特色杂粮优势产区。河北省毗邻京津，区域内城市群密集，是全国最大的高端杂粮消费区域。二是文化底蕴深厚。武安磁山文化遗址出土的炭化粟距今8 700多年，武安粟山、行唐龙兴庄、邯郸黄粱梦等典故广为流传。2005年，武安市被农业部命名为"中国小米之乡"。三是科研实力领先。河北省杂粮科研实力雄厚，有国家谷子改良中心、河北省杂粮研究实验室、河北省杂交谷子工程技术中心等科研平台；有国家现代农业产业技术体系谷子、高粱、糜子、食用豆、燕麦等产业技术体系12名岗位科学家、6名试验站站长；2018年组建了河北省杂粮杂豆产业创新团队，有7名岗位专家、4名试验站站长，为河北省杂粮杂豆产业发展提供了有力的科技支撑。四是品种知名度高。河北省培育的冀谷系列品种和张杂谷系列品种享誉全国，优质简化栽培品种占据全国70%的品种市场，杂交谷子占据全国90%以上的品种市场。河北省冀绿系列绿豆品种、冀红系列红小豆不仅在河北省大面积推广，也推广到周边省份。

但是，面对乡村振兴战略、健康中国战略对杂粮产业发展需求来说，河北省杂粮产业亟待转型升级。河北省杂粮产业存在着初级加工多、精深加工少、产业规模小、组织化水平低、产区优势不能有效转化为产业优势等问题。杂粮超小经营规模与农业现代化对资本使用型技术进步的特定要求不适应，杂粮产业链短、产前产中产后各环节不协调致使河北省杂粮产业长期处于规模不经济状态。本书以河北省杂粮发展现状为切入点，以产业融合理论、产业竞争力理论、产业组织理论以及交易成本理论为基础，对产业发展概况现状进行描述分析，并对目前产业发展中存在的问题以及产业竞争力不足的事实加以分析，对影响生产、加工、流通、消费、政策等方面的因素，利用微观调研数据和宏观统计数据进行实证研究。最后根据河北省杂粮产业发展和竞争力存在的问题以及产业链各环节的影响，提出了促进河北省杂粮产业竞争力提升与产业可持续发展的对策建议。

本书得到国家谷子高粱产业技术体系等项目的资助，国家谷子高粱产业技术体系原产业经济岗位专家王慧军教授对研究任务指标制定、研究计划、实施方案给予了全程悉心指导，王慧军教授的治学精神、忘我的工作热情、宽广的胸怀、开阔的学术视野、渊博的知识和甘当人梯、教书育人的精神值得我们终身学习。感谢河北省农林科学院谷子研究所程汝宏研究员在生产数据、品种数据方面的支持。感谢课题组成员赵文庆、赵宇、夏雪岩、崔纪菡等对信息整理方面做了大量工作。感谢河北省杂粮杂豆创新团队师志刚、范保杰、吕芃、张新军等专家的信息支持。感谢国家体系全体岗位专家、试验站站长在生产调研、信息填报方面给予的帮助。本书虽然耗费了很大的精力，但仍有一些分析需要进一步提高，恳请各位专家、学者、领导批评指正。

李顺国
2021年12月24日

目　录

第一章　绪　论 ……………………………………………………………… (1)
　第一节　研究背景 …………………………………………………………… (1)
　第二节　研究目的与意义 …………………………………………………… (2)
　第三节　国内外杂粮研究综述 ……………………………………………… (3)
　第四节　研究思路与内容 …………………………………………………… (5)
　第五节　研究方法与数据来源 ……………………………………………… (7)
　第六节　杂粮概念和特点 …………………………………………………… (8)
　本章小结 ……………………………………………………………………… (17)

第二章　世界及中国杂粮产业发展概况 …………………………………… (18)
　第一节　世界杂粮产业概况 ………………………………………………… (18)
　第二节　中国杂粮产业概况 ………………………………………………… (32)
　第三节　世界杂粮贸易概况 ………………………………………………… (40)
　第四节　中国杂粮贸易概况 ………………………………………………… (46)
　本章小结 ……………………………………………………………………… (54)

第三章　河北省杂粮生产现状 ……………………………………………… (55)
　第一节　河北省杂粮生产与分布 …………………………………………… (55)
　第二节　河北省杂粮种植品种与技术 ……………………………………… (88)
　第三节　河北省杂粮种植成本收益 ………………………………………… (106)
　第四节　河北省杂粮生产要素变化 ………………………………………… (112)
　第五节　河北省杂粮全要素生产率测算分析 ……………………………… (121)
　本章小结 ……………………………………………………………………… (134)

第四章　河北省杂粮技术经济分析 ………………………………………… (135)
　第一节　河北省农户杂粮种植意愿影响因素分析 ………………………… (135)
　第二节　农户种植谷子意愿及其影响因素分析 …………………………… (142)
　第三节　农户种植张杂谷意愿及其影响因素分析 ………………………… (149)
　第四节　农户种植谷子简化栽培品种影响因素分析 ……………………… (153)
　第五节　谷子简化栽培技术综合评价 ……………………………………… (157)
　第六节　简化栽培品种及配套技术规模化生产评价 ……………………… (164)
　本章小结 ……………………………………………………………………… (168)

第五章　河北省杂粮适度经营规模分析 (169)
 第一节　河北省谷子生产效率测算 (169)
 第二节　河北省谷子生产适度规模经营分析 (179)
 本章小结 (185)

第六章　河北省杂粮加工及品牌分析 (186)
 第一节　河北省杂粮初级加工现状 (186)
 第二节　河北省杂粮深加工现状 (197)
 第三节　河北省杂粮加工业存在问题 (198)
 第四节　杂粮企业品牌建设分析 (199)
 第五节　加快河北省杂粮产业品牌建设的措施 (204)
 本章小结 (206)

第七章　河北省杂粮市场流通贸易分析 (207)
 第一节　河北省杂粮流通现状 (207)
 第二节　河北省杂粮市场动态变化 (209)
 第三节　河北省杂粮市场监测预警 (217)
 本章小结 (222)

第八章　河北省杂粮消费分析 (223)
 第一节　河北省杂粮消费现状 (223)
 第二节　河北省杂粮消费特征 (224)
 第三节　河北省杂粮消费影响因素分析 (225)
 第四节　河北省杂粮消费趋势 (230)
 本章小结 (231)

第九章　河北省杂粮产业发展模式分析 (232)
 第一节　河北省谷子产业发展模式类型分析 (232)
 第二节　河北省谷子产业发展模式案例分析 (235)
 第三节　河北省谷子产业发展模式路径选择 (241)
 本章小结 (245)

第十章　河北省杂粮文化与产业发展 (246)
 第一节　河北省杂粮历史文化 (246)
 第二节　五谷文化引领产业发展路径分析 (254)
 本章小结 (256)

第十一章　河北省杂粮发展潜力分析 (257)
 第一节　河北省杂粮产业发展面临的机遇与挑战 (257)
 第二节　河北省杂粮短期供求分析 (260)
 第三节　河北省水资源承载力分析 (265)
 本章小结 (272)

第十二章 河北省杂粮优势区域布局与发展战略 (273)
 第一节 河北省杂粮产业发展思路与目标 (273)
 第二节 河北省杂粮优势区域布局 (273)
 第三节 河北省杂粮产业发展战略 (284)
 第四节 河北省杂粮产业发展战略选择 (285)
 本章小结 (286)

第十三章 河北省杂粮产业发展对策建议 (287)
 研究背景 (287)
 本章小结 (291)

参考文献 (292)

附录 课题组撰写相关建议得到省市领导批示 (297)

第一章　绪　论

第一节　研究背景

　　杂粮通常是指水稻、小麦、玉米、大豆以外的小宗粮豆作物，主要包括谷子、高粱、糜子、荞麦、绿豆、小豆、豌豆、蚕豆等作物。杂粮具有生育期短、抗旱耐瘠、适应性广、营养丰富、养生保健等特性，多种植在土壤贫瘠的干旱半干旱地区，是我国区域性特色传统农作物，也是丘陵山区重要粮食作物，在维持这些地区的粮食安全、社会稳定、农民增收、农业增效和抗御自然灾害等方面发挥着不可替代的作用。我国作为世界杂粮生产大国，有着悠久的杂粮饮食文化，杂粮食品是最早出现在人们餐桌上的一道主食。近年来，随着优化种植业结构和改善农业生态环境的不断推进，以及居民消费结构的转型升级，市场对杂粮的需求也日趋多样化，"杂粮热"应运而生，杂粮产品供不应求，杂粮销售价格持续向好，为杂粮产业发展提供前所未有的机遇，农户种植杂粮的积极性也空前高涨。

　　作为杂粮主产区之一的河北省，幅员辽阔，气候适宜，从西北向东南依次为坝上高原、燕山和太行山山地、河北平原三大地貌单元，形成了适宜于各种杂粮不同生理需求的独特气候和生态类型，是我国主要的农作物优质种植区。河北省杂粮种植历史悠久，拥有"中国小米之乡"的武安、蔚州桃花贡米、南和金米等。杂粮种植区域广泛，种类繁多，有谷子、高粱、糜子、绿豆、红小豆、燕麦、荞麦、豌豆、蚕豆等。在调整优化种植业结构和地下水超采综合治理等的新需求推动下，目前，河北省集中力量在平原和低平原区改变冬小麦、夏玉米一年两熟制种植技术，大力推广杂粮类农作物一年一熟制，实现"一季休耕、一季雨养"，充分挖掘杂粮作物雨热同期的增产潜力。此外，随着谷子高粱国家现代农业产业技术体系的启动，为河北省杂粮科研注入新的动力，截至目前，河北省拥有全国唯一的国家谷子改良中心以及河北省杂粮研究实验室、国际杂交谷子培训中心、河北省杂交谷子工程技术中心等一批国内一流的杂粮科研平台，河北省杂粮科研的平台条件、人才队伍、承担项目、科技成果等支撑条件在国内优势显著。为此，河北省杂粮无论是在产量、价格、种质资源以及科研能力等方面均具有显著优势，显著提高了杂粮产区生产效益以及当地农民的生活水平。值得关注的是，虽然河北省杂粮产业经过近几年的结构性调整、提质增效和品牌经营，市场竞争优势凸显，但仍存在加工企业规模小、产品附加值低、专效食品匮乏等问题，直接制约着河北省杂粮产业的高质量发展。

本书以河北省杂粮产业发展困境为背景，在分析国内外杂粮产业发展基础上，对河北省杂粮全产业链各环节进行深入剖析，以期填补河北省杂粮产业发展经济研究层面的空白，为河北省制定杂粮产业发展战略和产业转型升级提供科学依据和决策参考。

第二节　研究目的与意义

一、研究目的

本书在明确杂粮产业概念的基础上，梳理国内外杂粮产业发展相关研究成果，基于河北省杂粮产业发展现状，以产业经济学为理论基础，运用统计学和计量经济学方法，以河北省自然条件以及杂粮发展特点为基础，全方位探索河北省杂粮产业发展的障碍因子，从宏观层面构建河北省杂粮产业分析框架，从微观层面利用计量模型实证检验河北省杂粮产业发展特性，从全产业链视角提出提升河北省杂粮产业发展的对策建议，以期为河北省杂粮产业发展提供科学的理论指导和政策决策参考。

二、研究意义

杂粮在居民日常饮食结构中的地位节节升高，河北省作为杂粮生产大省，研究河北省杂粮产业发展对于提高河北省杂粮产业竞争力、促进杂粮增效、粮农增收、实现杂粮产业可持续发展具有重要意义，具体如下。

1. 理论意义

目前，河北省杂粮产业经济的研究体系尚不完整，本书对河北省杂粮产业经济理论框架的构建可在一定程度上弥补目前研究成果的不足。对河北省杂粮产业经济进行系统、全面分析和评价，可为河北省杂粮产业的新型农业经营体系、品牌构建和推广提供借鉴思路和理论素材，对发展河北省特色农业和生态农业，促进杂粮产业高质量发展具有重要的理论意义。

2. 实践意义

河北省作为产粮大省，在中国杂粮产业中具有重要的地位与作用，因此，从经济学视角将河北省杂粮产业作为一个整体进行研究，以找出影响河北省杂粮产业发展的制约因素，构建适合河北省省情的杂粮产业发展的研究框架，提出河北省杂粮发展战略与对策，以适应新时代河北省杂粮产业发展的新要求，为指导河北省杂粮产业发展具有重要的实践意义。通过对不同种类杂粮在生产、加工、流通和贸易多个环节进行细致研究，可为河北省杂粮产业的发展提供决策参考，有助于解决河北省杂粮产业生产、加工、流通、消费等过程中的实际问题，有助于河北省杂粮产业结构的调整、生产力提升以及市场竞争力的增强，同时也有助于提高粮农的收入、增加就业机会。

第三节　国内外杂粮研究综述

一、国外杂粮产业研究综述

通过对现有文献梳理，国外对杂粮产业的研究主要集中在以下几方面：一是杂粮的营养及功能，Wieslander et al.（2012）认为杂粮有一定的辅助保健作用，可有效预防心脑血管疾病的发生，同时也可缓解视疲劳。Anoma et al.（2011）认为杂粮富含的植物甾醇和膳食纤维可有效增强人体免疫力，降低部分疾病的发病率，还发现杂粮含有的淀粉可作为原料被制成可以食用的黏合物。James et al.（2012）认为杂粮的特殊口味可增强食物的特殊口感，例如苦荞；二是杂粮的营养价值，Korycińska Mariola（2019）认为杂粮可通过物理或生物加工分为杂粮和加工谷物，Alain De（2009）通过实验发现成人饮食质量与营养缺乏有密切联系，Sompong（2011）从营养和健康的角度研究了杂粮中的膳食纤维和相关植物化学物质，Arya Shalini et al.（2017）在成分和工艺配方上研究了杂粮煎饼的营养和质地特性，Anna Gramza-Michałowska et al.（2018）分析了具有生物活性植物成分的无麸质燕麦饮料的配方和抗氧化潜力，使用 DPPH、ABTS、ORAC 和 FRAP 对燕麦饮料基本组分进行分析：包括蛋白质、脂质、糖类化合物、膳食纤维结构和抗氧化属性；三是在产业需求、种植现状、技术与面积等方面。Allteck Joy（2015）认为发达国家的杂粮产业在发展过程中更注重供需平衡，并利用数据实证分析了美国、日本、澳大利亚等国家的杂粮供需情况，并指出中国的农业供给侧结构性改革战略具有重大意义。日本学者 Capril（2016）指出欧盟国家杂粮作物的发展多依赖粮食相关的行业组织、协会等民间组织，政府通过资助这些民间组织，以形成一定的规模体系，帮助民间组织的社员从中获利。H. Kagoshima Nanak（2016）认为传统农业的发展会产生高能耗与高污染并存的现象，为改善这一现象，提议发展机械化、规模化、集约化的绿色农业生产模式。Gutep（2015）认为诸如美国、德国等发达国家的杂粮产业在最近几年呈现下降趋势，由于多数杂粮的种植是劳动密集型，发展中国家拥有人口优势，杂粮面积逐渐呈上升态势。从国际杂粮供需来看，杂粮产量处于供不应求的局面，这一现象有利于杂粮产业的发展。

二、国内杂粮产业研究综述

相比较于国外学者对于杂粮产业研究，国内学者的研究相对具体、全面，通过查阅相关文献，可以发现国内学者对杂粮产业的研究主要集中在以下几方面。

一是杂粮产业发展意义，贺娟等（2018）认为杂粮作为老少边贫地区的重要作物，可稳定地方地区的粮食安全与生产稳定。王春民等（2017）指出发展杂粮产业对促进落实"镰刀湾"战略的实施，优化种植业结构，增加农民收入有很大的影响。刘广义（2009）、李玉勤（2009）、项洪涛等（2018）认为杂粮具有耐旱、耐瘠特性，在干旱地区发展杂粮种植有利于改善生态环境、种植环境并提高当地农民种植业收入。

二是对杂粮产业的研究，国内对于杂粮产业的研究始于 20 世纪 90 年代，随着近年来"杂粮热"浪潮的涌起，国内诸多学者开始广泛关注此类研究领域。

三是杂粮种植户的行为研究，包括杂粮生产行为与消费行为。李玉勤（2010）以山西省杂粮种植户为例，分析其杂粮种植的影响因素，研究发现市场环境、耕地类型、生产投资成本、国家政策扶持力度、种植结构这五个方面是最主要的影响因素；吴蓓蓓（2012）等人运用 Double-Hurdle 模型分析了消费者对杂粮购买的影响因素，结果显示收入水平、杂粮价格、教育程度以及家庭结构对杂粮消费具有显著正向影响；李玉勤（2013）、沙敏（2016）等人应用二元 Logit 回归模型从消费者年龄段偏好、购买频次、杂粮的营养价值等方面分析杂粮的购买意愿，并提出相应的对策建议。

四是杂粮产业发展现状、制约因素、产业发展对策以及产业发展前景。多数学者以某一地区为例分析其杂粮产业发展概况与产业发展存在问题并提出产业发展的对策建议。例如：王亮（2015）等人以榆林为例，找出榆林杂粮产业所存在的品种混杂、效益低下、产供销脱节等问题，提出通过品种更新、基地建设、技术培训等方面的发展杂粮产业的措施；沙敏（2015）等人对当下学术界对杂粮的概念、产业链环节等进行了梳理，得出我国杂粮产业发展潜力巨大，未来应增强杂粮产业微观视角的定量研究；袁素华（2016）从多个方面对杂粮市场的动态变化进行梳理，得出杂粮产业价值链分散、产业发展低迷、政策支持力度不足造成杂粮市场优势不足，并分别从政府、企业和个人等视角提出产业发展相应的策略；甘海燕（2016）分析了广西杂粮种植状况，认为广西杂粮产业发展在认知、科技、服务和政策等方面存在问题。

五是杂粮产业品牌建设与营销环境分析的相关研究。国内学者站在区域的研究范畴，主要分析现阶段区域发展较为成型的杂粮品牌的建设情况，通过对品牌建设的层层剖析，找出品牌营销的发展路径。刘清华（2011）通过建立模型分析出内蒙古杂粮产业营销环境中存在销售模式滞后、产业不成规模、加工技术不成熟等问题并提出对策；张大众（2017）等人提出杂粮品牌建设必要性表现在促进杂粮品质上升和企业升级发展、提升杂粮产品市场竞争力、促农增收、实现消费者膳食结构高质需求四大方面，就杂粮品牌的建设现实行情有针对性地规划创建杂粮名优品牌的战略步调；宗国豪（2017）等人从产业链视角入手，剖析了杂粮产业品牌建设中存在的问题并从价值链、组织链、信息链、物流链四大环节提出相应完善策略。

六是杂粮产业金融支持体系建设的相关研究。吴峰（2013）等人在对国内外杂粮在加工环节的现状汇总后，总结出当前我国杂粮加工企业存在品质加工特性差异大、加工企业市场竞争力弱势、精深加工加工转化率低、人力和物力匮乏等突出问题，并提出解决策略。罗频宇（2016）首先从促进经济发展的视角分析了甘肃省小杂粮产业发展的生态与经济意义，依照甘肃省的小杂粮产业的发展现状剖析了杂粮产业发展中金融支持体系的限制障碍，主要表现为政策性金融机构不足、个性化服务和多元化需求难以满足、信贷管理体制落后、杂粮保险缺失等，针对以上问题逐条提出发展策略。部分学者根据自身研究领域的不同，基于其自身学科理论，对区域杂粮营养成分及产业技术研发进行了分析。仇菊（2009）等人以杂粮醋为研究内容，分析了杂粮醋中的抗氧化性，通过对不同品牌的杂粮醋中 ABTS 自由基消除活性的测定，逐一考察总酚及蛋白质含量对杂粮醋的抗氧化性的作用；刘孟健（2013）等人在研究传统饮品冰淇淋的过程中加入红豆、绿豆等杂粮类辅助原料并对复合品进行感官和乳酸菌活菌指标检验，运用正交试验设计调配出杂粮冰激凌最佳复配比例；王涛（2014）等人通过加工技术的研究以改善杂粮中酚类化合物的生物可及性，提高酚在人体中的生物利用度；谢佳函（2017）等人以杂粮成分中所含的多酚为研究对象，分析了国内外杂粮多酚在抗氧化、抗癌、抗心脑血管等疾病功能活性的研究进展，并明确了对杂粮中结合态多酚开发的重要意义；闫晨静（2017）、林丽婷（2017）、李晟（2017）等人以区域主要杂粮为研究对象，通过现代仪器分析方法对杂粮中所含营养成分进行科学测定及评价，进而得出杂粮区别主粮所具有的明显优势；张信娟（2018）等人主要梳理整合了对黑豆的营养成分、生理功能和黑豆食品开发的研究进展。

三、文献评述

综上所述，国外有关杂粮产业的研究文献较少，且多集中在宏观层面的研究，对于微观层面、深层次方面的研究较少，对于我们掌握国外杂粮产业趋势具有一定的参考意义。国内学者对杂粮产业的研究内容较为全面，涉及杂粮产业的发展意义、现状、问题及对策建议。但是这些文献大多集中在国家层面或者市县方面，针对河北省的文献不足，因此，以河北省为例，对杂粮产业的现状分析、产业环节、经济分析、对策建议是本书的研究重点。

第四节 研究思路与内容

一、研究思路

本书在对国内外相关研究成果进行综述与总结的基础上，按照"理论剖析→实地走访→现状描述→实证检验→政策改进"的研究思路逐层展开，全面、系统考察河北省杂粮产业发展存在的障碍因子与未来发展路径。首先，收集整理国内外杂粮产业发展相关资料，对杂粮产业的内涵、模式、影响因素等从理论上进行剖析认识。其次，开展实地调研和深度访谈，对河北省从事杂粮生产的市县、示范基地、新型经营主体与农户进行问卷调查，探寻目前河北省杂粮产业发展的现状与存在问题；再次，对河北省不同杂粮种类的实际调查结果进行实证检验；最后，进行总结并提出相应对策建议。

二、研究内容

本书主要分为四个部分，涵盖十三章内容：

第一部分是第一章绪论，主要介绍了研究背景、目的意义、国内外研究综述、研究思路与研究内容。

第二部分是第二章世界及中国杂粮产业发展概况。从生产和贸易两个方面介绍国内外杂粮产业发展现状，包括面积、产量、单产、价格贸易与布局等方面，从宏观层面阐述了中国杂粮产业发展的外部环境，为后续分析河北省杂粮产业奠定基础。

第三部分是第三至第九章，按照"生产—加工—流通贸易—消费—文化—潜力—

布局"的顺序进行论述，分析了河北省杂粮产业链各环节的现状和存在问题。第三章主要从生产与分布、品种与技术、种植成本收益、生产要素变化、技术经济分析以及全要素生产率等方面描述了河北省杂粮生产的现状；第四章为河北省杂粮技术经济分析，通过市场调研收集整理，开展了新型经营主体新品种、新技术的综合评价以及主要杂粮种植意愿影响因素分析，为相关部门制定杂粮生产政策提供参考依据；第五章为河北省杂粮适度经营规模分析，通过河北省谷子的生产效率定量测算，分析投入产出的合理性，分析谷子规模化生产的适宜生产规模，为新型经营主体谷子适度规模经营提供参考；第六章为河北省杂粮加工及品牌分析，分别介绍加工企业、产品、品牌建设等现状，并对加工业存在问题进行剖析，以期指导河北省杂粮加工业的持续发展；第七章为河北省杂粮市场流通贸易分析，从市场流通、市场价格变化以及市场价格预测等方面展开；第八章为河北省杂粮消费分析，介绍了全国以及河北省杂粮消费的现状、特征、影响因素以及消费趋势，并以石家庄城镇居民的小米消费为例实证检验了小米消费的影响因素，可为企业发展和区域品牌建设起到指导作用，同时为引导杂粮消费提供参考依据；第九章为河北省杂粮产业发展模式分析，提出政府主导型、企业带动型、政企联动型谷子产业发展模式总体思路与路径选择。

第四部分是第十章至第十三章。第十章为河北省杂粮文化与产业发展，从传统五谷文化的挖掘与宣传入手，运用现代科技，促进杂粮产业技术创新、产后加工增值，培育和扩大消费需求，促进产业可持续发展；第十一章为河北省杂粮发展潜力分析，从河北省杂粮产业发展面临的机遇和挑战出发，研究河北省杂粮短期供求和趋势预测分析，指导河北省杂粮产业发展；第十二章为河北省杂粮优势区域布局与发展战略，叙述了河北省杂粮产业发展思路与目标，分析优势区域布局，得出河北省杂粮产业发展战略；第十三章为河北省杂粮产业发展对策建议，基于以上各章分析，提出了河北杂粮产业的发展战略和对策建议，总结全书不足，展望下一步研究。

三、本书的创新点

本书梳理了杂粮科研、种业、生产、加工以及文化等全产业链的现状，是一次全面、系统的对河北省杂粮产业地整理，对指导杂粮科研、生产、政策制定等方面具有参考价值，对促进巩固拓展脱贫攻坚成果、全面推进乡村振兴、加快农业农村现代化具有重要意义。与现有相关成果比较，本书可能的创新与贡献主要体现在以下三个方面：

（1）理论框架构建的创新。本书梳理了杂粮科研、种业、生产、加工以及文化等全产业链的现状，是一次对河北省杂粮产业全面系统地整理，在指导杂粮科研、生产、政策制定等方面具有参考价值，对促进巩固拓展脱贫攻坚成果、全面推进乡村振兴、加快农业农村现代化具有重要意义。

（2）实证方法维度的创新。本书综合运用多种计量经济模型和分析方法，从区域总体、各类产业与不同历史时期三个视角，宏观、微观两个层面，实证检验河北省杂粮产业发展的影响因素与路径选择，充实了杂粮产业研究领域的实证研究成果。

（3）多种学科交叉的创新。本书以农学为大背景，经济学、计量经济学、产业经济学、农业推广学、统计学、运筹学相结合，通过文献检索、资料收集、专家研讨、定性与定量，归纳、对比、案例等分析方法，全面开展河北省杂粮产业的生产、加工、流通、消费、政策相关研究。

第五节 研究方法与数据来源

一、研究方法

本书充分借鉴产业经济学、区域经济学、行为经济学、农学等多学科知识，综合运用文献检索法、数理经济学方法、比较分析法和计量经济分析法等研究方法，将理论分析与实证研究紧密结合，全面、系统考察河北省杂粮产业发展的影响因素及发展战略。

文献检索法：本书对国内外相关专业文献、政策、数据做了收集整理，根据参考资料分析得出河北省杂粮产业发展的有利条件、现状、问题、对策及路径选择，为本书的写作做了前期的铺垫。

问卷调查法：以实地问卷调研方式搜集一手数据，汇总得到河北省杂粮产业的生产、加工与销售的基本情况，为河北省杂粮产业可持续发展的对策建议提供数据支撑。

归纳演绎法：采用归纳分析方法对国内外相关研究成果进行综述性研究，对河北省杂粮产业现状进行系统分析，重点分析了河北省发展杂粮产业的销售、出口、加工现状，列出数据，使文章的论证更为真实可靠；通过演绎的方法从河北省杂粮产业既有的普遍性结论或一般性事理，推导出不同种类杂粮发展的特殊性，判断不同类别杂粮产业的发展趋势，提高了对河北省杂粮产业研究的规范性。

比较分析法：通过将河北省不同杂粮作物生产的区位优势、资源禀赋优势以及综合优势比较，对河北省不同种类杂粮市场总水平及地区水平进行比较分析，考察河北省杂粮产业整体发展水平演变的差异性特征。在实证分析中，同样运用比较分析法，揭示不同种杂粮产业发展的影响因素与异质性特征，明确河北省杂粮生产的比较优势。

计量经济法：利用静态和动态面板模型，客观地揭示河北省杂粮产业的基本状况及其在市场竞争中的态势、潜力和发展方向，实证检验河北省杂粮产业发展的总体影响因素，类别、区域及时期异质性影响以及在不同特征类别杂粮发展的差异化，可以保证最后提出的战略对策是建立在大量的实证研究基础上，提高可靠性。书中部分实证研究方法在具体章节中进行介绍，这里不一一叙述。

综合分析法：杂粮产业化的发展需要以多种学科为基础进行研究，包含了农学、经济学、产业经济学、地理学、社会学、传播学、营养学等学科的综合交叉。本书把上述学科的相关成果进行综合并展开研究。

案例分析法：本书中以新型经营主体的杂粮产业发展为典型案例，梳理杂粮产业发展的微观路径，为全书的战略布局以及路径选择提供现实依据。

二、数据来源

本书中所涉及的相关数据主要通过以下五种渠道获取：
（1）公开出版发行或公布的年鉴、统计资料，其中以相关年份的《中国统计年鉴》

《中国农村统计年鉴》《中国农业统计资料》《中国农业年鉴》《新中国农业六十年统计资料》以及联合国粮农组织（FAO）数据库为主；

（2）通过政府相关部门获取的统计数据，如：国家农业部信息中心、国家统计局网站、种植业信息网等；

（3）通过国家谷子高粱产业技术体系的数据库、信息平台以及体系设在全国的各个地方综合试验站及其示范县、固定监测点所获取的数据；

（4）通过到河北省杂粮生产和消费地区进行实地问卷调研所获取的数据；

（5）通过河北省主产县农业农村局、科技局等相关农业部门农技人员调研、电话、邮件等方式开展的资料获取的数据。

第六节　杂粮概念和特点

一、杂粮

杂粮，俗称小杂粮，泛指除了玉米、水稻、小麦、大豆、薯类等大宗粮食作物以外的其他小宗粮豆作物的总称。它们的共同特点就是生育期短，种植面积小，地域性强，抗旱耐瘠，营养价值高。依据河北省杂粮种植情况，受数据获取限制，本书所研究的杂粮主要包括谷子、高粱、糜子、食用豆、燕麦、荞麦等，由于数据获得和作物种植区域限制，部分章节涉及的杂粮作物也不相同，主要考虑代表性作物。

二、杂粮产业

杂粮产业是以杂粮种植为根本，通过粗、精深加工到销售的全链环节，运用产业关联理论实现各发展链条上的通力合作。杂粮产业是某一地区或地理范围、同一产业部门或某一产业的某一行业的竞争性企业和关联企业，以产品、技术、资本等要素的结合，形成一种具有升值价值的产业发展模式。

三、杂粮的营养价值与搭配

杂粮包含谷物类、杂豆类、薯类以及部分粗粮，其营养价值和功能对人体健康有着非常大的作用，尤其是目前"富贵病"和亚健康人群，急需要杂粮这种健康营养的食品做支撑，杂粮与主粮的配伍更是提高中国人的健康体魄的重要方式。

（一）杂粮的功能作用

1. 防治高血压、高血脂

荞麦中含有芦丁成分可降低人体中胆固醇，并对血管有保护作用；燕麦里含有亚油酸，每 50 g 燕麦中所含亚油酸相当于 10 粒脉通的含量，所以燕麦有抑制胆固醇升高的作用。

2. 防治糖尿病

燕麦、荞麦等杂粮中丰富的膳食纤维进入胃肠后，如同海绵一样，能增加食物的黏滞性，延缓食物中葡萄糖的吸收，同时增加饱腹感，使糖的摄入减少，可明显缓解糖尿病患者餐后高血糖状态，减轻24 h内的血糖波动，并能降低空腹血糖，减少胰岛素的分泌。吃杂粮者其血糖变化明显小于吃精白米面者，有利于糖尿病患者对血糖的控制。

3. 预防中风

经常食用燕麦片等各种粗粮，可使患中风的危险性显著降低。美国长达12年的研究表明，食用粗粮多者（相当于每天吃2~3片全麦面包）患缺血性中风的可能性能降低30%~40%。

4. 预防肥胖

燕麦、荞麦等杂粮中的膳食纤维是对抗饥饿感的重要武器。当膳食纤维在胃和肠道吸水后，使胃和肠道扩张，产生饱腹感，从而抑制吃更多的食物。膳食纤维在胃肠内还可延缓、限制部分糖和脂质的吸收，同时在不易消化的帮助下，通过肠道不断地蠕动，还可带走大量食物脂肪，减少热量蓄积，防止肥胖。此外，植物蛋白在保证营养的同时，对皮肤也有很好的保养作用。

5. 防癌抗癌

杂粮中的膳食纤维能促进肠道蠕动，有利于肠道中分解产生的酚、氨等以及黄曲霉素、亚硝胺、多环芳烃等致癌物及早排出，减少肠道对毒物的潴留和吸收，对毒物起到稀释作用，减少了对肠道的危害。同时膳食纤维还可提高吞噬细胞的活动，并与致癌物质结合，因此具有良好的解毒防癌作用。

杂粮营养丰富。荞麦、燕麦蛋白质含量高，多种氨基酸配比合理，被誉为美容、健身、防病的保健食品原料。绿豆等食用豆类蛋白质含量，比禾谷类高出1~2倍，其氨基酸种类齐全，是理想的保健食品。燕麦、谷子和荞麦必需氨基酸组成比较平衡，各必需氨基酸含量（除赖氨酸和苏氨酸）均高于FAO/WHO推荐的氨基酸模式；4种杂豆必需氨基酸组成高于FAO/WHO推荐的氨基酸模式；荞麦、黑豆的限制氨基酸为苏氨酸，谷子和燕麦限制氨基酸为赖氨酸，高粱、绿豆和红小豆的限制氨基酸为甲硫氨酸+半胱氨酸。

杂粮中含钙最多的是籽粒苋，是小麦的近100倍。铁的含量也超过了大米和小麦。燕麦中钙元素含量最高，谷子中镁元素最高，高粱中铁元素含量最高，荞麦中铜元素和锌元素含量最高。杂豆中，黑豆中钙元素、镁元素、铜元素和锌含量都是最高的，绿豆中铁元素含量最高。

杂粮中维生素含量较高，维生素中硫胺素、核黄素的含量也很丰富，如大麦中的核黄素是小麦粉的80倍，大米的48倍。薯类中维生素C，也是其他粮食无法比拟的。杂粮中谷类食品原料营养成分见表1-1。

表1-1 常见谷类食品原料的营养成分（每100 g含量）

种类	蛋白质（g）	脂肪（g）	碳水化合物（g）	粗纤维（g）	钙（mg）	磷（mg）	铁（mg）	维生素B_1（mg）	维生素B_2（mg）	特殊成分
大米	10.5	2.2	66.3	0.5	4.3	400	4.1	0.36	0.10	
小麦	9.9	1.8	74.6	0.6	3.8	268	4.2	0.46	0.03	

(续表)

种类	蛋白质（g）	脂肪（g）	碳水化合物（g）	粗纤维（g）	钙（mg）	磷（mg）	铁（mg）	维生素B_1（mg）	维生素B_2（mg）	特殊成分
大麦	10.6	2.8	70.8	1.4	4.0	340	3.0	0.60	4.80	尿氮素
玉米	8.5	4.3	72.0	1.3	2.2	210	1.6	0.34	0.10	维生素E
谷子（小米）	9.7	3.5	72.8	1.6	2.9	240	4.7	0.57	0.12	维生素A
荞麦	10.6	2.5	72.2	6.5	1.5	180	1.2	0.38	0.22	芦丁
燕麦	13.0	6.2	65.3	10.6	5.5	320	4.6	0.30	0.10	赖氨酸
莜麦	15.0	9.0	70.0	2.0	5.8	328	9.6	0.34	0.17	赖氨酸
籽粒苋	15.0	7.0	60.0	2.0	3.04	740	4.2	11.0		赖氨酸
薏米	12.7	5.7	68.0	1.5	4.7	242	5.8	0.38	0.16	薏苡酯
甘薯	1.8	0.2	29.5	3.0	1.8	20	0.4	0.12	0.04	赖氨酸
大豆	35.5	17.3	30.8	4.3	2.70	480	11.1	1.23	0.29	

注：中国饲料成分及营养价值表2007年版。

（二）各种杂粮作物的营养与药用价值

1. 小米（谷子）

小米粗蛋白质含量平均为11.42%，高于稻米、小麦粉和玉米；小米中人体必需的氨基酸含量也较为合理，除赖氨酸较低外，小米中人体必需的氨基酸指数分别比稻米、小麦粉、玉米高41%、65%和51.5%；小米中粗脂肪含量平均为4.28%，高于稻米、小麦粉，与玉米近似，其中不饱和脂肪酸占脂肪酸总量的85%，有益于防止动脉硬化；碳水化合物含量为72.8%，低于稻米、小麦粉和玉米，是糖尿病患者的理想食物；小米维生素A、维生素B_1每100 g含量分别为0.19 mg和0.63 mg，均超过稻米、小麦粉和玉米；小米中的矿物质含量如铁、锌、铜、镁均大大超过稻米、小麦粉和玉米，钙含量大大超过稻米和玉米，低于小麦粉。

小米能益肾和胃、除热补虚、开肠胃；所含丰富的色氨酸，可轻松被人体吸收，色氨酸会促使分泌5-羟基色氨酸转化为促睡眠血清素，是很好的安眠食品。小米具有防治神经衰弱的作用，可应用于老年保健食品的开发中。小米具有防止泛胃、呕吐的功效，还具有滋阴养血的功能，可以使产妇虚寒的体质得到调养，帮助她们恢复体力；小米具有减轻皱纹、色斑、色素沉着的功效。谷维素对周期性精神病、胃、十二指肠溃疡、慢性胃炎、高胆固醇血脂等，有显著疗效。壮阳、滋阴、优生的功能因子及作用。《神农本草经》记载："粟米：味苦无毒。主养肾气，去胃脾中热，益气。陈者味苦，主治胃热，消渴，利小便。"

2. 糜子

糜子蛋白质优于小麦、大米和玉米。糜子籽粒中人体所必需的8种氨基酸的含量均高于小麦、大米和玉米，尤其是蛋氨酸含量，每100 g小麦、大米、玉米分别是

140 mg、147 mg 和 149 mg，而糜子为 299 mg，几乎是小麦、大米和玉米的两倍。糜子淀粉含量在 70% 左右，其中，糯性品种淀粉含量为 67.6%，粳性品种淀粉含量为 72.5%。脂肪含量平均为 3.6%，高于小麦粉和大米的含量。糜子籽粒中含有多种维生素，每 100 g 中含维生素 E 3.5 mg、维生素 B_1 0.45 mg、维生素 B_2 0.18 mg，均高于大米。糜子中常量元素钙、镁、磷及微量元素铁、锌、铜的含量均高于小麦、大米和玉米。每 100 g 籽粒中镁的含量为 116 mg，钙的含量为 30 mg，铁的含量为 5.7 mg。

3. 燕麦

燕麦每 100 g 含蛋白质 15.6 g，比小麦粉高出 65.8%，比籼米、粳米分别高 105.3%、132.8%，比玉米高 75.3%。脂肪含量为 8.8 g，是小麦粉、籼米、粳米、小米、玉米面 2~12 倍，甚至更多。钙的含量为 69.0 mg，磷、铁的含量也都高于其他粮食，维生素 E 的含量为 15 mg。燕麦的水溶性膳食纤维含量特别高，比小麦粉高 3.7 倍，比玉米面高 6.7 倍。维生素和矿物质也很丰富，每 100 g 含维生素 B_1 0.59 mg、维生素 B_2 0.15 mg、维生素 B_6 0.16 mg、尼克酸 1.2 mg、叶酸 0.19 mg、钙 55 mg、钾 335 mg、铁 5 mg、锰 5 mg、锌 4 mg。特别是维生素 B_1 居谷类粮食之首，是谷类中最好的全价营养食品之一。

4. 藜麦

藜麦富含的维生素、多酚、类黄酮类、皂苷和植物甾醇类物质具有多种健康功效。藜麦具有高蛋白，其所含脂肪中不饱和脂肪酸占 83%，是一种低果糖低葡萄糖的食物，能在糖脂代谢过程中发挥有益功效。FAO 认定藜麦是唯一一种单作物即可满足人类所需的全部营养的粮食，并进行藜麦的推广和宣传。

5. 大麦

大麦籽粒中蛋白质含量为 6.4%~24.4%，与小麦相似，均高于其他作物。大麦蛋白质种类中有白蛋白、球蛋白、谷蛋白、麦胶蛋白和非麦胶蛋白。大麦籽粒、麦芽、啤酒麦芽中富含氨基酸，目前已查明有 19 种氨基酸，特别是赖氨酸的含量很高，为 0.28%~0.75%，明显高于小麦、水稻、玉米和谷子等作物。大麦籽粒中脂肪含量为 1.7%~4.6%，亚油酸含量占脂肪酸含量的 54.3%，油酸含量占 32.8%，亚麻酸的含量很低。大麦胚芽中大量的维生素 B_1 与消化酶，对幼儿、老人、维生素 B_1 缺乏症者均有很好的功效，还能提神醒脑、消除脑部疲劳。大麦籽粒中含有多种酶、淀粉酶、纤维素酶、蛋白酶、氧化还原酶、甘油磷酸酶和核酸酶等，还富含多种维生素，例如：1 kg 大麦籽粒中含硫胺素 2.1~6.7 mg、核黄素 0.8~2.2 mg、维生素 B_6 3.1~4.4 mg、烟酸 52.0~98.1 mg、泛酸 2.9~6.2 mg。此外，还含有维生素 A、维生素 C、维生素 E、维生素 K 和叶酸、胆碱等。大麦中大量的膳食纤维，可刺激肠胃蠕动，达到通便作用，并可降低血液中胆固醇含量，预防动脉硬化、心脏病等疾病。

6. 薏仁

薏仁中含有约 18% 的蛋白质、10% 的脂肪、55% 的淀粉，并含有人体必需的亮氨酸、精氨酸、赖氨酸、酪氨酸等氨基酸，还含有 0.07% 的钙、0.24% 的磷等常量元素，0.001% 的铁等多种微量元素，营养价值堪称谷类食品之首。

7. 甜荞

甜荞籽粒营养丰富，并含有一些其他粮食作物不含或少含的营养物质。甜荞籽粒中蛋白质含量为 10.6%~15.50%，脂肪 2.1%~2.8%，淀粉 63%~71.2%，纤维素 10.0%~16.1%。蛋白质含量除低于燕麦和糜子外，明显高于大米、小米、高粱、玉米。许多研究结果都发现，荞麦籽粒或面粉的灰分含量较高，特别是矿物元素和稀有元素，如：与小麦粉相比，镁的含量是 11 倍以上，铁的含量是 3 倍以上，锌的含量是 1.5 倍以上，锰的含量是 1.4 倍以上。特别值得一提的是，荞麦粉中的硅含量比小麦粉高 5 倍以上，锂含量高 5 倍以上，硒的含量为 0.43 mg/kg。

8. 苦荞

苦荞蛋白质、脂肪含量明显高于大米、小米、小麦、高粱、玉米。在苦荞蛋白复合物中蛋白质含量为 63.4%，脂肪含量为 12.7%，碳水化合物含量为 10.2%，灰分为 3.5%，粗纤维为 0.4%，水分为 9.8%。苦荞还含有 19 种氨基酸，其人体必需的 8 种氨基酸齐全，比例合理，接近鸡蛋蛋白的组成比例，可作为高蛋白食物的来源。苦荞脂肪中所含 9 种脂肪酸，其中油酸和亚油酸含量最多，占脂肪酸总量的 75%，还含有棕榈酸 19%、亚麻酸 4.8%等。此外，还含有柠檬酸、草酸和苹果酸等有机酸。荞麦还含有钙、磷等常量元素和铁、铜、锌、硒、硼、碘、镍、钴等微量元素及多种维生素：维生素 B_1、维生素 B_2、维生素 C、维生素 E、烟酸、芦丁，其中芦丁含量占总黄酮重量的 70%~90%，是其他谷类作物所不及的。

9. 绿豆

绿豆中含蛋白质 24.5%左右，人体所必需的氨基酸 0.20%~2.4%，淀粉 52.5%，脂肪 1%以下，纤维素 5%。其中蛋白质是小麦粉的 2.3 倍，是小米的 2.7 倍，是大米的 3.2 倍。另外，还含有丰富的维生素、矿物质等营养素。其中维生素 B_1 是鸡肉 17.5 倍；维生素 B_2 是禾谷类的 2~4 倍；钙是禾谷类的 4 倍、鸡肉的 7 倍；铁是鸡肉的 4 倍；磷是禾谷类及猪肉、鸡肉、鱼、鸡蛋的 2 倍。绿豆芽中含有丰富的蛋白质、矿物质及多种维生素。每 100 g 豆芽干物质中含有蛋白质 27~35 g，人体所必需氨基酸 0.3~2.1 g；钾 981.7~1 228.1 mg，磷 450 mg、铁 5.5~6.4 mg，锌 5.9 mg，锰 1.28 mg，硒 0.04 mg；维生素 C 为 18~23 mg。绿豆的药理作用为降血脂、降胆固醇、抗过敏、抗菌、抗肿瘤、增强食欲、保肝护肾。绿豆蛋白质的含量几乎是粳米的 3 倍，多种维生素、钙、磷、铁等无机盐都比粳米多。

10. 小豆

小豆为高蛋白、低脂肪、药食两用作物。据测定，小豆蛋白质含量为 16.9%~28.3%，总淀粉含量为 41.8%~59.8%，其中直链淀粉为 8.6%~16.4%。人体所必需的 8 种氨基酸的含量都高于禾谷类作物的 2~3 倍，其中赖氨酸 1.72%~1.97%，蛋氨酸 0.07%~0.26%，苏氨酸 0.61%~0.90%，亮氨酸 0.96%~1.52%，苯丙氨酸 1.43%~1.89%，色氨酸 0.16%~0.21%，缬氨酸 1.25%~1.81%。粗纤维 5.0%~7.42%，维生素 A 0.5~3.3 mg/g，维生素 B_1 0.2~0.5 mg/kg，维生素 B_2 1.9~2.6 mg/kg。此外，每 100 g 籽粒中含有钙 67 mg、磷 305 mg、铁 5.2 mg，硫胺素 0.31 mg、核黄素 0.11 mg、尼克酸 2.7 mg。小豆气味甘、酸、平、无毒，有化湿补脾之功效，对脾胃虚弱的人比较适合，在食疗中常被用于高血压、动脉粥样硬化、各种原因引起的水肿及消暑、解热毒、健胃等多种用途。

11. 黑豆

黑豆是大豆的一种，因颜色而得名。黑豆籽粒中含有大量的蛋白质、脂肪及其他对人体有益的营养素。据测定，黑豆蛋白质含量为 38.6%、脂肪 13.4%、膳食纤维 14.1%、碳水化合物 16.2%、灰分 4.2%；每 100 g 黑豆中含硫胺素 0.13 mg、核黄素 0.33 mg、尼克酸 2.1 mg、维生素 E 21 mg、钾 146 mg、钠 1.6 mg、钙 191 mg、镁 238 mg、铁 8.9 mg、锰 3.26 mg、铜 1.13 mg、锌 3.8 mg、磷 386 mg、硒 15.66 mg。此外，还含有较多的胡萝卜素及维生素 B_2、维生素 B_{12} 等 B 族维生素。中医认为，黑豆其味甘、性平、无毒。有解表清热、养血平肝、补肾壮阴、补虚黑发之功效。《本草纲目》记载："惟黑豆属水性寒，为肾之谷，入肾功多，故能治水消胀下气，制风热而活血解毒。"

12. 豌豆

在豌豆荚和豆苗的嫩叶中富含维生素 C 和能分解体内亚硝胺的酶，可以分解亚硝胺，具有抗癌防癌的作用。豌豆与一般蔬菜有所不同，所含的脱落酸、赤霉素和植物凝素等物质，具有抗菌消炎、增强新陈代谢的功能。

13. 蚕豆

蚕豆含蛋白质、碳水化合物、粗纤维、磷脂、胆碱、维生素 B_1、维生素 B_2、烟酸以及钙、铁、磷、钾等多种矿物质，尤其是磷和钾含量较高。

14. 高粱

高粱的主要营养成分，按占干物质计，粗蛋白质约为 9%，粗脂肪约为 3.3%，碳水化合物约为 85%，粗纤维约为 1%，还有钙、磷、铁等微量元素和 B 族维生素。国产高粱主要用于酿酒，比如中国的名酒茅台、五粮液、汾酒等都是以红高粱为主要原料。高粱具有和胃、消积、温中、涩肠胃、止霍乱的功效，主治脾虚湿困、消化不良及湿热下痢、小便不利等症。

(三) 营养成分的功能作用

杂粮中的功能性成分主要包括多酚（酚酸与黄酮）、糖醇、蒽醌等，具有调节血糖、血脂、血压，改善非酒精性脂肪肝、心脑血管系统疾病等活性作用。另外还有丰富的膳食纤维、生物活性肽、多不饱和脂肪酸等。

1. 多酚

多酚在藜麦、青稞、糜子、苦荞、鹰嘴豆等杂粮中广泛存在。在藜麦中检测出 23 种多酚。具有调节血糖、血脂、血压，改善非酒精性脂肪肝、心脑血管系统疾病等活性作用。

2. 糖醇

糖醇类化合物主要有手性肌醇及半乳糖苷，资源较为稀少，目前仅发现存在于荞麦和绿豆等豆类中。

3. 蒽醌

蒽醌是一种醌类化合物，蒽醌类物质中大黄素、大黄酚和大黄酸等被视为重要的活性成分。当前对蒽醌类的研究主要集中在各类中草药，杂粮中则在苦荞发现了蒽醌类物质。蒽醌类物质具有较强活性，是传统泻药的主要活性成分，具有显著的泻下作用，此外还有抗氧化、抗癌、抗糖尿病等多种生理活性。

4. 生物碱

生物碱是一类天然含氮的碱性有机化合物，常以来源进行命名，杂粮中发现的有燕麦生物碱、藜麦生物碱、豆类生物碱等。生物碱具有多种功能，主要具有抑制癌细胞生长、抗菌消炎与抗病毒作用。

5. 膳食纤维

膳食纤维是一种不能消化吸收也不能产生能量，但能在肠道发酵的植物性成分、碳水化合物及其类似结构的总和，被称为人体第七大营养素，是杂粮的重要功能因子。膳食纤维可分为可溶性膳食纤维与不可溶性膳食纤维。随着研究的深入，在生理功能上具有与膳食纤维相似作用的抗性淀粉（RS）也被FAO列为膳食纤维的一种。杂粮中抗性淀粉的研究是近年来的热点。荞麦、蚕豆、青稞等中都有发现抗性淀粉，高粱中的抗性淀粉含量高于玉米、大米等，膳食纤维可调节血脂，对减肥具有一定功效。

6. 生物活性肽

生物活性肽是由多个氨基酸分子脱水缩合而成的，具有特定生物活性的肽类复合物，而生物活性蛋白是由其加工变性得到的具有空间结构的多功能化合物。生物活性肽及蛋白在燕麦、荞麦、芸豆等杂粮中含量丰富且具有多种对人体有益的功效。蛋白质与多肽在生理活动中具有多种功能，如：调节血脂、血糖、抗氧化、增强免疫以及减肥的功效。

7. 多不饱和脂肪酸

多不饱和脂肪酸指含有两个或两个以上双键且碳链长度为18~22个碳原子的直链脂肪酸，有助于降低炎症，减少2型糖尿病的有效成分。其中ω-3和ω-6自身无法合成，必须由食物供给，杂粮中含量丰富。苦荞麸皮中亚油酸和亚麻酸的浓度分别是小麦面粉的2.9倍和1.7倍；豌豆、菜豆、绿豆、豇豆、小豆和蚕豆普遍含有亚麻酸、亚油酸等不饱和脂肪酸。

8. 萜烯

萜烯是一系列萜类化合物的总称，萜类化合物具有重要的生理活性，是研究天然产物和开发新药的重要来源。萜烯类物质在自然界中分布广泛、种类繁多，如：γ-萜品烯、β-环柠檬醛等。萜烯类化合物通常是白酒中风味物质的主要来源，具有呈香作用。

9. 花青素

花青素具有抗氧化活性、降糖、降脂、抗癌活性、调节心血管系统作用，在有特殊色泽杂粮中，尤其是杂豆中含量丰富。陈长应等测得黑荞麦中花青素含量在0.6~4.2 mg/g。李文婷等提取和分析鉴定黑色小扁豆中含有的花青素主要为飞燕草-3-O-（2-O-β-D-吡喃葡萄糖基-α-L-吡喃阿拉伯糖苷）和矢车菊素衍生物。除上述成分外，杂粮还含有皂苷、非淀粉多糖、蜕皮激素等功能成分，其独特的组成构成了杂粮功能活性的多元性，但如何更好地提取、富集、开发利用这些功能活性成分值得深入挖掘。

（四）杂粮营养搭配

1. 蛋白质营养的改善

莜麦（裸燕麦）、籽粒苋、薏米中的蛋白质含量都高出小麦和大米的1.3倍以上，尤为可贵的是莜麦、籽粒苋中的赖氨酸含量也很高。我国人均从主食中获得50%~80%的蛋白质，但作为主食的大米和小麦，其氨基酸组成中缺乏赖氨酸，易造成各种氨基酸之间的不平衡，导致蛋白质消化吸收率下降，利用率也不高。若能复配一定量的燕麦、籽粒苋、甘薯，必能使氨基酸的构成更接近人体需要的模式，从而提高蛋白质的营养状况。

豆类一般含有比稻米、小麦及谷类杂粮更高的蛋白质，是植物蛋白的重要来源，如黄豆、黑豆、青豆等杂粮蛋白质含量均高于30%，豌豆、芸豆、红小豆、蚕豆等蛋白含量高于20%。赖氨酸是谷物类粮食的限制性氨基酸，黄豆、黑豆等豆类杂粮普遍有较高的赖氨酸，而在谷类杂粮中赖氨酸含量较高的主要是藜麦、荞麦，每100 g含量分别为760 mg、560 mg。大豆、花生含有较多优质蛋白。例如：大豆蛋白质含量高达35%~39%，是谷物蛋白含量的3~4倍，还富含维生素、氨基酸、脂肪和铁、磷、钙等多种人体所需营养成分，因此谷物与豆类复配，彼此营养互补，能有效提高营养物质的利用率。

小麦面粉、小米、大豆和牛肉各自单一食用，其营养成分利用率都在70%以下，而搭配食用，则可提高到99%。一些杂粮在某些营养指标上比大米、小麦更有优势。例如：裸燕麦、籽粒苋、薏米中蛋白质的含量都高出小麦和大米的1.3倍以上，尤为可贵的是裸燕麦、籽粒苋中的赖氨酸含量也很高，营养成分上起到了很好的互补作用。

2. 膳食纤维改善

荞麦、燕麦的膳食纤维含量远高于大米和小麦，复配后可以提高谷物食品纤维含量。美国FDA推荐的总膳食纤维的摄入量为20~35 g/d。2000年，中国营养学会提出成人膳食纤维适宜摄入量为30.2 g/d，薏米中也含有较高的粗纤维，其中薏米多糖具有增强人体免疫功能、抑制癌细胞生长的作用。

3. 脂肪和碳水化合物的提高

除薯类以外，脂肪和碳水化合物在多数杂粮中的含量均高于小麦和大米，有的甚至高出4~5倍。研究认为，各种杂粮米面中的脂肪均以不饱和脂肪酸为主，必需脂肪酸含量也较高。荞麦含脂肪5%~8%，其中单不饱和脂肪酸（油酸）占到了46.9%，亚油酸占14.6%；而燕麦的脂肪含量为6.1%~7.9%，其中必需脂肪酸（亚油酸）达35%~52%。必需脂肪酸在促进人体组织细胞的生成、调节脂质代谢尤其是胆固醇代谢等方面有突出作用，还能预防X射线引起的皮肤损伤。

4. 维生素的改善与提高

维生素在人体内既不提供能量也不构成组织，但在调节人体代谢中起着重要作用，是人体不可缺少的一部分。维生素E又称生育酚，除具有抗氧化作用外还可以促进性激素分泌，豆类杂粮含有较高的维生素E，例如：每100 g黄豆、黑豆、青豆、红小豆、眉豆等总维生素E含量超过10 mg，而在谷类杂粮中，含量较高的有小米、糜子、荞麦，每100 g含量分别为3.63 mg、3.5 mg、4.4 mg，高于小麦和稻米中的含量。具有促进体内新陈代谢，参与氧化和能量代谢，提高蛋白质、铁的吸收等作用的维生素B_2在杂粮中的含量多高于小麦和稻谷，在黑豆、苦荞麦粉中含量较高，每100 g含量分别为0.33 mg、0.21 mg。豆类杂粮也含有较高的维生素A、胡萝卜素等。因此改善提高人体维生素含量要多食用杂粮杂豆弥补主食的不足。

四、杂粮的抗逆性

杂粮多种植在干旱和半干旱的山地、丘陵区，环境恶劣，由于生物适应性原因，造就了杂粮具有抗旱性突出的特点。农谚说"旱不死的谷子，碱不死的糜子，涝不死的高粱"，充分说明谷子具有较强的抗旱能力，尤其幼苗期耐旱性更强，再加上耐瘠薄、适应性广、产量稳定、保收率高的特点，所以，在我国北方的丘陵和山地的农业生产中占有很重要的地位。糜子同样是干旱半干旱地区的粮食作物，除抗旱性突出外，其抗盐碱能力也非常突出。高粱是一种既抗旱又抗涝的杂粮作物，主要用于酿造。

（一）谷子的抗旱性

谷子抗旱耐瘠，被称为"旱地农业的绿洲"，其种子萌发需水仅为自身重量的26%，而高粱、小麦、玉米需水分别占自身重量的40%、45%和48%，并具有较低的蒸腾系数和较高的蒸腾效率，其蒸腾系数为240，而玉米和小麦分别为369和510；谷子的蒸腾效率为3.89，较豆类高1.3倍，较麦类高1倍；谷子具有较好的耐瘠薄性，在含氮0.04%～0.07%，有机磷为8 mg/kg，含有机质0.04%的贫瘠土地上，仍能获得较高产量，因此，谷子是旱地农业理想的种植作物。谷子抗旱耐瘠、水分利用效率高、适应性广，是典型的环境友好型作物。在旱作农业中有重要作用，而且针对日益严重的水资源短缺，谷子还是重要的战略储备作物。在《王祯农书》中记有"五谷之中，唯粟耐陈，可历远年"。《新唐书·食货志第四十一》中进而提出"粟藏九年，米藏五年，下湿之地，粟藏五年，米藏三年。"一般条件下，谷子能储藏5～7年，远远长于水稻、小麦等作物。俗话说"陈芝麻烂谷子"，是说陈旧不值得提的小事，"七十年谷子八十年糠"，也反映了谷子可以长时间贮存的特点。

（二）高粱的抗逆性

1. 高粱的抗旱性

高粱是一种抗旱本领很强的作物，所以人们称它为"植物界的骆驼"。高粱根系十分发达，有初生根、次生根和支持根，而且分布广，在土壤中扎得深，可深入土壤1.8 m以下，使它能在较大的范围内接触到水分。根的内皮层有硅质沉淀使根坚韧，能承受较大的土壤缺水的收缩压力，抗旱性强。高粱叶子的面积较小，叶面光滑而且有蜡质覆盖；气孔数目比较少，茎秆外面由厚壁细胞组成，而且也附有蜡质粉状物。这些特点，使得高粱能够减少水分的损耗。通过气孔调节水分的蒸腾，也是高粱抗旱的重要途径。高粱原产热带，抗热本领高，在干旱季节，它能暂时转入"休眠"状态，停止生长，等到获得水分时再恢复生长。这就增强了高粱的抗旱力。另外，高粱耐旱的原因是由于它对水分的利用有开源节流的本领，吸收多，损耗少。所以能够在干旱的季节里保持体内的水分平衡。

2. 高粱的抗涝性

高粱还具有一定的抗涝能力。一般来说，涝灾不是因为多水（植物的根系浸在水里也能很好地生长），而是由缺氧导致。由于土壤积水过多，排出了土壤中的空气，使得根系得不到足够的氧气而死亡。高粱的根系对缺氧所造成的危害具有一定的抵抗能力。此外,高粱茎秆高,又比较坚硬,水分不易透入体内,也是它能抗涝的原因之一。

3. 高粱耐盐碱性

高粱不同生育阶段忍受盐碱的能力是不一样的。冯承绩(1963)的研究表明,在 0~20 cm 土壤深度内,全盐含量在 0.292% 以内时,高粱出苗良好,幼苗生长正常;拔节期全盐含量在 0.51% 以内时,表现生长正常;孕穗期全盐含量在 0.65% 以内时,高粱生长正常。高粱的耐盐性表现在根系能从高盐分含量的土壤中吸收水分,以维持体内正常的生理活动所需要的水势;还表现在高盐分条件下,高粱保持了细胞原生质膜的稳定性,因而保证了生理代谢功能的正常进行。

4. 高粱的抗寒性

在种植高粱的高纬度地区和低纬度的高海拔地区,在高粱生育的不同阶段,尤其是生育前期和后期,常会遇到短期 0℃ 以上的低温,导致生育延缓,或不能正常成熟而减产,这种低温称为冷害。高粱的耐冷性原因是细胞膜透性的改变和膜质发生相变。马世均等(1982)研究表明:种子干胚膜中不饱和脂肪酸含量高有利于膜的液化,因而不易受低温伤害。种子干胚膜脂肪酸不饱和度的高低,基本上与品种耐冷等级相一致。

本章小结

本章以杂粮产业研究背景为开端,详尽阐述了杂粮产业的研究目的与意义,结合国内外研究综述制定了本书的研究思路与研究内容,并依据研究内容阐述了本书的研究方法与数据来源,基于此,绘制了本书的技术路线与提炼了本书的创新点,最后重点明晰了本书所研究的杂粮产业的内涵、属性、外延、特性及价值,为本书后续相关内容的开展做了铺垫。

第二章　世界及中国杂粮产业发展概况

杂粮是全球旱作农业的重要组成部分。从世界范围看，种植面积较大的杂粮有高粱、荞麦、谷子、糜子、燕麦、绿豆等，种植区域遍及五大洲100多个国家，具有食用、酿酒、饲用、能源、青贮等多种用途。近年来，在世界杂粮作物种植布局中，美国、德国、法国等发达国家的杂粮种植面积稳中略降，发展中国家杂粮种植面积呈上升趋势。据分析，世界杂粮消费量和单价呈现逐年上涨趋势，原因是杂粮作物生产属于劳动密集型作物，单产较低且不稳定，不利于机械化生产，导致国际市场杂粮供不应求。据 FAO 统计数据显示，2020 年全球杂粮种植面积约 $2.02 \times 10^8 \text{ hm}^2$，占粮食作物的 30%；2020 年世界杂粮年进口量约为 $6.76 \times 10^8 \text{ t}$，进口额约为 370 亿美元；出口量为 $8.3 \times 10^7 \text{ t}$，出口额约为 360 亿美元。2020 年，我国杂粮种植面积达 $9.0 \times 10^7 \text{ hm}^2$，生产总量达 $2.0 \times 10^7 \text{ t}$ 以上，产区主要集中在干旱、半干旱地区，是该地区的主要粮食作物和重要的经济来源。

第一节　世界杂粮产业概况

一、世界杂粮生产概述

（一）食用豆

食用豆类包括芸豆、豌豆、蚕豆、鹰嘴豆、绿豆、红小豆、豇豆等仅作为干籽粒收获的豆科作物。豆类富含多种营养素和大量蛋白质，在物资匮乏无法获得肉蛋奶制品的地区，价格低廉的豆类蛋白质是人类所需营养的理想来源。因此，豆类不仅是世界许多贫困地区改善饮食的主要食物，也在联合国世界粮食计划署（WFP）粮食援助战略中的"食品篮"中占有一席之地。

食用豆类中的普通菜豆在全球种植面积最广，据 FAO 统计数据，有 120 多个国家和地区栽培普通菜豆，总面积高达 $3.65 \times 10^7 \text{ hm}^2$，总产量高达 $3.14 \times 10^7 \text{ t}$。其中亚洲的种植面积最广、产量最高，分别为 $2.14 \times 10^7 \text{ hm}^2$ 和 $1.55 \times 10^7 \text{ t}$，分别占世界比例为 58.69% 和 49.35%；其次是非洲，种植面积是 $7.27 \times 10^6 \text{ hm}^2$，总产量是 $6.85 \times 10^6 \text{ t}$。在所有种植国家中，印度普通菜豆的常年种植面积最大高达 $1.54 \times 10^7 \text{ hm}^2$，约占世界杂粮总播种面积的 40%，总产量是 $6.39 \times 10^6 \text{ t}$，约占世界杂粮总产量的 20%；其次是缅甸、巴西、墨西哥、肯尼亚、坦桑尼亚、美国、中国等国家，其中美国的平均单产最高，为

1 996.14 kg/hm²。绿豆、红小豆的主产国为中国、日本、韩国及东南亚各国,其中,缅甸、印度、泰国等国的绿豆生产面积较大,但近年来伴随澳大利亚、加拿大等国绿豆产业发展迅猛,生产面积急剧上升,对国际进出口价格有一定影响。全球红小豆生产面积处于相对平稳的状态,中国是世界上红小豆产量最大的国家,近年来,中国红小豆种植面积维持在 16 万 hm² 左右,产量约为 24 万 t。韩国绿豆、红小豆生产近年来无明显变化,种植面积和产量基本处于一个稳定的水平。

世界食用豆作物生产总量和播种面积中大部分来自发展中国家,从播种面积来看,发展中国家和发达国家分别增加了 56.70% 和 7.10%;发展中国家总产量之和约占世界食用豆总产量的 80%,播种面积占世界食用豆总播种面积的 90% 以上。从单产水平来看,发展中国家整体上食用豆单产水平较低且波动大,平均单产为 0.6 t/hm²,低于世界食用豆单产 0.8 t/hm² 的平均水平,远低于发达国家 2.4 t/hm² 的单产水平,发展中国家食用豆单产水平只有发达国家的 1/4,由此可见,种植面积的扩大是发展中国家食用豆产量增加的主要因素。

食用豆的大宗贸易品种依次为豌豆、小扁豆、鹰嘴豆、芸豆、绿豆,据 FAO 统计,2016 年,世界食用豆进出口贸易总额与上年同比增长 3.92%,为 229.24 亿美元。其贸易总量分别约为 1 177 万 t、568 万 t、413 万 t、385 万 t、201 万 t,蚕豆、干豇豆和干菜豆、红小豆的贸易总量则依旧相对较少,分别为 156 万 t、103 万 t、20 万 t。根据国家食用豆产业技术体系的调研表明,2018 年国际食用豆生产整体保持稳中略增的态势,与 2017 年相比,印度由于结转库存较高,尽管实施了豆类自给计划,但 2018 年度种植面积依旧减少了 3.5% 左右;缅甸生产和国际贸易基本持平;2017—2018 年,澳大利亚绿豆达到历史第二高生产量(最高年产量 16 万 t),出口主要针对中国、越南市场。

(二)谷子

谷子在历史上曾是横跨欧亚大陆的主要粮食作物,在哥伦布发现美洲大陆将玉米等高产作物引入欧亚大陆之前的欧亚人类文明发展中起到了不可或缺的重要作用。谷子在欧亚各国变为小作物,没有准确的统计面积只是近代的事情。但从国际交流和文献中,可知谷子仍是一个分布广泛的作物,全世界谷子种植面积约 150 万 hm²,主产区在亚洲,主要包括中国、印度等国家,其中,中国的谷子面积和产量分别占世界总量的 80% 和 85% 左右,印度的面积和产量均占世界的 10% 左右;亚洲其他国家如日本、韩国、尼泊尔以及东南亚国家也零星种植。

联合国粮农组织(FAO)中"millet"数据在国际上是指粟类作物,是小粒粮食或饲料作物的总称。主要包括:珍珠粟(非洲、西非、亚洲的印度)、龙爪稷(撒哈拉沙漠南部、印度、印度尼西亚)、黍稷(中国、苏联、印度和非洲东部地区)、谷子(中国、印度和欧洲东部地区)、小黍(印度和东南亚)、食用稗(印度和一些非洲国家)、圆果雀稗(印度)、苔麸(埃塞俄比亚)等。

1961—2020 年世界粟类作物收获面积下降了 1 128.35 万 hm²,降幅高达 25.99%,1973 年世界粟类作物的收获面积为历史最高的 4 564.04 万 hm²。1961—2020 年世界粟类作物的总产量上涨了 474.95 万 t,涨幅高达 18.47%,2003 年世界粟类作物的总产量为历史最高的 3 842.04 万 t。1961—2020 年世界粟类作物的单产水平由 1961 年的 592.50 kg/hm² 上涨为 2020 年的 948.50 kg/hm²，涨幅高达 60.08%（图 2-1）。

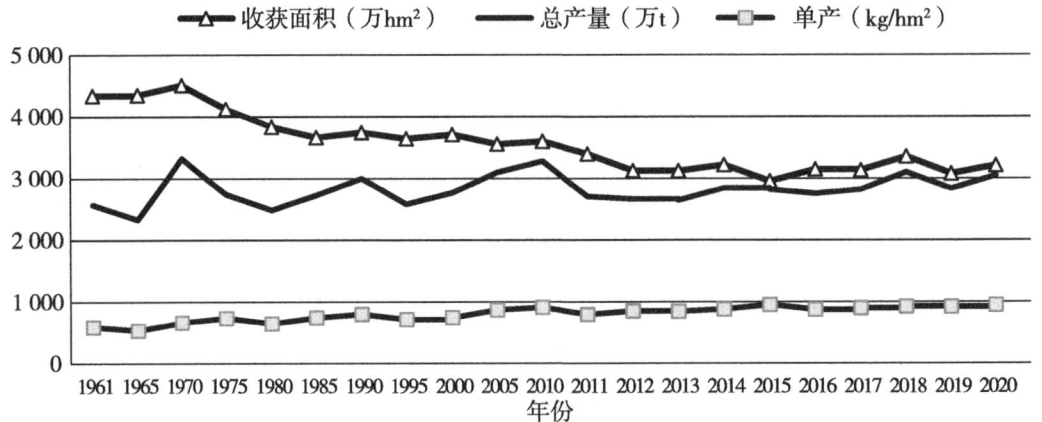

图 2-1 1961—2020 年世界粟类作物种植面积、总产量和单产

（三）高粱

高粱是世界上第五大谷类作物，播种面积超过 4 000 万 hm²，抗旱和耐盐碱，被视为干旱和盐碱等边际土壤农业区可持续农业发展的一种主要作物，具有食用、酿酒、饲用、能源、青贮用等多种用途。近年来，世界高粱生产格局变化不大，苏丹、尼日利亚、印度、尼日尔和美国是世界上高粱种植面积前 5 位的国家，这 5 个国家累计播种面积约占世界总种植面积的 60%。非洲是世界高粱种植面积最大的区域，种植面积占世界总面积的 58.6%；其次是亚洲，占 14.9%；第三为美洲，占 11.8%。从高粱的生产总量来看，美国总产量仍居世界第一，为 970 万 t；其次为尼日利亚，总产为 680 万 t；第三名为印度，为 460 万 t。产量超过百万吨的国家共有 14 个。非洲以及亚洲的印度以食用高粱生产为主，美洲、大洋洲、欧洲以饲用高粱生产为主。

从图 2-2 可以看出，1961—2020 年世界高粱收获面积整体呈下降趋势，由 1961 年的 4 600.91 万 hm² 缩减至 2020 年的 4 025.18 万 hm²，降幅为 12.51%。60 年间播种面积最多的年份为 1969 年的 5 217.84 万 hm²，播种面积最少的年份为 2012 年的 3 925.60 万 hm²。1961—2020 年世界高粱总产量整体呈上涨趋势，由 1961 年的 4 093.16 万 t 上涨至 2020 年的 5 870.59 万 t，涨幅为 43.42%。60 年间总产量最多的年份为 1985 年的 57 756.73 万 t，总产量最少的年份为 1961 年。

（四）燕麦

从图 2-3 可以看出，1961—2020 年世界燕麦收获面积整体呈下降趋势，由 1961 年的 3 826.08 万 hm² 缩减至 2020 年的 977.20 万 hm²，降幅为 74.46%。60 年间收获面积最多的年份为 1961 年，收获面积最少的年份为 2010 年的 911.70 万 hm²。1961—2020 年间世界燕麦总产量整体呈下降趋势，由 1961 年的 4 958.88 万 t 下降至 2020 年的 2 518.18 万 t，降幅为 49.22%。60 年间总产量最多的年份为 1971 年的 5 450.63 万 t，

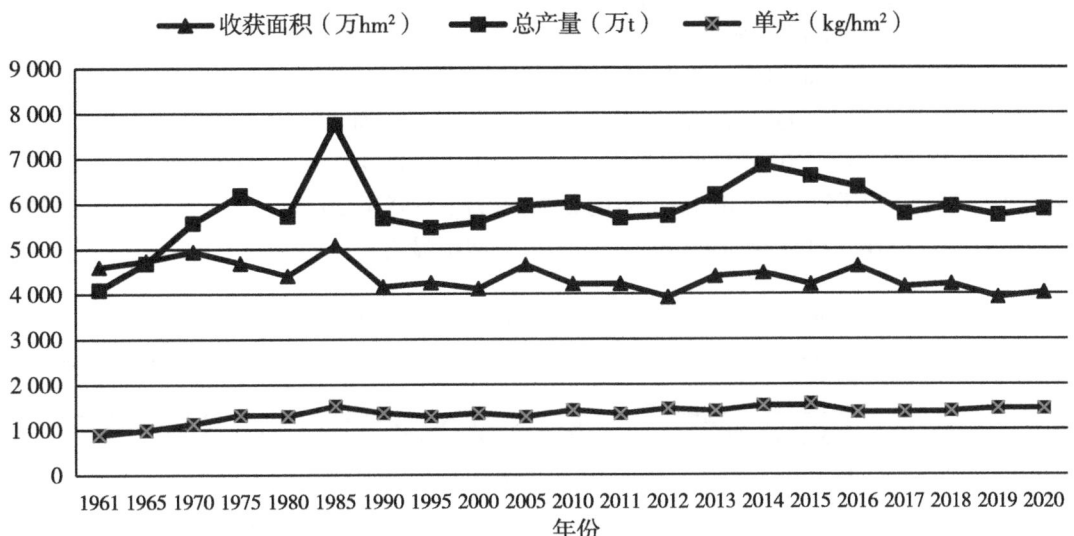

图 2-2　1961—2020 年世界高粱收获面积、总产量和单产

总产量最少的年份为 2010 年的 1 970.32 万 t。1961—2020 年世界燕麦的单产水平增幅显著。

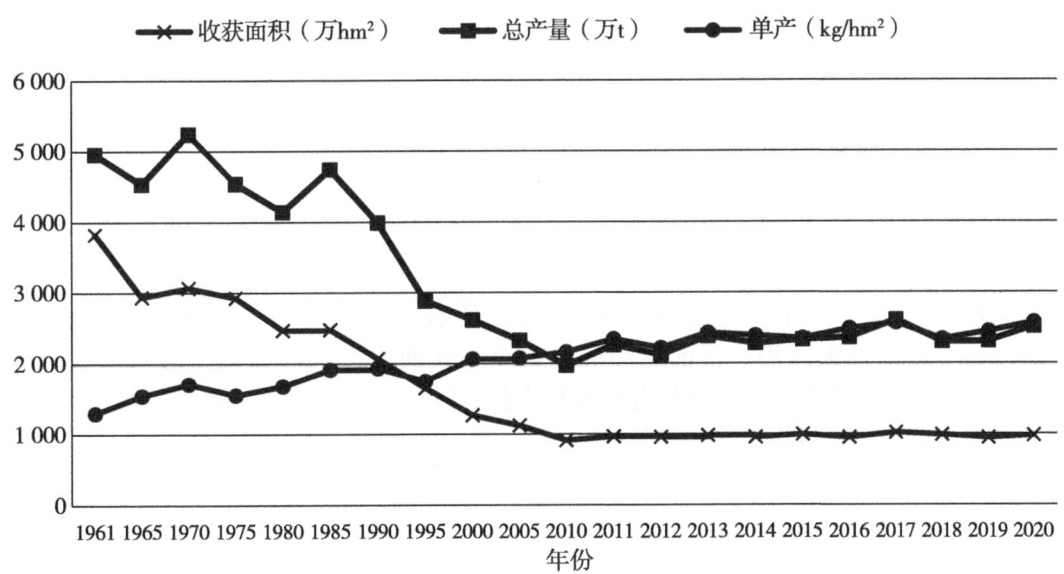

图 2-3　1961—2020 年世界燕麦收获面积、总产量和单产

(五) 荞麦

荞麦是蓼科荞麦属作物，一年生或是多年生草本双子叶植物。用于粮食的有两个栽培种，甜荞 (*Fagopyrum esculentum*) 和苦荞 (*F. tataricum*)；用于药用植物的一个栽培种，金荞麦 (*F. cymosum*)。野生荞麦在中国驯化为栽培荞麦后传播到世界各地，如今，

除南极洲外，在世界各地均被广泛栽培，据FAOSTAT资料显示，2018年全球荞麦种植面积约为379.13万hm²，总产370.7万t，主产国有俄罗斯、中国、乌克兰、哈萨克斯坦、波兰等国，栽培面积超过1万hm²的国家有14个。

从图2-4可看，1961—2020年世界荞麦收获面积整体呈下降趋势，由1961年的464.02万hm²缩减至2020年的185.69万hm²，降幅为59.98%。1961—2020年世界燕麦总产量整体呈下降趋势，由1961年的247.96万t下降至2020年的181.08万t，降幅为26.97%。1961—2020年世界荞麦的单产水平增幅显著。

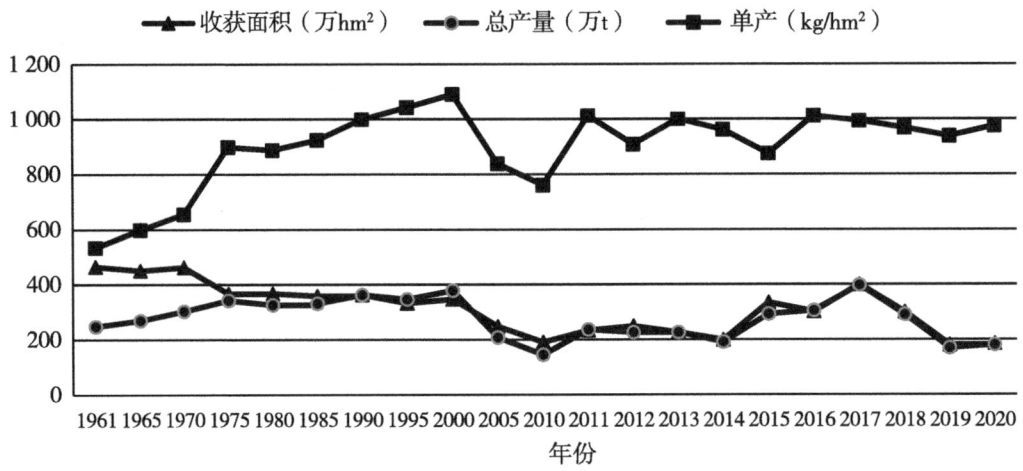

图2-4 1961—2020年世界荞麦种植面积、总产量和单产

二、世界杂粮主要生产地区

（一）食用豆

世界食用豆的主要种植区域在亚洲、非洲和美洲。近60年来，世界食用豆种植区域的分布变化不大，亚洲一直是世界食用豆生产的第一大区域，非洲列第二位，此后依次是美洲、欧洲和大洋洲。目前亚洲的食用豆收获面积占世界食用豆总收获面积的49%，非洲食用豆收获面积占世界食用豆总收获面积的30%，美洲、欧洲和大洋洲分别占13%、5%、3%（根据FAO数据计算而来）。

（二）谷子

从图2-5可以看出，1961—2020年世界五大洲粟类作物收获面积由多到少依次为亚洲、非洲、欧洲、美洲、大洋洲。1961—2020年世界五大洲粟类作物收获面积中，非洲的收获面积由1961年的1 143.00万hm²上涨至2020年的1 972.37万hm²，涨幅高达72.56%；美洲的收获面积由1961年的29.84万hm²下降至2020年的19.94万hm²，降幅高达33.18%；亚洲的收获面积由1961年的2 778.43万hm²下降至2020年的1 163万hm²，降幅高达58.14%；欧洲的粟类作物收获面积由1961年的386.70万hm²下降至2020年的52.90万hm²，降幅高达86.32%；大洋洲粟类作物收获面积整体变动较小。

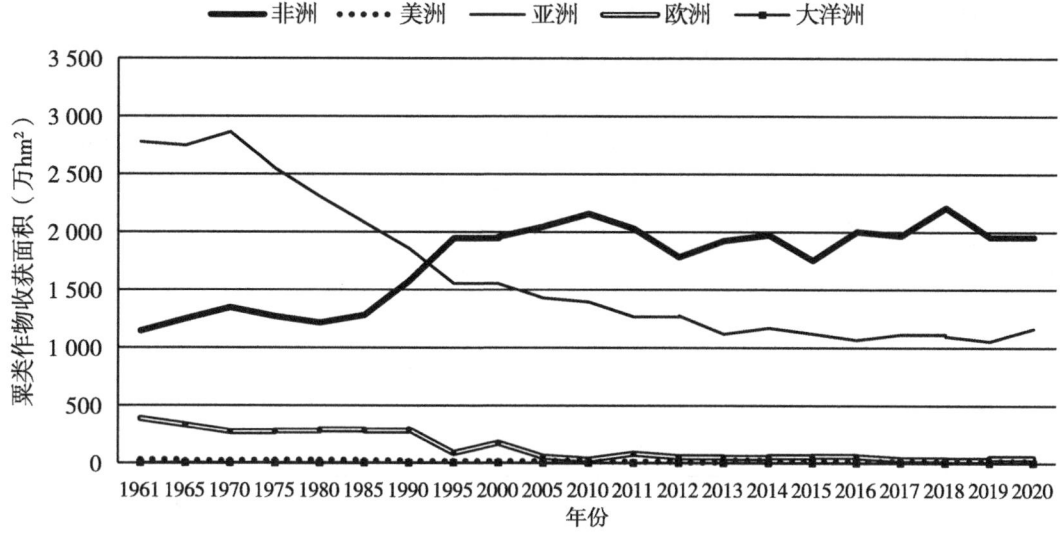

图2-5　1961—2020年世界五大洲粟类作物收获面积

从图2-6可以看出，1961—2020年世界五大洲粟类作物产量由多到少依次为亚洲、非洲、欧洲、美洲、大洋洲。纵观各洲60年间产量变动情况可看出，非洲、美洲、大洋洲整体呈上升态势，其中，非洲的粟类作物产量由1961年的658.71万t上升至2020年的1 380.61万t，涨幅高达109.59%，美洲的粟类作物产量由1961年的29.84万t下降至2020年的21.46万t，降幅高达28.08%，大洋洲的粟类作物产量由1961年的2.18万t上升至2020年的3.64万t，涨幅高达66.97%；亚洲的粟类作物产量变动较小，由1961年的1 599.67万t下降至2020年的1 573.74万t；欧洲的粟类作物产量由1961年的273.58万t下降至2020年的66.91 t，降幅高达75.54%。

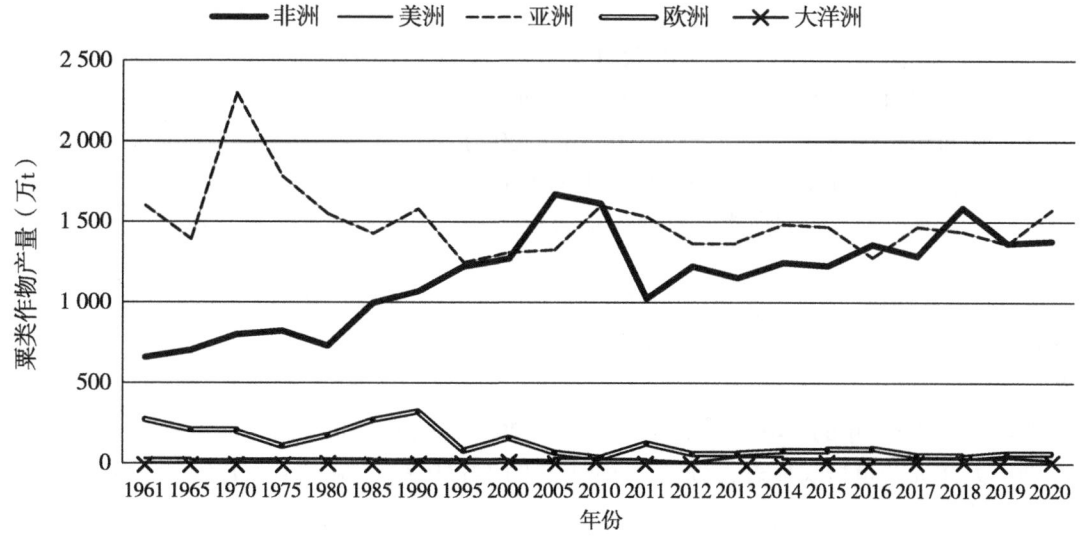

图2-6　1961—2020年世界五大洲粟类作物产量

从图 2-7 可以看出，1961—2020 年五大洲粟类作物单产水平均呈上升态势，表明世界粟类作物在育种、栽培等方面的科研水平不断提升。60 年间非洲粟类作物单产水平由 1961 年的 576.30 kg/hm² 上升至 2020 年的 700 kg/hm²，涨幅高达 21.46%；美洲的粟类作物单产水平由 1961 年的 1 248.70 kg/hm² 下降至 2020 年的 1 076.20 kg/hm²；亚洲的粟类作物单产水平由 1961 年的 575.70 kg/hm² 上升至 2020 年的 1 353.20 kg/hm²，涨幅高达 135.05%；欧洲的粟类作物单产水平由 1961 年的 707.50 kg/hm² 上升至 2020 年的 1 264.90 kg/hm²，涨幅高达 78.78%；大洋洲的粟类作物单产水平由 1961 年的 1 009.00 kg/hm² 上升至 2020 年的 1 018.30 kg/hm²，涨幅较低。

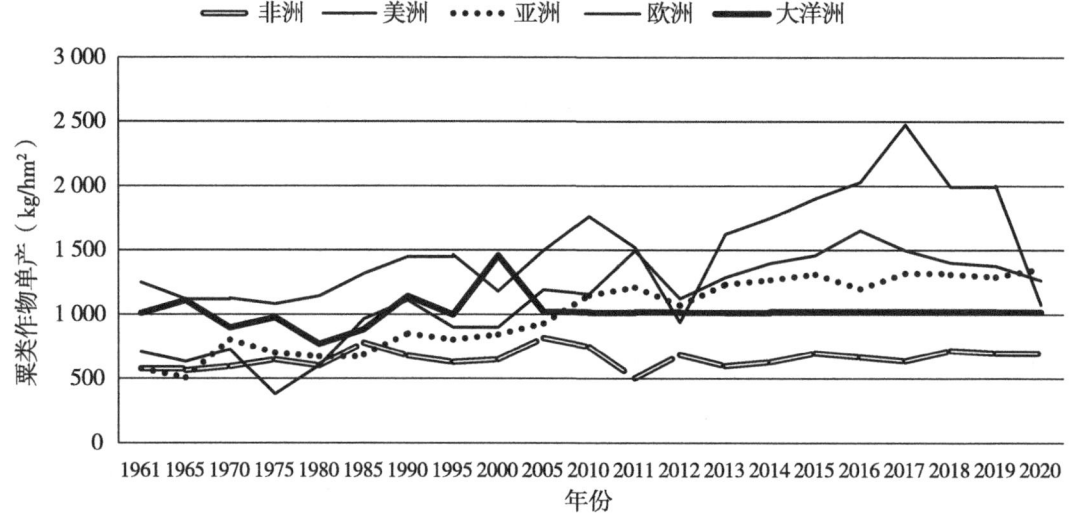

图 2-7　1961—2020 年世界五大洲粟类作物单产

（三）高粱

1961—2020 年世界五大洲高粱收获面积排名前 3 位的分别为亚洲、非洲、美洲，欧洲与大洋洲面积相对较少。纵观各洲 60 年间高粱收获面积变动情况可看出，亚洲的高粱收获面积减少显著，由 1961 年的 2 676.00 万 hm² 降至 2020 年的 694.53 万 hm²；非洲的收获面积呈上升趋势，由 1961 年的 1 321.43 万 hm² 上升至 2020 年的 2 729.37 万 hm²；欧洲、大洋洲的高粱收获面积均有所提升；美洲的高粱收获面积整体变动较小（图 2-8）。

1961—2020 年世界五大洲高粱产量排名前 3 位的亚洲、美洲、非洲转变为非洲、美洲、亚洲（图 2-9）。纵观各洲 60 年间高粱产量变动情况可看出，非洲产量呈上升趋势，由 1961 年的 1 069.15 万 t 上升至 2020 年的 2 746.92 万 t，涨幅高达 156.84%；美洲的产量由 1961 年的 1 439.07 万 t 上升至 2020 年的 2 032.05 万 t，涨幅高达 41.21%；欧洲、大洋洲产量增长显著，分别由 1961 年的 14.50 万 t、16.34 万 t 上涨为 2020 年的 131.25 万 t 与 40.22 万 t。

由图 2-10 的 1961—2020 年世界五大洲高粱单产排名可以看出，虽然欧洲、大洋洲的高粱收获面积与产量较低，但其单产水平较高，1961 年单产水平排名分别位于第二

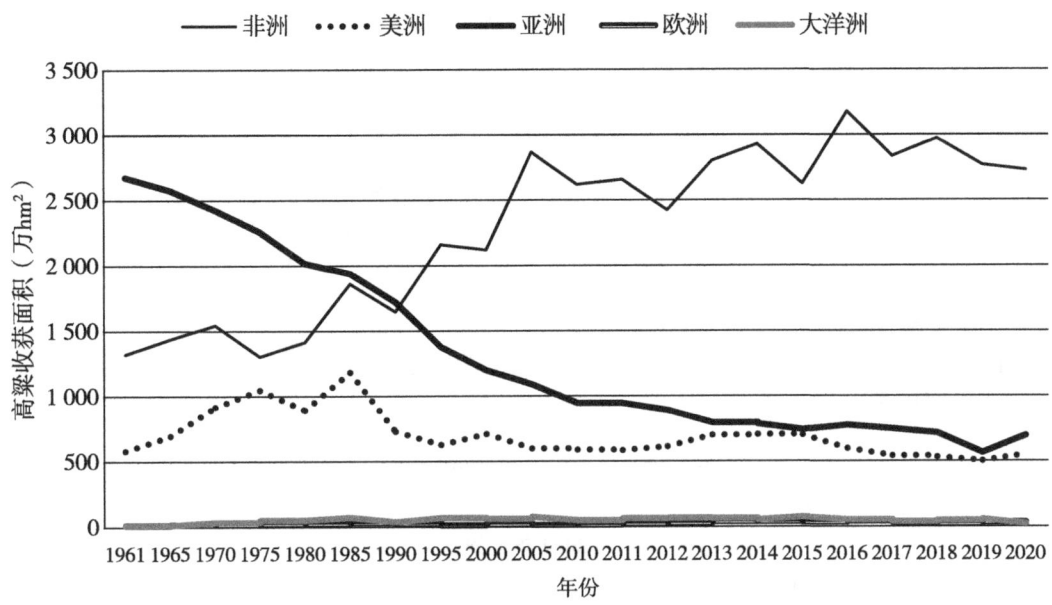

图 2-8　1961—2020 年世界五大洲高粱收获面积

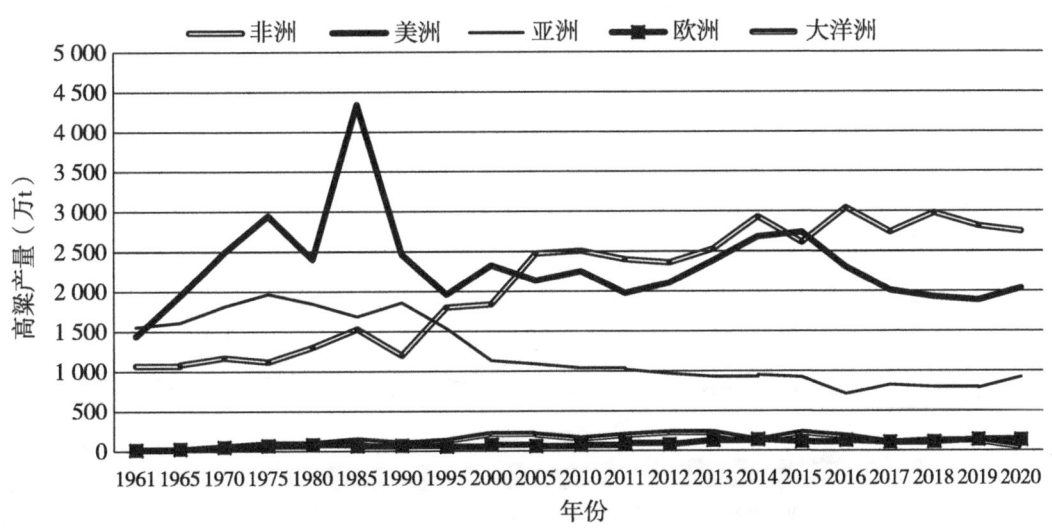

图 2-9　1961—2020 年世界五大洲高粱产量

位与第三位，整体来看，五大洲的单产水平均呈现出上涨的态势。

（四）燕麦

1961—2020 年世界五大洲燕麦收获面积排名前 3 位的分别为欧洲、美洲、大洋洲，非洲与亚洲面积相对较少，五大洲燕麦收获面积均呈下降趋势（图 2-11）。纵观各洲 60 年间收获面积变动情况可以看出，美洲、欧洲燕麦收获面积减少显著，美洲收获面积由 1961 年的 1 401.42 万 hm^2 降至 2020 年的 269.93 万 hm^2；欧洲收获面积由 1961 年

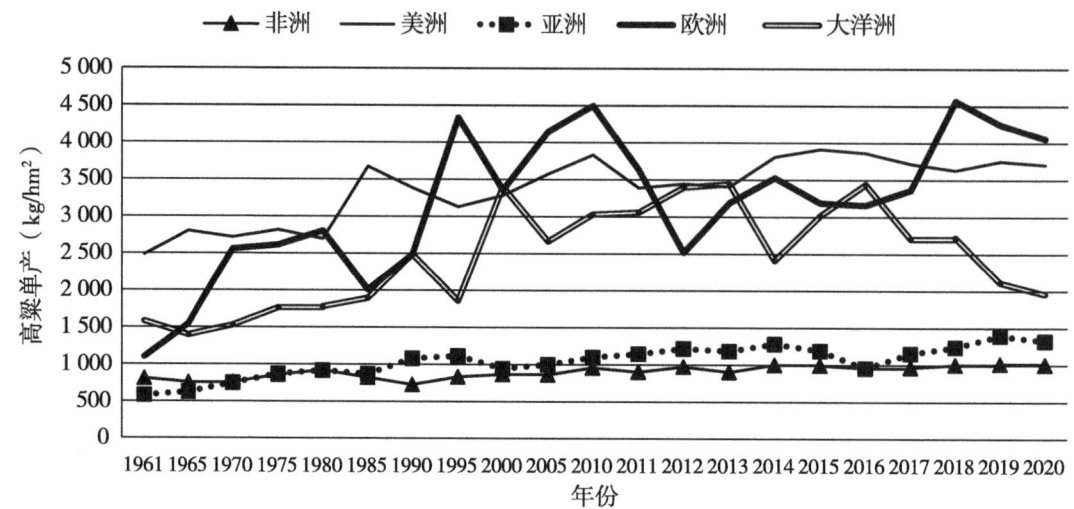

图 2-10　1961—2020 年世界五大洲高粱单产

的 2 097.30 万 hm² 降至 2020 年的 558.11 万 hm²。

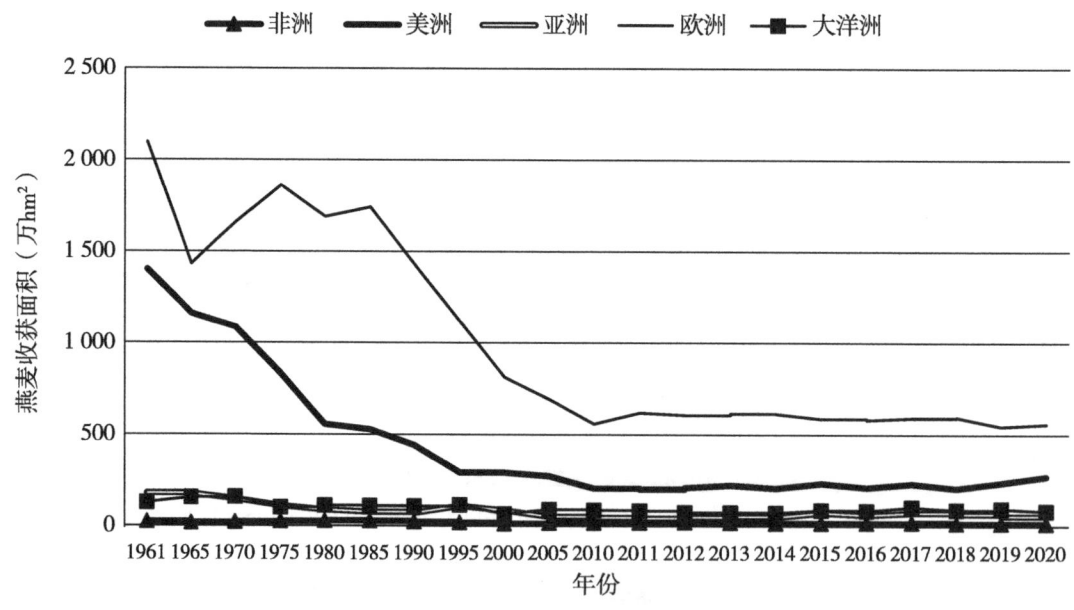

图 2-11　1961—2020 年世界五大洲燕麦收获面积

1961—2020 年世界五大洲燕麦总产量排名前三位的分别为欧洲、美洲、亚洲（图 2-12）。纵观各洲 60 年间播种面积变动情况可看出，非洲产量呈上升趋势，由 1961 年的 18.34 万 t 上升至 2020 年的 17.69 万 t；美洲产量呈下降趋势，由 1961 年的 2 000.61 万 t 下降至 2020 年的 766.21 万 t，降幅高达 61.70%；大洋洲产量变动较小。

由图 2-13 的 1961—2020 年世界五大洲燕麦单产排名中可以看出，虽然亚洲收获面积与产量较低，但其单产水平较高，整体来看，五大洲的单产水平均呈现出上涨的态

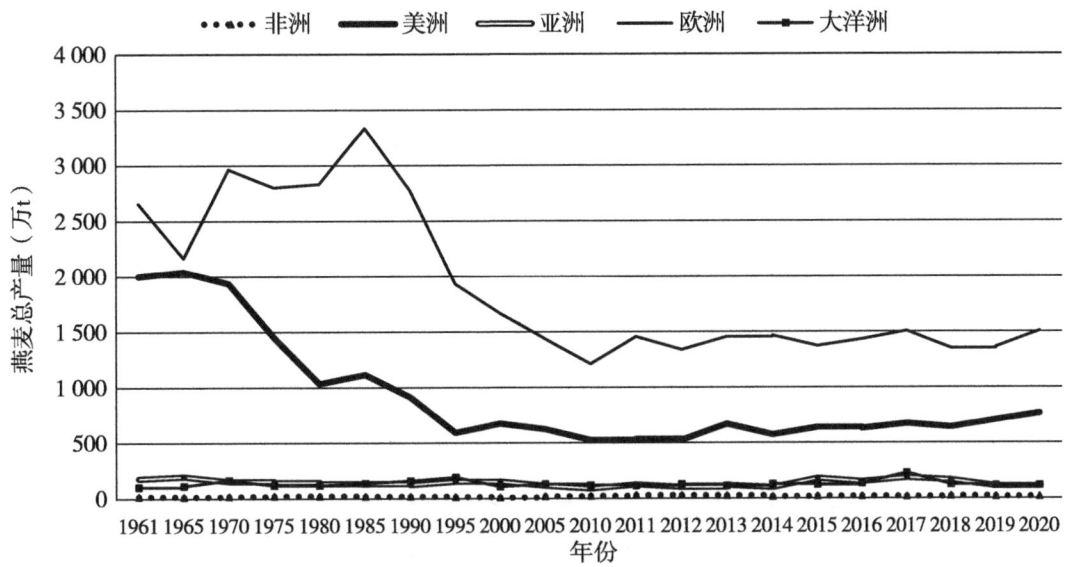

图 2-12 1961—2020 年世界五大洲燕麦总产量

势,其中,非洲的单产水平涨幅最为明显,由 2016 年的 820.70 kg/hm² 上涨为 2020 年的 1 336.00 kg/hm²,涨幅高达 62.79%。

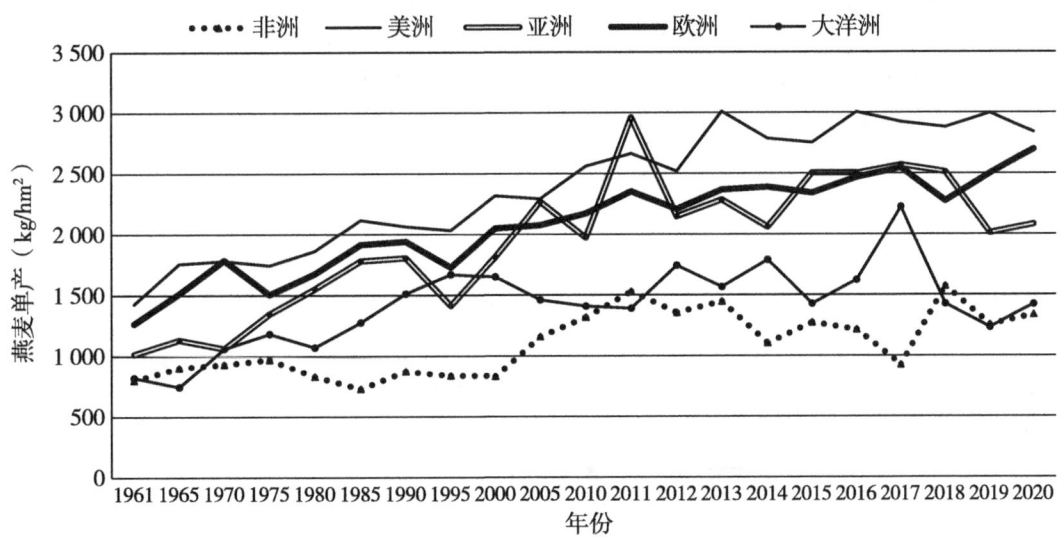

图 2-13 1961—2020 年世界五大洲燕麦单产

(五) 荞麦

1961—2020 年世界五大洲荞麦收获面积中大洋洲没有种植,收获面积较多的为亚洲与欧洲(图 2-14)。纵观各洲 60 年间收获面积变动情况可看出,亚洲与欧洲荞麦收获面积 70.40%;欧洲收获面积由 1961 年的 201.42 万 hm² 降至 2020 年的 93.36 万 hm²,降幅为 53.65%。

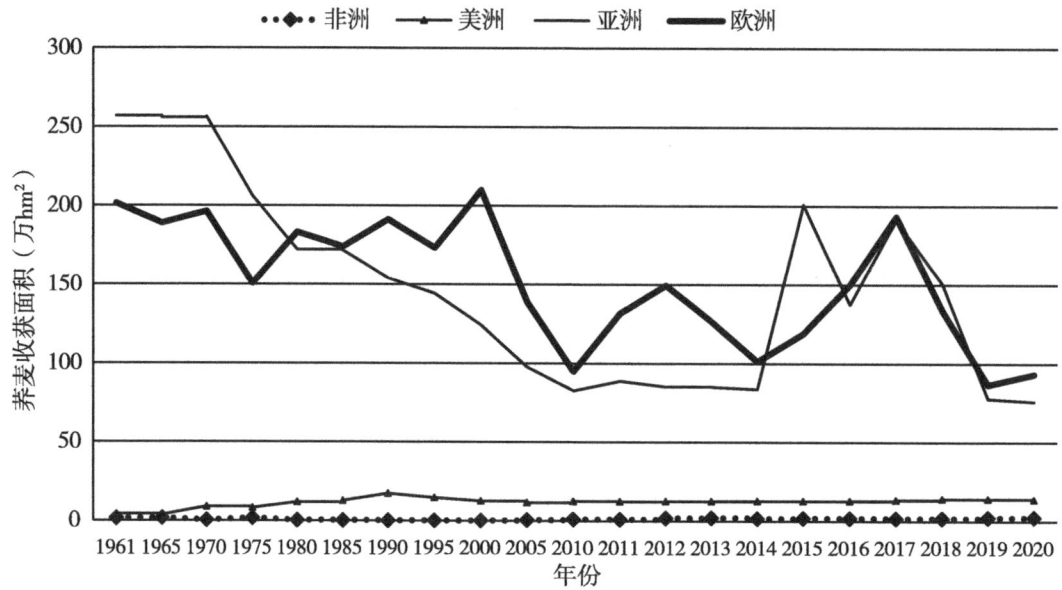

图 2-14　1961—2020 年世界五大洲荞麦收获面积

1961—2020 年世界五大洲荞麦总产量排名前三位的分别为亚洲、欧洲、美洲（图 2-15）。纵观各洲 60 年间产量变动情况可看出，非洲产量呈小幅上升趋势，由 1961 年的 1.10 万 t 上升至 2020 年的 2.60 万 t；美洲产量呈上升趋势，由 1961 年的 4.66 万 t 上升至 2020 年的 16.04 万 t；1961—2020 年欧洲产量涨幅最为显著，由 1961 年的 87.01 万 t 上涨为 2020 年的 101.94 万 t，涨幅高达 17.16%。

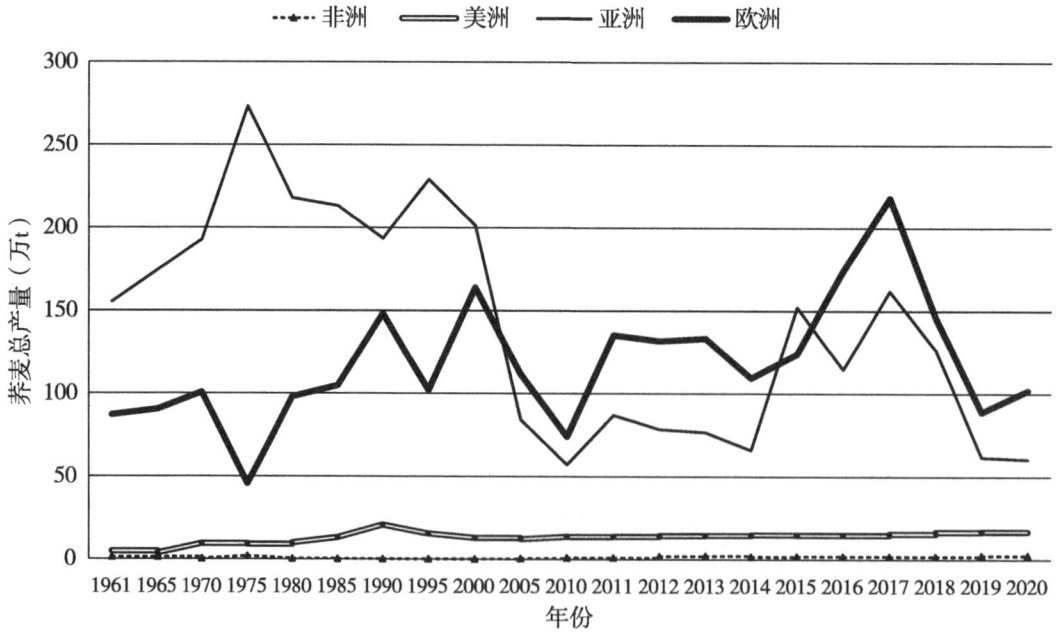

图 2-15　1961—2020 年世界五大洲荞麦总产量

由图 2-16 的 1961—2020 年世界五大洲荞麦单产排名中可以看出，五大洲的单产水平均呈现出上涨的态势，其中，欧洲涨幅最多，由 1961 年的 432.00 kg/hm² 上涨为 2020 年的 1 091.80 kg/hm²，涨幅高达 152.73%。

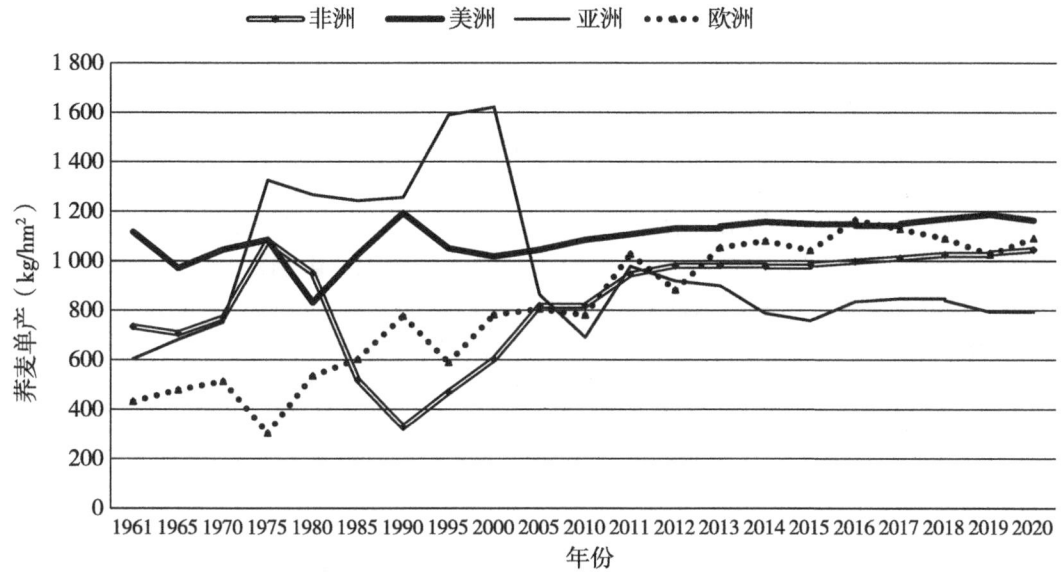

图 2-16　1961—2020 年世界五大洲荞麦单产

三、世界杂粮主要生产国家

（一）食用豆

亚太地区的印度、缅甸、中国、澳大利亚，非洲的尼日利亚、埃塞俄比亚，美洲的加拿大、巴西、美国等是食用豆的生产大国，其食用豆总产量约占世界总产量的 60%。印度是世界食用豆的最大生产国也是最大的消费国、进口国。印度的食用豆产量占世界食用豆生产总量的 26%，位居世界第一；缅甸生产量占世界食用豆生产总量的 8%，位居世界第二；中国是世界第三大食用豆生产国，生产量占世界食用豆生产总量的 7%。在过去十几年里，印度食用豆总产量在 1 200 万~1 800 万 t，种植面积 2 000 万~2 800 万 hm²，平均单产在 600~750 kg/hm²。

（二）谷子

1961—2020 年世界粟类作物收获面积排名前十的国家中，印度一直位于首位，但播种面积整体呈下降趋势，1961 年印度播种面积高达 18 657.01 万 hm²。世界粟类作物主要在印度、尼日利亚、尼日尔、苏丹、马里、乍得、中国等国家种植。1961—2020 年世界粟类作物产量排名前十的国家中，印度依旧位于首位，虽然播种面积在减少，但产量整体呈上升趋势，1961 年印度产量为 772.50 万 t，2020 年印度产量为 1 249 万 t。其次分别为尼日尔、中国、马里、尼日利亚等国家。1961—2020 年世界粟类作物单产排名前十的国家中，变动较大，1961 年的单产排名中，葡萄牙位居首位，其次分别为肯尼亚、西班牙、塞拉利昂、日本、澳大利亚、几内亚、土耳其、法国、阿根廷，这些国家虽面积与产量较少，但单产水平较高。近年来，单产水平排名前十的国家分别为阿塞拜疆、泰国、墨西哥、乌兹别克斯坦、奥地利、瑞士、法国、阿富汗、中国、西班牙。

（三）高粱

美国、印度和尼日利亚是世界三大高粱主产国。目前，美国的高粱产量和出口量均居世界首位，其高粱出口量占全球高粱贸易份额的 70% 以上，也是世界上最大的饲用高粱生产国。印度的高粱收获面积由 1961 年的 1 824.90 万 hm^2 下降为 2020 年的 550.31 万 hm^2。1961—2020 年美国的高粱产量一直位于世界首位，印度、中国、尼日利亚、墨西哥等国家的产量也居于前位，但整体而言，受播种面积的影响，产量呈下滑的趋势。1961 年世界高粱单产水平排名前五的国家分别为埃及、多米尼加、意大利、美国、巴西。近年来，单产水平排名前五的国家分别为阿曼、约旦、阿尔及利亚、乌兹别克斯坦、奥地利。整体来看，世界高粱单产水平提升显著。

（四）燕麦

俄罗斯、加拿大、澳大利亚是世界三大燕麦主产国。波兰、中国、芬兰等国家也有种植。但各个国家的收获面积呈减少的趋势。1961—2020 年收获面积较大的国家变动较小。1961 年苏联的收获面积为 1 153.30 万 hm^2，2020 年俄罗斯仅为 233.79 万 hm^2，降幅高达 79.73%。1961—2020 年美国、俄罗斯、加拿大的燕麦产量一直位于世界首位，澳大利亚、波兰、中国、巴西、芬兰等国家的产量也居于前位，但整体而言，受播种面积的影响，产量呈下滑的趋势。1961 年世界燕麦单产水平排名前五的国家分别为荷兰、比利时、丹麦、瑞士、挪威。近年来，单产水平排名前五的国家分别为爱尔兰、卢森堡、新西兰、智利、比利时。整体来看，世界燕麦单产水平提升显著。以爱尔兰为例，1961 年单产水平为 2 563.20 kg/hm^2，2020 年的单产水平为 7 085.70 kg/hm^2，涨幅高达 176.44%。

（五）荞麦

整体来看，各个国家荞麦种植面积较少。中国、俄罗斯、乌克兰是世界三大荞麦主产国。哈萨克斯坦、美国、波兰等国家也有种植。但各个国家的收获面积呈小幅减少的趋势。1961—2020 年中国荞麦收获面积由 250.00 万 hm^2 下降为 62.48 万 hm^2，降幅高达 75.00%。1961—2020 年俄罗斯、中国、法国的荞麦产量一直位于世界首位，受种植面积较小的影响，各国的产量也较少，整体来看，60 年间各国荞麦的产量变动较小。1961 年世界荞麦单产水平排名前五的国家分别为法国、澳大利亚、加拿大、巴西、美国。近年来，世界荞麦单产水平排名前五的国家分别为法国、捷克、吉尔吉斯斯坦、不丹、巴西。整体来看，世界荞麦单产水平提升显著。以巴西为例，1961 年单产水平为 1 111.10 kg/hm^2，2020 年的单产水平为 1 402.90 kg/hm^2。

四、世界杂粮产业与技术发展趋势

杂粮主要生产国以市场为导向、以效益为中心，把提高产品市场竞争力、抢占国际市场作为技术的主攻目标,深入开展基础研究和技术研发,为产业发展提供了强劲的动力与科技支撑。

(一) 有益基因发掘和基因组研究发展迅速

发达国家在杂粮遗传多样性和遗传机理、抗病抗逆优异基因发掘、产量性状的机理解析等育种前端基础和应用基础研究较为深入。随着分子生物学以及生物信息学的迅猛发展,很多新的基因克隆方法已经开发出来。除了常规的遗传群体 QTL 定位,利用自然群体进行高通量测序分析,结合表型的测定,利用全基因组关联(GWAS)分析挖掘 QTL/基因位点已成为新热点。巢式群体(NAM)结合了遗传群体以及 GWAS 分析的优点,对基因定位有更高的准确性。在美国共有 20 个巢式群体已经用于许多研究,进行高粱穗部性状和与耐寒、耐旱和耐热相关的性状控制基因的挖掘。对于表型数据的采集,很多高通量的方法也已经被开发出来。如利用无人机携带航拍进行高通量表型测定与耐旱性相关的植物表型性状或开花期等性状测定。

(二) 资源创新是加快育种速度和真正取得突破性品种培育的关键

高粱通过有性杂交、突变体诱变等进行新材料创制。如系列棕色叶脉突变体(bmr)的发现,降低了木质素的含量,提高了高粱的消化率,对饲用高粱的发展有重要的作用。抗除草剂资源的创制和利用,已成功育成抗除草剂的保持系、不育系和恢复系,并正在配制杂交种,有望在不远的将来在生产中应用。美国普渡大学的 Gebisa Ejeta 教授在高粱抗独脚金杂草资源创新上取得重大进展,育成抗独脚金品种用于非洲高粱生产,大幅度提高了高粱的产量。

(三) 专用、特用、抗逆新品种培育满足产业多样化需求

发达国家强调杂粮食用保健品质、抗病虫及适宜机械化操作等。如美国主要以饲料及生物能源高粱品种选育为主,机械化是核心,近年来在抗除草剂、抗独脚金、高生物量育种方面进展迅速。澳大利亚也一直以饲料高粱育种为主,将高粱产量、品质以及适应性改良作为重点,尤其是在高粱持绿性育种上起步较早,并且一直处于领先水平。ICRISAT 高粱育种目标从广适、高产过渡到区域适应性和抗性育种(抗独脚金、抗病虫、抗金属毒害),并开始进行性状基础上的育种,促进可持续生产。

(四) 轻简化、绿色化、机械化生产技术已经普及,产业竞争力强

发达国家倡导绿色发展理念,重视农产品安全和环境友好,加强了杂粮实用技术的研发与应用,提升农产品竞争力。以美国为代表的发达国家杂粮生产基本全程机械化、规模化种植,免耕、轮作等技术的应用改良了土壤结构,提升了土壤肥力,也提高了资源利用率。施肥量明显低于国内,生产中对病、虫、草害等进行综合防控。目前欧美等先进国家食用豆均为规模化种植,其品种经过长时间的选育,适宜机械化收获,整体机械化生产水平高。荷兰普罗格集团(Ploeger Oxbo Group)研发出青豌豆联合收割机,在荷兰、法国和美国均有销售和应用,旗下的 Ploeger EPD 540 和 Oxbo6156 系列联合收割机在进行青豌豆收获作业时效率高、破损低。日本已开发出小豆专用收获机具(分段收获和联合收割)。

(五) 杂粮的营养性和功能越来越受到关注，杂粮产业发展潜力巨大

随着国外对杂粮的营养特性和功能特性的深入认识，杂粮在全球正受到越来越多的研究和商业关注。杂粮最初被认为是一种只被穷人消费的产品，但随着糖尿病等疾病的增加，杂粮也重新回到了城市居民的饮食生活中，即食谷物、方便食品或混合食品的形式的开发将成为谷子加工未来研发趋势。国外研究者对于豆类及其制品的营养健康功能的研究主要聚焦在减肥、抗癌、抗氧化、改善糖尿病等生理功能上。同时，对食用豆加工产品的研发也非常重视，但从全球来看，即食餐尚处于起步阶段，但市场前景广阔。谷子由于营养丰富和抗逆性强，专家预计到 2030 年全球谷子种植将增长 60%。随着国外消费者对于杂粮食品需求的多样化和健康饮食概念的普及，全球杂粮产业发展潜力巨大。

第二节 中国杂粮产业概况

一、中国杂粮生产概况

中国是世界上最大的杂粮生产国，杂粮种植历史悠久，杂粮品种多达 600 多种，谷子、高粱、燕麦、荞麦、大麦（青稞）及绿豆、红小豆、芸豆、蚕豆、豌豆等主要杂粮作物已形成一定的品种、产地和生产加工优势。近年来，我国杂粮种植面积约在 900 万 hm^2，生产总量达 2 000 万 t 以上，产区主要集中在干旱、半干旱地区，是当地的主要粮食作物和重要的经济来源。谷子的种植面积和总产量位居世界第一；荞麦、糜子和黍稷种植面积和产量居世界第二位；高粱种植面积和产量位居世界第八位和第六位；绿豆、红小豆占世界生产量的 1/3；同时也是燕麦、豇豆和小扁豆的主要生产国。

(一) 食用豆

近年来，由于食用豆具有良好的补茬口特性，有效的固氮养地功能，收购价格相对比较稳定，加上食用豆产业技术体系不断加强食用豆新品种的试验示范力度，新品种新技术的培训宣传和示范力度显著增强，新品种替代地方品种逐步被农户接受，以及食用豆与燕麦、青稞、甘薯、玉米、棉花等作物的间套种、轮作、混播等高效种植方式的研究与示范，构建了合理的轮作/间作体系，有效改善了农田土壤环境，培肥了地力，加之在城市周边地区大力推广"干改鲜"技术，食用豆单位面积产量上升，刺激着农民种植食用豆的积极性。近年来，全国食用豆面积和产量有了一定的提升，据不完全统计，2018 年全国食用豆种植面积约为 470 万 hm^2，总产量为 2 230 万 t（干鲜食合计），分别比 2017 年增加了 10% 左右。我国绿豆常年种植面积在 80 万~100 万 hm^2，年总产 100 万 t，主要分布于河北、内蒙古、吉林、安徽等省（区），红小豆常年种植面积 25 万~30 万 hm^2，年总产 35 万 t 左右，主要分布于河北、内蒙古、吉林等省（区）。

(二) 谷子

谷子在我国分布极其广泛，目前产区主要分布在 32~48°N、108~130°E 的北方各省的干旱、半干旱地区，其中种植面积较大的有山西、河北、内蒙古、黑龙江、吉林、辽宁、山东、河南、甘肃、宁夏等省（区）。"十五"以来，国家攻关（科技支撑计

划）项目习惯将我国谷子产区分为华北、东北、西北三大生态区。根据各地自然条件、地理纬度、种植方式和品种类型，有专家学者把中国谷子产区划分为东北平原春谷区、华北平原夏谷区、内蒙古高原春谷区、黄河中上游黄土高原春夏谷区这四个谷子栽培区，形成了河北邯郸、河北张家口、内蒙古赤峰、辽宁朝阳、河南洛阳、山西忻州、山西长治、山西吕梁、陕西陕北等谷子优势主产区。

解放初期，我国谷子播种面积在 1 000 万 hm² 左右，1949—2018 年我国谷子播种面积总体呈下降趋势，并有 3 次快速下降期。第一次：1955—1960 年，我国谷子生产面积从 892.9 万 hm² 下降到 570.4 万 hm²，5 年间下降 322.5 万 hm²，平均每年下降 64.5 万 hm²；第二次，1970—1980 年，我国谷子生产面积从 691.3 万 hm² 下降到 387.2 万 hm²，10 年间下降 304.1 万 hm²，平均每年下降 30.4 万 hm²；第三次，1983—2005 年，我国谷子面积从 408.7 万 hm² 下降到 84.9 万 hm²，21 年下降 323.8 万 hm²，平均每年下降 15.4 万 hm²。此后我国谷子生产面积波动不大，近年来由于市场拉动、轻简化生产技术的推广，部分地区谷子面积有所回升，2018 年恢复到 77.82 万 hm²，受科技进步促进影响，我国谷子的单产在波动中不断增长（图 2-17）。

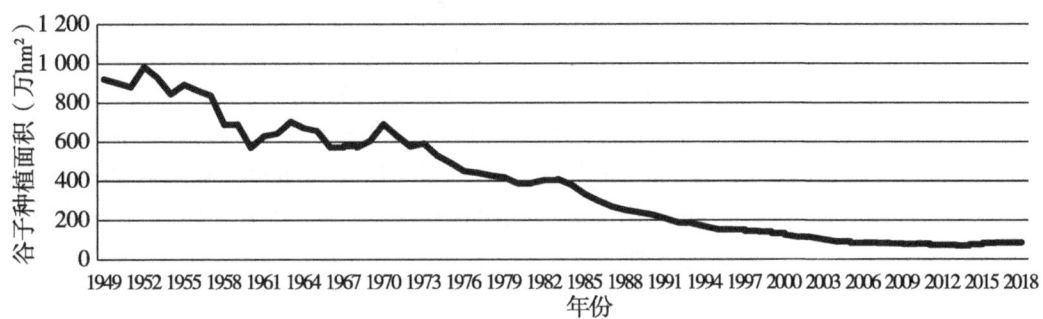

图 2-17　1949—2018 年中国谷子种植面积变化趋势

我国谷子产量随着播种面积变化而变化，1949 年谷子总产量为 779.70 万 t，1952 年谷子总产量达到历史最高的 1 153.00 万 t，到 2018 年，谷子的总产量为 234.18 万 t，减少 900 多万 t（图 2-18）。

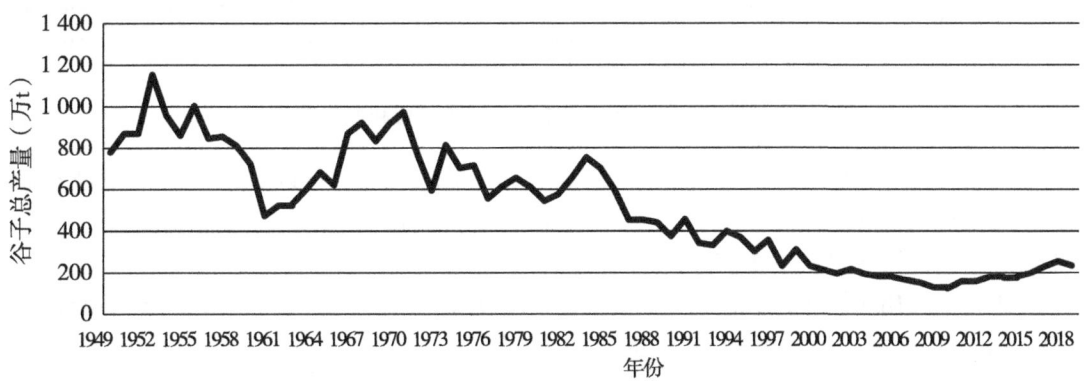

图 2-18　1949—2018 年中国谷子总产量变化趋势

1949 年谷子的单产 56.46 kg/hm²，2018 年单产水平为 200.62 kg/hm²，涨幅高达 255.33%（图 2-19）。

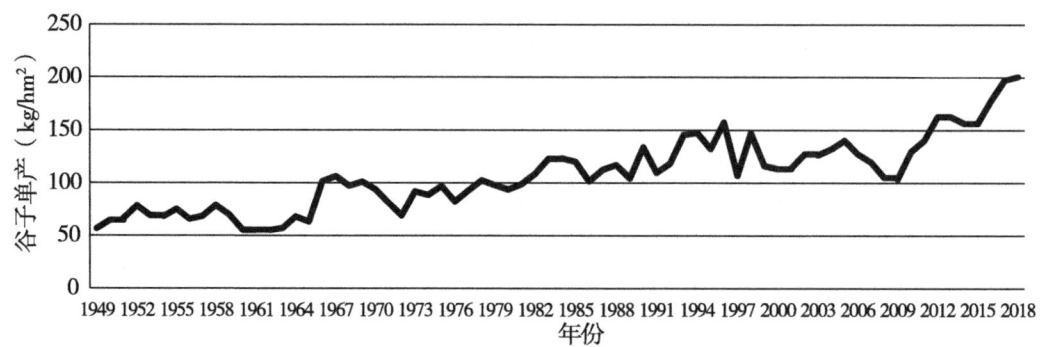

图 2-19　1949—2018 年中国谷子单产趋势

（三）高粱

高粱是我国重要的旱粮作物，在提高我国粮食总产和旱坡地单产中曾起过关键性的作用，在我国干旱、半干旱、低洼易涝以及盐碱地等地区，对稳定当地粮食产量、保证当地人民的粮食供应也曾起过不可低估的作用。国产高粱含有一定量的单宁，是酿造名白酒的重要原料，是其他作物所不能代替的。1949—2018 年，中国高粱种植面积急剧下降，由 1949 年的 892.21 万 hm² 下降为 2018 年的 61.88 万 hm²，降幅高达 93.00%。由图 2-20 可以看出，1949—1960 年高粱种植面积震荡下滑，1961—1974 年有所回升，1975 年后种植面积又开始震荡下滑。

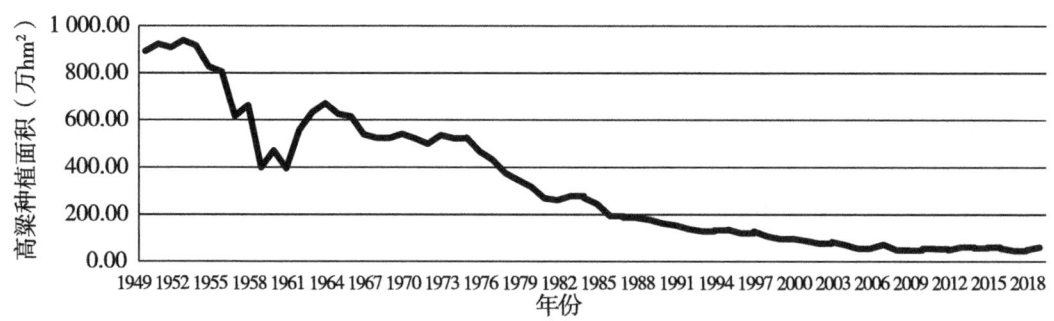

图 2-20　1949—2018 年中国高粱种植面积变化趋势

纵观 1949—2018 年中国高粱总产量走势图（图 2-21）可以看出，总产量波动较大，除受种植面积的影响外，还受当年的天气影响，总体来看，呈下降的趋势。1974 年的产量达到历史最高的 1 137.5 万 t，2009 年产量为历史最低的 167.66 万 t。

1949—2018 年中国高粱单产水平呈波动上升趋势（图 2-22），由 1949 年的亩产 50.43 kg 上涨为 2018 年的 313.48 kg，69 年间 2013 的单产水平为历史最高的 331.04 kg。

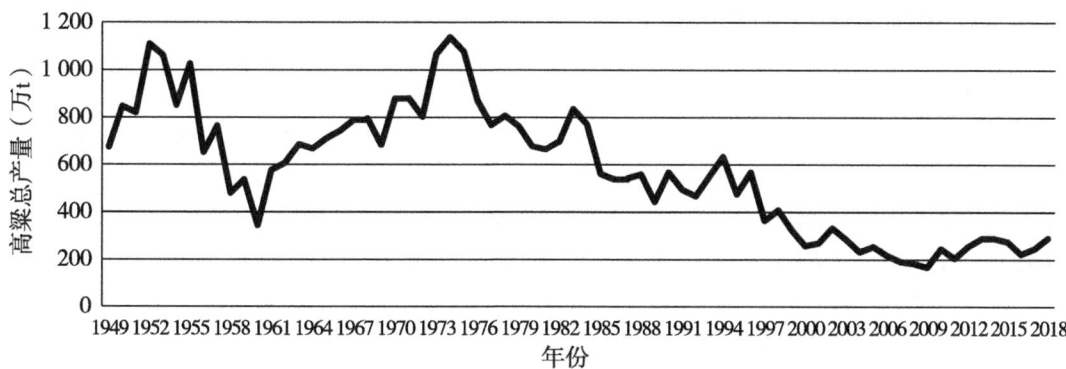

图 2-21 1949—2018 年中国高粱总产量变化趋势

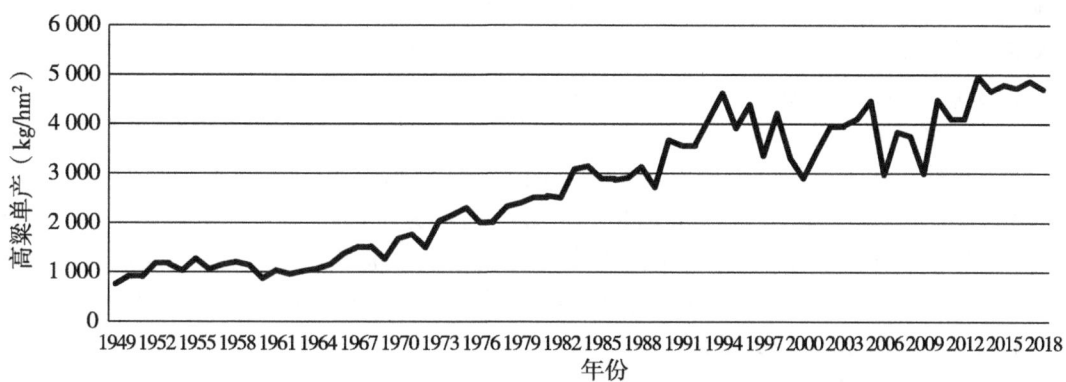

图 2-22 1949—2018 年中国高粱单产变化趋势

（四）燕麦与荞麦

燕麦与荞麦是国际公认的保健食品，也是国内外健康消费市场长期关注的特种谷物。燕麦分裸燕麦、皮燕麦，荞麦分甜荞、苦荞。裸燕麦和荞麦均起源于我国，种植和利用历史悠久。近年来我国燕麦种植面积约 66.67 万 hm^2，产量约 85 万 t，占世界燕麦总产量的 3% 左右。

荞麦在我国分布极其广泛，主要栽培于土壤贫瘠的地区，由于各地区自然条件的不同和人们在饮食文化上的差异，造成了各地区种植的不均衡。中国荞麦的种植面积和产量均居世界第二位，常年种植面积超过 100 万 hm^2，总产量 80 万~100 万 t。中国荞麦的生产水平较低，平均每公顷产量约 1 100 kg（1961—2017 年），少数地区产量可超过 2 000 kg/hm^2。随着农业技术的普及和农民文化素质的提高，多数地区生产水平明显提高，不少地方每公顷产量超过 1 500 kg，少数田块甚至有的超过 2 200 kg。我国甜荞主产区主要集中在北方的内蒙古、陕西、山西、甘肃、宁夏和吉林等省（区），其种植面积 70 万~80 万 hm^2；苦荞主产区则主要集中在长江以南的云南、四川、贵州和西藏等省（区），常年种植面积在 50 万 hm^2 以上。

二、中国杂粮产业发展意义

(一) 杂粮作物在旱作农业中具有不可替代的作用

在北方广大旱区,特别是黄土高原区,种植业是保持生态环境的主要基础。粮食生产直接影响农民生活水平,对农村经济发展也有一定制约作用。中国干旱、半干旱、半湿润地区占国土总面积52.5%,旱作耕地占总耕地面积34.0%(刘广义,2009),这类耕地种植大宗粮食作物产量低、效益差,而种植杂粮能获得相对较好的收成,比较效益也较显著。基于杂粮在旱作农区农业生产中占有的重要地位,杂粮生产成为旱作农区可持续发展的重要组成部分,也是救灾补荒的重要作物,对实现旱作农业可持续发展有着重要的战略意义,甚至具有不可替代的作用。

在全球变暖、水资源日益短缺的背景下,为确保中国粮食安全和生态安全,应适当减少高耗水作物,恢复低耗水的谷子等抗旱作物的种植面积。中国是严重缺水国,人均水资源量仅相当于世界平均水平的1/4,单位耕地面积占有水资源量仅相当于世界平均水平的3/4,而北方地区水资源贫乏状况更加严重。河北省人均水资源占有量仅相当于全国平均水平的1/8,单位面积耕地水资源占有量相当于全国平均水平的1/9,长期超采地下水使河北省成为世界最大"漏斗"区,全省已形成20多个漏斗区,漏斗总面积达4万km^2,最严重的沧州地区漏斗区内20年内将无水可用。严重缺水迫使全省选择发展耐旱节水作物。相对于大宗粮食作物水稻、小麦、玉米,杂粮是旱作农业的理想作物,尤其是谷子,根系发达,抗旱,水利用效率高,每生产1 kg干物质仅需水271 kg,玉米和小麦则需水369 kg和510 kg。

(二) 杂粮作物具有高效利用土地的特点

杂粮作物普遍具有耐旱、耐瘠、适应性强的生物学特点,可以在旱地、山坡地、瘠薄地种植。生育期短的杂粮在多数适宜地区可夏播,作为救灾补种作物,杂粮可在大宗粮食作物灾后补种;杂豆具有生物固氮、培肥地力等特性,与大宗作物间套种能够提高土地利用率;在轮作倒茬中杂豆类还是养地的好茬口,这些都对促进农业可持续发展具有重要战略意义。

由于分布地域广,杂粮具有丰富的遗传多样性和作物多样性,杂粮作物适应旱区、山区严酷生态环境,生产力相对比较稳定。中国广大旱区降水少且季节分布不均,水土流失比较严重,土壤比较贫瘠,自然灾害频发。杂粮多数为秋收作物,适应旱区雨热同季的气候特点,能够比较充分地利用旱区的光、热、水等自然资源。

杂粮作物能够有效减少水土流失,例如:黄土高原地区的降水集中在夏季,正值杂粮作物生长旺季,因此杂粮作物对径流的拦蓄作用较强。比如:黑豆径流量最少,为裸地的43.6%,荞麦为78.1%,糜子为77.9%;从减少土壤侵蚀方面来看,黑豆效益比较显着,平均侵蚀量比裸地减少90.2%,荞麦可减少72.1%,高于小麦的68.7%。

(三) 杂粮对畜牧业发展的促进作用

中国畜牧产业发展迅速,而饲草料是畜牧业发展的基础,谷子、豆类秸秆都是优质饲草,谷草含粗蛋白3.1%、戊聚糖26%、木质素24.2%、纤维素42.2%,营养价值高于一般禾本科牧草,而且谷草质地柔软易消化,是牛羊等反刍类食草牲畜的优质饲草。杂豆的籽实、碎粒、荚壳、茎叶等的蛋白质含量均较高,粗脂肪含量较高,茎叶易消化,比其他饲料作物耐瘠、耐阴和耐旱,生长期比较短,在山坡薄地、林果间作隙地、田边地头均可生长,在较短的时间内就能够获得较多的饲草料资源。

中国许多地区发展牛羊养殖业缺乏饲草资源,特别是平原地区,谷子、豆类秸秆是粮草兼用的最佳作物。在畜牧业发展较快的河北省东部地区,传统饲草资源越来越少,而谷草逐渐成为了草食畜牧业的主要饲草来源,促使谷草价格上涨,有的年份谷草价格达到 0.3~0.4 元/kg,极个别年份甚至高达 0.8 元/kg。在中国耕地资源不断减少的大背景下,发展谷子等杂粮生产可在尽量不减少粮食产量的前提下提供饲草,为畜牧业发展提供有力保障。近年来饲用高粱也以其较高的产量和营养价值呈现快速发展趋势。

(四) 杂粮在区域经济发展与缓解贫困中的重要作用

中国偏旱地区占国土面积的 52.5%,其中旱作耕地占总耕地面积的 34.0%,主要分布于北方 16 个省份,山坡地、瘠薄田占很大比例,种植大宗作物产量低且经济效益差,而杂粮适应性强、抗逆性强,在旱薄地种植能获得相对较好的收成,可以充分利用中国的稀缺土地资源和独特的地理生态环境条件,为中国粮食安全开辟一条有效途径。杂粮多种植在海拔高、积温低、无霜期短、气候冷凉、不适宜大宗作物生长的旱作农业区,特殊的地理位置和恶劣气候条件决定了这类地区除了种植具有特殊生育特性的杂粮作物外别无选择,因此,无论在农业生产结构上还是作物环境适应性上杂粮均具有无可替代性。

杂粮是这类地区的重要经济来源,具有增加农民收入、维持社会稳定的作用。中国常年杂粮种植面积约 800 万 hm^2,从业人员 6 000 万人,主要分布在中国的北部与西部,杂粮发展直接关系到这些地区农民的生产生活,影响其脱贫和温饱。杂粮作为部分主产区农民的主要口粮,也是部分农民的主要收入。同时有利于减轻国家粮食区域平衡压力,增加贫困地区粮食供给。大力发展杂粮是改变贫困落后地区面貌的最直接、最有效的方式。杂粮成为旱区、山区农民依靠种植业增加收入的重要途径。杂粮产业极具开发潜力,蕴藏着巨大的经济效益,对山区、贫困地区农民脱贫致富具有难以替代的重要作用。

三、中国杂粮产业发展特征

(一) 种植面积、产量稳中有升

我国杂粮常年种植面积约 800 万 hm^2,占全国粮食作物播种面积的 9%~10%,产量约 2 000 万 t(不包括鲜食豌豆和甘薯),产量占粮食作物 3%~4%,产区主要集中在干旱、半干旱地区,是当地的主要粮食作物和重要的经济来源。我国谷子常年播种面积约 100 万 hm^2,年产量约 250 万 t,居世界第一位;荞麦常年播种面积约 100 万 hm^2,年产量约 100 万 t;普通菜豆常年播种面积约 70 万 hm^2,年产量约 114 万 t;绿豆常年种植面积在 100 万 hm^2,年产量约 100 万 t;红小豆常年种植面积 30 万 hm^2,年产量约 35 万 t;高粱常年播种面积约 80 万 hm^2,年产量约 200 万 t。因此,我国是杂粮生产大国,我国的杂粮生产在国内及国际农业中占有重要地位。近年来，受需求增长、市场拉动、政策支持等多因素共同发力作用下，我国谷子、高粱等杂粮生产面积稳中有升。

（二）消费需求增长显著，市场价格波动频繁

杂粮的营养保健价值得到消费者的广泛认可，随着我国人均 GDP 接近 1 万美元，中老年人口比例上升，年轻一代越来越注重养生保健，中等收入群体不断壮大，消费层次由温饱型向小康型转变，消费结构将发生重大的转型，营养健康保健的杂粮消费需求呈显著增长趋势。由于市场的拉动，土地流转的加快，杂粮规模种植比例快速上升，但存在缺乏行业协会的组织协调、订单农业较少的问题，杂粮年度间种植面积不稳，市场波动较为频繁，在一定程度上不利于杂粮产业可持续发展。

（三）对外贸易活跃，是出口创汇的主要农产品

我国主要杂粮年出口约 100 万 t，出口额 95 308.5 万美元，占我国粮食出口的 40%，已成为出口创汇的主要农产品。2018 年，我国谷子出口量约为 3 204.58 t，出口额 280.45 万美元，出口单价约 0.87 美元/kg，主要出口到韩国、德国、印度尼西亚、日本、越南、泰国等。我国是世界第一大荞麦出口国，出口量约 24.44 万 t，出口额 1 535.2 万美元，主要出口到日本、俄罗斯、法国、荷兰及欧盟国家、韩国、朝鲜及南亚、西亚等国家和地区。食用豆出口数量约为 30 万 t，出口额约为 4.24 亿美元。食用豆进口数量为 154.43 万 t，进口额为 5.42 亿美元，加拿大、澳大利亚、美国是最大的进口来源国，我国食用豆主要出口日本、印度、越南等国，其中，辽宁、黑龙江、吉林、山东和河北是前五大出口省份，这五个省份的食用豆出口数量占出口总量的 81.77%，出口金额占出口总额的 81.29%。

（四）产区优势逐步显现，产业带动能力持续提升

特色农产品具有显著的溢价能力，带动农民增收作用明显，杂粮产业已成为杂粮主产区的特色产业。我国杂粮关联产业规模在 1.5 万亿元左右，对我国脱贫攻坚、就业带动具有重要作用。在季节性休耕、农业供给侧结构性改革、乡村振兴等政策支持下，在东北、西北、华北、西南等杂粮主产区，一批专业化杂粮产业基地逐步形成，主产区优势日益凸显，形成了一批全县域发展型、龙头企业带动型以及合作社、种植大户等产业化组织发展模式。这些新型生产经营组织在基地建设、技术推广、市场营销、储藏加工等方面发挥重要作用，带动农户进行杂粮产、加、销产业化组织，形成了全产业链服务，有效提高了杂粮产业的组织化程度，产业带动能力逐步增强。如：我国高粱主要是酿造白酒的优质原料，在品牌白酒企业的带动下，形成了我国东北、华北、西南酿造白酒产业带，茅台、五粮液、汾酒等知名酒企均采用专用品种建立绿色标准化生产基地，采取订单模式，价格较市场高 30% 以上，农民收益较同期作物玉米高 2 倍以上。2018 年仅 A 股上市白酒企业营业收入超 2 000 亿元。

（五）成果转化速度不断提升，支撑产业发展能力持续增强

杂粮的成果转化进展显著，谷子、高粱等杂粮品种实现了成果转化，新品种市场占有率不断提高。在生产技术方面，研发的系列农机、轻简化生产技术在产区应用比例持续提高，据全国谷子高粱产业技术体系发布数据表明，2008—2018 年的 10 年间谷子单

产提高69.1%，科技进步对单产的贡献率为50.84%，谷子耕种收综合机械化水平由2008年的9%提高到2018年的46%，科技进步为谷子生产由散户向规模化生产提供强有力的技术支撑；在产后加工方面，科企开展深度合作，杂粮馒头、小米营养粉、杂粮面条等一批杂粮产后深加工产品陆续上市。

四、中国杂粮产业发展存在问题

（一）基础研究水平较低，限制了突破成果的形成

长期以来我国杂粮科技创新队伍、研发投入相对处于较低水平，在基础研究方面较国外发达国家以及大作物差距较大，导致杂粮重大基础理论创新不足。比如：在杂粮全基因组、关键基因定位、重要经济性状形成及调控、品质形成机理等基础研究方面薄弱，限制了杂粮产业重大科技成果的形成。

（二）种质资源收集不足，分子育种技术滞后

谷子、荞麦等杂粮均起源于我国，种质资源丰富，但收集不够全面。目前，国内收集种质资源单位较少，且种质资源评价不够深入，缺乏精准鉴定；种质资源利用率不高，育种技术落后，育种手段滞后，限制了杂粮在产量、品质和抗逆性状的遗传改良，进而制约了杂粮的栽培推广、产品开发和产业发展。其次，筛选、发掘杂粮种质资源重要品质性状、重要抗病性等特异基因资源，并加以引进和利用，将具有重要理论意义和应用价值，但我国杂粮分子育种研究起步较晚，虽然近几年在重要性状基因定位和基因转化等方面取得了一定进展，但尚存在分子技术与传统育种脱节等问题。

（三）突破性品种技术不足，制约了产业转型升级

虽然近年来杂粮产业在抗除草剂育种、配套农机等方面取得突破，但是突破性品种和技术较产业发展需求来说依然不足，比如：优质谷子品种晋谷21、黄金苗等老品种仍占有较大面积，缺乏综合抗性好、抗除草剂、品质和晋谷21相当的品种；加工专用品种依然缺乏，限制了杂粮产后加工的发展。针对产业对绿色高效栽培技术需求，缺乏适合压采地下水区、镰刀弯地区配套的节肥、节药绿色生产技术。农机农艺融合依然不够，生产上收获损失率较大，精准化、智能化水平较大宗农作物有较大差距；缺乏适合丘陵山区小地块机械装备，西北、西南杂粮主产区轻简化生产水平依然较低。贯穿品种、技术、产地的质量追溯体系建设还处于起步阶段，限制了我国杂粮产业转型升级、提质增效，导致产业大而不强，比较优势有待提升。

（四）消费结构单一，市场竞争力不足

杂粮消费方式主要有原粮、种用与饲用，且以原粮消费为主，消费方式单一、消费类型少，产后加工不足是制约产业发展的瓶颈问题。我国杂粮产业链后端价值开发不足，上市产品多属于初级产品，产后附加值不高是目前的产业发展短板。初级加工企业增加较快，但各企业的产品以及市场定位趋同，缺乏市场定位、市场细分与产品开发多元的龙头企业，在市场竞争中没有充分发挥自己的独特优势，不能够满足日趋多样化的市场需求，不利于产业可持续发展。由于需求有限，易导致杂粮市场价格波动频繁，直接影响农民收益。随着人们生活水平的提高，膳食结构的合理化，特色杂粮广阔的市场

（五）产业链有待延长，一二三产业融合有待提升

一产重、二产轻、三产严重不足是我国杂粮产业的发展现状。延伸杂粮产业链，打造全产业链、提升全价值链、促进一二三产业融合发展是今后我国杂粮产业的发展方向。在杂粮主产区，还缺乏将杂粮农耕文化与种植、养殖、加工、休闲观光、农事体验相结合的一二三产业融合发展的技术和模式。延伸产业链，促进一二三产业融合发展，是提高杂粮产业市场竞争力、提高产业综合效益的重要保障。

第三节 世界杂粮贸易概况

一、世界食用豆进出口概况

（一）世界食用豆进口概况

世界食用豆进口国家和地区多达140个，主要集中在发展中国家。非洲的埃及，亚洲的巴基斯坦、印度、土耳其、阿拉伯联合酋长国以及欧洲的英国、意大利和西班牙等均是世界上的主要食用豆进口国，进口品种以芸豆、豌豆、扁豆、绿豆等为主。其中，世界绿豆的主要进口国是印度、日本、印度尼西亚、美国、马来西亚、斯里兰卡、英国等。在亚洲地区，印度是世界上最大的食用豆进口国，主要进口豌豆、扁豆、绿豆等，由于宗教等原因，印度居民蛋白质和热量的食物来源是食用豆和谷物，食用豆作为印度人每餐必吃的东西，永远是作为主餐姿态出现，所以尽管印度也是食用豆最大的生产国，但由于其人口快速增加，国内食用豆生产仍然满足不了需求，因此食用豆仍依赖于进口，并主要从美国、澳大利亚、缅甸、土耳其、坦桑尼亚和加拿大进口。此外，印度消费水平较低，对进口食用豆的品质要求不高，只要商品达到一般品质，价格越低越有市场，因此，约80%的进口食用豆属于一般平均品质，以原料为主。中国进口的食用豆以豌豆为主，主要来自加拿大。在欧洲地区的法国、西班牙、意大利、英国等发达国家，由于自身食用豆产量不足，多通过进口来增加本国食用豆供给，以此来满足国内消费需要。美洲的美国、墨西哥、加拿大、阿根廷是其进口主要来源国，澳大利亚和中国也向这些发达国家出口食用豆。东欧的保加利亚、匈牙利、波兰、乌克兰等国尽管国内有食用豆种植，但产量不能满足国内消费，需进口少量食用豆，并且该地区食用豆进口量呈现上升的趋势。在美洲地区，墨西哥是食用豆的主要进口国，通常从美国、加拿大进口。总体来说，发展中国家食用豆的进口，由于受到本国食用豆单产和播种面积不稳定、年际间产量波幅较大等因素影响，导致发展中国家对食用豆进口的需求不太稳定。

（二）世界食用豆出口概况

世界上出口食用豆的国家和地区超过110个，加拿大、中国、美国、澳大利亚、土耳其、法国和埃塞俄比亚等是世界食用豆的主要出口国。中国、加拿大、澳大利亚、泰国等是红小豆的主要出口国。加拿大3/4的食用豆用作出口，其食用豆出口贸易占世界食用豆贸易总额近四成，主要出口到印度、孟加拉国、土耳其、中国、英国、哥伦比

亚、美国、西班牙、巴基斯坦等国家。2000年以来，平均每年有约19%的美国食用豆产量用于出口，主要出口到加拿大、墨西哥、英国、海地、意大利、日本等国。中国也是食用豆的净出口国，食用豆作为中国传统的出口产品，一直是以原料出口为主的，中国食用豆各品种中出口最多的是芸豆、绿豆和红小豆，共占中国食用豆出口总额的九成，食用豆出口市场主要在亚洲、非洲和欧洲。澳大利亚的食用豆主要出口到欧洲、南亚、北非及中东地区。

二、世界谷子进出口概况

（一）世界粟类作物进口情况及主要进口国家

FAO数据显示，长期以来世界粟类作物进口量趋于稳定，但是局部时间段内有所变化，1961年到1973年间世界粟类作物进口量由14.5万t增长到59.4万t，随后又逐渐降低。1993年进口量突增至93.4万t，1994年降到23.6万t。之后到2013年又出现增长趋势，2013年进口量35.3万t。出口总额与进口总额变化基本一致，呈现增长趋势。由1961年的1 133万美元增长到2013年的17 273万美元，增长14倍之多（图2-23）。世界粟类作物进口国主要有也门、比利时、美国、坦桑尼亚、德国、印度尼西亚等。

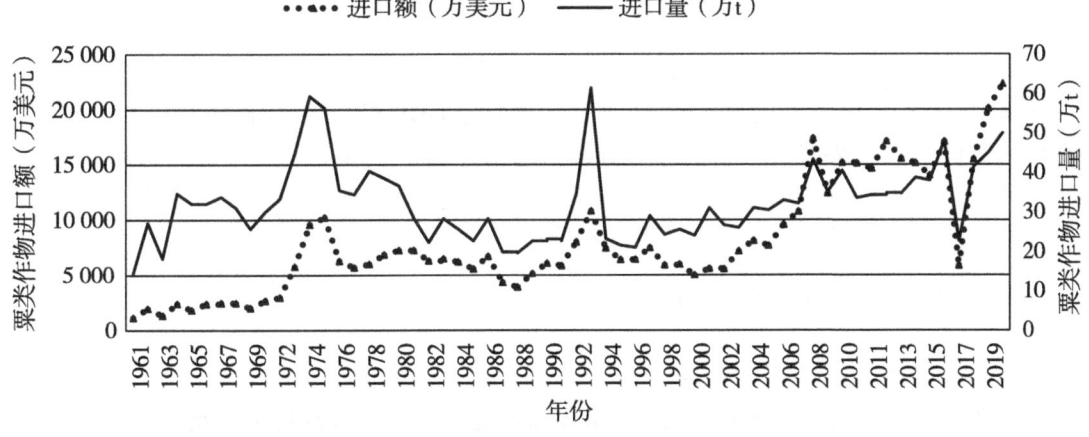

图2-23 1961—2020年世界粟类作物进口额与进口量

目前世界粟类作物进口量最多的国家为肯尼亚、印度尼西亚、德国、伊朗等国家，但整体进口量不大，且各进口国在年度间的进口量变动较小。受进口量的影响，肯尼亚、印度尼西亚、德国的进口额最多。其中肯尼亚的进口单价为213.67美元/t，印度尼西亚的进口单价为406.82美元/t，德国的进口单价为413.66美元/t。

（二）世界粟类作物出口情况及主要出口国家

世界粟类作物主要生产国位于亚洲东南部、非洲中部和中亚等地，其中，亚洲占世界谷子播种面积和产量的95%以上。据FAO有关数据分析，印度、中国、尼日利亚、马里、尼日尔、苏丹等国一直位居世界粟类作物生产国前列，每年这6个国家粟类作物产量约占世界总产量的 80%左右。澳大利亚、美国、加拿大、法国、朝鲜、日本、匈牙利等国也有少量种植。据 FAO 数据显示,1961—2013 年,全世界粟出口总量变化不大,但是在 20 世纪 80—90 年代出现明显降低,1990 年出口总量为 16.9 万 t。尽管世界出口总量变化不大,但出口总额却出现增加,1961 年世界出口总额 1 138 万美元,到 2013 年增加到 12 598 万美元,增长 10 倍(图 2-24)。出口国主要是比利时、美国、也门、德国、西班牙等。2017 世界粟类作物出口量为近 20 年来的最低,仅有 22.68 万 t。

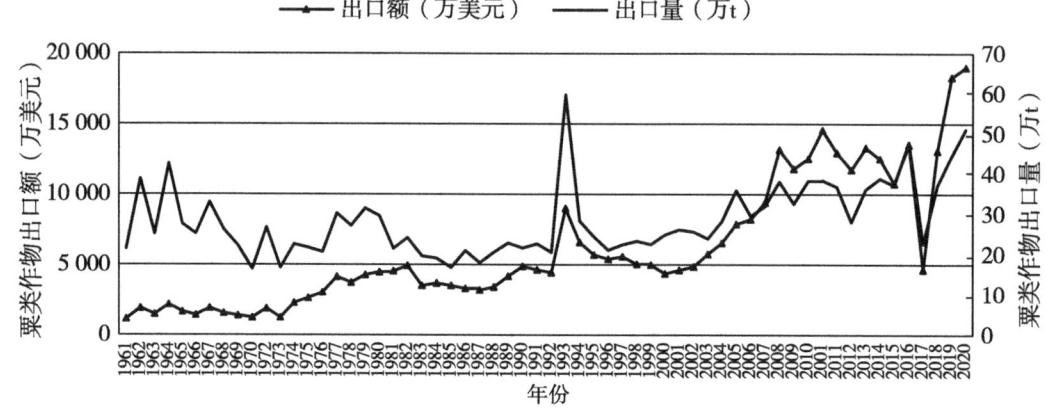

图 2-24　1961—2020 年世界粟类作物出口额与出口量

1961 年世界粟类作物出口量最多的国家分别为乍得、尼日尔、苏丹等,2017 年世界粟类作物出口量最多的国家为乌干达、美国、印度等,整体来看,出口量较小。1961—2017 年,世界粟类作物主要出口国家的出口额呈上涨的趋势,1961 年阿根廷的出口额仅为 362.90 万美元,2017 年美国的出口额高达 2 584.90 万美元,整体来看,受需求的影响,各国的出口量与出口额均较低。

三、世界高粱进出口概况

(一) 世界高粱进口概况

由图 2-25 可看出,1961—2020 年世界高粱进口量与进口额均呈波动上涨态势,进口量由 1961 年的 217.56 万 t 上涨为 2020 年的 683.00 万 t,涨幅高达 213.94%,进口额由 1961 年的 11 512.00 万美元上涨为 2017 年的 174 992.90 万美元。

世界高粱进口国主要集中在中国、日本、墨西哥、西班牙等国家,其中,日本的进口量由 1961 年的 14.60 万 t 上涨为 2020 年的 38.23 万 t,墨西哥的进口量由 1961 年的 3.13 万 t 上涨为 2020 年的 32.78 万 t。受需求影响,荷兰、以色列等国家的进口量逐年减少。目前中国成为世界高粱进口额最大的国家,2020 的进口额为 116 833.40 万美元,其次为埃塞俄比亚、日本、墨西哥等国家,但它们的进口额相对较小。

(二) 世界高粱出口概况

1961—2020 年世界高粱出口量与出口额同样呈波动上涨的态势(图 2-26),出口量由 1961 年的 228.17 万 t 上涨为 2020 年的 791.09 万 t,出口额由 1961 年的 9 704.60

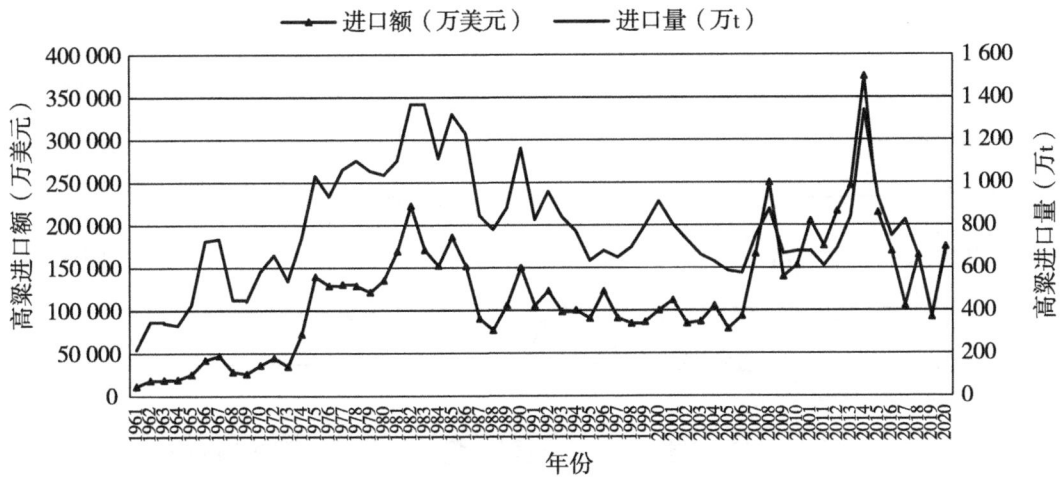

图 2-25　1961—2020 年世界高粱进口额与进口量

万美元上涨为 2017 年的 17 0942.20 万美元。60 年间，1982 年的出口量最多，高达 1 447.66 万 t，2014 年的出口额最多，高达 311 672.00 万美元。

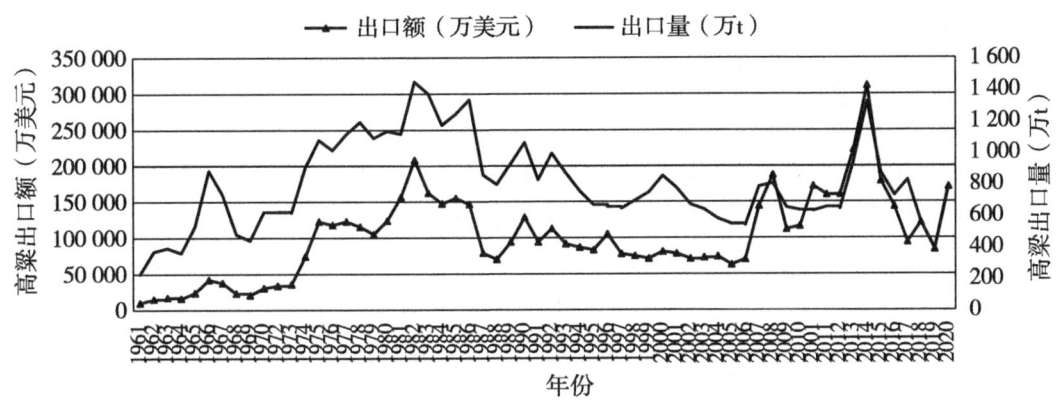

图 2-26　1961—2020 年世界高粱出口额与出口量

美国、阿根廷、澳大利亚是世界高粱出口最多的国家，其中当属美国的出口量最多，2020 年美国出口高粱 658.65 万 t。此外，苏丹、法国、泰国等国家也有出口。美国、澳大利亚、阿根廷同样也是世界高粱出口额最多的国家，且它们的出口额在 1961—2020 年不断上升。2020 年美国高粱的出口额高达 139 291.70 万美元。

四、世界燕麦进出口概况

（一）世界燕麦进口概况

1961—2020 年世界燕麦进口量与进口额均呈现小幅上涨的态势（图 2-27），1961 年世界燕麦进口量为 121.20 万 t，2020 年世界燕麦的进口量为 384.93 万 t，涨幅为 217.60%，进口额由 1961 年的 6 832.40 万美元上涨为 2020 年 99 346.40 美元，世界燕麦进口单价由 1961 年的 56.37 美元/t 上涨为 88.19 美元/t。

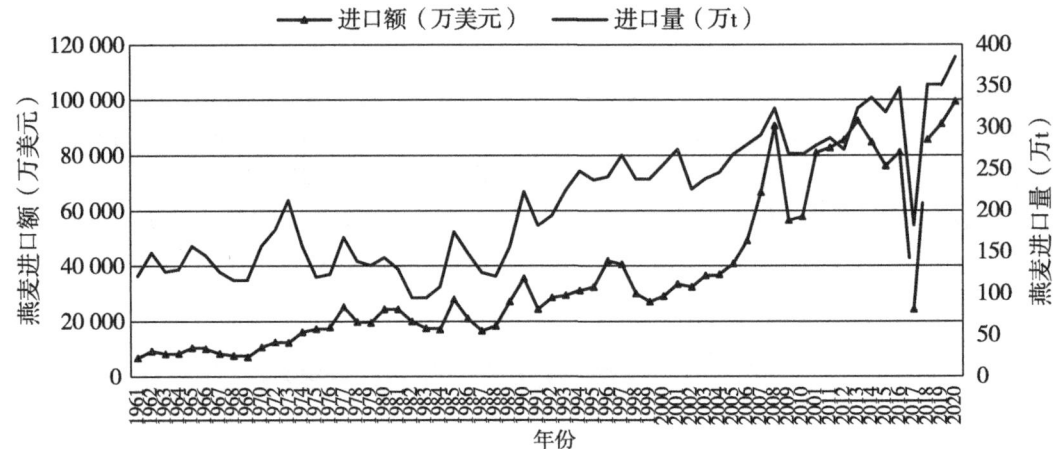

图 2-27 1961—2020 年世界燕麦进口额与进口量

世界燕麦进口量较多的国家分别为美国、德国、中国、加拿大等国家，1991 年后，美国成为世界燕麦进口最多的国家，2020 年的进口量为 158.95 万 t，进口量相对稳定。作为世界燕麦进口大国，美国的进口额同样位居榜首，2020 年的进口额为 36 378.30 万美元，进口单价为 228.87 美元/t。德国、中国、墨西哥、西班牙、日本等国的进口额也相对较多。

(二) 世界燕麦出口概况

1961—2020 年世界燕麦出口量与出口额均呈现小幅上涨的态势（图 2-28），1961 年世界燕麦出口量为 127.50 万 t，2020 年世界燕麦的出口量为 370.78 万 t，涨幅为 190.81%，出口额由 1961 年的 6 042.1 万美元上涨为 2020 年 90 762.50 万美元，世界燕麦出口单价由 1961 年的 47.39 美元/t 上涨为 244.79 美元/t。

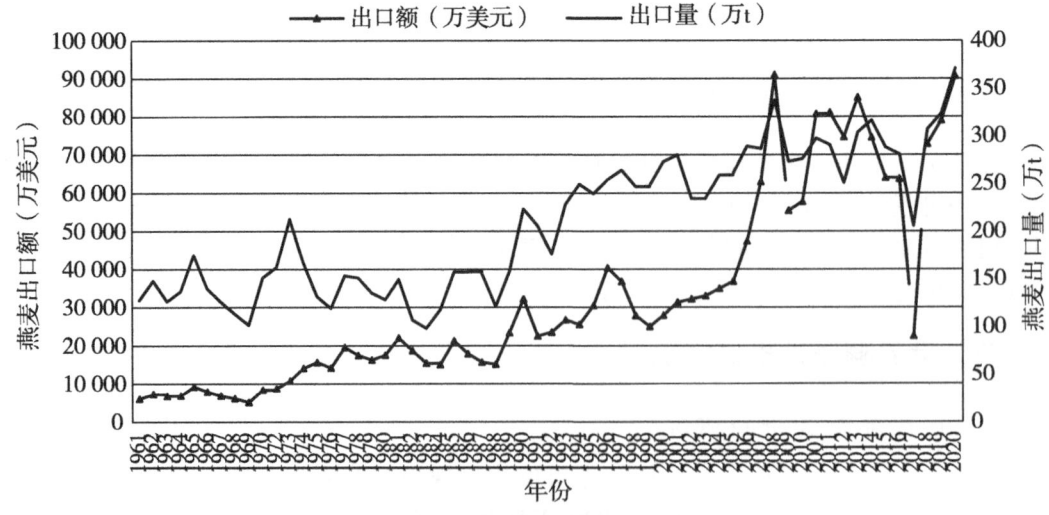

图 2-28 1961—2020 年世界燕麦出口额与出口量

世界燕麦出口量较多的国家分别为美国、加拿大、芬兰、瑞士、波兰等国家,整体来看,各国出口量均较小,且 1961—2020 年各国出口量呈减少的趋势,以美国为例,1961 年美国出口量为 25.46 万 t,2020 年美国的出口量仅为 3.14 万 t。世界燕麦出口额较多的国家为加拿大、芬兰、瑞士、波兰、美国等国,2020 年加拿大的出口额为 46 679.30 万美元,出口单价为 230.80 美元/t。其余国家如:德国、智利、西班牙等国出口额也较多。

五、世界荞麦进出口概况

近年来,世界荞麦的需求逐渐攀升,日本是世界第一大荞麦进口国,年均进口量约占世界的 43%。日本常年荞麦生产量仅两三万吨,存在大量缺口。中国、美国、加拿大是荞麦的净出口国,全球荞麦出口量约 30 万 t,其中,中国出口荞麦 14 万~25 万 t,俄罗斯出口荞麦 8 万~12 万 t,主要出口到日本、韩国和东欧。中国荞麦的年均出口贸易量最高,占世界荞麦出口总量的 50% 以上。除亚洲以外,欧美的荞麦生产与消费,近年来也在不断升温,备受青睐。荞麦营养物质丰富且含量均衡,富含其他谷物所不具有的生物活性物质,如芦丁、D-手性肌醇、表儿茶素等,并且无麸质,是当前有机功能食品的重要组成部分,深受消费者青睐。同时由于其多功能特性,除荞麦面粉制作的面条、面包、披萨、酥饼等传统主食和点心外,它还被用于制作保健食品,如:粥和营养棒;荞麦芽菜口感爽脆,带有独特的清香,是一种新兴蔬菜;荞麦籽实,叶和花均能用于制备保健饮料(荞麦茶和荞麦酒);荞麦是蛋白质的良好来源,并根据口味和当地文化用于不同的制剂中,仅斯洛文尼亚一国就开发出了超过 100 种不同的荞麦食品;随着国外消费者对于荞麦食品需求的多样化和健康饮食概念的普及,国外荞麦及其相关产业在未来几年将有望进一步发展壮大。

(一)世界荞麦进口概况

1961—2020 年世界荞麦进口量由 1.03 万 t 上涨为 18.51 万 t,但整体进口量较低,进口额由 1961 年的 100.70 万美元上涨为 2020 年的 12 579.20 万美元(图 2-29)。进口单价由 1961 年的 97.77 美元/t 上涨为 2017 年的 679.59 美元/t。

日本、西班牙、法国、美国为荞麦进口量较多的国家,2017 年立陶宛进口荞麦较多,为 1.69 万 t,整体来看,各国进口荞麦量较小,许多不足 1 万 t。日本、意大利、美国等国家进口额较高,2020 年日本的进口单价为 436.16 美元/t,进口单价相对较高。

(二)世界荞麦出口概况

由表 2-36 可看出,1961 年世界荞麦出口量仅为 0.26 万 t,出口额仅为 17.70 万美元;2020 年世界荞麦出口量增长至 16.40 万 t,出口额增长至 10 217.60 万美元(图 2-30)。出口单价由 1961 年的 68.08 美元/t 上涨为 623.02 美元/t。

俄罗斯、中国、美国为荞麦出口大国,其次为波兰、加拿大等国家。1961 年出口量最多的国家为加拿大,2020 年出口最多的国家为俄罗斯,整体出口量较小,多数国家没有出口。近年来,中国、俄罗斯、美国为出口额最多的国家,1961 年为加拿大、波兰与法国。整体来看,出口额呈上涨的态势。

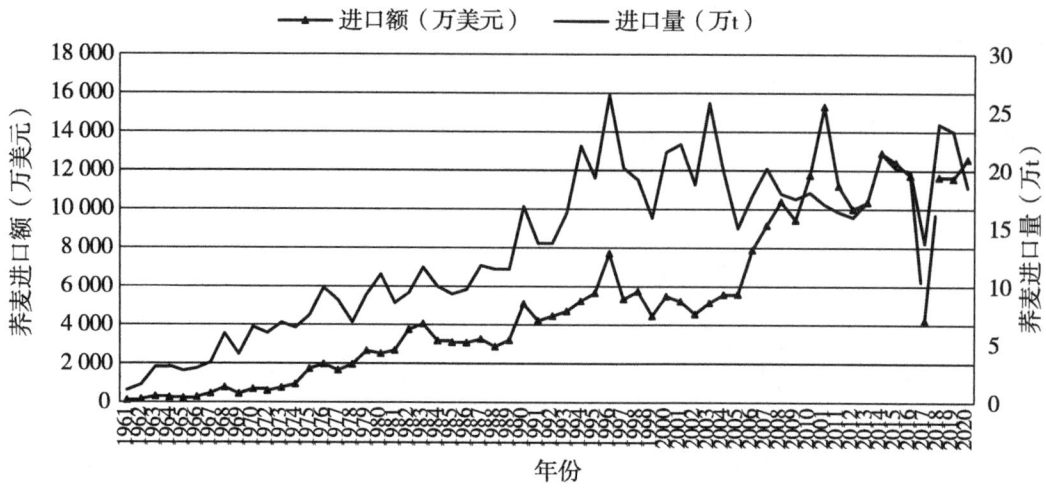

图2-29 1961—2020年世界荞麦进口额与进口量

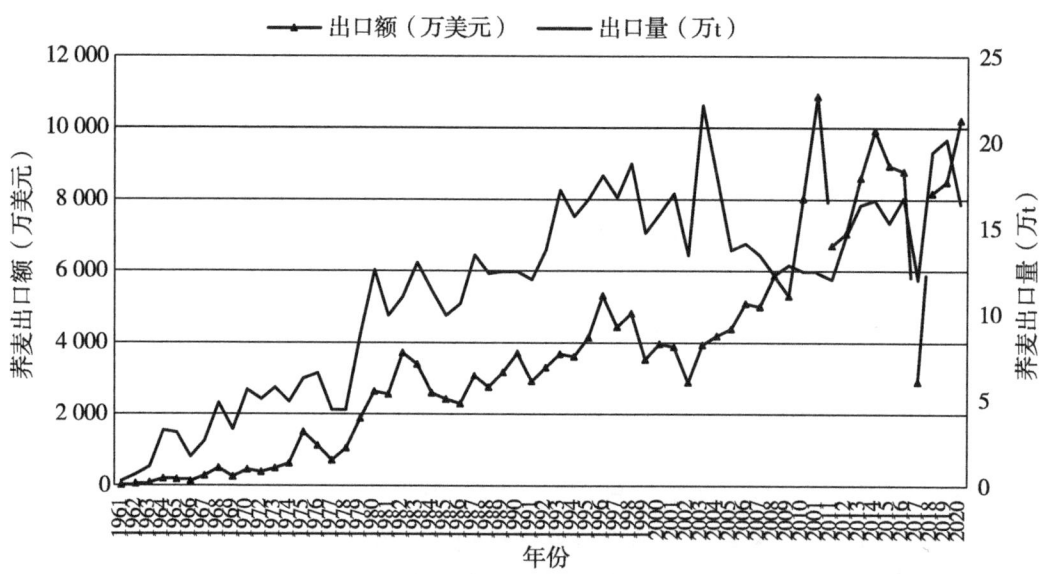

图2-30 1961—2020年世界荞麦出口额与出口量

第四节 中国杂粮贸易概况

杂粮是中国传统出口产品，并且一直以原粮出口为主，出口市场主要集中于周边国家和地区，比如：日本、韩国、东南亚国家，以及中国香港、中国澳门，出口到西欧市场的比较少。杂粮出口品种主要有芸豆、红小豆、蚕豆、绿豆、荞麦、高粱、谷子等。中国生产的杂粮品质好、品种全、价格具有相对竞争优势，在国际市场上具有相当大的竞争力。中国加入 WTO 后杂粮出口呈明显上升态势，尤其是杂豆类产品出口达到历史水平。近年来，在发达国家，由于杂粮作物劳动密集、单产较低、相对不利于机械化，因而杂粮种植面积略有下降，使得世界杂粮总产量徘徊不前，因此，中国杂粮出口量和价格稳中有升。1996 年以来中国杂粮年出口量约占中国粮食出口的 10% 左右，年出口总量相对稳定在 80 万 ~ 150 万 t；每年创汇 3 亿 ~ 5 亿美元，占中国粮食出口创汇的 20% ~ 30%。

一、中国食用豆进出口概况

中国食用豆进出口价格小幅下降，出口量同比小幅增长，进口量大幅增长。2018 年中国食用豆出口数量约为 30 万 t，出口额约 4 亿美元，同比减少约 3%，平均出口价为 1 323.60 美元/t；食用豆进口数量约 150 万 t，同比增加七成，进口额约 5.5 亿美元，同比增加六成左右，平均进口价格为 351.25 美元/t。2021 年绿豆、红小豆、黑豆、芸豆、豌豆合计进口 297.6 万 t，较 2018 年约增加 100%，进口额 12.5 亿美元，较 2018 年增加 127%；出口合计 18.92 万 t，较 2018 年减少 11.1 万 t，减少 37%，出口额 3.37 亿美元，较 2018 年减少 15.75%。

加拿大、澳大利亚、美国是中国食用豆最大的进口来源国，法国首次成为中国第四大进口来源国，主要出口市场仍然是亚洲，日本、印度、越南是最大的出口目的国。辽宁、黑龙江、吉林、山东和河北是前五大出口省份，这 5 个省份的食用豆出口数量占出口总量的 80% 左右，出口额占出口总额的 80% 左右。

（一）进口品种以豌豆为主

按不同豆种来看，中国食用豆的进口贸易量差别较大，主要进口品种是豌豆，进口贸易量相对较小的是绿豆、红小豆、黑豆、豇豆和芸豆，而蚕豆的进口量最小。芸豆除在 1992 年进口占比较大外，其他年份的进口占比都很小。2019—2021 年芸豆进口逐年增加，2019 年进口 0.8 万 t，2021 年进口 2.3 万 t，比 2019 年增加 1.9 万 t。进口单价平均 754 美元/t。红小豆则在 1995 年有较大进口占比，其他年份进口占比较小。2019—2021 年，红小豆进口约为 1 万 t，进口额 2021 年是 1 394 万美元，比 2019 年增加 453 万美元，主要是进口单价的增加导致，2021 年进口单价 1 073 美元/t，比 2019 年增长 167 美元/t。蚕豆一直是中国食用豆进口贸易中占比最小的品种，且在 2003—2005 年未进口蚕豆。在 1995 年前，豌豆和绿豆在中国食用豆的进口贸易中占较大比例，但在 1995 年后，豌豆则成为中国食用豆的最主要的进口品种。从 2004 年开始，中国豌豆的进口贸易量开始大幅攀升，到 2011 年，中国豌豆的进口贸易量和进口贸易额分别达到 73.04 万 t 和 29 504.49 万美元，分别占到中国食用豆贸易量和贸易额的九成以上。1992—2011 年，中国豌豆进口量和进口额的年均增长率分别为 57.04% 和 56.76%，增速显著。到 2021 年，豌豆进口增长到 265 万 t，进口额达到 9.4 亿美元。绿豆在 2019—2021 年，进口逐年增加，2021 年进口 29 万 t，比 2019 年 11 万 t，增长了 18 万 t，增长 164%。

（二）出口品种以芸豆为主

近年来，芸豆和绿豆在中国食用豆出口中占有绝对比重，芸豆的出口量和出口额占比分别为70%和60%，而绿豆则为10%和20%。从长期来看，芸豆是中国历年来的主要出口豆种，绿豆和红小豆的出口次之。2000年前，蚕豆在中国食用豆出口中占有一定比例，但之后出口占比下降到较低水平；豇豆和豌豆在中国食用豆出口中占比一直处于较低水平。2017年以来，中国均未进口鲜或冷藏的豌豆，年出口量在1.24万~1.81万t，整体呈先增加、后减少趋势。

2019—2021年，出口较多的是绿豆和芸豆。但是绿豆和芸豆出口量均呈现减少趋势，绿豆2019年出口12.6万t，2020年出口10.9万t，2021年出口7.8万t，芸豆2019年出口17万t，2020年出口15万t，2021年出口6.2万t。红小豆2019年出口5.5万t，2020年出口4.8万t，2021年出口4.04万t。

（三）绿豆出口波动剧烈

绿豆是中国第二大食用豆出口品种。绿豆的出口贸易波动较大，出口量和出口额分别在1995年、1999年、2002年和2009年出现4个小高峰。在20年间，中国绿豆出口贸易的增长幅度并不大，但波动剧烈，到2011年，绿豆的出口量和出口额分别为11.46万t和20 412.21万美元，之后呈现波动变化，到2021年，绿豆出口7.8万t，出口额1.6亿美元。

二、中国谷子进出口概况

根据FAO数据显示，近60年内，中国只在极个别年份进口（图2-31），值得注意的是，中国进口的谷子（millet），不是中国的谷子（foxtail millet），应是国际上的其他粟类作物（millet），主要是糜子和珍珠粟等。

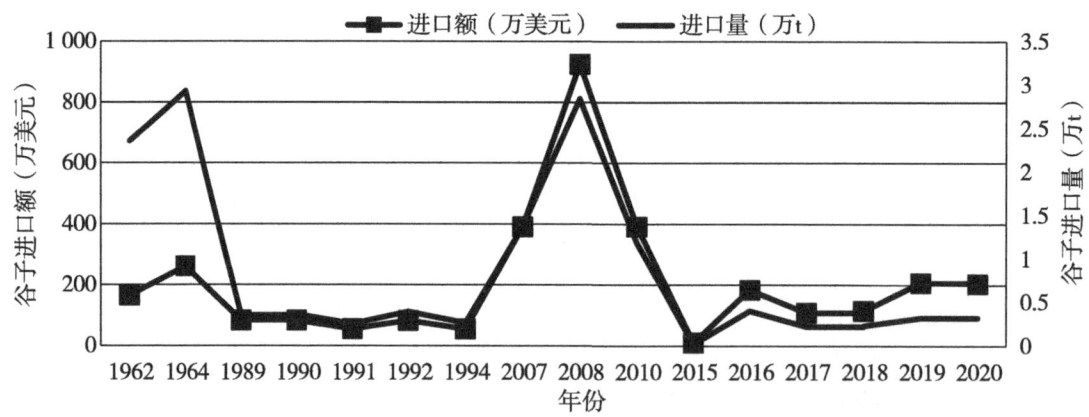

图 2-31 1962—2020年中国谷子进口额与进口量

注：①数据来源于联合国粮农组织（FAO）。②FAO数据上显示的是"millet"，这里的"millet"应该是国际上指的粟类作物。粟类作物包括：珍珠粟（非洲、西非、亚洲的印度）、龙爪稷（撒哈拉沙漠南部、印度、印度尼西亚）、黍稷（中国、苏联、印度和非洲东部地区）、谷子（中国、印度和欧洲东部地区）、小黍（印度和东南亚）、食用稗（印度和一些非洲国家）、圆果雀稗（印度）、苔麸（埃塞俄比亚）等。③中国食品土畜进出口商会。

中国谷子（foxtail millet）主要以出口为主，除个别年份需要进口，上面已经叙述。

中国向全球60多个国家出口谷子，主要出口到韩国、德国、印尼、英国、荷兰、越南、日本、意大利、法国、泰国等地区。1963—1979年谷子出口量呈快速递增趋势，到20世纪80年代初期，直线减少，从1985年开始保持较稳定的出口量，接着在入世后，中国谷子出口竞争力增强，出口量小幅增多。中国谷子出口量呈现先增长后降低的趋势。1995—2003年，谷子出口量由1995年的1.82万t，增长到2003年的4.22万t，增长133.3%，之后到2015年持续降低，2015年出口量0.48 t，2016年稍有增长为0.54 t，2017年的出口量为0.56万t。2021年中国谷子出口量为0.46万t（图2-32）。主要出口国家为日本、西班牙、印度尼西亚、韩国和德国等，主要出口省市为甘肃、辽宁、天津等。

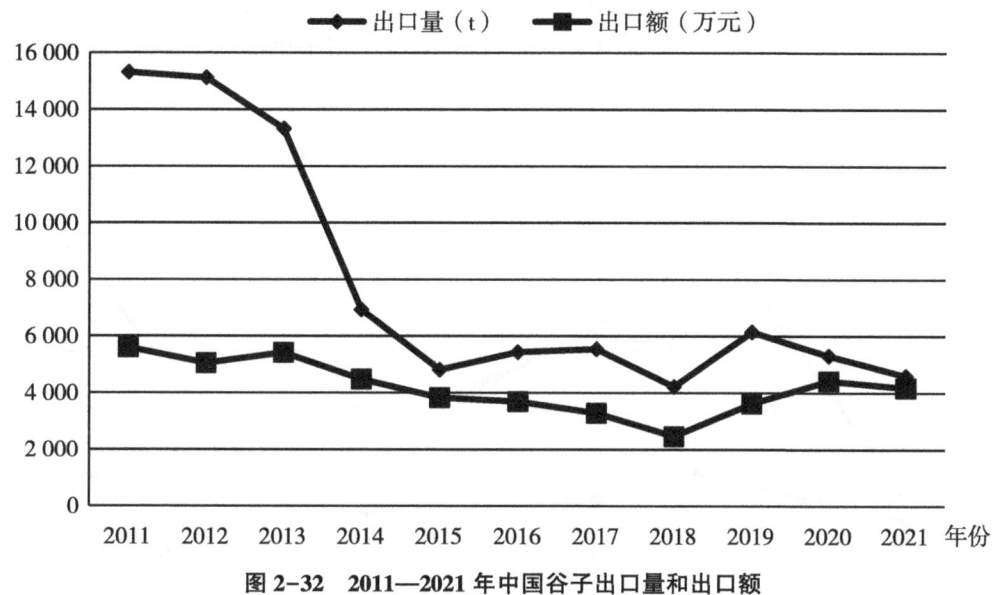

图2-32　2011—2021年中国谷子出口量和出口额

中国谷子出口额呈现波动增长的趋势，1961—1976年谷子出口额由10.00万美元增长为1 000.00万美元，随后的1977—1981年出口额出现急剧下降的态势，由740.00万美元急剧下降为15.60万美元，随后缓慢上升。1995年427.10万美元，到2013年增长到876.40万美元，增长133.7%，但是2014年后出口额持续下降，到2017年降到480.10万美元。2021年中国谷子出口额为617.8万美元。中国谷子的出口价格相对在逐渐增长，1961年仅为66.67美元/t，1972年后出口单价开始逐渐上涨，2015年涨至1 287.71美元/t，2021年1 340美元/t。

三、中国高粱进出口概况

高粱进口情况

1961—1967年中国没有进口高粱，1968年开始中国逐步开始进口高粱，但进口量较少，1974年后进口量小幅上涨，1974—1989年共进口高粱755.12万t，1990年进口量开始小幅下降，一直到2013年进口量激增，2013年的高粱进口量为119.77万t，

2015 年达到历史进口量最高值为 1 076.98 万 t，进口额高达 299 021.50 万美元（图 2-33）。2019 年我国进口高粱 79.47 万 t，主要集中在 7—10 月集中到港通关，7—11 月高粱进口量 78.33 万 t，占全年进口量 98.56%。其中，2019 年 10 月我国高粱进口量 11.11 万 t，进口额 25 89.6 万美元。较 2019 年 10 月份进口量增加 8.84 万 t，环比增加 389.4%。2019 年我国主要从美国、澳大利亚和阿根廷进口高粱，其中进口美国高粱 59.06 万 t，占比 80%；进口澳大利亚高粱 7.08 t，占比 10%；进口阿根廷高粱 6.15 万 t，占比 9%。还有少量从缅甸进口 6 146 t。从进口省市看，2019 年我国高粱进口省市主要为广东、上海、福建和北京。1961—2017 年中国高粱进口单价最高为 2013 年 340.68 美元/t。2021 年高粱进口 941.7 万 t，进口额 28.8 亿美元，单价 305 美元/t，主要是美国、阿根廷、澳大利亚和缅甸。国外高粱单宁≤0.4%，中国进口高粱主要用于饲料替代玉米；国产高粱单宁含量在 1.5% 左右，主要用于酿酒，中国高粱整体出口量较小。

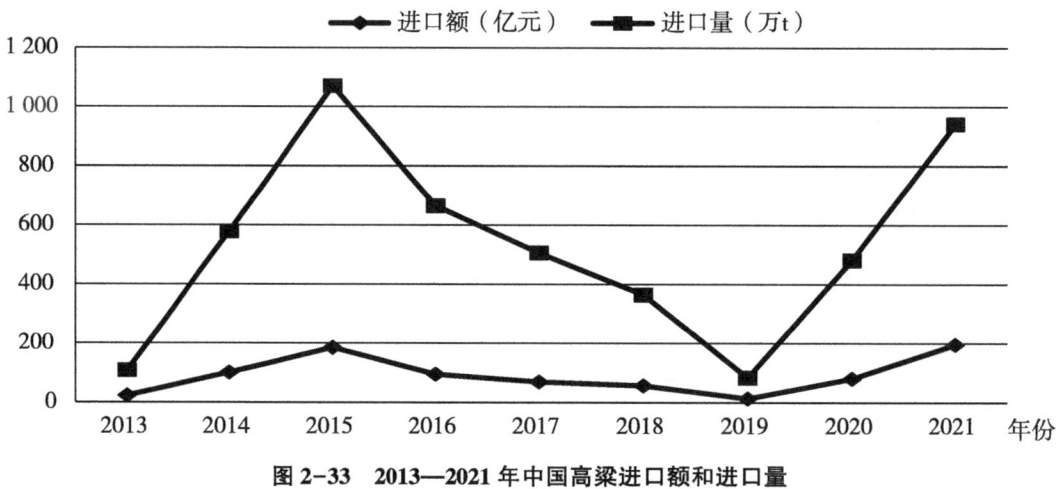

图 2-33 2013—2021 年中国高粱进口额和进口量

四、中国燕麦荞麦进出口概况

（一）燕麦进口情况

1961—2020 年中国每年均有燕麦进口（图 2-34），进口量由 1961 年的 6.62 万 t 上升为 2020 年的 21.36 万 t，60 年间，2017 年进口量最高为 39.45 万 t。1966—2003 年的进口量均未超过 1 万 t（除 1984 年）。

整体来看，中国燕麦进口额整体呈上升态势（图 2-35），由 1961 年的 496.40 万美元上升为 2020 年的 6 808.40 万美元。60 年间，2017 年的进口额最高为 9 471.60 万美元。

（二）燕麦出口情况

整体来看，中国燕麦出口量较少，1970—1982 年未有出口，1996 年后开始逐年出口，2005 年出口量激增至 1 878 t（图 2-36）。

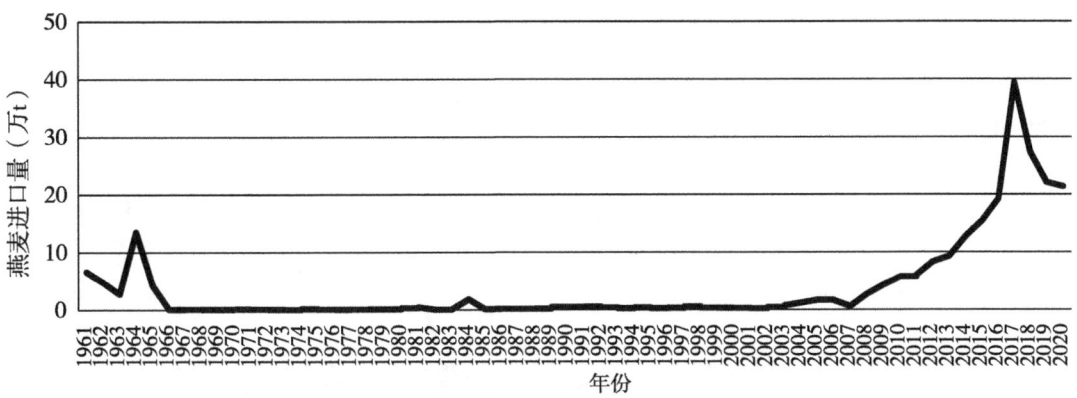

图 2-34 1961—2020 年中国燕麦进口量变化趋势

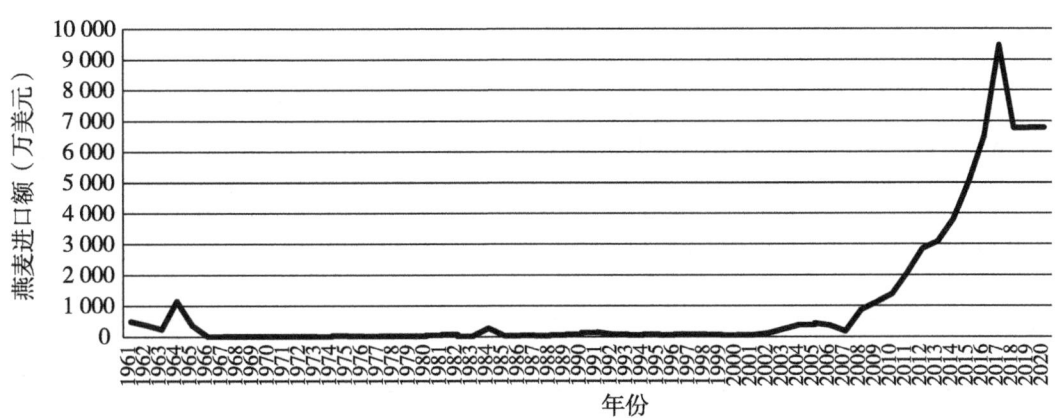

图 2-35 1961—2020 年中国燕麦进口额变化趋势

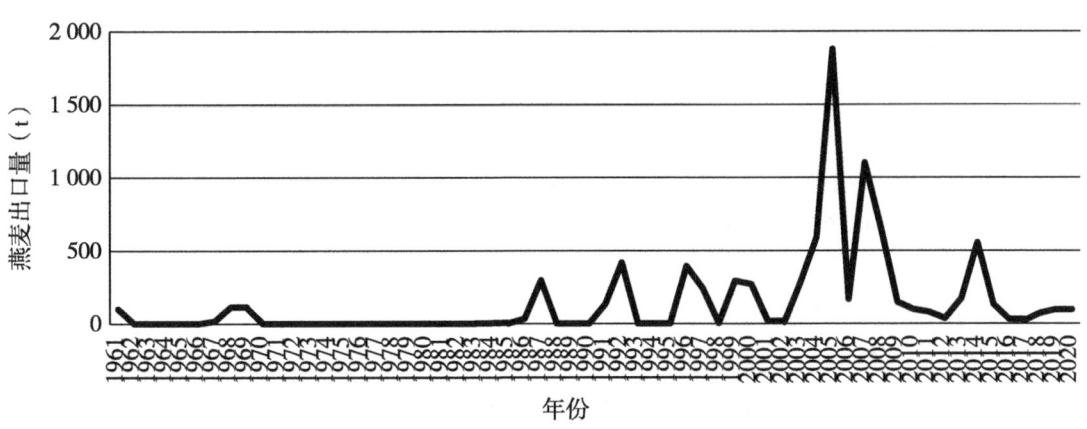

图 2-36 1961—2020 年中国燕麦出口量变化趋势

1961—2020 年中国燕麦出口额整体呈上升的态势，1961 年的出口额仅为 1 万美元，2020 年的出口额为 8.6 万美元（图 2-37）。

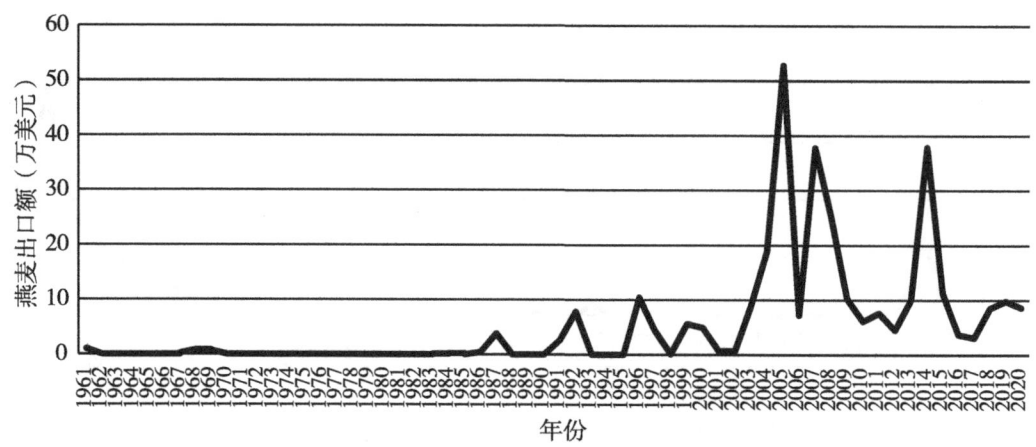

图 2-37　1961—2020 年中国燕麦出口额变化趋势

(三) 荞麦进口情况

1961—2020 年中国荞麦进口总量为 10.72 万 t，1961—1985 年没有进口，整体来看，进口量呈上升态势，2018—2019 年进口量激增，分别为 2.78 万 t 和 3.70 万 t（图 2-38）。

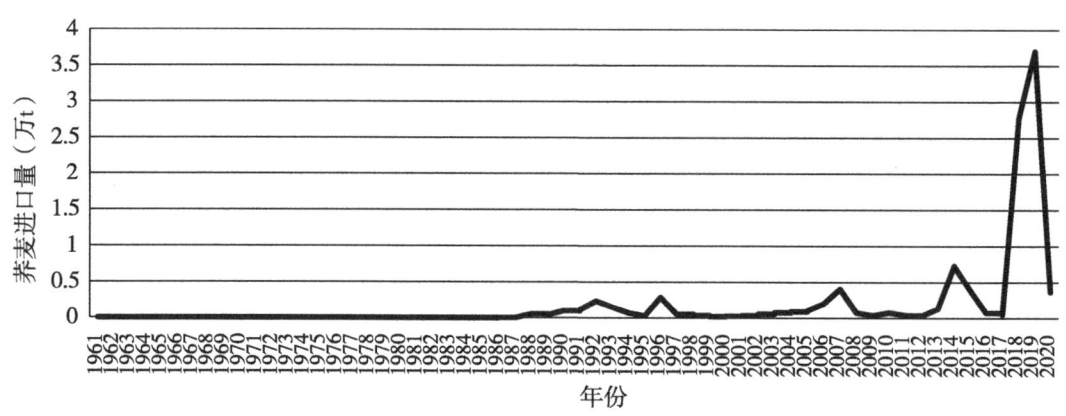

图 2-38　1961—2020 年中国荞麦进口量变化趋势

1961—2020 年中国荞麦的进口额也呈现出波动上升的态势，由 1985 年的 1 万美元上升为 2020 年 148.60 万美元。60 年间，2019 年的进口额最高为 1 021.90 万美元（图 2-39）。

(四) 荞麦出口情况

我国是世界第一大荞麦出口国，1961—1978 年未有出口，2003 年出口量最多为 18.42 万 t（图 2-40），主要出口到日本、俄罗斯、法国、荷兰及欧盟国家、韩国、朝鲜及南亚、西亚等国家和地区。

荞麦是中国传统的出口创汇产品，中国荞麦出口额长期位居世界第一位，但近年来，美国等国凭借其先进的荞麦栽培、管理技术与成熟的加工体系，占据的荞麦出口份

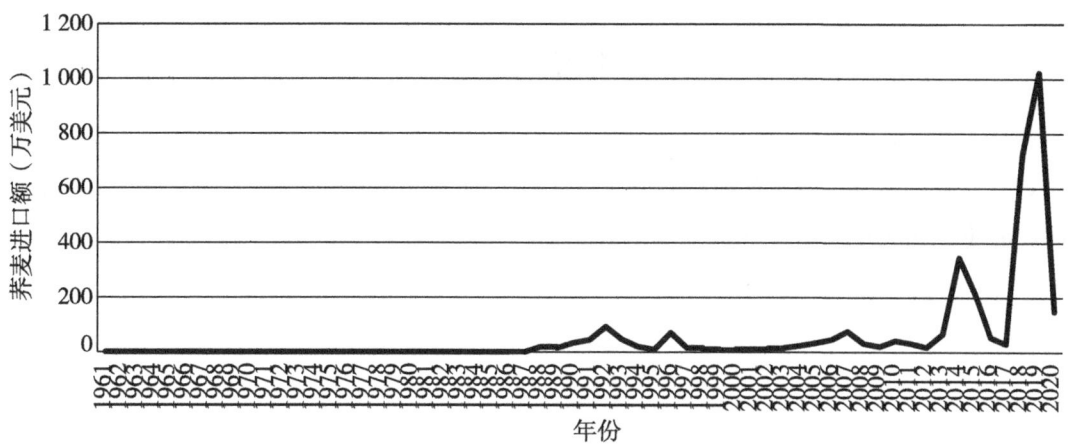

图 2-39　1961—2020 年中国荞麦进口额变化趋势

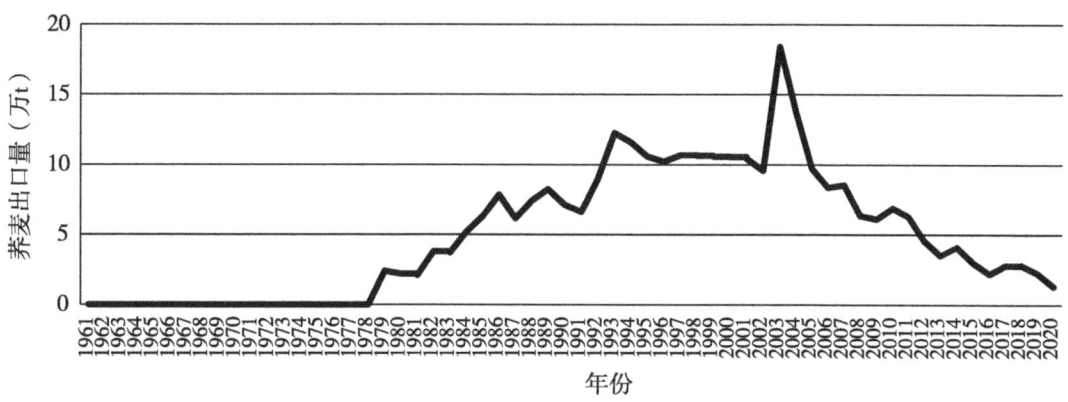

图 2-40　1961—2020 年中国荞麦出口量变化趋势

额逐年增大，2016 年美国出口量已超过中国，因此，中国荞麦品种的改良和产品品质的提升刻不容缓。2020 年，中国荞麦出口额 912.30 万美元（图 2-41）。

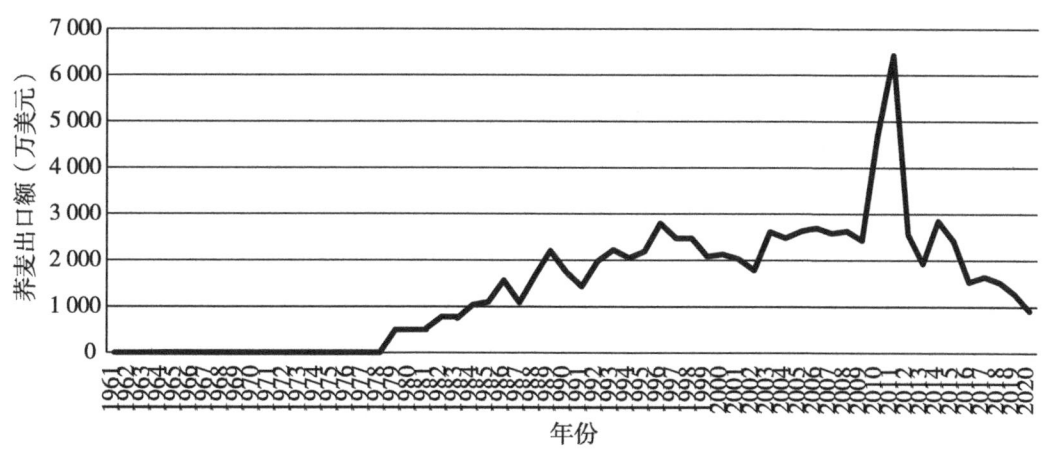

图 2-41　1961—2020 年中国荞麦出口额变化趋势

本章小结

本章主要从世界和中国两个方面介绍了杂粮产业生产及贸易概况,分别从谷子、食用豆、高粱、燕麦、荞麦等阐述世界主要杂粮生产国、贸易国以及五大洲杂粮的产业概况,着重分析了中国杂粮在世界杂粮产业生产、贸易地位和作用。

第三章　河北省杂粮生产现状

第一节　河北省杂粮生产与分布

杂粮泛指生育期短、地域性强、种植规模小、有特殊用途的小宗粮豆作物，在我国主要分布在东北、华北、西北和西南等干旱、半干旱和高寒地区。杂粮具有抗旱耐瘠、适应性强的特点，以及生态效益和经济效益并存、品质好等生产优势，对于合理利用农业资源、维持食物多样性具有重要作用。杂粮多分布在不发达的地区，污染少、安全性好，营养保健价值高，成本低、比较效益较好，是干旱、半干旱地区的重要区域作物。河北省由于地形地貌复杂，高山、高原、丘陵、平原、盐碱等均存在，因此杂粮的种类非常多，包括谷子、高粱、糜子、豇豆、蚕豆、绿豆、芸豆、豌豆、小豆、饭豆、爬山豆、鹰嘴豆、荞麦、大麦、燕麦、甘薯，归纳起来基本上为豆、麦、粟、薯四大类。

河北省杂粮不仅种类多，而且种植面积也比较大。2018 年河北省杂粮面积约 527.3 万亩，总产 87.4 万 t，全省各地均有分布。河北省又是杂粮贸易大省，其加工和流通在全国杂粮产业中占有重要地位，例如河北省有藁城马庄小米加工集散地、孟村小米加工集散地、蔚县吉家庄杂粮中转站、曲周威县小米集散地等四大小米集散地，小米加工企业 300 余家，贸易量占全国近 1/3；杂豆出口量占全国 30%左右；高粱有黄骅道安贸易市场。

一、河北省主要杂粮生产历史变化

2018 年河北省杂粮种植面积约 527.3 万亩，其中谷子 178 万亩，高粱 14.67 万亩，燕麦 171 万亩，荞麦 13 万亩，绿豆 15.7 万亩，红小豆 6.93 万亩，糜子 40 万亩；河北省杂粮总产 87.4 万 t，其中谷子 43.6 万 t，高粱 3.81 万 t，燕麦 16 万 t，荞麦 1.5 万 t，绿豆 1.8 万 t，红小豆 0.8 万 t，糜子 8 万 t。河北省杂粮平均单产 166 kg/亩。

（一）谷子生产历史变化

谷子是起源于我国的传统作物，历史上曾是北方的主粮作物，后来逐渐沦为杂粮作物。中国谷子的面积在 1937 年曾达到 1.7 亿亩，1952 年接近 1.5 亿亩，后来随着玉米、小麦、水稻等大宗作物的发展，谷子的面积、产量逐渐降低。进入 21 世纪，谷子的面积依然在下滑，2013 年以后种植面积、产量出现小幅度增加，单产水平逐渐提高，主要是国家谷子高粱产业技术体系的成立以及后期持续的科研投入。河北省是全国第三大谷子生产省，仅次于内蒙古自治区和山西省。

1. 河北省历年谷子面积变化

1952年河北省谷子种植面积最高达到183.98万hm²。纵观河北省谷子生产历史，可以发现，河北省谷子生产分为四个重要时期。第一，快速下滑期（1952—1960年），8年间河北省谷子种植面积从183.98万hm²下降到56.33万hm²，平均每年下降15.93万hm²。第二，上下波动期（1961—1984年），这一期间，谷子生产面积上下波动，最高达到104.01万hm²，最低达到54.23万hm²，到1983年河北省谷子生产面积为68.79万hm²。第三，缓慢下降期（1985—2009年），25年间谷子生产面积从70.6万hm²下降到14.99万hm²，平均每年下降2.24万hm²。第四，缓慢升降期（2010—2018年），9年间谷子面积呈现缓慢升降期，2010—2011年有所增加，2012年、2013年降低，随后2014和2015年又出现增长趋势，随后又出现降低，2018年谷子面积11.84万hm²。虽然国家统计局在2017—2018年对统计数据进行了调整，但是这一期间的升降趋势不受影响。（数据来源：国家统计局）

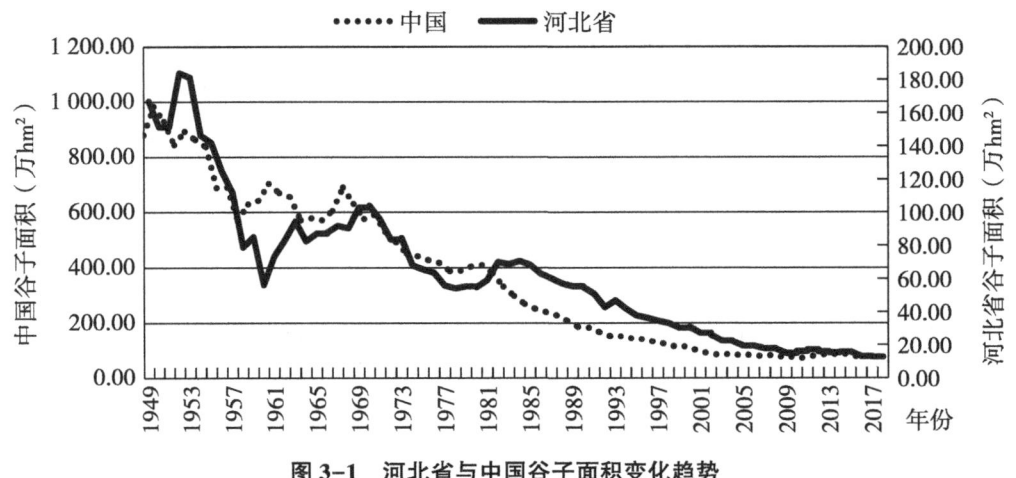

图3-1 河北省与中国谷子面积变化趋势

河北省谷子面积与全国的谷子面积变化基本一致（图3-1），河北省谷子面积在全国的占比变化较大（图3-2），1985年以前，河北省谷子面积占全国不到20%，在1985年以后上升到20%以上，1993年最高达到25.6%。2009年开始，河北省谷子面积比例逐渐降到20%以下，近三年在15%左右徘徊。与此同时，河北省谷子的总产表现出了与面积的一致性，基本是同一时期总产比例超过20%，另一方面是总产的比例在20世纪60年代末以前与面积的比例相接近，而从60年代末开始，总产比例逐渐高于面积比例。总产比例在60年代末超过了面积比例，说明河北省谷子单产水平逐步提升。（数据来源：国家统计局）

2. 河北省历年谷子总产变化情况

谷子的总产量总体受面积的变化而变化，但是在面积稳定的情况下，总产受到气候、环境的影响较大。从历史数据分析，河北省谷子总产总体受面积的影响呈现波动下降。1949—2000年呈现上下波动的变化，且呈逐渐降低趋势，2000—2008年，谷子总产呈下降趋势，2008年谷子总产最低33万t。2009年以后河北省谷子总产呈增长趋势，

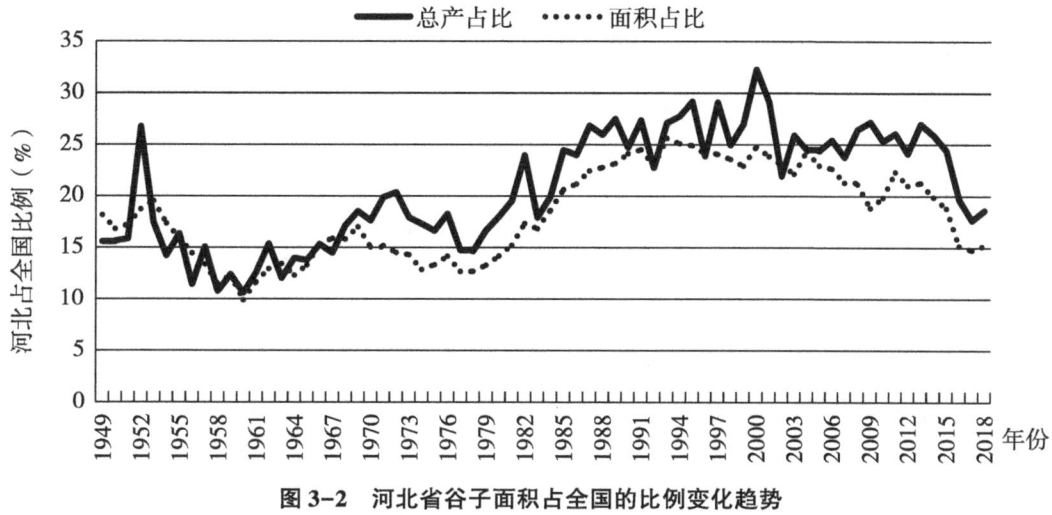

图3-2 河北省谷子面积占全国的比例变化趋势

2015年总产达到51.69万t，占全国的24%。2016—2018年谷子总产又变成降低趋势（图3-3）。（数据来源：国家统计局）

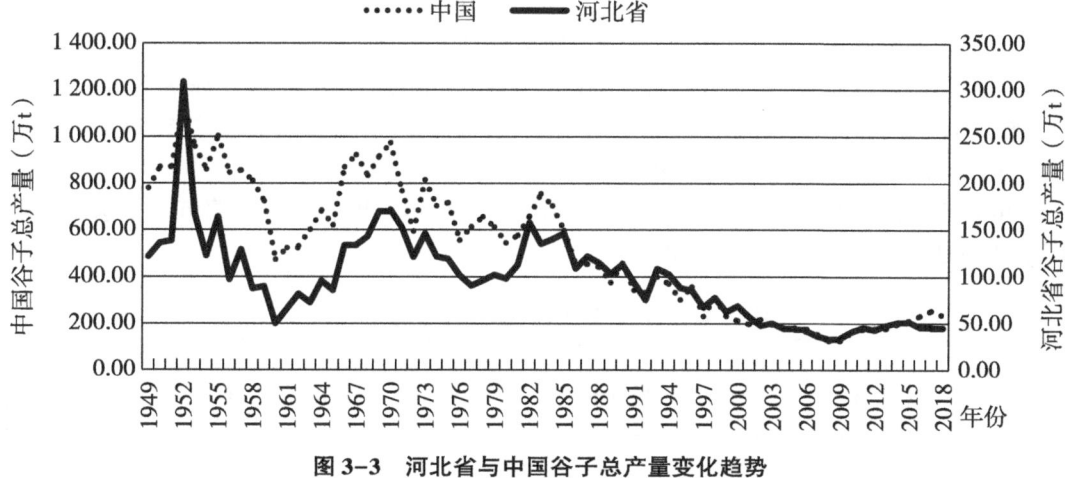

图3-3 河北省与中国谷子总产量变化趋势

3. 河北省历年谷子单产变化情况

河北省谷子单产1949年为727.4 kg/hm²，2018年为3 684.21 kg/hm²，67年间增长了4.1倍，年均增速7.4%，但单产年际间波动较大，上下振幅明显。从图3-4可以看出河北省单产变动趋势与全国谷子单产变动趋势一致，但河北省的谷子单产水平明显高于全国平均单产水平。也正是由于单产水平的大幅度提高，2009年以后河北省谷子的总产在面积减少情况下依然增加。（数据来源：国家统计局）

4. 河北省各地市谷子生产情况

近几年河北省谷子生产发生了较大变化，本书分析了2014—2018年全省各地市谷子的生产情况（表3-1）。近几年全省谷子种植面积平均每年13.83万hm²，总产平均每年47.43万t，单产3 430 kg/hm²。

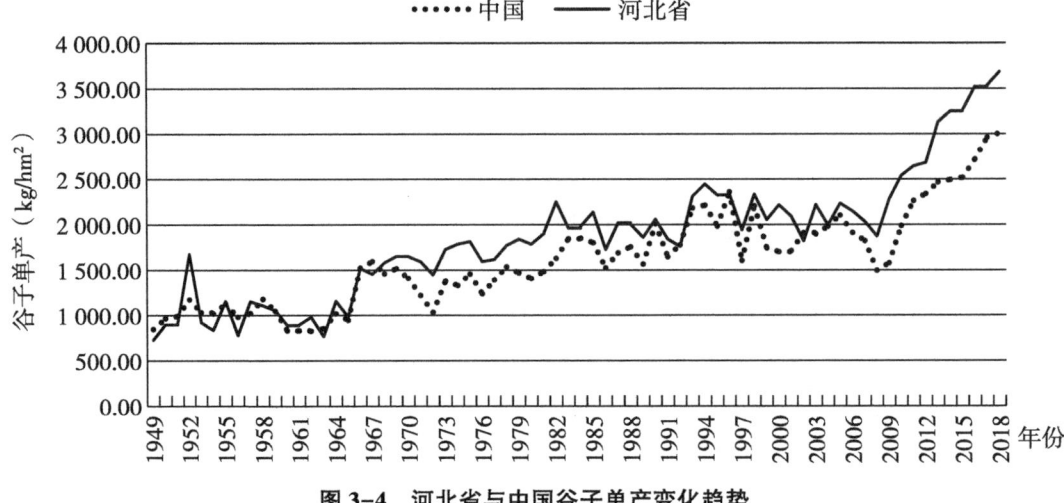

图 3-4 河北省与中国谷子单产变化趋势

全省种植面积最大的是张家口市，3.48 万 hm²，占全省的 25.2%；其次是邯郸市，3.05 万 hm²，占 22.1%；再次是邢台市谷子面积 2.61 万 hm²，占 18.9%；承德市种植面积 1.51 万 hm²，占 10.9%。以上 4 个市的谷子面积占全省 77.1%，近几年中，张家口、邯郸、邢台三市谷子面积逐年减少，而承德却呈现增加趋势。

全省总产最高的是邢台市，总产 11.09 万 t，占 23.4%；其次是张家口市，总产 11.06 万 t，占 23.3%；邯郸市总产 10.5 万 t，占 22.1%；承德总产 5.44 万 t，占 11.5%。4 个市的总产占全省 80.3%。

全省单产高于平均单产水平的包括唐山市、邢台市、邯郸市、承德市、衡水市，单产最高的是邢台市，其次是衡水市。

表 3-1 2014—2018 年河北省谷子生产情况

省、市	面积（万 hm²）	总产（万 t）	单产（kg/hm²）	面积（万亩）	单产（kg/亩）	面积比例（%）	总产比例（%）
河北省	13.83	47.43	3 430	207.40	229	100.0	100.0
石家庄市	0.65	1.12	1 718	9.77	115	4.7	2.4
唐山市	0.26	0.95	3 626	3.94	242	1.9	2.0
秦皇岛市	0.46	1.54	3 345	6.92	223	3.3	3.3
邯郸市	3.05	10.50	3 444	45.74	230	22.1	22.1
邢台市	2.61	11.09	4 244	39.20	283	18.9	23.4
保定市	0.75	2.34	3 120	11.24	208	5.4	4.9
张家口市	3.48	11.06	3 175	52.26	212	25.2	23.3
承德市	1.51	5.44	3 595	22.68	240	10.9	11.5
沧州市	0.40	1.30	3 236	6.05	216	2.9	2.8

(续表)

省、市	面积 （万hm²）	总产 （万t）	单产 （kg/hm²）	面积 （万亩）	单产 （kg/亩）	面积比例 （%）	总产比例 （%）
廊坊市	0.07	0.14	2 122	0.98	141	0.5	0.3
衡水市	0.45	1.64	3 660	6.73	244	3.2	3.5
定州市	0.00	0.00	3 261	0.01	217	0.0	0.0
辛集市	0.13	0.30	2 390	1.90	159	0.9	0.6

注：数据来源于国家统计局，河北省农业、统计部门。

（二）高粱生产历史变化

高粱是世界第五大粮食作物，全世界分布广泛。我国高粱面积在解放以后呈现下降的趋势，1952年高粱面积939万hm²，到2015年高粱面积历史最低42万hm²，近两年有逐渐增加的趋势，2018年62万hm²。我国生产的高粱主要用于国内酿酒。

1. 河北省历年高粱面积变化

1952年河北省高粱种植面积最高125万hm²。纵观河北省高粱生产历史，河北省高粱生产分为3个重要时期。第一，变化波动期：1949—1974年，26年间河北省高粱种植面积在35万~123万hm²之间波动，变幅较大，尤其是1974年高粱种植面积出现一个高峰123万hm²。第二，逐年减少期：1974—2016年，是高粱种植面积逐年减少的时期，2016年高粱种植面积达到历史最低0.2万hm²。第三，面积恢复期：2016—2018年高粱种植面积逐年增加，2018年1万hm²，比2016年增长近5倍（图3-5）。（数据来源：国家统计局）

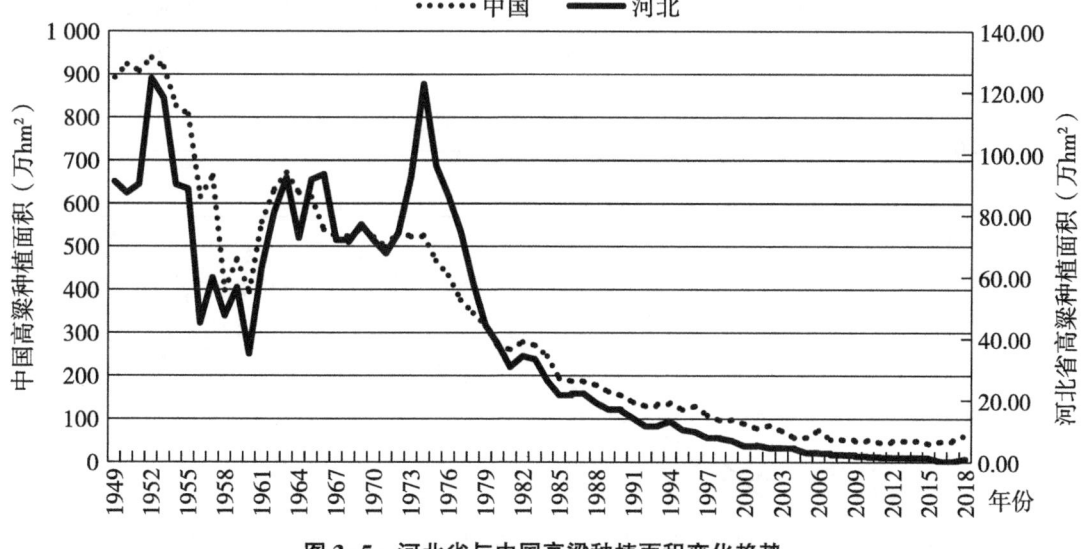

图3-5 河北省与中国高粱种植面积变化趋势

2. 河北省历年高粱总产变化

高粱的总产量受面积的变化而变化，但是在面积稳定的情况下，总产受到气候、环境的影响较大。从历史数据分析，河北省高粱总产主要是受面积的影响呈现波动下降（图3-6）。1949—1974年呈现上升的趋势。1974年以后呈现下降的趋势，到2006年后逐渐稳定，主要是面积基本稳定，但是在2016和2017年，由于河北省高粱种植面积太低，总产不到1万t。2018年面积近1万hm²后，总产量近4万t。（数据来源：国家统计局）

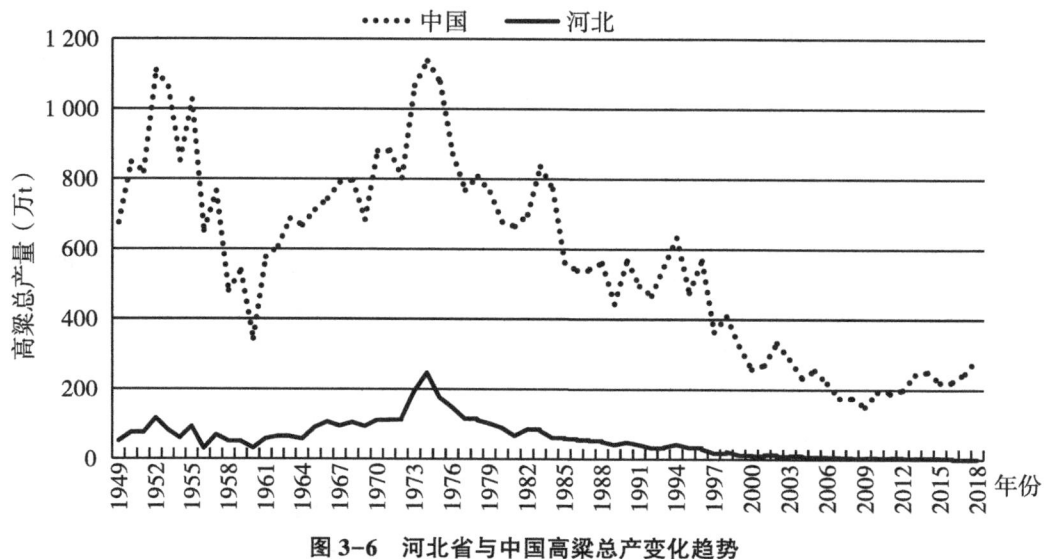

图3-6 河北省与中国高粱总产变化趋势

3. 河北省历年高粱单产变化

河北省高粱单产历史上呈现增长趋势，后期与全国单产水平差距拉大，且在1994—2011年是一个降低—增长的趋势（图3-7）。1949—1973年河北省高粱的单产水平与全国基本保持一致，但是1973年以后，河北省高粱单产仍然低于全国水平。2018年河北省高粱单产3 896 kg/hm²，比全国高粱单产低806 kg/hm²，低17.2%。（数据来源：国家统计局）

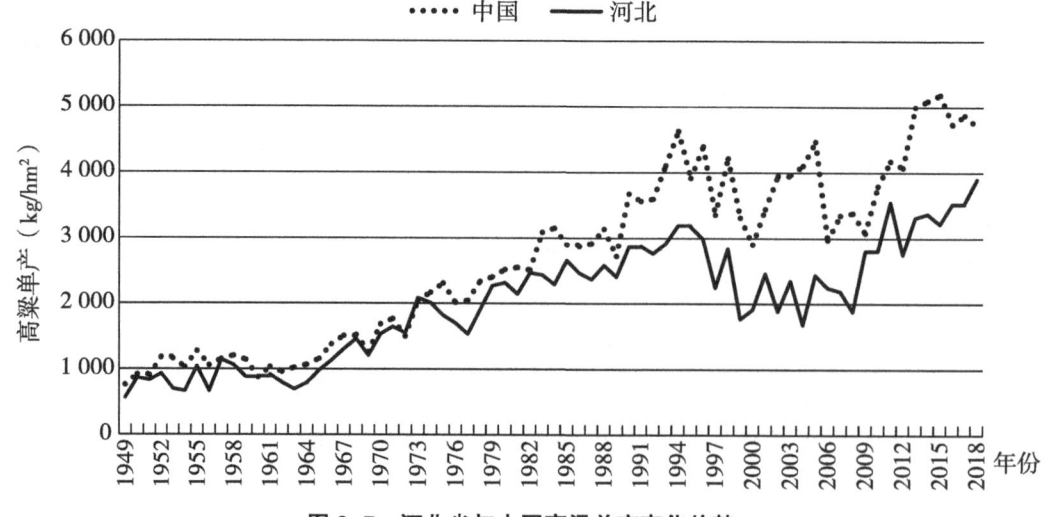

图3-7 河北省与中国高粱单产变化趋势

4. 河北省各地市高粱生产情况

近几年河北省高粱生产发生了较大变化，2014—2018年全省各地市高粱平均每年 0.8 万 hm^2，总产平均 2.79 万 t，单产 3 469 kg/hm^2（表3-2）。

全省面积最大的是沧州市 0.2 万 hm^2，占全省的 24.9%；其次是承德市，0.12 万 hm^2，占 15.5%；廊坊市和秦皇岛市高粱面积分别 0.09 万 hm^2；往下依次是张家口市、唐山市、保定市、衡水市。统计面积与实际面积差距较大，在院市合作项目带动下，仅衡水阜城县高粱种植面积稳定在 0.7 万 hm^2，衡水市高粱种植面积达到 1.3 万 hm^2。

全省总产最高的是沧州市，总产 0.61 万 t，占 21.9%；其次是承德市 0.49 万 t，占 17.5%；再次是秦皇岛市 0.37 万 t，占 13.2%。

全省高粱平均单产 3 469 kg/hm^2，定州市高粱单产最高 4 563 kg/hm^2。其余高于全省单产水平的市依次是秦皇岛市 4 182 kg/hm^2，唐山市 4 083 kg/hm^2，承德市 3 915 kg/hm^2，廊坊市 3 807 kg/hm^2，邢台市 3 609 kg/hm^2，衡水市 3 662 kg/hm^2。

表3-2 2014—2018年河北省各地高粱生产情况

省、市	面积（万 hm^2）	总产（万 t）	单产（kg/hm^2）	面积（万亩）	单产（kg/亩）	面积比例（%）	总产比例（%）
河北省	0.80	2.79	3 469	12.05	231	100.0	100.0
石家庄市	0.01	0.02	2 680	0.12	179	1.0	0.8
唐山市	0.06	0.25	4 083	0.94	272	7.8	9.1
秦皇岛市	0.09	0.37	4 182	1.32	279	10.9	13.2
邯郸市	0.03	0.05	1 773	0.43	118	3.6	1.8
邢台市	0.03	0.13	3 609	0.52	241	4.3	4.5
保定市	0.05	0.14	3 096	0.68	206	5.6	5.0
张家口市	0.07	0.21	2 808	1.11	187	9.3	7.5
承德市	0.12	0.49	3 915	1.87	261	15.5	17.5
沧州市	0.20	0.61	3 047	3.00	203	24.9	21.9
廊坊市	0.09	0.36	3 807	1.42	254	11.8	12.9
衡水市	0.04	0.14	3 662	0.56	244	4.7	4.9
定州市	0	0.02	4 563	0.07	304	0.6	0.8
辛集市	0	0	0	0	0	0	0

注：数据来源于国家统计局，河北省农业、统计部门。

(三) 绿豆生产历史变化

绿豆是我国主要的食用豆类作物，近几年河北省绿豆的面积稳中有升，2018年河北省绿豆种植面积 1.05 万 hm^2，总产 1.8 万 t，分别占全国的 2.2% 和 2.6%。

1. 河北省历年绿豆面积变化

河北省绿豆种植面积波动较大（图3-8），自1981年以来，绿豆种植面积大致分为四个阶段。第一阶段，1981—1992年为稳定生产时期，该时期主要是传统农家品种的零星种植，年种植面积稳定在4万 hm² 左右；第二阶段，1992—1996年为较快发展时期，该时期由于新品种引进、选育、推广以及出口数量增加等因素促进了绿豆生产的发展，年种植面积5.88万 hm²；第三阶段，1992—2016年种植面积减少时期，受外贸出口数量的减少，国内市场消费拉动不足等因素的影响，绿豆种植面积明显减少，2016年减少到0.664万 hm²；第四阶段，2016年以来，绿豆种植面积逐渐恢复，2018年河北省绿豆种植面积增长到1.05万 hm²。由此可见，河北省绿豆种植面积总体呈现下降趋势，且种植面积波动较大，主要原因是河北省绿豆出口约占70%，近几年出口数量减少影响绿豆的种植面积。其次绿豆单产较低、农民种植管理粗放等造成经济效益较低，种植积极性不高，虽然绿豆生产目前处于低谷时期，但由于绿豆生育期短、季节性休耕、生物固氮等因素，未来河北省绿豆种植仍然具有很大潜力。（数据来源：国家统计局）

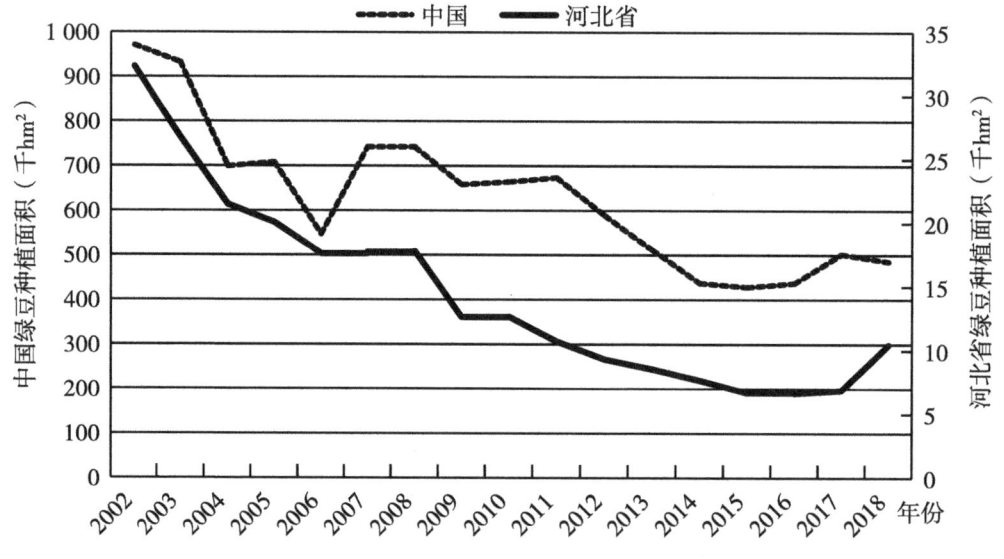

图3-8 河北省与中国绿豆种植面积变化趋势

2. 河北省历年绿豆总产变化

绿豆的总产量受面积的变化而变化，但是在面积稳定的情况下，总产受到气候、环境的影响较大。从历史数据分析，河北省绿豆总产主要是受面积的影响呈现波动下降（图3-9）。2002年以来，绿豆总产呈现下降趋势，但是在2015年以后，出现一个增长趋势。2015年绿豆总产量0.89万 t，到了2018年绿豆总产量增加到1.79万 t，原因是除了面积的增加以外，单产水平的增加占主要贡献。（数据来源：国家统计局）

3. 河北省历年绿豆单产变化

河北省绿豆单产总体呈现增长趋势（图3-10），且增长幅度较大，2002年河北省

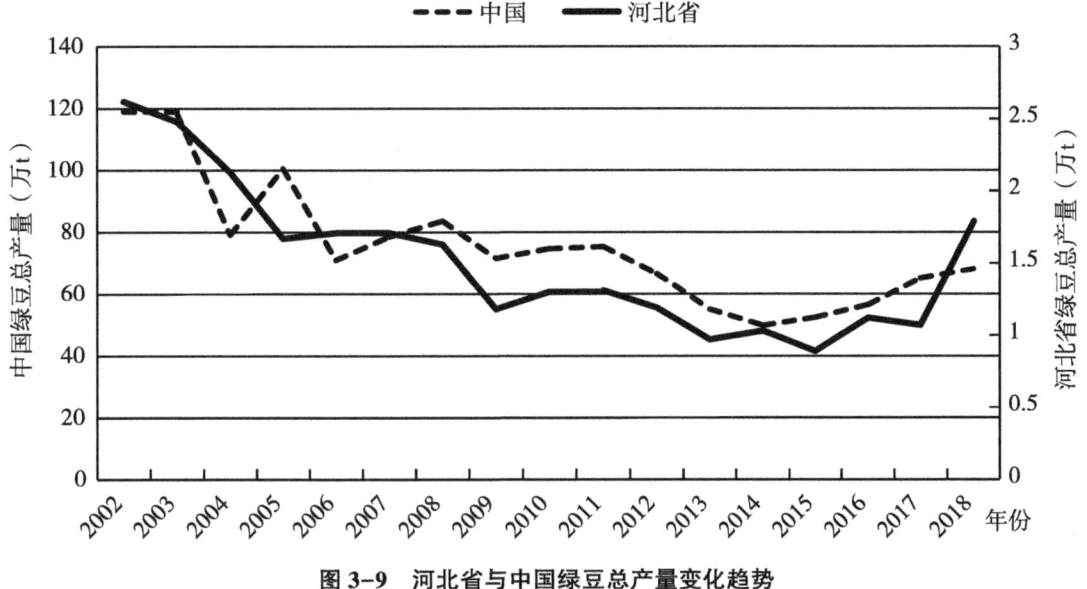

图 3-9 河北省与中国绿豆总产量变化趋势

绿豆单产水平 811 kg/hm²，到 2018 年单产水平达到 1 711 kg/hm²，增长 900 kg/hm²，增长 111%。河北省绿豆单产水平经历了由低于全国平均水平到高于全国平均水平的过程，2002—2011 年低于全国单产水平；2011 年开始，绿豆单产水平逐渐超过了全国平均水平。（数据来源：国家统计局）

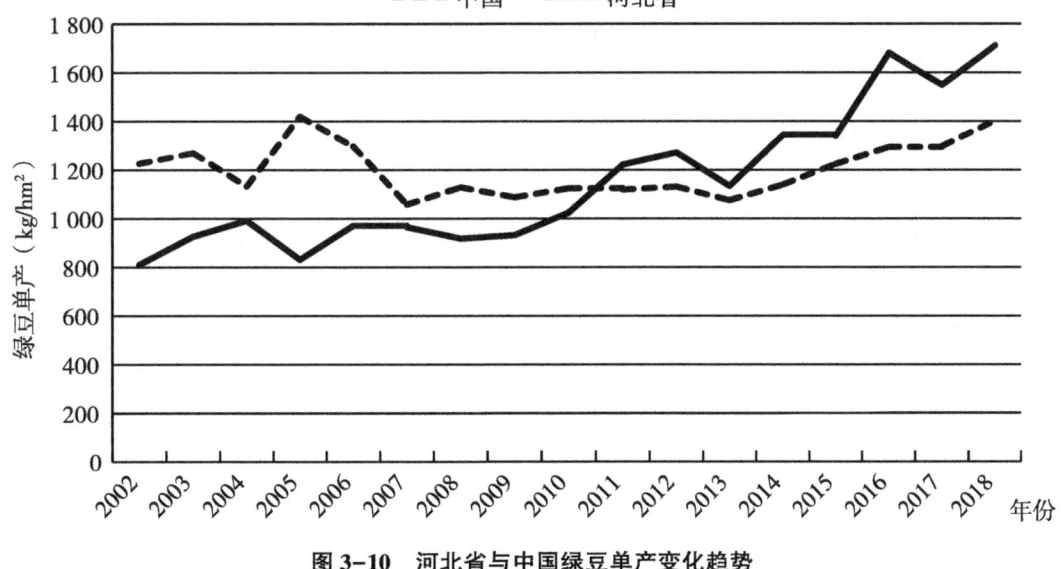

图 3-10 河北省与中国绿豆单产变化趋势

4. 河北省各地市绿豆生产情况

近几年河北省各地市绿豆的生产情况发生了较大变化。2014—2018 年河北省绿豆平均每年 0.77 万 hm²，总产平均 1.79 万 t，单产 1 538 kg/hm²（表 3-3）。

河北省绿豆种植面积最大的是张家口市 0.46 万 hm^2，占全省的 59.47%；其次是衡水市 0.06 万 hm^2，占 7.24%；再次是保定市、沧州市和邯郸市，约 0.05 万 hm^2，分别占全省 6.58%、6.42%、6.09%；其他地市均有少量种植。

河北省总产量最高的是张家口市，总产 0.51 万 t，占全省 43.14%；其次是衡水市 0.16 万 t，占 13.88%；再次是邢台市 0.12 万 t，占 10.19%；之后依次是保定市、沧州市和邯郸市，分别是 0.11 万 t、0.07 万 t、0.06 万 t，分别占 9.14%、5.61%、4.66%。

河北省绿豆平均单产 1 538 kg/hm^2，除了沧州市、张家口市、邯郸市单产低于全省平均水平以外，其他地市均高于全省单产水平，张家口市面积最大，单产最低，这也是全省单产较低的原因，全省单产最高的是唐山市的 3 714 kg/hm^2。

表 3-3　2014—2018 年河北省各地绿豆生产情况

省、市	面积（万hm^2）	总产（万 t）	单产（kg/hm^2）	面积（万亩）	单产（kg/亩）	面积比例（%）	总产比例（%）
河北省	0.77	1.18	1 538	11.50	103	100	100
石家庄市	0.03	0.06	2 099	0.40	140	3.47	4.73
唐山市	0.01	0.04	3 714	0.14	248	1.25	3.02
秦皇岛市	0.00	0.01	2 269	0.04	151	0.31	0.46
邯郸市	0.05	0.06	1 179	0.70	79	6.09	4.66
邢台市	0.04	0.12	3 044	0.59	203	5.16	10.19
保定市	0.05	0.11	2 138	0.76	143	6.58	9.14
张家口市	0.46	0.51	1 116	6.84	74	59.47	43.14
承德市	0.01	0.03	2 437	0.20	162	1.73	2.74
沧州市	0.05	0.07	1 345	0.74	90	6.42	5.61
廊坊市	0.02	0.03	1 600	0.26	107	2.24	2.33
衡水市	0.06	0.16	2 949	0.83	197	7.24	13.88
定州市	0	0	2 114	0	141	0.03	0.04
辛集市	0	0	0	0	0	0	0

注：数据来源于国家统计局，河北省农业、统计部门。

（四）红小豆生产历史变化

红小豆与绿豆一样，也是主要的食用豆类作物。近几年河北省红小豆的种植面积有增加的趋势，2018 年河北省红小豆种植面积 0.462 万 hm^2，总产 0.8 万 t，分别占全国的 2.53% 和 2.88%。

1. 河北省历年红小豆面积变化

河北省红小豆种植面积波动较大（图 3-11），自 1981 年以来，红小豆种植面积大致分为三个阶段。第一阶段，1981—1993 年为稳定生产时期，该时期主要是传统农家品种的零星种植，年种植面积稳定在 3.5 万 hm² 左右；第二阶段，1993—2015 年种植面积减少时期，受外贸出口数量的减少，国内市场消费拉动不足等因素的影响，红小豆种植面积明显减少，2015 年减少到 0.342 万 hm²；第三阶段，2015 年以来，红小豆种植面积逐渐恢复，2018 年河北省红小豆种植面积增长到 0.462 万 hm²。由此可见，河北省红小豆种植面积总体呈下降趋势，且种植面积波动较大，主要原因是红小豆出口约占 70%，近几年出口数量减少影响红小豆的种植面积。其次红小豆单产较低、农民种植管理粗放等造成经济效益较低，种植积极性不高，虽然目前处于低谷时期，但红小豆今后在河北省种植仍然具有较大潜力。(数据来源于国家统计局)

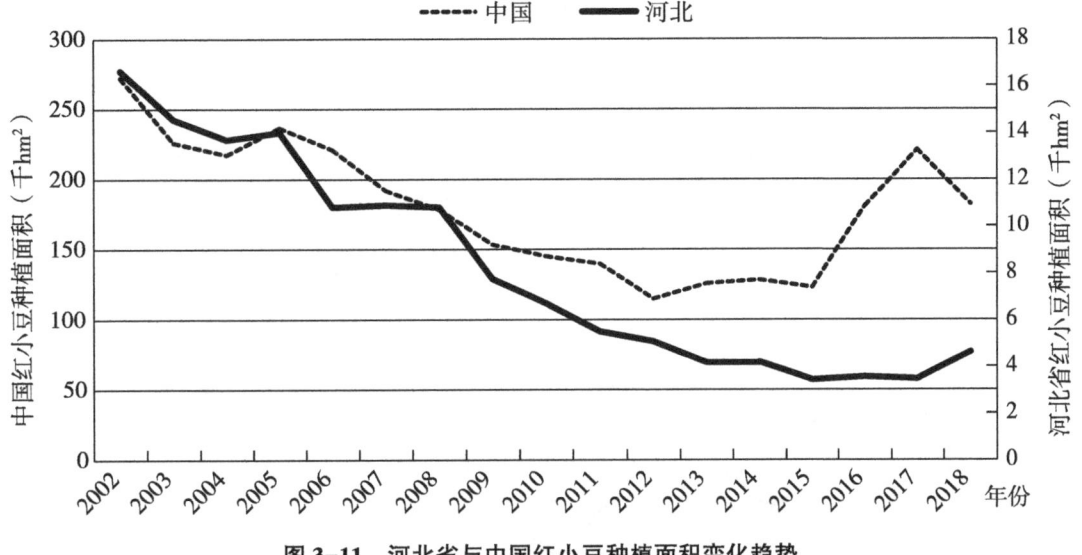

图 3-11 河北省与中国红小豆种植面积变化趋势

2. 河北省历年红小豆总产变化

河北省红小豆总产量变化总体呈现降低趋势，近几年有增长的趋势（图 3-12）。红小豆总产受到气候、环境的影响较大。从河北省历史数据分析，2002 年以来，红小豆总产呈现下降趋势，2015 年总产量降到 0.47 万 t，之后逐渐增长，2018 年红小豆总产量 0.8 万 t，原因是除了面积的增加以外，单产水平的增加占主要贡献。(数据来源于国家统计局)

3. 河北省历年红小豆单产变化

河北省红小豆单产总体呈增长趋势，且增长幅度较大（图 3-13）。2002 年河北省红小豆单产水平 944 kg/hm²，到 2018 年单产水平达到 1 732 kg/hm²，增长 788 kg/hm²，增长 83.5%。河北省红小豆单产水平经历了由低于全国平均水平到高于全国平均水平的过程，2002—2015 年低于全国单产水平；2016 年开始，红小豆单产水平逐渐超过了全国平均水平。(数据来源于国家统计局)

4. 河北省各地市红小豆生产情况

近几年河北省红小豆生产发生了较大变化，2014—2018 年河北省红小豆平均每年 0.385 万 hm²，总产平均 0.602 万 t，单产 1 564 kg/hm²（表 3-4）。

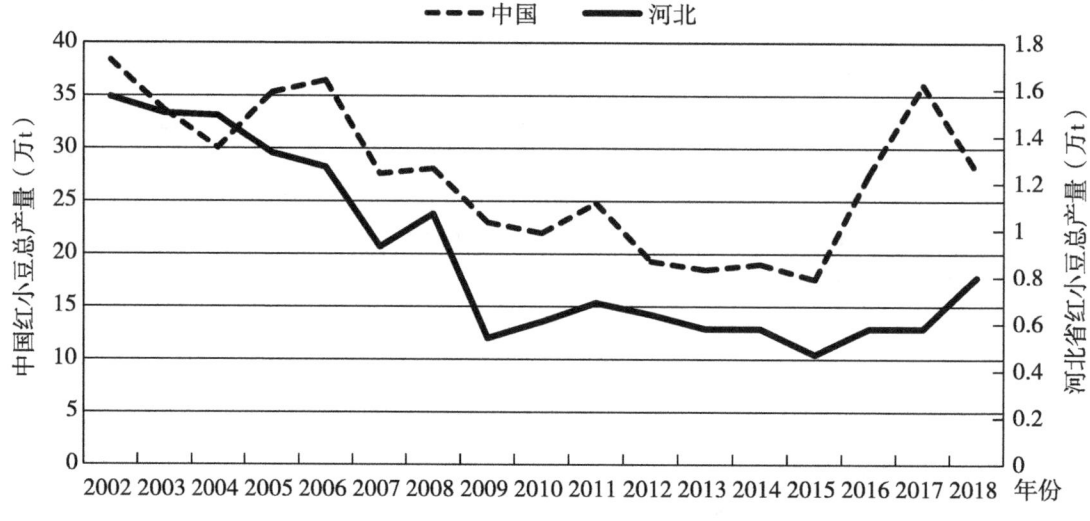

图 3-12　河北省与中国红小豆总产量变化趋势

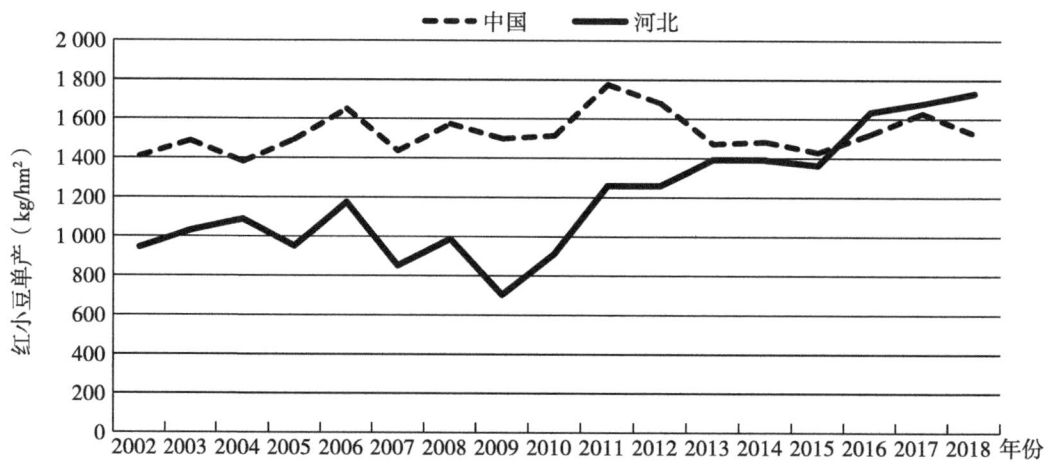

图 3-13　河北省与中国红小豆单产变化趋势

表 3-4　2014—2018 年河北省各地红小豆生产情况

省、市	面积（万 hm²）	总产（万 t）	单产（kg/hm²）	面积（万亩）	单产（kg/亩）	面积比例（%）	总产比例（%）
河北省	0.385	0.602	1 564	5.770	104	100.00	100.00
石家庄市	0.029	0.026	901	0.433	60	7.51	4.32
唐山市	0.027	0.043	1 573	0.409	105	7.09	7.13
秦皇岛市	0.009	0.015	1 731	0.134	115	2.32	2.56
邯郸市	0.003	0.003	1 107	0.039	74	0.68	0.48
邢台市	0.000	0.001	1 724	0.005	115	0.09	0.10
保定市	0.014	0.027	1 938	0.210	129	3.65	4.52

(续表)

省、市	面积 （万hm²）	总产 （万t）	单产 （kg/hm²）	面积 （万亩）	单产 （kg/亩）	面积比例 （%）	总产比例 （%）
张家口市	0.095	0.113	1 193	1.421	80	24.64	18.78
承德市	0.020	0.032	1 622	0.298	108	5.16	5.35
沧州市	0.027	0.030	1 111	0.412	74	7.13	5.06
廊坊市	0.033	0.036	1 088	0.490	73	8.50	5.91
衡水市	0.128	0.275	2 154	1.917	144	33.22	45.72
定州市	0	0	2 000	0.002	133	0.03	0.04
辛集市	0	0	0	0	0	0	0

注：数据来源于国家统计局，河北省农业、统计部门。

河北省红小豆种植面积最大的是衡水市0.128万hm²，占全省33.22%；其次是张家口市0.095万hm²，占全省24.64%；张家口市和衡水两市占全省57.86%。其他地市均有少量种植。

河北省红小豆总产最高的是衡水市0.275万t，占全省45.72%；其次是张家口市0.113万t，占18.78%；衡水和张家口两市占全省64.5%。

河北省红小豆平均单产1 564 kg/hm²，单产水平最高的是衡水市2 161 kg/hm²，其次是保定市1 938 kg/hm²。

（五）燕麦生产历史变化

1. 河北省历年燕麦面积变化

河北省是全国三大燕麦主产省之一，处于华北燕麦产业集群带中，从发展趋势看，2007—2015年燕麦面积基本在6万~8万hm²，2016年面积增加明显，比2015年增加了4.26万hm²，增幅62.32%。原因主要为河北省深入实施"粮改饲"工作，加快种植结构由"粮经"二元结构向"粮经饲"三元结构转变，大力发展青贮玉米、苜蓿、燕麦、饲用小黑麦、甜高粱等优质饲草料种植，受政策利好的影响，燕麦面积呈现大幅度增加，2017年和2018年燕麦面积处于平稳发展走势（图3-14）。（注：数据来源于河北省统计局）

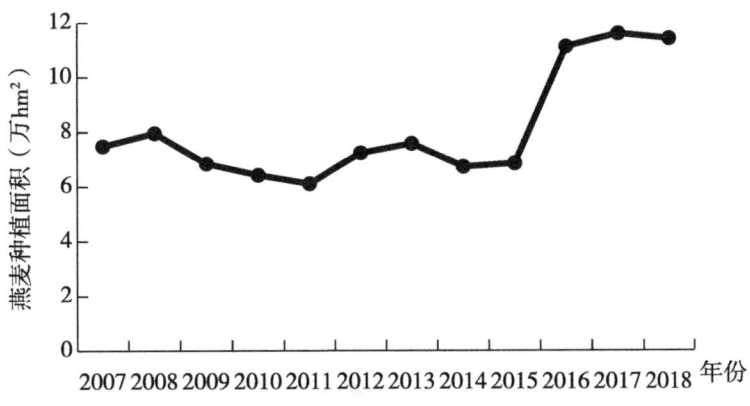

图 3-14 河北省燕麦种植面积变化趋势

2. 河北省历年燕麦单产变化

从发展趋势看,燕麦单产呈波浪式上升趋势(图3-15),大致分为三个阶段,2007—2011年低位徘徊,该阶段燕麦单产较低,仅2009年单产比较突出,达到1 014.12 kg/hm²,其余4年单产在620~680 kg/hm²,无明显变化;2012—2013年高速增长期,到2013年单产达到1 404.99 kg/hm²,较2011年增长了126.61%,增幅明显;2014—2018年单产稳定期,此阶段燕麦单产在1 220~1 450 kg/hm²,其中,2014年和2015年两年略低,2016—2018年保持稳定发展。(注:数据来源于河北省统计局)

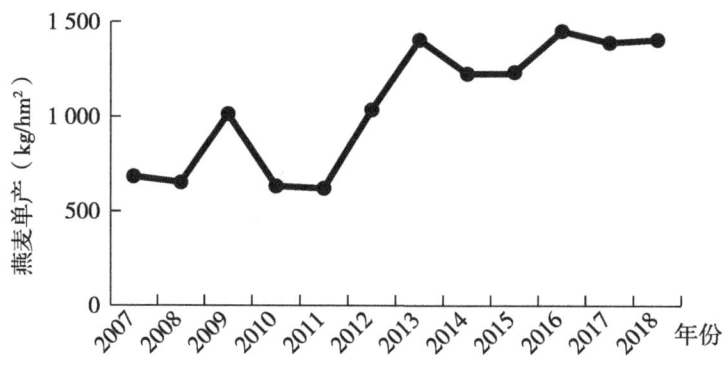

图3-15 河北省燕麦单产变化趋势

3. 河北省历年燕麦总产量变化

从发展趋势看,燕麦总产年度间波动较大,但总体保持增长趋势(图3-16)。比较突出的3个节点为2009年、2013年和2016年。2007—2009年,燕麦总产呈稳定增长趋势,2009年达到6.94万t,比2007年增长35.68%,2010年和2011年单产有所下降,2011年总产为3.78万t,比2009年减少了3.15万t,2012年和2013年呈快速增长趋势,主要得益于单产的提高,河北省粮改饲等政策的实施,燕麦总产实现大步伐快速增长,2016年比2015年增长了90.77%。(注:数据来源于河北省统计局)

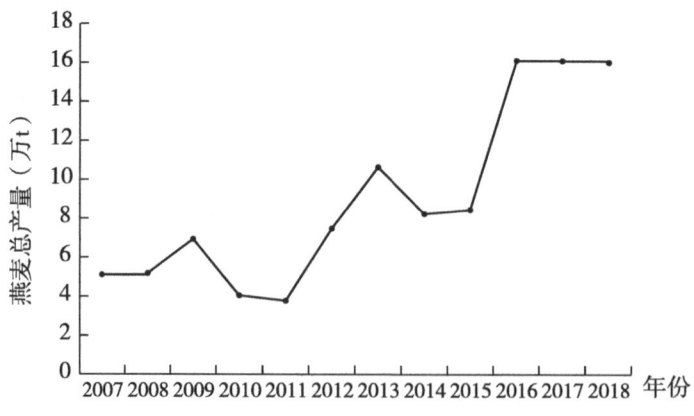

图3-16 河北省燕麦总产量变化趋势

4. 河北省各地市燕麦生产情况

2014—2018年全省各地市燕麦平均每年9.53万 hm^2，总产平均12.99万 t，单产1 363.3 kg/hm^2（表3-5）。

表3-5　2014—2018年河北省各地燕麦生产情况

省、市	面积（万hm^2）	总产（万t）	单产（kg/hm^2）	面积比例（%）	总产比例（%）
河北省	9.53	12.99	1 363.06	100.00	100.00
张家口市	8.62	11.52	1 336.43	90.47	88.68
承德市	0.91	1.47	1 615.38	9.53	11.32

注：河北省农业、统计部门。

河北省燕麦种植面积主要为张家口和承德，张家口市8.62万 hm^2，占全省90.47%；承德市0.91万 hm^2，占全省的9.53%。河北省燕麦总产张家口市11.52万 t，占全省88.68%；承德市1.47万 t，占全省11.32%；河北省燕麦平均单产张家口市1 336.43 kg/hm^2，承德市1 615.38 kg/hm^2。

（六）荞麦生产历史变化

1. 河北省历年荞麦面积变化

20世纪80年代起，谷子、高粱、燕麦等杂粮作物在品种、栽培技术、配套机具等技术发展带动下，单产、经济效益和市场取得明显发展，而荞麦因经济效益和市场挤占等因素，种植萎缩严重。近年来，随着对荞麦保健功能的深度开发和居民对保健意识的增强，荞麦的市场需求量逐年增加，在河北省张家口、承德、保定、石家庄等地种植面积逐步增加，开始从零星点片种植向大规模集中种植转型。无论从生态保护还是经济效益，发展荞麦产业，对丰富农业产业结构，提高特色农作物经济效益都具有极其重要的意义。

2018年河北省荞麦面积为8 660 hm^2，主要集中在张家口市和承德市。近十年河北省荞麦的种植可划分为3个时期，底部徘徊期（2007—2010年），全省年平均种植面积380 hm^2（图3-17）；稳步提升期（2011—2016年），在河北省农业种植结构和转型发展时期，荞麦种植呈现出稳步发展态势，该时期荞麦的年平均播种面积1 600 hm^2，随着我省精装荞麦米、苦荞茶、荞麦面等初级加工品市场开拓，种植效益也得到明显提升；快速增长期（2017年至今），荞麦在种植业结构调整的东风下，迎来了发展的春天。但由于种植分散，未形成规模。由于荞麦适应性广，荞麦还具有养地作用，因此大部分都种植在地力条件较差的地块或间作于其他作物中或种植于边边角角的地块用于查漏补缺。因此出现种植杂乱分散，管理粗放，难形成规模的局面，这种现状在平原区尤其明显。（注：数据来源于河北省统计局）

2. 河北省历年荞麦单产变化

2018年河北省荞麦单产为1 698 kg/hm^2，单产比较高的县市有蔚县、宣化县。从发展趋势看，2007—2011年平均单产688.5 kg/hm^2，单产较低，一直徘徊不前（图3-18）；2011—2016年平均单产1 158 kg/hm^2，较上一时期增幅68%；比较突出的年份为2012年

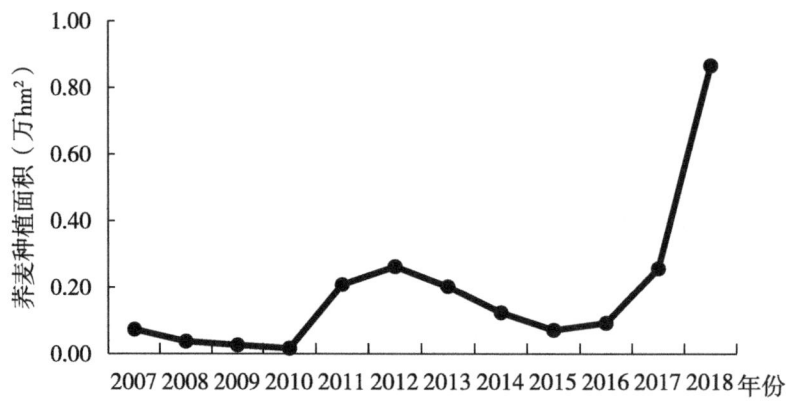

图 3-17　河北省荞麦种植面积变化趋势

1 255.67 kg/hm², 2017 年荞麦单产有所下滑，为 1 261.27 kg/hm²。长期以来，荞麦的生产一直未得到重视。由于荞麦的耐贫瘠特性，一般种植在生产条件差的地块，技术不规范，管理粗放。一方面，荞麦育种发展缓慢，致使品种陈旧，得不到及时的更新换代。另一方面，种植习惯还需要逐步改善，种植户在种植主粮作物时已经基本不再使用自留种，但是在种植荞麦等杂粮杂豆作物时观念陈旧，并未意识到良种的重要性，仍以自留种种植为主，严重制约了品种更新和产量提升，致使零星种植带来单产低、面积小、综合效益低。（注：数据来源于河北省统计局）

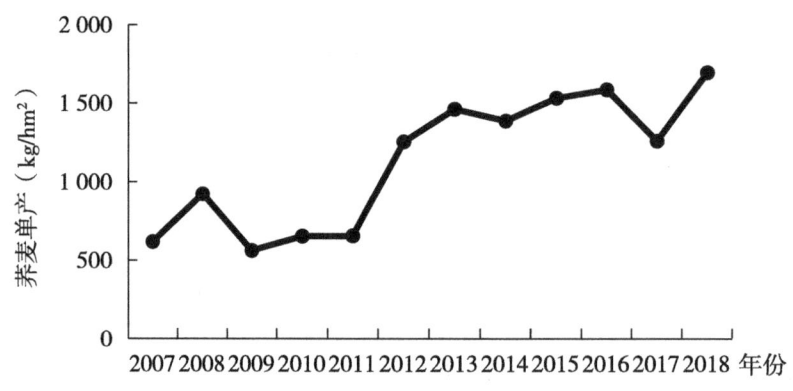

图 3-18　河北省荞麦单产变化趋势

3. 河北省历年荞麦总产量变化

2018 年河北省荞麦总产达到 1.47 万 t，为历年最高水平（图 3-19），得益于面积和单产双提高。近十年河北省荞麦大致经历"低谷—反弹—回落—快升"的趋势，即 2007—2010 年一直在 0.01 万~0.05 万 t，2011 年和 2012 年处于总产反弹阶段，2013—2016 年总产处于回落阶段，2017 年和 2018 年在结构调整和杂粮价值体现的刺激下，总产大幅度提高。（注：数据来源于河北省统计局）

4. 河北省各地市荞麦生产情况

2014—2018 年全省各地市荞麦平均每年 2 685.51 hm²，总产平均 0.44 万 t，单产

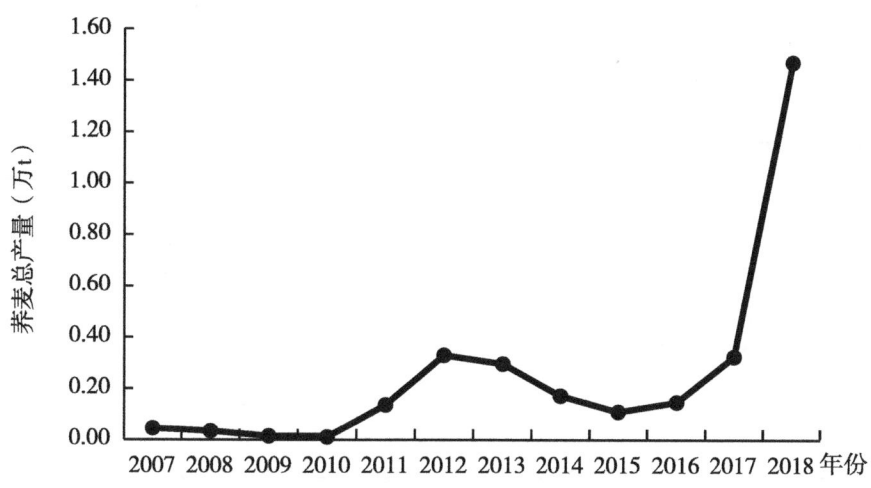

图 3-19　河北省荞麦总产量变化趋势

1 493.6 kg/hm²（表3-6）。

河北省荞麦种植面积主要为张家口、承德、石家庄和保定，张家口市 1 929.67 hm²，占全省 71.85%；承德市 641.51 hm²，占全省的 23.89%。河北省荞麦总产张家口市 0.34 万 t，占全省 77.27%；承德市 0.07 万 t，占全省 15.91%。

表 3-6　2014—2018 年河北省荞麦生产情况

省、市	面积 （万 hm²）	总产 （万 t）	单产 （kg/hm²）	面积 比例（%）	总产 比例（%）
河北省	2 685.51	0.44	1 493.60	100.00	100.00
石家庄市	77.47	0.02	2 755.36	2.88	4.55
保定市	36.86	0.01	2 624.69	1.37	2.27
张家口市	1 929.67	0.34	1 476.97	71.85	77.27
承德市	641.51	0.07	1 074.21	23.89	15.91

注：河北省农业、统计部门。

（七）糜子生产变化

河北省糜子种植较集中，约 2.7 万 hm²，主要在张家口市坝下各县，承德市丰宁县、围场，其他各市几乎没有。经过调查发现，糜子种植最大的县市张家口蔚县，约 1 万 hm²，阳原县约 0.8 万 hm²，宣化县、涿鹿县、怀安县、怀来县等各约 0.2 万 hm²。承德市主要在围场县，约 0.07 万 hm²。经过对糜子的调研发现，近几年糜子的总面积基本保持不变，由于糜子的用途主单一、自种自食习惯等原因，河北省糜子产业发展缓慢，糜子的面积、单产以及总产基本是稳定。

（八）河北省杂粮单产水平变化成因分析

河北省杂粮单产水平 2007—2018 年呈现增长的趋势（图 3-20）。2007—2013 年，单产水平提升较大，2013 年达到 151 kg/亩；2013—2018 年，单产水平处于稳定时期，在 151~165.7 kg/亩变化。影响杂粮单产主要因素有以下几点。

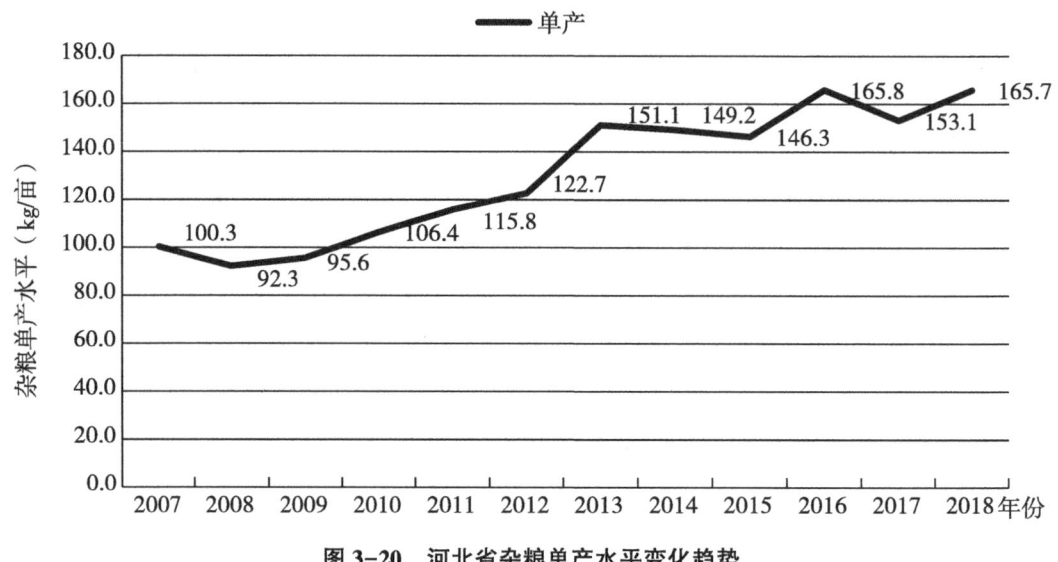

图 3-20 河北省杂粮单产水平变化趋势

1. 干旱少雨影响杂粮单产水平较大

杂粮主要种植在干旱和半干旱地区，这些区域年降水量比较少且年度间、年度内降水量不均，在出苗、拔节、孕穗、灌浆等关键生育期易受干旱影响，降水量少且不均衡是影响杂粮单产的主要因素。

2. 科技进步缓慢影响杂粮单产水平

解放时期，谷子、高粱等杂粮的单产生产水平与小麦、玉米、水稻等大作物单产水平差别不大，随着玉米杂种优势利用和小麦矮化育种的突破，极大提高了玉米和小麦的单产，而杂粮育种水平长期以来没有大的突破，单产水平长期徘徊不前。由于我国经济水平限制，长期以来农业科研上抓大放小，大作物在平台建设、人才队伍、科研项目、生产政策等方面远远高于小作物，致使小杂粮科研团队涣散、项目支撑不足、政策支持乏力。以谷子为例，随着谷子面积的逐步缩小，从事谷子科研人员、科研项目也随之减少，科技创新驱动严重不足。据不完全统计，全国谷子科研单位从 1985 年的 90 家减至 2005 年的 48 家，科研人员数量从 1 000 人减至约 400 人。虽然"十一五"以来，国家现代农业产业技术体系建立了谷子糜子体系、加大了谷子科研的支持力度，从事谷子科研的人员在上升，但也仅仅有 500 余人，且大多数集中在育种领域，从事谷子基础研究、农机农艺、栽培植保、产后加工等领域的人才极为匮乏。

3. 病虫草害对杂粮单产影响较大

杂粮病虫害一直是影响杂粮生产的重要因素，每年由此造成的产量损失较大，部分地区甚至造成毁种和绝产。例如谷子草害、锈病、谷瘟病、线虫病等，高粱蚜虫、黑穗病等，绿豆病毒病、叶斑病等，红小豆病毒病、锈病、豆荚螟等，燕麦锈病、黑穗病等，是常年发生的主要病虫害草。随着杂粮区域品种交流扩大、杂粮生态种植区变迁，产区出现新的病虫害,例如夏谷品种向春播区扩散,线虫病在春谷区有扩大趋势。

谷子、糜子、高粱是小粒密植作物,精量播种困难,且一般品种缺乏适宜的除草剂,生产一直依赖人工间苗、除草,不仅劳动繁重,而且苗期一旦遇到连续阴雨天,极易造成苗荒和草荒而导致严重减产甚至绝收,常年因此减产30%左右。绿豆、红小豆成熟不一致,为防止成熟豆荚不爆裂,经常会分阶段收获,造成费工费事。燕麦种植大多自留种,导致品种老化、混杂,丰产性低。

4. 生产管理粗放严重制约了杂粮单产的提高

目前在丘陵山区,由于杂粮分散种植,大型农机具难以使用,杂粮生产还存在着广种薄收、管理粗放的现象,杂粮的生产方式与现代农业的距离较大,现代物质投入远落后于玉米、小麦等主要农作物,如:化肥、农药、机械化作业,等等,由于管理粗放,水肥跟不上,严重制约了杂粮单产水平的提高。

二、河北省主要杂粮县域分布

(一)河北省谷子县域分布

1. 面积分布

河北省谷子种植面积较多的县市是武安市、蔚县、阳原县、围场县,其次是宣化县、青龙县、南宫县。唐山南部、张家口坝上、廊坊相对较少,其余各县市均有一定程度的种植(图3-21)。

2. 总产分布

河北谷子的总产量与面积的分布基本一致,主要是在干旱少雨的燕山和太行山以及黑龙港低平原区(图3-22)。

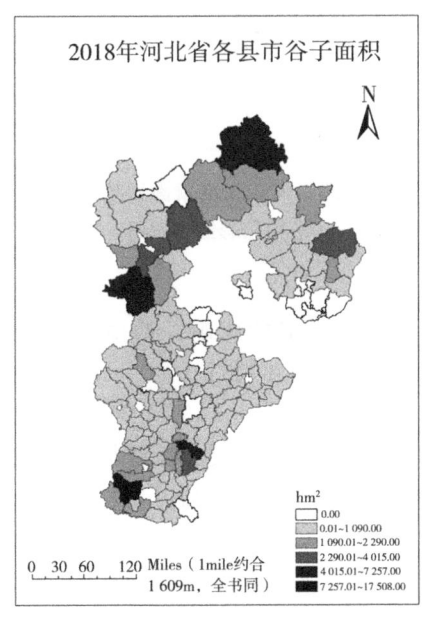

图 3-21 河北省谷子面积县域分布
(参见彩图 3-21)

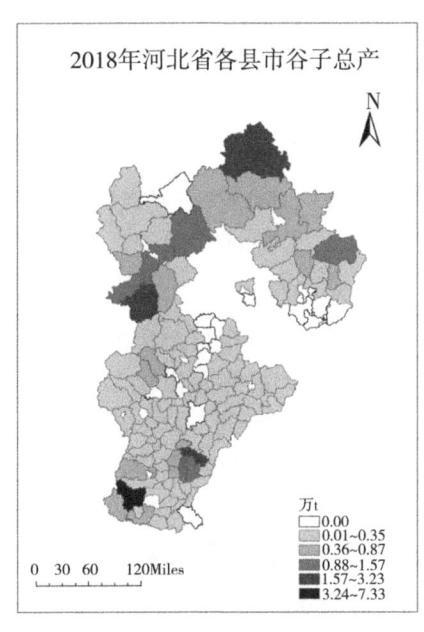

图 3-22 河北省谷子总产县域分布
(参见彩图 3-22)

3. 单产水平分布

2018年河北谷子单产水平差距较大，黑龙港区域谷子的单产水平 300 kg/hm² 以上的县市较多；而面积分布较多的山区，单产水平却较低（图3-23）。

(二) 河北省高粱县域分布

1. 面积分布

河北省高粱县域分布图显示，高粱种植面积较多的县市是平泉县、黄骅市，其次是秦皇岛西部、承德东部，张家口的沽源县、阳原县，廊坊的南部和沧州的西部，衡水的阜城等，其余各县市少量分布（图3-24）。

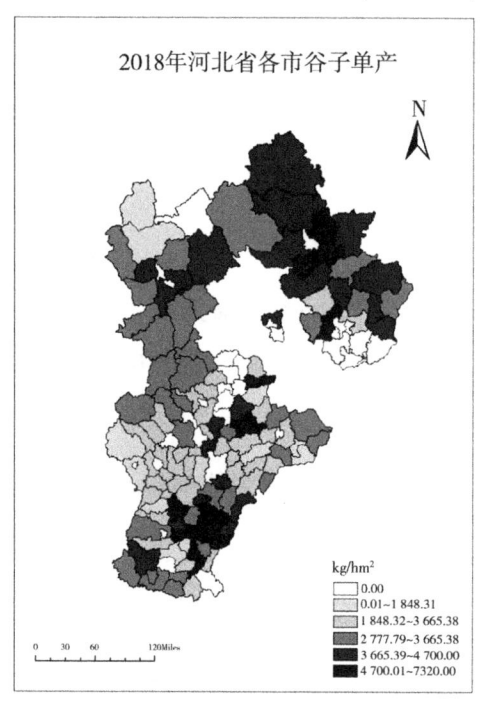

图 3-23　河北省谷子单产县域分布
（参见彩图 3-23）

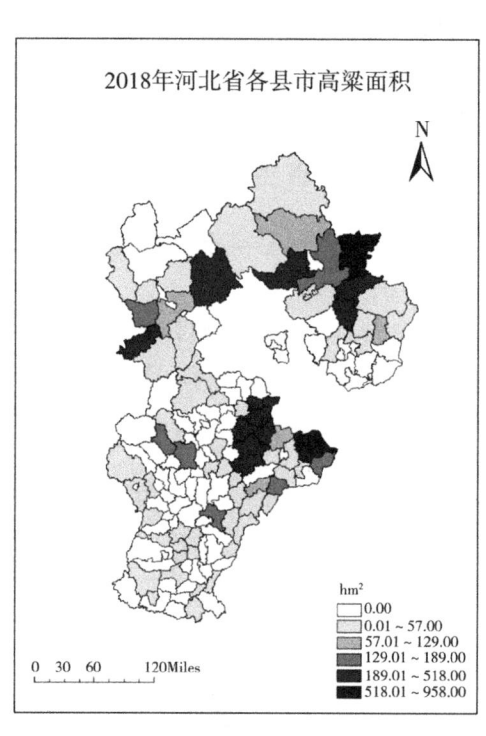

图 3-24　河北省高粱面积县域分布
（参见彩图 3-24）

2. 总产分布

高粱的总产分布与面积的分布是一致的，由于自然环境的影响，造成了产量的差距，例如黄骅市高粱面积较大，而总产却处于较低水平（图3-25）。

3. 单产水平分布

高粱单产水平与面积和总产关系不大，主要看气候环境和高粱的品种情况，就高粱各县市的单产水平分析，承德市、张家口市高粱生产县单产相对较高（图3-26）。

(三) 河北省绿豆县域分布

1. 面积分布

河北省绿豆的县域面积分布显示绿豆在蔚县和阳原县种植较多。其次在武安市、南宫市、广宗县、故城县、黄骅市、平泉县、承德县种植较多（图3-27）。

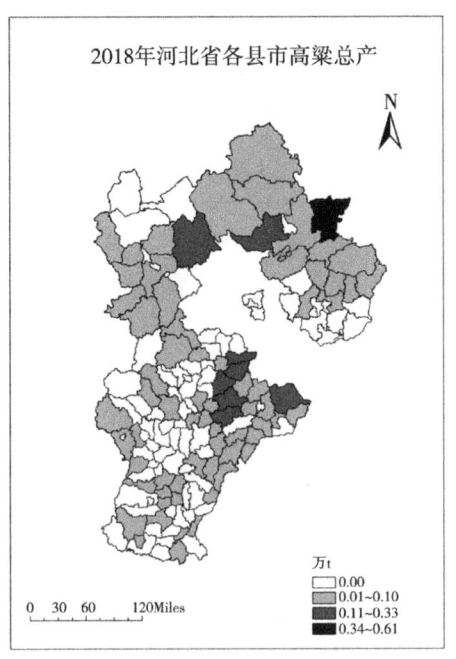

图 3-25 河北省高粱总产县域分布
（参见彩图 3-25）

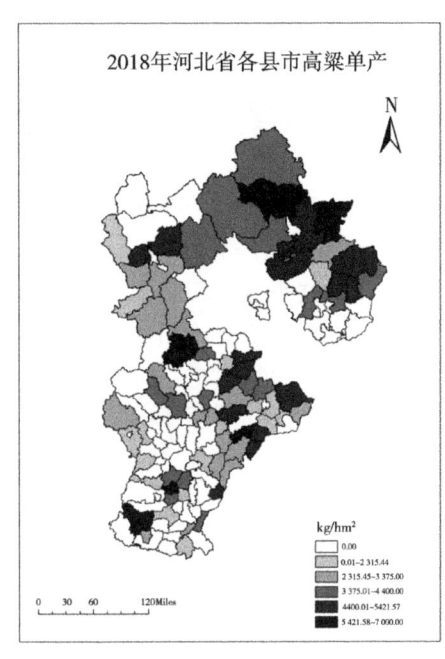

图 3-26 河北省高粱单产县域分布
（参见彩图 3-26）

2. 总产分布

河北省绿豆的总产分布与面积的分布基本一致（图 3-28）。

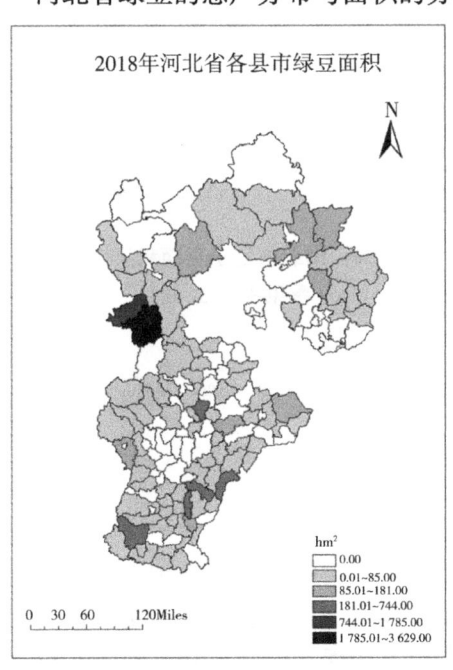

图 3-27 河北省绿豆面积县域分布
（参见彩图 3-27）

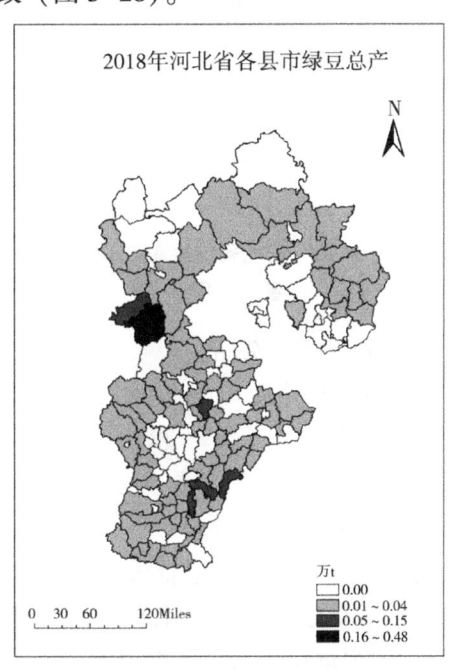

图 3-28 河北省绿豆总产县域分布
（参见彩图 3-28）

3. 单产水平分布

河北省绿豆的单产分布可以看出种植绿豆的县域较广,单产水平较高的主要有顺平县、曲阳县、博野县、故城县、阜城县、丰宁县、吴桥县、东光县、蠡县、定兴县等(图3-29)。

(四) 河北省红小豆县域分布

1. 面积与总产分布

河北省红小豆面积和总产分布图显示,两者分布一致,主要在张家口市、承德市、太行山区以及保定、沧州大部分地区(图3-30、图3-31)。

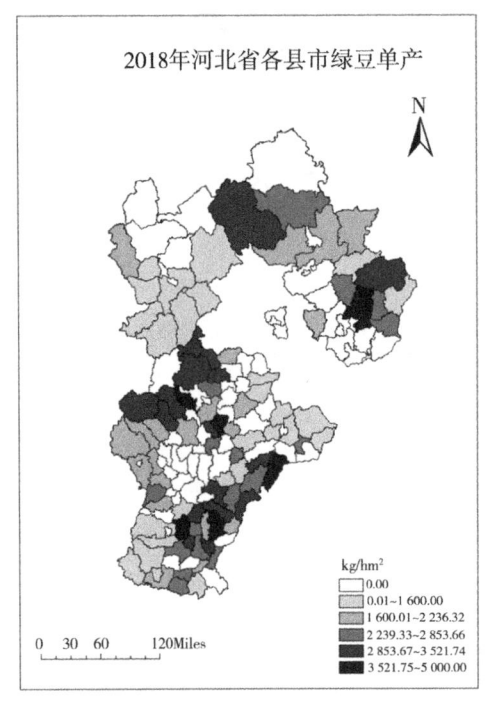

图3-29 河北省绿豆单产县域分布
(参见彩图3-29)

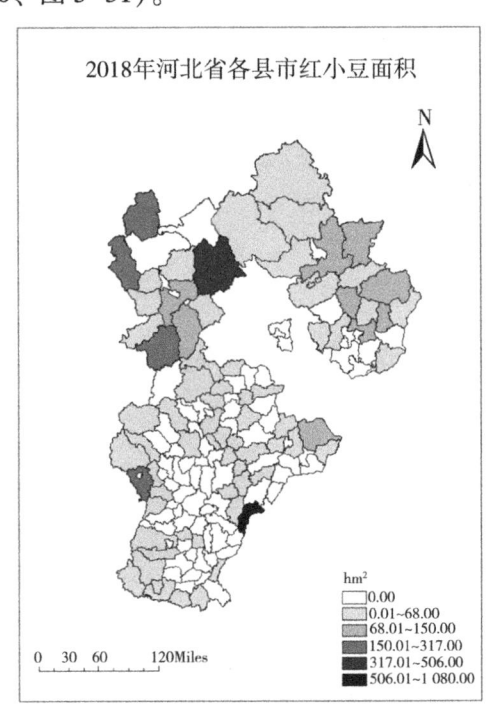

图3-30 河北省红小豆面积县域分布
(参见彩图3-30)

2. 单产水平分布

河北省红小豆单产水平特点突出,在承德市周边县、保定市北部、廊坊部分县红小豆单产水平较高(图3-32)。

(五) 河北省燕麦县域分布

1. 面积与总产分布

2018年河北省燕麦总面积11.4万 hm²,主要分布在张家口市和承德市,燕麦在张家口市主要分布在坝上张北、沽源、康宝、尚义四县和察北、塞北两个管理区以及坝下海拔1 000 m以上的高寒冷凉山区(图3-33)。张北、康保、沽源三县占到河北省总面积的84.91%。2018年河北省燕麦总产达到16.03万 t,总产比较高的县市有张北、康保、沽源(图3-34)。

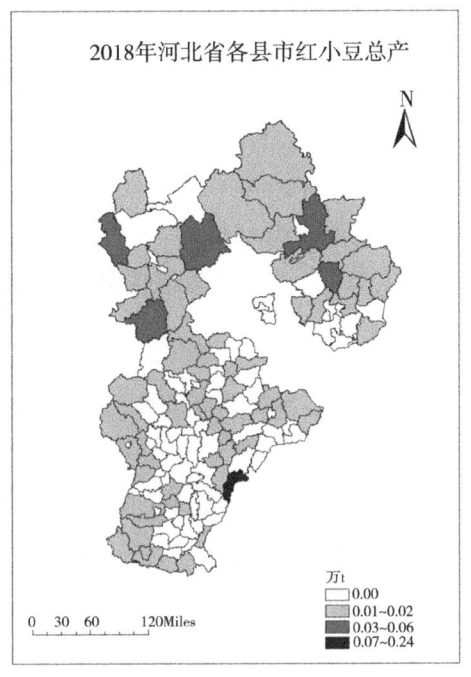

图3-31 河北省红小豆总产县域分布
(参见彩图3-31)

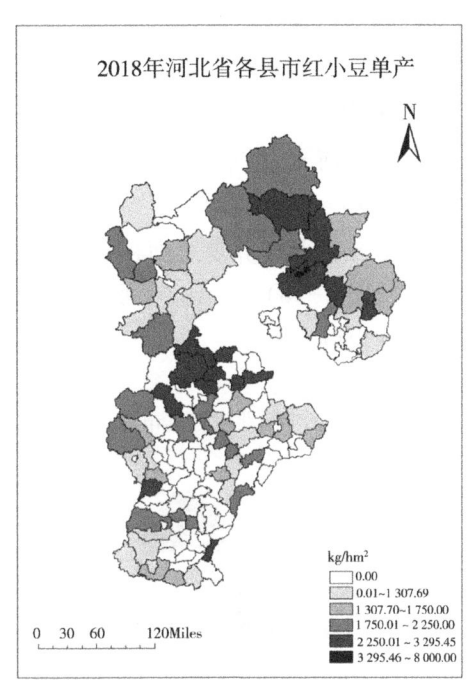

图3-32 河北省红小豆单产县域分布
(参见彩图3-32)

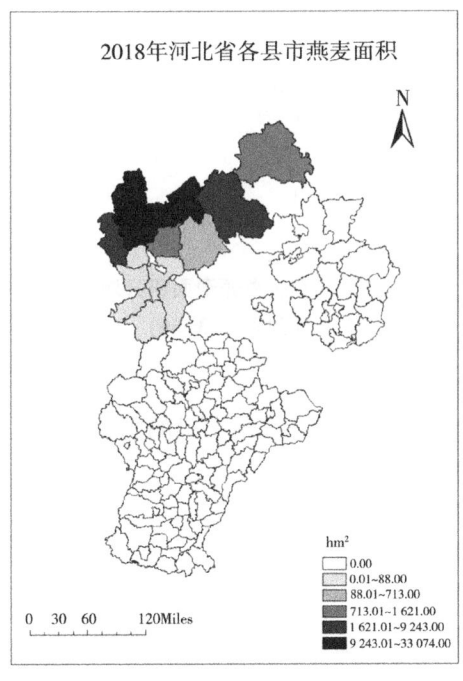

图3-33 河北省燕麦面积县域分布
(参见彩图3-33)

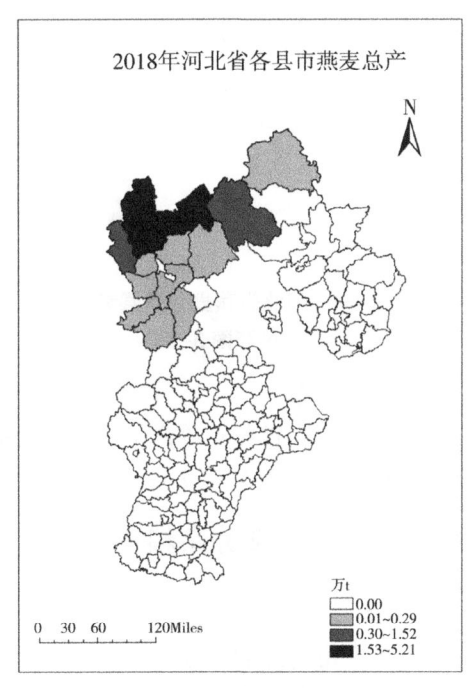

图3-34 河北省燕麦总产县域分布
(参见彩图3-34)

2. 单产分布

2018 年河北省燕麦单产 1 407 kg/hm², 单产比较高的县市有张家口的赤城县和万全县（图 3-35）。

(六) 河北省荞麦县域分布

1. 面积与总产分布

2018 年河北省荞麦总面积 8 660 hm², 面积比较大县市有康保县、丰宁满族自治县和蔚县（图 3-36）。2018 年河北省荞麦总产达到 1.47 万 t, 总产比较高的县市为康保县（图 3-37）。

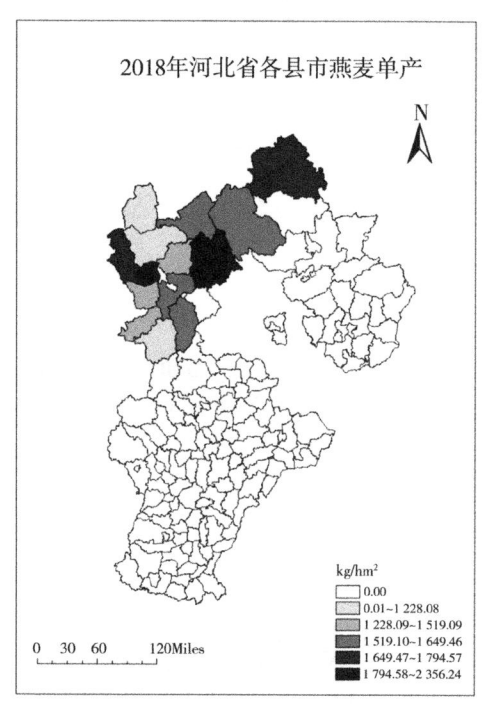

图 3-35　河北省燕麦单产县域分布
（参见彩图 3-35）

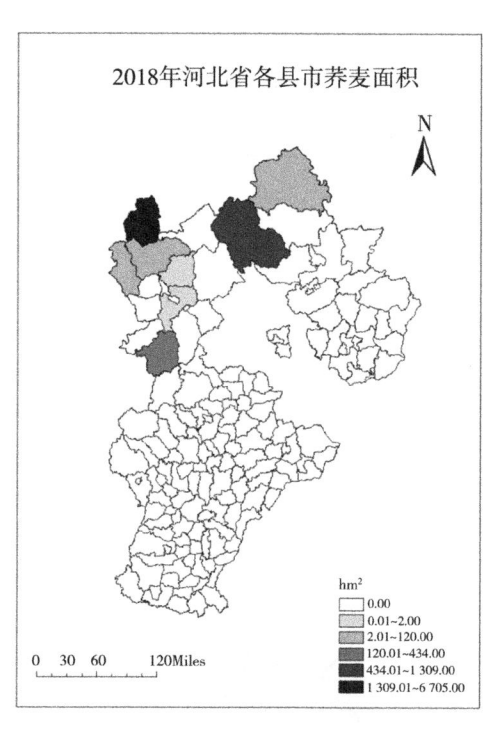

图 3-36　河北省荞麦面积县域分布
（参见彩图 3-36）

2. 单产分布

2018 年河北省荞麦单产 1 698 kg/hm², 单产比较高的县市有张家口的蔚县、崇礼区和宣化区（图 3-38）。

三、河北省部分杂粮主产县

(一) 武安谷子主产县

1. 武安市地理和气候概况

（1）武安市地理位置及地形特点。武安市隶属河北省邯郸市，地处河北省南部，太行山东麓，晋、冀二省交界地带。武安市东邻邯郸市、永年县，以紫山为界；南接磁县、峰峰矿区，以鼓山、天井寨山、南大垴为界；西倚涉县、山西左权县，以青阳山、

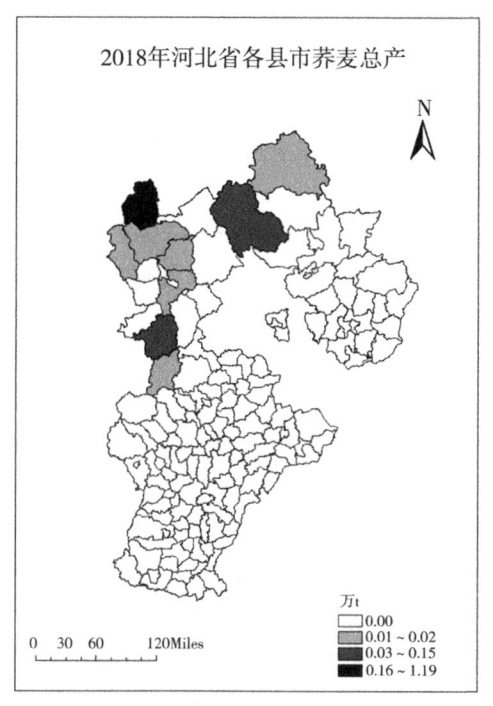
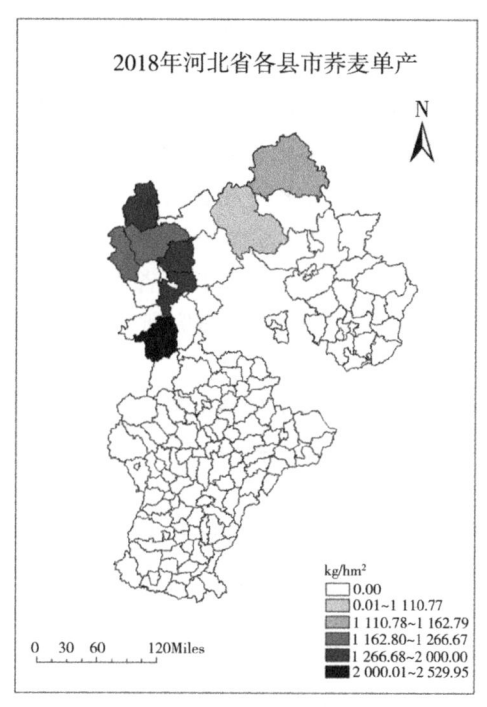

图 3-37 河北省荞麦总产县域分布
（参见彩图 3-37）

图 3-38 河北省荞麦单产县域分布
（参见彩图 3-38）

万寿山、青崖寨为界；北连邢台沙河市，以摩天岭、梅龟寨、皇母山为界。武安市处于太行山隆起与华北平原沉降带的接触部，地形总体可分为山区（占总面积的 29.7%）、低山丘陵区（占 45%）及盆地（占 25.3%）三大类型。境内山脉属太行山余脉。武安地处海河流域，境内诸河均汇流于洺河。水利工程主要有水库（中型水库 4 座，小型水库 45 座）、水井（中浅井 2 192 眼、深井 533 眼）和灌区 4 个（口上水库灌区、车谷水库灌区、贾庄灌区、跃峰灌区）。总面积 1 806 km^2，耕地面积 5.1 万 hm^2，农作物主要有玉米、谷子、小麦。

（2）武安市气候特点。武安属温带大陆性季风气候，四季分明。年平均气温 11~13.5 ℃，极端最高温 42.5 ℃，极端最低温-19.9 ℃；年平均降水量 560 mm，年最大降水量 1 472.7 mm；年日照时数平均 2 297 h，年日照百分率平均为 52%；四季之中，屡起西北、西南及西风，年平均风速 2.6 m/s，极端最大风速 29 m/s；年平均无霜期 196d；主要自然灾害有旱灾、水灾、雹灾、风灾、虫灾、地震、霜冻等。

2. 武安市谷子生产现状

（1）谷子面积、单产、总产情况。武安市谷子种植面积自 2007 年以来呈先增长后降低的趋势。2011 年以前，谷子种植面积呈增长趋势，由 2007 年的 1.7 万 hm^2 增加到 2011 年的 2.51 万 hm^2，增长 0.82 万 hm^2，增长 48%；2011 年以后，谷子种植面积逐年降低，2018 年降到 1.75 万 hm^2，减少 0.76 万 hm^2，降低 30.1%。武安市谷子种植面积在邯郸市及河北省占据重要位置。种植面积占邯郸市谷子种植面积的比重逐年增长，由 2007 年的 45.7%增加到 2018 年的 64.1%，提升 18.4 个百分点；占全省种植面积的比例由 2007 年的 9.5% 增加到 2018 年的 14.8%，提升 5.3 个百分点。

（2）谷子总产变化呈波动增长。2007 年谷子总产 3.87 万 t，2018 年增加到 7.33 万 t，增长 3.46 万 t，增幅 89.4%；谷子总产占邯郸市谷子总产的比例逐年增长，由 2007 年的 45.6% 增加到 2018 年的 71.4%；武安市谷子总产在全省排在前列，2007 年占全省谷子总产的比例为 10.7%，2018 年达到 16.8%。

谷子单产水平呈增长趋势，由 2007 年的 152 kg/亩增加到 2018 年的 279 kg/亩，增长 83.6%，单产水平高于全省平均水平。谷子单产水平的提高与当地气候有关，并且河北省农林科学院谷子研究所的示范基地长年在这里示范新品种、新技术，为谷子单产水平的提高做出了贡献。

3. 武安市谷子种植品种、种植方式及经济效益

（1）武安谷子种植品种。在武安市政府推动、河北省农林科学院谷子研究所技术支撑、龙头企业带动下，武安市谷子产业发展取得显著成效。2004 年以前，武安的谷子生产基本处于自然发展状态，突出表现是品种杂乱、品质优劣不齐，单产 150 kg/亩左右，优质小米开发基本是空白，小米没有品牌，基本是大包装散装小米，谷子种植效益低。谷子主产区不能有效转为优势产区，生产优势不能有效转化产业优势。2004 年以来，武安市农牧局与河北省农林科学院谷子研究所合作，开展了新品种、新技术的示范推广工作。以优质品种冀谷 19、优质简化栽培品种冀谷 31、优质简化栽培品种冀谷 39 为标志，进行了 3 次品种更新，已逐步形成了以优质谷子品种冀谷 39、冀谷 42、冀谷 45、冀谷 168 等为主的品种格局，谷子良种普及率达 95% 以上。

（2）武安谷子种植方式。武安市属于华北平原春夏谷种植区，既可以春播又可以夏播。在 4 月底至 7 月初均可以适墒种植，属于雨养农业。武安谷子种植方式以平作为主，海拔高的山区少有沟播。在栽培技术上以化学除草间苗、全程机械化、高效集雨技术为标志进行了 3 次技术更新，改变了品种多、乱、杂的局面和人工播种、人工收获的传统方式。生产主要采用全程轻简化生产、绿色保水剂替代地膜、化肥农药减施增效、病虫害绿色防控、富硒谷子生产等技术。

（3）武安谷子种植经济效益。经过 14 年对武安谷子种植生产情况的跟踪调研，在不考虑人工费用的情况下，2019 年谷子的经济效益是 953 元/亩；在考虑人工费用的情况下，谷子的经济效益在 100 元/亩以上，2014 年达到最高，为 1 570 元/亩（表 3-7），主要原因是当年的谷子价格达到历史最高，平均为 8~10 元/kg。

表 3-7 武安市谷子种植投入产出情况 （元/亩）

年份	产值	总投入	利润	产投比	人工费	不加人工的利润
2006	410	260	150	1.58	155	305
2007	473	313	160	1.51	160	320
2008	634	340	294	1.86	220	514
2009	623	430	193	1.45	320	513
2010	607	490	117	1.24	380	497

(续表)

年份	产值	总投入	利润	产投比	人工费	不加人工的利润
2011	680	570	110	1.19	420	530
2012	1 250	680	570	1.84	480	1 050
2013	1 710	710	1 000	2.41	460	1 460
2014	2 250	680	1 570	3.31	452	2 022
2015	940	540	400	1.74	320	720
2016	1 120	570	550	1.96	290	840
2017	1 108	510	598	2.17	185	783
2018	1 186	440	814	2.70	180	926
2019	1 218	410	842	2.97	145	953

注：数据来源国家谷子高粱产业技术体系信息平台。

4. 武安市谷子加工企业现状

从 2012 年开始，武安市谷子产业进入企业主导阶段。由于政府财政原因，武安市财政对谷子产业补贴逐步减少，但由于经济效益的提升，小米加工龙头企业、种植专业合作社发展谷子产业的愿望持续提高。加工企业逐渐发展壮大，企业纷纷自建基地，加大对谷子产业的投入，实行"公司+合作社+基地"产业发展模式，实现了订单农业。河北仓盛兴粮油工贸有限公司、河北华瑞农源小米有限公司两个龙头企业率先自主建立了优质谷子生产基地。企业出资购买优质谷子品种、与农户签订收购合同。武安市同会现代农业园区是一家集谷子种植、加工、销售、养殖、肥料生产等一体的省级现代农业园区，园区流转土地 350 hm^2 建立核心示范基地，通过同一品种、同一技术、订单收购带动周边 0.67 万 hm^2 的谷子生产，2021 年以同会园区为核心的北安庄谷子基地被农业农村部评为全国首批"三品一标"基地。由于企业带动，武安市谷子生产基地的谷子收购价比市场高 0.2~0.8 元/kg，农民种植谷子的经济效益显著增加。谷子加工企业注册了"米乡乐""晶秋""磁山粟""洺水源"等商标，其中"米乡乐""磁山粟"2021 年获得河北省十大优质小米品牌称号，产品不仅销往北京、上海等大城市的超市，而且漂洋过海远销东南亚各国。

5. 武安市谷子产业发展存在的问题及建议

近年来，全国各谷子主产区在纷纷探索文化与产业结合，做大做强谷子特色产业的路径。如，内蒙古赤峰敖汉旗连续组织召开"小米起源大会"，并制定了敖汉小米产业发展规划；山西省长治市正在建设"中国小米之都"，打造小米特色产业。武安市是河北省最大的谷子生产县，产业优势和文化优势突出，但与其他省份主产县相比，武安谷子产业发展仍有一定的差距，主要表现在：

（1）政府对谷子产业认识高度有待提高。党的十九大以来，乡村振兴战略成为党和国家做好新时代"三农"工作的总抓手，乡村振兴产业兴旺是基础，乡村特色产业是支撑。应从乡村振兴战略的角度充分认识谷子产业对武安"三农"工作的重要性。

(2) 急需推广绿色高效品种和技术。在品种上，现有品种功能单一，还不能满足多元化小米开发的需要，还需要针对市场需求优化品种结构；在生产技术上，地膜替代技术、绿色防控技术、化肥减施增效技术还需要进一步推广。

(3) 产业链短、产后加工增值效益较低。武安谷子产业多集中在优质小米加工，产业链短、产业效益提升困难，需要进行全产业链开发，全价值链提升。

(4) 文化与产业结合深度不够。武安市粟文化优势突出，但在粟文化挖掘、与产业结合方面的深度不够，不能充分发挥文化优势促进产业发展。

(5) 全产业链发展模式有待进一步形成。政府、企业、科研单位、农户等产业主体相结合的产业发展模式和利益联结机制有待建立。

针对以上问题，武安市应进一步强化和高度重视武安谷子文化挖掘、全产业链打造，组织高水平专家，做好武安谷子产业中长期发展规划；针对谷子全产业链关键环节，筹措资金加大支持产后加工、品牌打造、强化宣传力度；开展一二三产业深度融合发展，打造河北省乃至全国谷子全产业链示范样板，增强谷子产业在乡村振兴战略实施中的产业支撑力度。

（二）蔚县杂粮主产县

1. 蔚县气候及地形地貌情况

蔚县年平均气温6.4 ℃，河川区无霜期125d，山区90d，年降水量400 mm左右，主要集中在7—8月。初霜一般9月中旬，晚霜5月中旬。年日照2 900 h左右，昼夜温差大。春旱概率多，素有"十年九旱，年年春旱"之说。全县土地总面积3 220 km²，依地形地貌可分为南部深山、北部浅山、中部丘陵和河川区，属于四周高、中间低的小盆地。适合种植喜温耐旱、喜湿耐寒的多种作物。全县耕地面积120万亩，其中旱坡丘陵地80万亩。蔚县气候特点适合种植杂粮，历史悠久，蔚县桃花镇的"九根齐"小米为历史四大名米之一。

2. 蔚县杂粮种植面积

目前全县杂粮种植面积约50万亩。其中，谷子常年种植面积17万亩，总产约5万t，品种以8311、大白谷、张杂谷为主，主要集中分布在旱坡丘陵区；黍子是蔚县的主要作物，也是当地人民的主要食物。常年种植面积约12万亩，年产约3万t，品种主要是农家老品种；豆类种植面积常年稳定在10万亩，以绿豆、红小豆、豇豆、蚕豆、大豆为主，一般亩产75~100 kg，品种以当地老品种为主。豆类品种间种植面积变化较大，主要是因为农民在生产上根据上年市场和个人喜好安排生产；荞麦种植主要集中在山区，面积约1万亩，以当地消费为主；其他品种如高粱、莜麦等，种植面积不大。

3. 加工、销售及品牌

蔚县境内有蔚县景蔚五谷香米业有限公司、益海嘉里（张家口）食品工业有限公司等大型小米加工企业，以初级加工为主、缺少深加工企业。据了解，全县杂粮初加工摊点400余家，在吉家庄镇初步形成了杂粮交易市场，在冀西北一带有一定的影响。注册了"景蔚五谷香""金龙鱼""罗川贡米"等品牌，其中"景蔚五谷香"小米获得2021年河北省十大优质品牌小米称号。

4. 存在问题

（1）缺乏优质专用品种。目前，蔚县杂粮品种单一、缺乏优质专用品种。例如蔚县优质谷子仍以 8311、大白谷等老品种和地方品种为主，这些品种品质好，但是不抗除草剂、秆高不适合机械化收获，缺乏优质、抗除草剂、中矮秆、宜机收品种。

（2）绿色高效生产技术需加快推广。目前蔚县杂粮种植技术方面以地膜覆盖为主，地膜回收率低，土壤污染较为严重；继续地膜替代技术、化肥农药减施增效技术等绿色高效生产技术。

（3）品牌宣传不到位。蔚县"桃花米"是四大名米之一，没有充分利用历史文化，结合现代传媒手段进行宣传，缺乏全县域系统性品牌发展规划，限制了杂粮品牌知名度提升和销量。

5. 建议措施

（1）强化政府引领。县政府成立以小米为主的杂粮产业发展领导小组，由县处级领导任组长，农业农村局党组书记任副组长。加强对杂粮产业的领导和督查，协调各有关部门和乡镇的关系，研究全县杂粮产业发展方向，把握产业发展进度，解决杂粮产业中遇到的问题，落实各项扶持政策、产业项目和发展资金。

（2）搞好社会化服务。蔚州贡米协会作为广大杂粮生产经营主体和市场的桥梁和纽带，充分发挥行业协会的职能作用，把企业、合作社、农民组织起来，加强生产技术培训、产品质量监测、市场营销推介，共同应对市场、抱团发展；由蔚州贡米协会牵头，以益海嘉里（张家口）食品工业有限公司为核心企业，以张家口萝川贡米有限公司、蔚县景斌米业有限公司为骨干企业，吸纳全县中小型杂粮加工销售企业、种植合作社，组建蔚州杂粮产业化联合体。

（3）挖掘文化内涵。推进蔚州小米品牌文化建设，研究蔚州贡米起源与传播、历史与人文、品种与分布、功能与价值，从农耕文明、红色历史、养生保健、人文情怀等多方面多层次挖掘蔚州贡米文化，讲好蔚州贡米品牌故事，提升品牌价值。

（4）加强宣传推介。充分利用电视、网络、抖音、快手等形式，对蔚州小米进行宣传推介，打造新形象，力争在央视新闻频道、财经频道、农业频道播放蔚州小米宣传片；举办蔚州小米品牌系列宣传和产销对接启动大会，唱响中国名米"桃花小米"（蔚州贡米）品牌，扩大蔚州小米在全国乃至全世界市场的认同。

（5）实行政策奖补。县政府拿出一定专项资金，重点支持特色区域、特色产业的专业村、种植大户、家庭农场、农民专业合作社、农业加工企业及集中连片且达到一定规模和标准的生产基地或示范园，进行补贴和奖励。

（三）阳原县杂粮主产县

1. 基本情况

阳原县位于河北省西北部，地处华北平原与蒙古高原过渡带，阴山余脉与恒山余脉复合处。境内南北环山，桑干河由西向东横贯全境。地貌有山地、山前丘陵平原、河川。受地理位置和地形影响，县内四季分明，年平均气温在 $-0.9 \sim 7.7\ ℃$，年降水量 $360 \sim 510$ mm，平均日照时数为 2 814.7 h，无霜期年均 158 d。独特的气候条件和地理环境，为杂粮杂豆的生产创造了良好的条件，近几年杂粮杂豆的种植面积占农作物总播种面积的 30% 左右，约 30 万亩。随着杂粮种植业的不断发展，相关的粮食加工企业如雨后春笋般兴起，现在全县成规模的杂粮加工企业已有 12 家。

2. 加工企业

以龙头企业河北泥河湾农业发展股份有限公司牵头，组织全县的其他企业，成立了阳原县杂粮产业协会、泥河湾杂粮产业集群，结合所有企业的力量共同发展杂粮加工业，现已达到了超 10 万 t 的年加工量，建有先进的谷黍类和豆类生产线十余条。每年除大量收购阳原县农户种植的粮食外，还辐射带动到周边的山西、内蒙古等地。通过溢价收购贫困户手里的粮食，促进了阳原县农业产业化的发展，改善了当地农民的生活质量，帮助贫困户尽早脱贫致富。

在各企业共同努力下，开通了京东、天猫、阿里巴巴、1688 批发网等电商平台。2019 年在北京市朝阳区建立了阳原县—朝阳区消费扶贫体验店，为阳原县的特色杂粮产品打开了在北京的市场；2020 年还入驻了扶贫 832 平台，增加了销售量，将阳原县的产品销售到了全国各地；龙头企业河北泥河湾农业发展股份有限公司开通了阿里巴巴国际站，从事出口业务。截至 2021 年年底，累计国内销售各类杂粮收入达 9 亿元人民币，出口创汇 4 000 多万美元。

3. 取得成绩

随着杂粮产业的发展，阳原县涌现出了鹦哥绿豆等一系列特色优势产品，2017 年入选全国名特优新农产品目录，2018 年获得农业农村部颁发的农产品地理标志登记证书。2019 年阳原县被河北省农业农村厅认定为阳原鹦哥绿豆特色农产品优势区。同时，组织了各类特色扶贫产品对接会，取得了很好的成效。河北泥河湾农业发展股份有限公司拟开展豆类深加工项目，建立"酸豆奶"和"芸豆罐头"，为杂粮杂豆的发展开辟更广泛的发展空间，创造更大的经济效益和社会效益。

（四）康保燕麦主产县

1. 基本情况

河北省康保县地处蒙古高原与华北平原的过渡地带，碧水蓝天，环境无污染，病虫害少；同时，康保县海拔高，昼夜温差大，有利于作物养分的积累，所以这里种植的燕麦粒大、色泽好、品质优，是天然绿色有机燕麦的理想基地。2018 年康保县燕麦种植面积 3 万 hm^2，约占全省的 1/4，是康保县主要的农作物。其中，已有 1.7 万 hm^2 获得瑞士 IMO 有机认证机构颁发的有机食品认证证书。

2. 产品及销售

康保县充分利用地理资源优势，把燕麦产业发展提升到改善自然生态环境、优化农村产业结构、振兴康保经济的战略高度，根据燕麦耐旱、耐贫瘠、耐盐碱、适应性强等生物特征和营养保健功能，逐渐把燕麦产业做大做强，为传统燕麦发展注入新的活力，带动了全县经济的发展，使燕麦成为康保一张响当当的名片。2020 年以来，康保县采用新品种、新技术，开发出燕麦米、速溶燕麦片、白领早餐、特级一级燕麦粉等优质产品，牛奶伴侣、燕麦纤维素、燕麦口嚼片、燕麦降脂片等高科技产品，提高了燕麦的附加值，提升了燕麦的产业化水平，使燕麦"短腿"变成了"长腿"，成为市场的抢手货。产品销往 28 个省、自治区、直辖市并跨出国门远销韩国、印度、日本等国。其中，

"仙燕膳""梦之味"燕麦产品已通过 ISO 9001 国际质量管理体系认证，拥有了 QS 认证标志，并获得了出入境检验检疫局颁发的自营进出口许可证，燕麦产品已成功抢滩国际市场。

（五）涉县谷子主产县

1. 涉县基本情况

涉县位于晋冀豫三省交界，是典型的太行山深山区县。全县荒山多、耕地少、水源缺，素有"八山半水分半田"之称。在这样一个"千年古县"，面对脆弱的生态环境，当地农民运用农耕智慧，以愚公移山精神，修梯造田。据记载，涉县梯田历史悠久，建造始于元，而兴于清代的康熙、乾隆年间，其后进入稳量提质期。梯田广布全境，山山皆有。经过近千年传承扩建，涉县建成了太行山区最大的梯田群，总面积 26.8 万亩，其中，核心区也是最具代表性的王金庄梯田，约有 4.6 万余块，1.2 万亩，分布在 12 km^2 24 条大沟、120 余条小沟里。2022 年 5 月，河北涉县旱作石堰梯田系统被联合国粮农组织（FAO）正式认定为全球重要农业文化遗产。

在涉县井店镇王金庄村，高低错落的石灰岩山上，分布着大小不等的石堰梯田，梯田石堰高度最高可达 8 m，小的梯田面积不足 1 m^2，土层厚度不足 20cm。修一块梯田，要先清基，后垒堰，因为土少，梯田底部用大石头铺垫，中间碎石分层填陷，上边是过筛细土，有的还在细土下边铺上一层薄薄的石板。这样的梯田不仅坚固，而且具有很强的蓄水保土能力，有洪防洪，无雨防旱。历经千年风霜，仍在正常运转，涉县旱作梯田被联合国世界粮食计划署专家称为"世界一大奇迹""中国第二长城"。

王金庄的"种子银行"采取的是活态保存，即对种子实行定期更换和田间种植。近两年，涉县农业农村局在组织开展王金庄传统作物品种普查、收集、整理的基础上，建立了乡村社区种子库，村民确需从种子库领取种子进行田间种植的，需在收获后加倍返还，并制定实行定期更换和田间活态保护制度。一般作物每两年更新一次，特殊品种一年更新一次，从而构建起社区种子库保存与农民自留种相结合的传统农家品种就地活态保护模式。

2. 涉县谷子种植情况

涉县常年谷子种植面积约 10 万亩，总产约 2.5 万 t。其中，谷子高产示范基地建设，主要分布在鹿头乡、偏店乡、龙虎乡等乡镇，种植品种主要是懒谷 3 号、冀谷 19 以及地方农家种压塌楼、马鸡嘴、青谷等。为搞好谷子产业带动产业发展及推进示范基地建设，涉县谷子示范区鹿头乡、偏店乡、龙虎乡乡镇旱作区开展谷子推广。通过建设谷子高产示范基地，为农业增产、农民增收打下了坚实基础。目前旱地谷子是涉县基层农技体系改革与建设示范县项目三大主导产业之一。

（六）崇礼蚕豆主产县

1. 崇礼基本情况

张家口市崇礼区位于蒙古高原之下，西连阴山，东接大兴安岭余脉，南接燕山，是蒙古高原向华北平原过渡的坝头山区、中国典型地貌交汇点。位于河北省西北部，地理位置优越。基础设施完备，交通便利，与北京、天津、大同、呼和浩特、张家口等大中城市近距相连，省道张沽线、首都环线高速纵贯全境，县城距张家口 50 km、北京 240 km，天津市 400 km。总人口 12.6 万人，其中农业人口 10.8 万人，占总人口的 86%。

崇礼区地处冀西北高寒山区，兼具坝上干燥冷凉和坝下温暖湿润的特点，雨热同季，光照充足，昼夜温差大，境内年平均降水量 488 mm，平均气温为 0~20 ℃，境内平均无霜期 86~135 d；平均日照 2 739.2 h，日照百分率 61%；地貌特征是"山连山，连绵不断，沟套沟，难以计数"，山地占 80%，海拔高度 1 240~1 800 m；地域以暗栗钙土为主，土层深厚，质地疏松，土壤团粒结构好，含腐殖质多，耕作层 20~40 cm，保水保肥力强，pH 值为 7.3~8.6，土壤中有机质含量 2.56%~3.10%，速效钾 90~105 mg/kg；境内水资源丰富，独有高山融雪和高海拔降水的优势，还有潮白河和永定河两大水系，分为清水河和小清水河两条支流，并且境内水质均属于无污染的泉水，pH 值为 6.3~7.0、每 100 mL 水中含钙≥370 μg，水质清澈，清凉甘甜。

崇礼区具有得天独厚的高海拔，气候冷凉、昼夜温差大、空气清新、土壤肥沃、水质清澈的环境，适宜蚕豆的种植。据记载，从明末至今，崇礼蚕豆栽培历史达 400 多年。所产蚕豆属中粒型，百粒重 106 g 左右。籽粒饱满均匀，皮薄、粒色纯白、种脐较短、香味浓郁，营养丰富。熟制后口感绵甜，味香浓，适口性好，有很高的营养价值和经济价值高。

2. 崇礼蚕豆生产情况

据崇礼县志记载，崇礼蚕豆自明末清初开始种植。改革开放初期，农村实行家庭联产承包责任制，农业进行种植结构调整，崇礼蚕豆作为经济作物出口外销，曾一度种植面积达到 15 万亩，占全县农作物播种面积的 40%，成为农业增效、农民增收的主要渠道。随着近几年农业种植结构的深入调整，蔬菜产业不断发展壮大，蚕豆受到比较效益的影响，种植面积相对减少，常年生产面积稳定在 5 万亩左右，产量 4 500 t 左右。种植主要集中在清三营乡、白旗乡、狮子沟乡等旱地区域。由于独特的优势，崇礼蚕豆在全国杂豆生产中有着不可替代的地位，2002 年崇礼县被河北省农业厅评为"河北蚕豆之乡"，2011 年崇礼蚕豆获得国家地理标志产品称号。

3. 加工情况

近年来，崇礼蚕豆产业化经营水平逐年提高。现有崇礼粮油食品有限公司等 5 家龙头企业进行产品初加工和深加工，加工的产品荷兰豆、玉带豆、罐头等远销日本、韩国、香港、新加坡等国家和地区，在国内外市场享有盛誉。其加工品"连悦"牌玉带豆在第十届中国（廊坊）农产品交易会上被评为"省优质农产品"，并荣获俄罗斯、蒙古国精品标志，允许在蒙古国常年销售。同时，2007 年崇礼县农牧局下属的种子公司在国家商标总局注册了"桦皮岭"牌蚕豆商标，供全县所有崇礼蚕豆经销企业使用；2009 年 8 月崇礼塞外农产品经营有限公司又注册了"塞外"牌蚕豆商标，为崇礼蚕豆品牌建设奠定了基础。

（七）阜城高粱主产县

阜城县地处河北省黑龙港流域，是 20 世纪 70 年代种植"两红一白"的农业落后县。由于缺乏资源，交通不便、红高粱没有形成产业，国家级贫困县的帽子一直戴着。

河北省农林科学院谷子研究所高粱团队,借助阜星农业科技示范园区这个平台,以育成的抗蚜红高粱品种为抓手,在阜城县打造万亩免施农药酿造高粱生产基地,通过科技扶贫发展红高粱产业,实现"高粱红了,农民富了"的科技扶贫梦想。为充分展示农村发展的巨大成就、乡村全面振兴的前景,助力全面建成小康社会,决胜脱贫攻坚,2020年9月15日,以"高粱正红,阜城正丰"为主题的中国·阜城第三届农民丰收节暨红高粱文化节在阜城县隆重举行。

1. 基本情况

近年来,阜城县加快发展现代化特色高效农业,以阜星科技现代农业园区为依托,推广高粱种植,以产业带动农业增效、农民增收,努力实现农业强、农村美、农民富。

阜星园区选择高产抗旱的酿酒专用糯高粱——冀酿2号,采用"小农户+大基地、小规模+大群体"的模式,2016年,在崔家庙镇开始试种,种植面积6 000亩。经过一年的试种,亩产650 kg,机械收割后由阜星园区收购,种植收益比种玉米多挣400元/亩,并且在科技人员的指导下,管理简单、省心省力,农民的积极性比较高。经过多年的发展,阜城县高粱种植面积已达到10万亩,覆盖8个乡镇、200余个村、1.1万余农户。2020年高粱收货时的收购价格平均2.4元/kg,亩收益最高可达1 500元,收益水平高于传统的玉米种植。除此之外,对建档立卡的贫困户,根据每户高粱种植规模的大小,县扶贫办在阜星园区以每户5 000~10 000元不等的扶贫资金入股,园区每年按照9%的比例予以分红。通过高粱种植,全县共带动5 000余名贫困人口顺利脱贫,红高粱产业已成为阜城县的扶贫支柱产业。

2. "六位一体、八统一分",保障农民收益

在推广高粱种植之初,阜城县委、县政府与当地龙头企业和知名酿酒企业进行了多次对接,瞄准酿酒用红高粱市场缺口,并请专家对土质进行分析化验,确定了结构调整、规模种植的思路,采取"六位一体、八统一分"经营模式,实现了现代农业发展与农户分散经营的有机结合,调动了农民的生产积极性。

"六位一体":即政府、龙头企业、农业合作社、金融机构、农业科研机构、农户六方的力量拧成一股绳,共同推动农业增收,农民致富。

"八统一分":"八统"即统一优良品种,确保种植作物的产量、质量;统一测土施肥,提高肥料利用率和减少用量;统一灌溉,提高水的利用率,节约淡水资源;统一病虫害防治,推广生物治虫技术,从源头保证食品安全;统一技术指导,由科研机构派专家对农户进行指导、培训,科学高效地种田;统一收获,龙头企业出资购买大型机械,统一收割;统一品牌标识,强化农产品的品牌价值,提升形象;统一销售,由龙头企业牵头对园区农产品进行整合,统一面向市场销售,争取效益最大化。"一分"即分户管理,分户收益。土地的承包经营权仍属于农户,园区负责经营服务管理,调动农户生产积极性。这种模式既明确了土地的权属,确保了农户的土地承包经营权和收益权,又解决了园区流转土地、雇工资金的压力。可谓一举两得。

3. 旅游—文化—品牌,红高粱走出发展新路

为扩大阜城县酿酒高粱的产业影响力,形成品牌效应,从2018年开始,阜城深入挖掘地方文化资源,通过举办中国·阜城农民丰收节暨红高粱文化节,探索"文旅农

融合发展"新路径。

红高粱文化节突出文旅色彩,将文化、旅游与农业更加深入地融合在一起。主会场设在高粱种植区,文艺汇演、农民欢乐运动会、红高粱剪纸作品展、传统手工艺体验、农特产品展示、阜城历史文化及旅游展示等丰富多彩的内容在红高粱文化节上亮相。现场展示的高粱深加工食品、高粱秸秆工艺品和生活用品、以阜城高粱为原材料酿造而成的贵州茅台系列酒和本地高粱酒,吸引了大批游客品尝、购买。

利用红高粱文化节这个大平台,阜城本地的特色产品尤其是农产品获得了更多的展示,让外界更加了解了阜城、了解了高粱产业。其中,贵州、四川的几家知名酒厂就希望收购阜城的红高粱。

4. 做强特色,推动乡村产业振兴

近年来,阜城县坚持把产业振兴作为乡村振兴的根本之策,不断壮大特色产业,把培育产业作为推动乡村振兴的根本出路,走出了一条生产发展、生活富裕、生态良好的特色产业振兴之路。

(八)曲周县谷子主产县

1. 基本情况

曲周县地处华北平原黑龙港流域,全县耕地72万亩,盐碱地28万亩。1973年中国农业大学在曲周县建校,并立下誓言"一定要把盐碱地治理成米粮川"。经过多年土地治理改良,把曲周县盐碱地打造成土地优良适宜种植谷子等作物的好土地。曲周县作为国家绿色农业发展先行示范区,发展节水农业是农业结构调整的重点任务之一。谷子作为环境友好型作物,发展谷子种植是节水农业的重要举措。曲周县谷子种植面积约1.5万亩,总产约0.5万t,单产约310 kg/亩。

2. 曲周小米加工企业

曲周从事小米生产、加工、销售的企业约30家,主要有河北东粮农业科技股份有限公司、河北政麟食品有限公司、曲周县巨侨谷子种植专业合作社、曲周县鑫杞小米加工厂等,每年销售额近6亿元,为曲周谷子产业的发展奠定了良好的基础。曲周县的谷子加工产业以及"曲周小米"具有区域优势、也是知名品牌。

随着谷子产业的发展,预计近两年曲周谷子种植面积将发展到约5.0万亩,建设成高标准万亩杂粮产业基地。

第二节 河北省杂粮种植品种与技术

一、谷子种植品种与技术

河北省从事谷子相关科研单位有河北省农林科学院谷子研究所、河北省农林科学院生物技术与食品加工研究所、河北省农林科学院旱作农业研究所、张家口市农业科学院、保定市农业科学院、沧州市农林科学院、承德市农林科学院、河北省农业机械化研究所有限公司、邢台市农业科学院、邯郸市农业科学院、河北科技师范学院。河北省在国家谷子高粱产业技术体系建设中,有夏谷育种、杂种优势利用、病虫害防控、加工技术、产业经济、土壤和养分管理、农机、传统旱作技术挖掘与创新等8个岗位科学家，有衡水、沧州、承德、保定4个综合试验站。在创新平台方面有国家谷子改良中心、国家谷子改良中心张家口分中心、农业农村部特色杂粮遗传改良与利用重点实验室（部省共建）、河北省杂粮研究实验室、河北省杂交谷子工程技术中心。从研究单位、创新平台、承担项目以及创新成果来看，河北省谷子科技创新一直在全国处于领先地位，特别是在抗除草剂种质创新与新品种选育、杂种优势利用、谷子锈病研究方面，河北省在全国甚至世界上居于领先水平。新中国成立以来，河北省科研单位先后选育出冀谷系列、张杂谷系列、保谷系列、衡谷系列、沧谷系列、承谷系列等谷子品种100多个，先后推广了谷子高产栽培技术、谷子沟播技术、简化栽培技术、农机农艺结合生产技术、谷子集雨高效生产技术、化肥减施技术、绿色防控技术等。

（一）谷子的种植品种情况

（1）河北省谷子品种选育及推广。河北省谷子育种经历了高产育种阶段、高产多抗兼顾阶段、优质高产并重阶段、抗除草剂阶段、优质抗除草剂阶段、优质专用抗除草剂阶段。其中在抗除草剂育种、杂交种选育方面一直引领全国谷子育种发展。"六五"期间，河北省谷子种植品种达到70余个，包括育成品种（河北、河南、山东等省份育成品种）、农家品种。种植面积较大的有冀谷6号、豫谷1号、安316、铁秆早、铁秆黄、冀谷8号、宣农7号、朝鲜谷、小黄谷等。其中河南安阳农科所育成豫谷1号产量和品质达到新高度，到1985年豫谷1号在河北省种植面积达到18.8万hm^2，是河北省种植面积最大的品种。"七五"到"八五"10年间，主要种植的品种有豫谷1号、豫谷2号、冀谷6、冀谷11、跃进4号、铁秆黄、保849、青丰谷等。其中河南省培育的谷子品种豫谷1号、豫谷2号长期在河北省占据第一大推广品种地位，豫谷1号最多年种植面积达20万hm^2。

"九五"以来，河北省农林科学院谷子研究所培育的高产优质品种"冀谷14"结束了河南品种占统治地位的局面，主要推广品种有冀谷14、冀谷15、冀谷17、豫谷2号、衡8735、鲁谷10号、谷丰1号。到2000年河北省农林科学院谷子研究所选育的谷丰1号在河北省种植达到12.6万hm^2，成为最大的种植品种。"十五"期间，河北省种植的品种主要为河北省农林科学院谷子研究所培育的谷丰1号、谷丰2号、小香米、冀谷18、冀谷19等骨干品种，河南、山东品种基本退出。

"十一五"期间河北省农林科学院谷子研究所培育的冀谷20、冀谷21、冀谷22以及简化栽培谷子品种冀谷25、冀谷31得到了大面积示范推广。2009年张杂谷得到政府良种补贴，面积上升较快，2010年在河北省比例达到29.3%；河北省农林科学院谷子研究所冀谷系列品种种植比例达到55.5%；其中夏谷区张杂谷1.8万hm^2，占总面积的9.5%。这说明，"九五"以来，河北省谷子育种水平在逐步提高，目前形成了简化栽培和杂交谷子两大系列谷子品种。"十二五"期间，河北省农林科学院谷子研究所冀谷31的育成标志着河北省谷子育种水平进入新台阶。冀谷31集优质、抗除草剂、鸟害轻、多抗优点于一体，在河北省夏谷区大面积示范推广，2013年河北省推广6.8hm^2，成为"十二五"期间河北省年度推广面积最大的品种。

"十三五"期间，河北是农林科学院谷子研究所培育的冀谷37、冀谷38、冀谷39、冀谷 42、冀谷 168 等系列品种，张家口市农业科学研究院培育的张杂谷 13 等品种得到大面积推广。冀谷 39 突破了夏谷品种商品性不足的难题，受到了集散地的欢饮，冀谷 168 经国家重点研发专项品种适应性评价为目前全国唯一在全国谷子五大产区具有优势的品种，品种适宜区域取得突破。

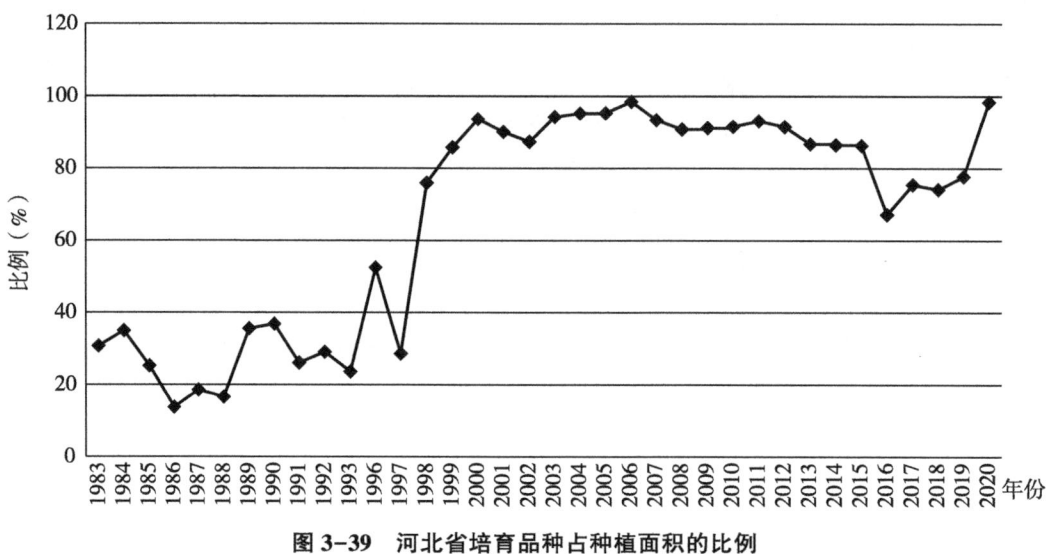

图 3-39 河北省培育品种占种植面积的比例

图 3-39 为 1983 年到 2020 年河北省谷子培育品种占总谷子良种的比例。图中折线可以分成两段，第一段是 1983—1996 年，第二段是 1997—2020 年。第一段可以说是河北省科研单位新品种选育工作基础还处于比较薄弱时期，河北省内培育品种与农家品种共同发展阶段，这段时间内 37.7% 是河北省内培育品种，农家品种和省外品种占 62.3%。第二段可以说是河北省自主培育的品种种植比例占总品种的 85.3%，说明河北省育种水平和能力得到很大提高。河北省谷子品种种植情况详见表 3-8。

表 3-8 河北省谷子品种种植情况

年份	良种面积（万 hm²）	大于 1.3 万 hm² 的品种及面积（万 hm²）
1983	52.95	冀谷 6（14.7）、铁杆早（3.1）、铁杆黄（2.6）、冀谷 8（2.4）、宣农 7（1.4）
1984	60.28	冀谷 6（11.9）、安 316（4.8）、豫谷 1（4.7）、冀谷 2（3.8）、铁杆早（3.2）、跃进 4（2）、铁杆黄（1.8）、大白谷（1.6）、冀谷 8（2.2）
1985	58.46	豫谷 1（18.9）、冀谷 6（10.7）、黍予（2.8）、跃进 4（1.9）、冀谷 10（1.8）、铁杆黄（1.5）、冀谷 8（1.4）
1986	49.27	豫谷 1（20.4）、豫谷 6（3.1）
1987	53.21	豫谷 1（22.1）、冀谷 6（6.2）、宁黄 1（4.1）、跃进 4（2.5）、冀谷 8（2）、大同黄（1.6）
1988	49.11	豫谷 1（18.6）、冀谷 11（5.4）、冀谷 6（4.6）、跃进 4（2.5）

(续表)

年份	良种面积（万 hm^2）	大于 1.3 万 hm^2 的品种及面积（万 hm^2）
1989	44.81	豫谷1（16.7）、冀谷11（9.1）、冀谷6（3.5）
1990	35.20	冀谷11（9.1）、豫谷1（9.0）、豫谷2（3.7）、跃进4（1.7）、冀谷6（1.6）
1991	22.97	冀谷11（7.4）、豫谷2（6.5）、豫谷1（5.5）、跃进3（2.1）、青丰谷（2）、齐根齐（1.3）
1992	22.15	豫谷2（5.9）、青丰谷（4.4）、冀谷11（3.3）、豫谷1（3.1）、跃进4（1.5）
1993	33.05	豫谷2（5.7）、青丰谷（4.5）、豫谷1（3.5）、保849（2.8）、高39（2.2）、冀谷11（2.1）、跃进4（1.4）、齐根齐（1.3）
1994	25.93	豫谷2（6）、冀特4（2.2）、张3-19（2.6）、豫谷1（1.7）、mar-86（1.5）
1995	29.76	豫谷2（4.7）、181-3（4.1）、高39（2.8）、衡谷8586-3（2.4）
1996	31.18	冀谷14（5.2）、两杂1（1.5）、豫谷22（1.9）
1997	23.27	冀谷15（9.9）、冀谷14（4）、冀谷16（2.6）、豫谷2（1.7）、衡谷8735（2.1）
1998	30.32	冀谷15（6.9）、冀谷17（4.8）、谷丰1（2.7）、冀谷14（3.1）、冀谷16（2.2）、豫谷1（1.4）
1999	24.80	冀谷17（5.9）、谷丰1（4.7）、冀谷15（3.5）、8311-14（1.7）、冀谷14（1.7）、冀谷16（1.3）
2000	28.20	谷丰1（12.6）、冀谷17（7.9）
2001	25.47	谷丰1（10.3）、冀谷17（6.7）、小香米（2.5）
2002	24.67	小香米（7.7）、谷丰2（4.3）、冀谷17（3.8）、谷丰1（2.9）
2003	20.40	谷丰2（7.1）、冀谷19（3.8）、小香米（3.4）、冀谷18（2.5）、冀谷17（2.3）
2004	20.93	谷丰2（6.5）、冀谷19（4.9）、冀谷18（3.1）、冀谷21（1.9）、衡8735（2.1）
2005	15.60	冀谷19（4.3）、冀谷18（3）、冀谷21（2.1）、冀谷20（2.1）
2006	17.67	冀谷20（6.3）、冀谷21（3.7）
2007	15.94	冀谷22（3.5）、冀谷25（2.3）、冀谷20（2.2）、冀谷24（1.7）
2008	16.31	冀谷25（4）、冀谷24（2.5）、冀谷26（1.6）、冀谷22（1.4）
2009	17.38	冀谷25（4.1）、冀谷26（1.8）、冀谷24（1.8）
2010	18.81	冀谷31（3.6）、张杂谷3（2.7）、冀谷25（2.7）、张杂谷8（1.9）
2011	21.38	冀谷31（6.3）、张杂谷3（3.7）、冀谷25（2.3）、8311（1.8）
2012	18.91	冀谷31（5.5）、张杂谷3（2）、冀谷32（1.4）

(续表)

年份	良种面积 （万 hm²）	大于 1.3 万 hm² 的品种及面积（万 hm²）
2013	17.37	冀谷 31（6.8）、冀谷 32（2.1）、8311（1.4）
2014	19.84	冀谷 31（4.9）、8311（1.9）、冀谷 32（1.8）、冀谷 34（1.4）
2015	20.72	冀谷 31（2.9）、冀谷 34（2.3）、冀谷 33（2）、张杂谷 3（1.7）
2016	23.34	冀谷 34（4.29）、豫谷 18（1.70）、8311（1.68）、冀谷 38（1.54）
2017	23.87	冀谷 34（2.45）、冀谷 38（2.11）、冀谷 39（1.94）、8311（1.70）
2018	17.95	冀谷 39（2.40）、冀谷 38（1.56）、8311（1.53）
2019	22.5	冀谷 39（4.3）、冀谷 38（1.73）、8311（1.5）、冀谷 42（1.87）
2020	16.5	冀谷 39（4.87）、冀谷 38（1.47）、冀谷 42（1.67）

（2）河北省谷子新品种选育发展方向。针对市场需求，未来河北省谷子新品种选育发展方向主要有：一是培育适合机械化生产的谷子品种。针对土地流转的深入，谷子规模化生产加快的需求以及人工成本不断上涨，培育植株较矮、株型紧凑、抗倒性抗病性好、穗层整齐、容易脱粒、耐穗发芽、抗除草剂等特点的适合机械化收获的谷子品种。二是培育适合食品加工的优质专用谷子品种。针对功能保健市场需求，培育针对糖尿病人和肥胖病人的高抗性淀粉谷子品种；针对谷子赖氨酸含量低的营养短板培育高赖氨酸品种；针对食品加工需要培育适合主食加工和深加工的专用品种。三是培育超高产谷子品种。谷子是 C_4 作物，但目前产量水平都还很低，产量潜力还很大。通过进一步降低株高、改善冠层结构、提高光合效率、提高单株产量、提高结实性、提高抗病性、抗旱性和抗倒性能是今后谷子产量突破的主要途径。四是筛选培育观光谷子品种，针对三产融合发展、休闲观光的要求，培育适合观赏的不同叶片颜色的谷子品种、穗型奇特的谷子品种。五是培育优质谷子品种。针对市场需求继续加强培育商品性、适口性兼优的谷子品种。

（二）谷子的生产技术研发、推广情况

2005 年以前，河北省以及全国谷子栽培技术研究主要集中在耕作制度、整地施肥、播种、间苗、留苗、中耕、培土、除草、追肥、灌溉等各个环节。例如，夏谷沟播技术，"沟谷"是科研人员在古代"区田"法的基础上总结出的一种谷子种植方式，在河北省谷子生产上推广面积较大。河北省农林科学院谷子研究所已故李东辉先生系统总结，提出了夏谷沟播栽培法，防倒效果突出，增产效果良好。"沟谷"通过一系列的田间管理，从种在沟里，到长在背上。种在沟里，有利于促进根系的生长发育；长在背上，能为谷子增根、换根、壮根创造水、肥、气、热等良好条件，达到防倒、防涝、防枯秸的目的。解放以来，我国谷子生产面积逐渐萎缩，其中谷子不抗除草剂、种植繁琐、缺乏适宜机械是制约谷子生产的瓶颈问题。2005 年以来，以河北省农林科学院谷子研究所培育抗除草剂简化栽培谷子品种为开端，对谷子轻简化生产技术开展研发，并取得显著进展,先后制定了谷子简化栽培操作技术规程、谷子农机农艺结合生产技术规程、谷子集雨高效生产技术规程。通过培育谷子简化栽培品种,研发配套栽培技术、配套机械,从而实现谷子化控间苗除草、精播免间苗、机械化播种和收获等谷子全过程的轻简化生产技术集成。在国家谷子糜子产业技术体系的带动下,谷子轻简高效生产技术取得了突破性进展,应用规模不断扩大,节本增效效果显著。

1. 谷子轻简高效生产技术研究进展

(1) 化学除草与间苗技术。第一个谷田除草剂"谷友":谷子粒小苗弱,生产上通常采用大播种量,发挥群体顶土作用,保证出苗,再人工间苗;同时谷子一般不抗除草剂,只有少数除草剂在低剂量下可勉强使用,因此谷子生产长期依赖人工间苗、人工除草。在谷子除草剂的研制方面,南开大学与河北省农林科学院谷子研究所合作,于1998年研制出新型谷子专用除草剂"谷友",该除草剂在墒情条件好、使用剂量适宜的情况下,对杂草的总体防效为85%以上,该除草剂的研制填补了谷子没有专用除草剂的空白,对于减轻谷田草荒发挥了一定的积极作用。

化控间苗技术:山西省农业科学院谷子研究所在总结前人研究经验的基础上,研制了一种既能使谷子正常发芽、出苗,发挥群体顶土作用,又能在出苗后两叶时自行死亡的 MND 制剂,其显著特点是:省工节支、定苗早、操作简便、应用范围广。使用 MND 化学药剂处理谷种,再与正常谷种按一定比例混匀,配制成化控间苗谷种,出苗后,经 MND 处理过的谷种苗 2 叶时自然死亡,留下正常谷种的种苗,从而实现不间苗或少间苗。但该技术间苗效果与土质、肥力、整体质量、土壤墒情和播期有关。

(2) 抗除草剂育种与简化栽培技术。在抗除草剂育种方面,国内外科学家进行了积极探索,先后培育出抗拿捕净、抗阿特拉津、抗氟乐灵谷子新品系和新品种,但由于抗性偏低、产量损失等原因,均未在生产上大面积使用。河北省农林科学院谷子研究所吸取上述技术之长,发明了谷子简化栽培育种及其配套技术。该项技术把培育的不同姐妹系或近等基因系按一定比例混合播种、通过喷施特定除草剂,实现化学除草、化学间苗的目的。应用该方法相继成功培育出简化栽培品种冀谷25、冀谷29、冀谷31、冀谷34、冀谷35、冀谷36、冀谷37、冀谷38、冀谷39、冀谷40、冀谷41、冀谷42、冀谷43等系列品种。其中冀谷31具有优质、高产、适合机械化收割、鸟害轻等优点,最高推广面积达到6.7万 hm^2。冀谷39是优质高产、适宜主食加工、中矮秆抗除草剂品种,2018年推广2.7万 hm^2。在新型抗除草剂育种材料创制与应用方面,河北省农林科学院谷子研究所利用从加拿大引进的抗咪唑乙烟酸青狗尾草材料,与谷子进行远缘杂交,创制出抗咪唑乙烟酸谷子新种质,经多年系统选育,于2011年育出国内外第一个抗咪唑乙烟酸谷子新品种冀谷33,该品种还具有抗旱、优质、高产、适合机械化收获等突出优点,于2013年12月通过全国谷子品种鉴定委员会鉴定。咪唑乙烟酸除草剂具有兼杀单双子叶杂草的作用,应用咪唑乙烟酸一种除草剂即可解决谷子间苗除草,有效降低农民劳动强度和节约生产成本。

(3) 配套农机研发与改制。近年来,随着市场需求的增加、国家科技投入的加大,在谷子播种机、割晒机、脱粒机、联合收割机的研发与改制方面取得了突破性进展,谷子生产机械化水平明显提升。

播种机：在谷子播种机方面，研制了与中小型拖拉机配套、行距和播量可调整的条播机和穴播机，改变了传统的依靠畜力的小型谷物条播机存在的用种量大、性能不稳定、作业质量差、缺苗断垄严重等问题。山西省农业机械化研究院研制的2BP-6谷子精少量条播机，河北省农业机械化有限公司研制的2B-5A2型条播机、2BM-5A2免耕条播机，由25马力左右的中小型拖拉机悬挂，一次能完成开沟、施肥、播种、覆土、镇压等工序。山西省农业科学院谷子研究所、山西省农业机械化研究院、河北农业大学、河北省农业机械化研究所有限公司等单位开发的2BGJ-4、2BG-6、2BXQ-5、2BX-6、2BMG-6系列谷子穴播机，实现了精量播种不间苗，播种、施肥、覆土、镇压一体化作业，增产增收效果显著。在实际应用中，条播机可播种简化栽培谷子品种或化控间苗谷子品种，通过除草剂和间苗剂实现间苗除草。穴播机既可播种简化栽培谷子品种也可播种常规品种。穴播简化栽培谷子品种，通过除草剂、间苗剂实现化学除草和间苗；穴播常规谷子品种，精量播种实现不间苗，配合谷子专用除草剂"谷友"，实现轻简化间苗除草。谷子地膜覆盖具有增温、保墒、抑制杂草、降低劳动强度等效果，该项技术近年来得到生产和科研的重视，发展势头良好。山西省研制出了2BP-2、2BCM-4型谷子铺膜播种机，在生产中增产效果较好。河北省农林科学院谷子研究所与甘肃定西三牛农业机械有限公司、任丘市鼎浩农业机械有限公司合作，研发了谷子全膜穴播机、谷子膜侧沟播机等4种型号的地膜播种机，经过3年的试验、调试达到应用水平，并在生产示范中表现出显著的轻简化生产效果。

收获机械：在谷子收获机械研发与改制方面，根据种植规模、地形条件的不同，主要有分段收获模式、联合收获模式两种途径，实现了谷子机械化收获。在分段收获模式中，河北省农业机械化有限公司在国家谷子高粱产业体系的支持下，研发了4S-1.8型多功能割晒机、5T-28型谷穗脱粒机、5T-45型谷子整株脱粒机。分段收获模式适合山区丘陵和小规模种植，即先用谷子割晒机把谷子割倒，晾晒后再用谷穗脱粒机或整株脱粒机脱粒。在谷子联合收获机械方面，约翰迪尔公司生产的W70型、1065/1075切流式谷物联合收获机适合谷子联合收获，总损失率低于5%，达到了实用水平。谷子联合收获机械改造的成功极大地提高了谷子机械化生产水平。

轻简高效生产技术集成：在单项技术取得突破的基础上，谷子轻简高效生产技术集成也取得显著进展。"十二五"期间，河北省农林科学院谷子研究所牵头，联合国内谷子育种、栽培、农机研发与推广单位，研发集成了谷子农机农艺结合生产技术、谷子高效集雨生产技术。谷子农机农艺结合生产技术筛选出了适合机械化收获的谷子品种，完善形成了施肥与田间管理技术，研制了谷子播种机、脱粒机、割晒机，改制谷子联合收割机，制定了《谷子农机农艺结合生产技术规程》，该技术规程从整地、品种选择、播种、中耕除草、病虫害防治、收获等生产环节，规定了谷子农艺要求和农机规范，应用该技术规程可实现谷子全程轻简化生产。谷子高效集雨生产技术筛选出了适合全膜穴播和膜侧沟播的谷子品种，完成了地膜谷子施肥技术，研发了谷子全膜穴播机、膜侧沟播机，制定了《谷子集雨高效生产技术规程》，该技术规程对谷子全膜穴播技术、谷子膜侧沟播技术的品种选择、施肥技术、地膜和配套机械技术参数、田间管理、收获等生产环节进行了技术集成和标准化规定。以上两个技术规程是谷子轻简高效生产技术集成的重要成果,对提高谷子轻简化生产具有重要意义。

2. 谷子轻简高效生产技术模式

通过对河北省谷子轻简化生产调研表明:目前生产上谷子轻简高效生产技术模式主要有以下四大类10种,第一类:适合雨量充足或有水浇条件的平原规模化种植模式①"简化栽培品种及其配套技术+播种机+联合收割机";②"常规谷子品种+精量穴播技术+谷友+联合收割机";③"常规谷子品种+化控间苗技术+播种机+联合收割机";第二类:适合雨量少的旱地平原规模化种植模式④"膜侧沟播技术+简化栽培技术+联合收割机";⑤"全膜穴播技术+联合收割机";第三类:适合雨量充足的山区丘陵或小地块的种植模式⑥"简化栽培品种及配套技术+播种机+割晒机+脱粒机";⑦"常规谷子品种+精量穴播技术+谷友+割晒机+脱粒机";⑧"常规谷子品种+化控间苗技术+播种机+割晒机+脱粒机"。第四类:适合雨量少的山区丘陵或小地块的种植模式⑨"膜侧沟播技术+简化栽培技术+割晒机+脱粒机";⑩"全膜穴播技术+割晒机+脱粒机"。这10种谷子轻简高效生产技术在生产中节本增效效果显著。

3. 谷子全产业链绿色生产技术规程

针对华北夏谷区施肥不合理、农机农艺配套性差以及休耕区早播带来的病虫害严重等问题,研发了谷子化肥减施、绿肥—谷子栽培、谷子保水剂等技术,开发了谷子生物有机肥、富硒生物肥,集成创新了谷子病虫害防治、除草剂使用、微量元素及微肥喷施于一体的"一喷多用"技术,将上述技术集成谷子全产业链绿色生产技术规程,该技术的应用,有效减少了化肥、农药使用量,通过一体化施肥、防控,减少了田间劳动量,实现了农机农艺结合、良种良法配套、生产生态协调。

二、高粱种植品种与技术

河北省从事高粱研究的科研单位包括河北省农林科学院谷子研究所、河北农业大学、河北省农林科学院旱作农业研究所、承德市农林科学院、河北科技师范学院等,其他各地市农科院研究较少。河北省在国家谷子高粱产业技术体系建设中,有石家庄综合试验站,在河北省杂粮杂豆创新团队中高粱育种岗位、配套农机筛选岗位2名。在创新平台方面有国家高粱改良中心河北省分中心、河北省杂粮研究实验室。从研究单位、创新平台、承担项目以及创新成果来看,河北省高粱科技创新一直在全国处于重要地位,特别是在高粱抗蚜种质创新与新品种选育、除草剂研究方面具有较高水平。新中国成立以来,河北省科研单位先后选育出冀杂1号、冀杂4号、冀杂6号、冀张杂1号、冀粱2号、河农16、能饲1号、红茅粱6号、冀酿1号、冀酿2号、冀酿3号、冀酿4号等20多品种。先后推广了高粱精量播种、高粱赤眼蜂防治等生产技术。

(一)高粱的种植品种

河北省高粱推广品种情况(表3-9)

"八五"以前,河北省种植的高粱有省内和省外育成品种,其中河北省品种主要是冀东1、冀杂1、冀杂4、冀杂5、抗四、冀杂6、冀张杂1等;省外品种有忻杂52、原杂10、晋杂1、晋杂5、晋杂6、原杂12、辽杂1等品种。"八五"期间,河北省推广省内良种品种主要是冀杂6,而省外品种相对较多,有沈杂5、抗四、抗五、辽杂1、晋杂 5 等。

"九五"期间，河北省选育品种有河农 16、冀承杂 5，冀杂 6、冀杂 7 新品种；省外品种比之前新增隆 432、锦杂 93、晋中 405、熬杂 1、辽杂 10、抗 7、抗 3、同杂 2 等品种。

"十五"期间河北省品种逐渐增加，主要有河农 16、冀梁 2 号、冀承杂 4、冀承杂 5 以及承杂 3、承杂 4、承杂 12 等、冀杂 7；省外品种增加了锦杂 100 等品种。"十一五"期间，省内品种河农 16、承杂 4、7501；省外品种新增熬杂 1 号。

"十二五"期间，由于高粱种植面积减少，良种的统计品种也逐渐减少，省内品种有河农 16、7501，省外品种仍然是晋杂、沈杂、抗四、辽杂系列等 15 个品种。进入"十三五"，河北省高粱品种出现了河北省农林科学院谷子研究所选育的冀酿 2 号、红茅梁 6 号品种；省外品种主要是红缨子、兴湘粱 2 号、抗四、沈杂品种。

表 3-9　河北省高粱改良品种种植情况

年份	良种面积（万 hm²）	品种及面积（万 hm²）
1982	14.40	晋杂 1（3.47）、忻杂 52（2.87）、原杂 10（2.33）、冀东 1（1.87）、冀杂 4（1.60）、晋杂 5（1.20）、原杂 12（1.07）
1983	13.53	晋杂 1（3.40）、冀杂 1（2.33）、原杂 10（2.33）、冀杂 4（1.60）、晋杂 6（1.53）、晋杂 5（1.47）、原杂 12（0.87）
1984	12.20	冀杂 1（3.33）、晋杂 6（2.20）、原杂 10（1.80）、冀杂 4（1.53）、晋杂 1（1.27）、晋杂 5（1.07）、原杂 12（1.00）
1986	7.33	冀杂 5（1.73）、辽杂 1（1.33）、原杂 10（1.33）、622A * 白年（0.80）、晋杂 4（0.73）、原杂 12（0.73）、冀杂 1（0.67）
1987	7.73	冀杂 6（2.07）、原杂 10（1.60）、晋杂 5（1.13）、冀杂 1（1.13）、晋杂 6（1.00）、原杂 12（0.80）
1988	5.47	辽杂 1（1.53）、抗四（1.27）、原杂 10（0.93）、冀杂 6（0.93）、晋杂 5（0.80）
1989	5.40	抗四（1.73）、辽杂 1（1.27）、原杂 10（0.93）、冀张杂 1（0.80）、冀杂 6（0.67）
1990	3.93	冀杂 6（1.53）、抗四（1.20）、辽杂 1（1.20）
1991	4.47	冀杂 6（1.20）、沈杂 5（1.07）、抗四（0.73）、抗五（0.73）、辽杂 1（0.73）
1992	4.60	623AX 晋杂 5（1.33）、齐根天（1.33）、冀杂 6（1.00）、沈杂 5（0.93）
1993	3.67	抗 4（2.00）、沈杂 5（0.87）、冀杂 6（0.80）
1994	5.40	抗 4（3.00）、抗 5（1.73）、沈杂 5（0.67）
1995	5.13	抗 4（3.40）、抗 5（1.07）、沈杂 5（0.67）
1996	5.07	抗 4（3.13）、抗 5（0.80）、沈杂 5（0.67）、隆 432（0.47）
1997	2.13	抗 4（2.13）

(续表)

年份	良种面积（万 hm^2）	品种及面积（万 hm^2）
1999	5.81	抗4（2.72）、辽杂10（0.47）、抗5（0.27）、冀杂5（0.23）、锦杂93（0.21）、6A*白平（0.13）、晋中405（0.08）、傲杂1（0.07）、河农16（0.07）、抗3（0.07）、同杂2（0.07）、其他（1.44）
2000	4.86	抗4（2.24）、辽杂10（0.33）、抗五（0.23）、冀承杂5（0.20）、承杂4（0.13）、河农16（0.13）、锦杂93（0.13）、同杂2（0.10）、晋杂1（0.09）、晋杂12（0.09）、晋杂7（0.08）、晋中405（0.08）、抗7（0.08）、6A×白平（0.07）、冀杂7（0.07）、锦杂827（0.07）、辽杂2（0.07）、沈杂5（0.07）、冀杂6（0.01）、其他（0.60）
2001	4.10	抗4（2.08）、辽杂10（0.23）、晋杂12（0.14）、河农16（0.14）、抗7（0.13）、沈杂5（0.13）、晋中405（0.12）、锦杂93（0.11）、抗5（0.11）、晋杂7（0.08）、冀承杂4（0.07）、晋杂5（0.07）、同杂2（0.07）、冀杂7（0.05）、抗3（0.03）、其他（0.54）
2002	3.75	抗4（1.14）、承杂4（0.26）、锦杂93（0.17）、抗7（0.13）、河农16（0.13）、晋杂1（0.08）、晋杂7（0.08）、抗5（0.08）、同杂2（0.08）、晋中405（0.07）、冀杂7（0.06）、抗3（0.03）、其他（1.45）
2003	4.15	抗4（1.72）、承杂4（0.37）、抗5（0.35）、辽杂10（0.33）、锦杂100（0.13）、沈杂5（0.13）、河农16（0.12）、锦杂93（0.11）、抗7（0.11）、晋杂1（0.09）、晋杂7（0.07）、晋杂5（0.07）、其他（0.55）
2004	2.33	抗4（1.09）、锦杂100（0.26）、锦杂93（0.16）、冀梁2（0.13）、抗7（0.13）、抗5（0.12）、晋杂1（0.08）、晋杂7（0.07）、承杂4（0.05）、抗3（0.04）、河农16（0.03）、冀杂7（0.03）、其他（0.15）
2005	2.17	抗4（0.72）、锦杂100（0.17）、锦杂93（0.13）、冀梁2（0.00）、抗3（0.03）、抗5（0.33）、晋杂1（0.07）、晋杂7（0.00）、承杂4（0.00）、承杂3（0.00）、承杂12（0.00）、抗3（0.00）、抗7（0.00）、河农16（0.08）、沈杂5（0.10）、冀杂7（0.00）、其他（0.53）
2006	2.17	抗4（0.90）、晋杂12（0.17）、抗7（0.12）、锦杂100（0.10）、河农16（0.07）、承杂4（0.05）、晋杂1（0.05）、抗5（0.03）、其他（0.69）
2007	2.00	抗4（0.97）、沈杂5（0.13）、锦杂93（0.12）、锦杂100（0.09）、河农16（0.07）、晋杂12（0.07）、晋杂1（0.05）、7501（0.04）、敖杂一号（0.04）、其他（0.42）
2008	1.81	抗4（0.94）、沈杂5（0.09）、抗5（0.08）、锦杂93（0.08）、晋杂12（0.07）、河农16（0.05）、其他（0.49）
2009	1.65	抗4（0.74）、晋杂12（0.13）、沈杂5（0.07）、抗5（0.06）、河农16（0.03）、其他（0.63）
2010	0.75	抗4（0.54）、抗5（0.04）、河农16（0.03）、晋杂12（0.03）、晋杂1（0.01）、辽杂3（0.01）、其他（0.08）
2012	0.37	抗4（0.17）、河农16（0.03）、铁杂17（0.03）、晋杂1（0.01）、其他（0.12）
2013	0.96	抗4（0.84）、河农16（0.02）、晋杂1（0.01）、其他（0.10）

(续表)

年份	良种面积（万 hm²）	品种及面积（万 hm²）
2014	0.27	抗4（0.20）、河农16（0.03）、晋杂1（0.01）、冀杂12（0.01）、其他（0.02）
2018	1.74	红茅粱6（0.19）、红缨子（0.13）、冀酿2（0.46）、抗四（0.24）、其他（0.58）、沈杂5（0.08）、兴湘粱2（0.06）

从近几十年的河北省高粱品种的发展情况看，河北省省内品种主要是河北省农林科学院谷子研究所、河北农业大学、承德市农林科学院、张家口市农业科学院等选育，但是目前只有河北省农林科学院谷子研究所和河北农业大学在从事高粱育种研究。近几年河北省农林科学院谷子研究所育成的冀酿系列高粱品种逐渐成为主推品种。河北省高粱育种历史中，尤其值得提的是抗四高粱品种一直推广了40多年，也说明该品种具有良好的丰产性、抗逆性、适应性。

（二）高粱的生产技术研发与推广情况

2005年以前，河北省以及全国高粱研究主要在育种、植保等方面，关于栽培技术和机械化的研究较少。山西省农业科学院、黑龙江省农业科学院、辽宁省农业科学院、吉林省农业科学院均在适宜机械化生产的品种上开展品种选育。另山西省高粱种植技术主推测土配方施肥技术、化学除草技术、高粱蚜综合防治技术、密植精播技术、全程机械化生产作业技术等。解放以来，河北省以及全国的高粱种植面积逐渐萎缩，其中种植繁琐、机械化低、病虫害等制约高粱生产的发展。2003年河北省农林科学院谷子研究所高粱研究室成立，选育出抗蚜高粱新品种，且采用赤眼蜂技术防治高粱蚜虫，取得显著进展，并获得国内领先水平成果。目前主推的抗蚜糯高粱化学除草技术、高粱赤眼蜂防治技术、高粱全程机械化生产技术实现了高粱的规模化生产，增加了农民效益。

1. 高粱轻简高效生产技术

（1）高粱抗蚜品种选育研究。针对严重制约我国高粱产业发展的蚜虫危害问题，河北省农林科学院谷子研究所率先开展了高粱抗蚜种质资源搜集、鉴定、创新以及抗蚜高粱新品种选育研究，确立选育抗蚜、矮秆、适宜机械化收割的杂交种的育种目标，历经11年技术攻关和方法创新，育成高粱抗蚜杂交种冀酿1号、冀酿2号、冀酿3号、冀酿4号等系列抗蚜高粱新品种。目前冀酿2号、冀酿3号、冀酿4号均已实现成果转化，其中冀酿4号品质与茅台专用品种红缨子相当，同时具有抗蚜、高产、矮秆宜机收等性状，品种经营权以200万元转让给河北东昌种业有限公司，创杂粮品种转化金额新高。

（2）赤眼蜂防治技术研发与推广。高粱生物防控方面研发了赤眼蜂防治技术，该技术是利用赤眼蜂将卵产于其他的虫卵中，使虫卵不能正常孵化出害虫而是孵化出赤眼蜂，孵化出的赤眼蜂再寄生虫卵，如此周而复始，达到理想防治效果。河北省农林科学院谷子研究所与中国科学院动物研究所合作，在衡水阜城县试验示范，取得了良好的防治效果，通过院市合作项目，衡水阜城、景县等示范基地采用抗蚜高粱新品种、赤眼蜂生物防治技术种植的高粱达到绿色食品标准，受到了南方酒厂的青睐。

（3）高粱化学除草技术。高粱化学除草技术是河北省农林科学院谷子研究所研发的高粱壮苗种衣剂+除草剂技术。高粱壮苗种衣剂是利用微肥、植物生长调节剂、活性酶等多种物质复配成种衣剂，可分解高粱种子萌发时吸收的异丙甲草胺，降低异丙甲草胺对高粱苗的药害。用高粱壮苗种衣剂包衣的高粱苗，耐受力提高1.2倍，能够耐受120 mL/亩异丙甲草胺。异丙甲草胺为酰胺类选择性芽前土壤处理除草剂。莠去津为内吸选择性苗前、苗后封闭除草剂，根吸收为主，防治高粱田一年阔叶生杂草：藜、苋、苘麻、曼陀罗、蓼、苍耳、牵牛等双子叶杂草。

2. 高粱轻简高效生产技术模式

根据河北省高粱轻简化生产调研，总结目前高粱生产上轻简高效生产技术模式主要有以下两类，第一类：平原规模化种植模式，"抗蚜糯高粱品种+播种机+化学除草+赤眼蜂防治+联合收割机"；第二类：山区丘陵或小地块的种植模式，"抗蚜糯高粱品种+播种机+化学除草+赤眼蜂防治+脱粒机"。

3. 当前高粱轻简化生产技术发展存在的问题及建议

当前高粱轻简化生产技术虽取得了较大进展，但起步较晚，与其他大作物相比仍存在不足之处：一是高粱除草剂使用仍然存在较大问题，例如除草效果不理想、不稳定、成本过高等；二是河北省滨海盐碱地面积较大，缺乏适合盐碱地的抗盐碱品种和配套技术；三是在农机方面，机械化程度仍需提高，另外缺乏中耕施肥机械。

三、食用豆种植品种与技术

河北省从事食用豆研究的科研单位有河北省农林科学院粮油作物研究所、河北农业大学、保定市农业科学院、张家口市农业科学院、廊坊市农林科学院等单位。2018年河北省杂粮杂豆创新团队成立，河北省农林科学院粮油作物研究所成为食用豆育种岗位专家。20世纪80年代，生产上采用的品种还均为农家种，未解决农家种混杂退化、产量低、品质差等缺陷，科研单位逐渐开展了农家种提纯复壮、新品种的引进和杂交选育等工作。其中提纯了天津红小豆、推广中绿1号，但中绿1号不耐重茬、不抗病毒病，天津红小豆籽粒偏小、蔓生、产量偏低等，我省经过系统杂交选育，经过40多年的选育，培育出一批优质、高产、抗病、大粒、早熟、抗豆象的优良品种，在河北省大面积推广。

（一）食用豆的种植品种

1. 绿豆种植品种

河北省对绿豆的良种统计数据不连续，但是从2001年以来的统计中看出，河北省绿豆的良种主要是河北省农林科学院粮油作物研究所选育的冀绿2号、冀绿1号、冀绿9239、冀绿9309，以及鹦哥绿豆等农家种，省外品种是中绿1号等。冀绿1号、冀绿2号等绿豆品种一直到现在仍在大面积种植（表3-10）。

表 3-10 河北省绿豆改良品种种植情况

年份	良种面积（万 hm²）	品种及面积（万 hm²）
2001	0.65	冀绿 2（0.29）、本地品种（0.16）、冀绿 1（0.05）、中绿 1（0.11）、其他（0.05）
2003	0.23	中绿 1（0.11）、冀绿 2（0.08）、冀绿 1（0.03）
2004	0.73	中绿 1（0.05）、冀绿 2（0.06）、冀绿 1（0.03）、鹦哥绿豆（0.33）、其他（0.25）
2005	0.54	中绿 1（0.02）、冀绿 2（0.05）、冀绿 1（0.02）、鹦哥绿豆（0.20）、其他（0.25）
2006	1.00	鹦哥绿豆（0.33）、冀绿 9239（0.09）、冀绿 9309（0.04）、其他（0.54）
2007	0.68	鹦哥绿豆（0.33）、冀绿 9239（0.07）、其他（0.28）
2008	0.91	鹦哥绿豆（0.63）、冀绿 9239（0.07）、冀绿 9309（0.03）、中绿 1（0.02）、其他（0.17）
2009	1.08	鹦哥绿豆（0.87）、冀绿 9239（0.07）、其他（0.15）
2010	0.07	冀绿 1（0.01）、其他（0.06）
2012	0.01	冀绿 1（0.01）、其他（0.00）
2013	0.06	冀绿 1（0.01）、其他（0.05）
2014	0.06	冀绿 1（0.03）、其他（0.03）

多年来河北省科研工作者培育出大批绿豆优良品种，冀绿豆 1 号、冀绿豆 2、冀绿 7 号、冀绿 9 号、冀绿 10 号、冀绿 9309、冀绿 13、冀绿 15、冀绿 17、冀绿 0816、冀绿 9239。近几年绿豆育种目标从超早熟春播、大粒芽用、黑绿豆、抗豆象、高产等性状开展育种。目前育成的高产早熟绿豆品种冀绿 7 号、冀绿 10 号，抗豆象品种冀绿 15、冀绿 17 等，种植面积大的冀绿 9309。当前河北省种植的绿豆品种主要是冀绿、保绿、中绿品种、鹦哥绿豆等农家品种为主。

冀绿 13 号是河北省农林科学院粮油作物研究所选育的早熟、芽用、外贸出口、淀粉加工品种。夏播生育期 70 d 左右，春播 80 d 左右，有限结荚习性，直立生长，幼茎紫红色，成熟茎绿色，株高 44.9~55.7 cm。夏播单产 1 897.05 kg/hm²，最高产量达 2 912.1 kg/hm²；春播单产 1 707.45 kg/hm²，最高单产 2 749.05 kg/hm²。适宜在黑龙江西部、吉林中北部、辽宁中北部、内蒙古东南部、山西中部、陕西北部等春播区，北京西南部、河北中部、江苏东南部、山东中北部、江西中部等夏播区种植。

冀绿 17 号和冀绿 0810 是早熟、适于生产豆芽、外贸出口、淀粉加工品种，平均单产 2 052.5 kg/hm² 以上，适宜在廊坊、保定、邯郸、石家庄等地区种植。

2. 红小豆种植品种

根据河北省红小豆良种种植品种统计分析，2001 年以来河北省红小豆良种推广品种有保定农业科学院选育的保 8824，河北省农林科学院粮油作物研究所选育的冀红 1

号、冀红2号、冀红3号、冀红4号、冀红5号、高农2以及一些其他红小豆品种（表3-11）。

表3-11 河北省红小豆改良品种种植情况

年份	良种面积（万 hm^2）	品种及面积（万 hm^2）
2001	1.61	保8824（0.65）、当地品种（0.49）、冀红4（0.39）、冀红5（0.03）、其他（0.05）
2003	0.19	冀红5（0.08）、冀红4（0.03）、保8824（0.01）、其他（0.07）
2004	0.38	冀红5（0.07）、冀红4（0.04）、保8824（0.03）、其他（0.23）
2005	0.79	冀红5（0.07）、冀红4（0.07）、保8824（0.01）、其他（0.64）
2006	0.44	冀红9218（0.07）、冀红8937（0.04）、其他（0.33）
2007	0.37	冀红9218（0.08）、其他（0.29）
2008	0.47	冀红9218（0.09）、冀红8937（0.03）、冀红1（0.01）、冀红4（0.02）、冀红5（0.01）、其他（0.31）
2009	0.37	冀红9218（0.05）、其他（0.33）
2010	0.06	其他（0.06）
2012	0.13	冀红2（0.06）、冀红5（0.00）、冀红3（0.00）、高农2（0.00）、保8824（0.00）、其他（0.06）
2013	0.16	冀红2（0.00）、冀红3（0.00）、保8824（0.00）、冀红5（0.00）、高农2（0.01）、其他（0.15）
2014	0.16	冀红2（0.06）、冀红3（0.00）、保8824（0.00）、冀红5（0.00）、高农2（0.00）、其他（0.10）

红小豆是河北省名贵特产，传统出口创汇作物，从20世纪70年代末开始，河北省科研单位开展了红小豆的选育工作，经过40多年的育种工作，陆续培育出了冀红1号、冀红2号、冀红3号、冀红4号、冀红5号、冀保红小豆2号、冀红小豆3号、保8824-17、张红1号、冀红9218、冀红8937、冀红352、冀红16、冀红18、冀红19、冀红20等冀红系列、保红系列品种。其中保8824-17是特大粒红小豆品种，冀红20宜是机收红小豆品种；冀红352是适应性广的优质品种，适宜在黑龙江、辽宁、吉林、内蒙古、山西、甘肃等地春播种植，在河北、北京、陕西等地夏播种植。

针对红小豆生产中存在的问题，以国内市场为目标，以提高产量、改善品质为目的，进行品种改良。红小豆品质要求具有较好的外贸出口及加工品质，农艺形状要求株型直立、不爬蔓品种，夏播生育期85d以内，抗病毒病品种。保8824-17红小豆株型由匍匐型向半匍匐型向直立型的转变。强秆抗倒，适合高水肥地种植，结束了高水肥地不能种植红小豆的历史。高产优质广适应性红小豆冀红9218、冀红8937的选育及推广获河北省科技进步奖二等奖，提高了红小豆的产量，冀红9218产量高达3 225 kg/hm^2，冀红8937产量高达3 108 kg/hm^2。当前河北省种植的红小豆品种主要是冀红、保红系品种以及一些农家种。

（二）食用豆栽培技术

河北省绿豆和红小豆主要分布在山区、丘陵旱薄地，盐碱地及中低产田地区。绿豆和红小豆在河北省种植形式分春播和夏播，长城以北的张家口、承德地区，由于无霜期短，为春播一年一季，而在长城以南的大部分地区，既可以春播又可以夏种。种植方式因气候、地力、地势等条件而异，在平原高水肥地区与棉花、玉米作物间作套种，在山地、丘陵等瘠薄地平作。河北省绿豆和红小豆种植生产技术基本相同，在栽培技术方面主要是机械化的使用。平原地区采用全程机械化管理，减少人工投入，同时可以与玉米连作，增加土地使用率，增加效益。山地丘陵区受地形的影响，一般采用机械播种、分段式收获，种植技术没有变化。当前阳原县、蔚县采用地膜覆盖技术，使用的是地膜穴播机。

食用豆地膜穴播技术是采用小四轮驱动，穴播机械同时加地膜的一种播种机，这项技术可以增加雨水利用效率，同时防止杂草和增加地温，提高产量，增加收益。

当前食用豆生产技术主要是机械的使用问题，在脱粒机方面存在脱粒不理想的问题，缺少效果好的联合收割机。

四、燕麦种植品种与技术

20世纪50年代初，以华北"冀晋蒙"三省区为中心的燕麦育种单位，协同中国农业科学院栽培育种研究所开展了燕麦品种资源的收集整理和优良农家品种的筛选工作。此间从全国各地共征集到裸燕麦品种651份，经过筛选和多年多点的对比试验，到60年代初，河北省推广了"丰宁大滩""张北大莜麦""五寨三分三"；山西推广了"李家场夏莜麦"（参加1963—1964年"华北三省区区试"后定名华北一号）、"三分三"等。上述品种同时做为内蒙古的主栽品种得到了应用推广。20世纪60年代到70年代为我国裸燕麦育种的系统选育与国外品种引进筛选阶段。此间山西省主要采用了从农家品种系统选育的方法，先后育成并推广了同系1号、同系2号、同系3号、同系46-5、同系19-6等。

（一）燕麦种植的品种

20世纪60—70年代，河北省则主要采用国外品种引进筛选育种法，先后育成推广了"大铃早"（苏联的BNP1998，参加1963—1964年"华北三省区区试"后定名华北二号）、坝选1号、坝选2号、坝选3号、坝选4号（匈牙利和苏联品种）等系列品种；内蒙古主要种植的是华北二号、坝选3号（永75）等。目前张家口市农业科学院燕麦研究所是河北省高寒区域唯一具有地方特色，集燕麦科研、推广、开发为一体的农业科研单位，是我国燕麦重点研究单位之一。立足张家口市不同生态类型区，面向北方燕麦主产区开展新品种、新技术的研制与新成果的转化、开发，为当地的农业生产发展和农民增收服务。

河北省燕麦良种推广情况（表3-12）

根据河北省燕麦良种种植统计情况分析，燕麦种植品种更新较大。"八五"以前，河北省燕麦种植的良种有省内品种丰宁大滩、大莜麦、坝选3、冀张莜1、冀张莜2以及一些地方农家种，省外品种居多。"八五"期间，河北省燕麦品种增加了张家口农科院的选育品种品5、品6，以及"九五"后选育的品14、品15、品16等，冀张莜3等品种，这一时期河北省燕麦良种推广面积大幅增加。

进入"十五"，河北省燕麦研究主要在张家口市农业科学院，燕麦品种选育更加凸显，该时期仍然是张家口市农业科学院选育的系列燕麦品种，坝莜2、坝莜3、冀张莜5号、冀张莜6号等。

"十一五"期间，河北省燕麦品种仍然是以张家口市农业科学院选育优良品种为主，坝莜系列品种和冀张莜系列品种增多，还出现了一些花早、花中品种。这些系列品种一直到"十二五"，坝莜系列到坝莜9、花早等品种。

表3-12 河北省燕麦改良品种种植情况

年份	良种面积（万 hm²）	品种及面积（万 hm²）
1982	9.27	1998（3.27）、三分三（2.73）、赫波（1.93）、同系19丨6（1.33）
1983	8.13	三分三（2.87）、大铃早（1.67）、同系19-6（1.07）、丰宁大滩（0.93）、赫波（0.80）、坝选3（0.80）
1984	10.53	莜麦587（3.00）、同系19-6（2.67）、三分三（1.40）、大铃早（1.20）、丰宁大滩（0.93）、赫波（0.67）、1998（0.67）
1986	9.27	冀张莜1（3.93）、同系196（0.93）、华壮2（0.93）、永字7（0.73）、66-312（0.73）、761（0.67）、和丰（0.67）、晋雁3（0.67）
1987	8.87	冀张莜1（3.33）、华北2（1.53）、同系19-6（1.47）、选2（1.00）、永字7（0.80）、和丰1（0.73）
1988	7.47	冀张莜1（3.07、同系66-312（1.07）、华北2（1.07）、1989（0.87）、761（0.73）、系选一（0.67）
1989	8.67	华北2（2.20）、冀张莜1（1.93）、同系19丨9（1.80）、冀张莜2（1.13）、系选4（0.87）、永字7（0.73）
1990	2.93	冀张莜1（1.47）、系选（0.80）、和丰（0.67）
1991	5.93	578（2.60）、品6（2.33）、品5（1.00）
1992	6.00	品5（3.13）、品6（2.87）
1993	6.27	品5（3.20）、品6（3.07）
1994	8.80	冀张莜1（2.07）、品16（2.07）、品5（2.00）、冀张莜3（1.60）、品4（1.07）
1995	7.80	品5（3.87）、品4（2.07）、品6（1.13）、品15（0.73）
1996	7.4	品5（3.4）、品6（1.6）、578（1.2）、品14（1.2）
1997	8.27	品五（2.73）、品14（2.13）、品16（1.80）、品6（1.60）
2000	5.17	品五（1.60）、品14（1.40）、品16（0.87）、品6（0.53）、五七八（0.27）、大莜麦（0.23）、其他（0.27）

(续表)

年份	良种面积（万 hm²）	品种及面积（万 hm²）
2001	4.55	品 5（2.13）、坝莜 1（0.51）、坝莜 2（0.47）、578（0.47）、品 6（0.25）、品 2（0.21）、品 16（0.19）、品 14（0.09）、8311（0.07）、其他（0.17）
2002	4.64	品 5（1.75）、其他（0.58）、品 2（0.48）、品 14（0.40）、坝莜 1（0.33）、五七八（0.31）、坝莜 2（0.30）、品 6（0.21）、品 16（0.14）
2003	5.70	品 5（2.11）、品 2（0.69）、品 14（0.53）、坝莜 1（0.50）、坝莜 2（0.44）、五七八（0.36）、品 6（0.27）、品 16（0.23）、其他（0.36）
2004	7.48	品 5（2.80）、品 2（1.37）、品 14（0.75）、坝莜 1（0.67）、坝莜 2（0.67）、五七八（0.45）、品 6（0.25）、品 16（0.14）、其他（0.29）
2005	7.18	坝莜 1（1.79）、冀张莜 5（1.31）、冀张莜 6（0.95）、花早 2（0.72）、花中 21（0.66）、花晚 6（0.45）、其他（1.29）
2006	12.23	坝莜 1（4.67）、冀张莜 4（4.00）、花早 2（0.67）、冀张莜 5（0.67）、冀张莜 6（0.67）、坝莜 6（0.53）、冀张莜 3（0.33）、坝莜 3（0.27）、坝莜 5（0.20）、花晚 6（0.13）、其他（0.10）
2007	5.58	坝莜 1（1.73）、冀张莜 4（1.33）、坝莜 6（0.53）、花早 2（0.38）、冀张莜 3（0.33）、冀张莜 5（0.33）、冀张莜 6（0.33）、坝莜 3（0.27）、坝莜 5（0.20）、花晚 6（0.13）
2008	7.29	坝莜 1（2.33）、花早 2（2.07）、冀张莜 4（1.41）、花中 21（0.60）、坝莜 6（0.33）、坝莜 3（0.20）、其他（0.35）
2009	5.33	坝莜 1（1.53）、花早 2（1.40）、冀张莜 4（1.13）、花中 21（0.47）、花早 9（0.33）、坝莜 6（0.20）、坝莜 3（0.13）、其他（0.13）
2010	5.03	坝莜 1（3.43）、坝莜 3（1.07）、花早 2（0.33）、坝莜 9（0.15）、坝莜 5（0.03）、其他（0.01）
2012	17.9	坝莜 1（10.86）、坝莜 3（4.8）、花早 2（1.38）、坝莜 9（0.7）、坝莜 5（0.16）
2013	7.07	坝莜 1（3.63）、坝莜 3（1.84）、花早 2（0.60）、坝莜 9（0.41）、坝莜 5（0.05）、坝莜（0.34）、华早（0.19）、其他（0.01）
2014	5.61	坝莜 1（3.20）、坝莜 3（1.57）、花早 2（0.47）、坝莜 9（0.33）、坝莜 5（0.05）、坝莜（0.00）、其他（0.01）

（二）燕麦生产技术

1. 当前燕麦的种植品种

河北省燕麦品种呈现多点开花的局面，有早中晚熟品种，有适合饲用、加工等不同用途品种，形成冀张燕系列、冀张莜等系列品种。其中早熟品种：冀张莜 12 号、冀张莜 14 号、坝莜 6 号、花早 2 号、白燕 2 号，抗倒中熟品种有冀张莜 11 号、坝莜 1 号、坝莜 8 号，晚熟型坝莜 3 号、冀张莜 4 号。张家口市农业科学院燕麦研究所已筛选出粮草兼用型、饲用型、专用加工食用型符合育种目标的优质品种，如坝莜 1 号、坝莜 3

号、坝莜6号、坝莜9号、坝燕1号、坝燕2号等新品种。

2. 燕麦高产高效栽培技术

张家口市农业科学院燕麦研究所研究了燕麦的水肥需求规律、病虫害防治特点，研发集成了集燕麦种子处理、播种、田间管理、病虫害防治、收获等环节的高产高效栽培技术，为燕麦稳产、高产生产提供了技术支撑。

五、荞麦种植品种与技术

目前河北省研究荞麦的单位有张家口市农业科学院和承德市农林科学院。研究的品种主要适宜在坝上种植，推动了当地的荞麦发展。

（一）荞麦种植品种

河北荞麦年种植0.4万hm^2，主要分布在张家口和承德地区，品种主要有甜荞1号、甜荞2号、西荞一号、九江苦荞、川荞一号、小红花苦荞等优良品种。

（二）荞麦生产技术

河北省荞麦研究与推广单位针对河北省张家口、承德等地区自然条件、生态特点以及荞麦生物学特性，研发集成了集荞麦种子处理、播种、田间管理、病虫害防治、收获等环节的高产高效栽培技术，为荞麦稳产、高产生产提供了技术支撑。

六、糜子种植品种与技术

河北省从事糜子研究的科研单位有河北省农林科学院谷子研究所、张家口市农业科学院、承德市农林科学院等。河北省在国家谷子高粱产业技术体系建设中有糯糜子育种岗位。河北省在糜子雄性不育、光敏、两系杂交种以及抗倒、弱分蘖等研究方面居全国领先水平。

（一）糜子的种植品种情况

根据河北省良种统计数据显示，糜子的种植良种统计年份不多，主要是种植较少。河北省糜子的主要推广良种是小黍子、大白黍、笨篱黍、小白黍、紫罗等品种（表3-13）。

表3-13 河北省糜子改良品种种植情况

年份	良种面积（万hm^2）	品种及面积（万hm^2）
1994	5.13	小黍子（2.07）、大白黍（1.93）、笨篱白（1.13）
2000	1.70	大白黍（0.81）、小黍子（0.89）
2003	3.33	大白黍（1.59）、小白黍（0.59）、紫罗（0.49）、笨篱白（0.44）、其他（0.21）

目前河北省科研单位先后选育的冀张黍1号、冀黍2号、冀黍3号、冀黍4号等优质品种，种植的其他农家品种有二紫秆、笨篱白、大紫秆、大青黍、疙瘩白、大红黍、

柳心白和小红黍。

（二）糜子的栽培技术

河北省糜子主要种植在张家口地区，种植的地形多是丘陵旱地，应用的栽培技术主要地膜覆盖技术。

1. 糜子除草剂技术

河北省农林科学院谷子研究所在谷子田双子叶杂草除草剂配方的基础上又复配出兼杀单、双子叶杂草的安全高效的糜子除草剂，通过了安全性、杀草谱和复配效果要求，是目前糜子上应用较为安全的除草剂。

2. 糜子全膜穴播机播种技术

糜子全膜穴播机播种技术是全地膜平铺+穴播技术，改传统露地条播为全地面地膜覆盖加覆土，改传统糜子的大播量播种为精量播种，改人畜播种为穴播机播种的一项机械穴播技术，集成膜面播种穴集雨、覆盖抑蒸、雨水富集叠加利用和多茬种植技术，平均产量较露地播种增产10%以上。

第三节 河北省杂粮种植成本收益

一、河北省杂粮种植成本收益

（一）河北省谷子种植成本效益分析

依托国家谷子高粱产业技术体系信息平台数据和近10年跟踪调研，分析河北省谷子生产经济效益（表3-14）。在不考虑人工费用的情况下，2019年谷子的经济效益是15 132元/hm^2，考虑人工的情况下，谷子的经济效益是12 252元/hm^2。由于受年度间谷子价格变化较大的影响，各年的谷子经济效益不同。2014年就是一个明显的例子，2014年谷子价格上涨到历史上最高点，9~10元/kg，也导致了2014年河北省谷子利润最高26 269元/hm^2。

表3-14 河北省谷子种植成本收益情况

年份	总投入（元/hm^2）	单产（kg/hm^2）	主产品产值（元/hm^2）	利润（元/hm^2）	产投比	不计人工费利润（元/hm^2）
2010	7 358	4 298	14 614	7 256	1.99	12 936
2011	8 250	4 420	15 912	7662	1.93	13 912
2012	10 937	4 395	18 465	7 528	1.69	13 709
2013	11 523	4 508	25 462	13 939	2.21	20 285
2014	8 234	4 424	34 503	26 269	4.19	29 534
2015	6 780	4 591	16 795	10 015	2.48	13 650
2016	10 223	4 560	16 416	6 193	1.61	10 541
2017	9 525	4 680	14 976	5 451	1.57	9 216

(续表)

年份	总投入 (元/hm²)	单产 (kg/hm²)	主产品产值 (元/hm²)	利润 (元/hm²)	产投比	不计人工费 利润 (元/hm²)
2018	6 375	4 521	19 892	13 517	3.12	16 499
2019	6 240	4 623	18 492	12 252	2.96	15 132

注：数据来源国家谷子高粱产业技术体系信息平台。

（二）高粱成本效益分析

依托国家谷子高粱产业技术体系信息平台数据和近7年跟踪调研，分析河北省高粱生产经济效益（表3-15）。目前高粱生产人工投入非常少，基本都是机械化，也就是在机械使用、浇水等期间产生人工投入，近几年的人工统计，基本每公顷15个人工，因此在不考虑人工费用的情况下，2019年高粱的经济效益是11 865元/hm²，考虑人工的情况下，高粱的经济效益是10 665元/hm²。近几年高粱种植面积逐渐增加主要是农民看重了经济效益较好的原因，衡水、沧州近几年面积增长迅速，2019年高粱价格比2018年有所降低，但高粱单产提高，经济效益依然维持较高水平。

表3-15 河北省高粱种植成本收益情况

年份	总投入 (元/hm²)	单产 (kg/hm²)	主产品产值 (元/hm²)	利润 (元/hm²)	产投比	不计人工费 利润 (元/hm²)
2013	7 620	6 913	15 209	7 589	2.00	9 509
2014	7 650	5 625	9 907	2 257	1.30	4 207
2015	7 530	5 195	11 429	3 899	1.52	5 729
2016	7 365	7 100.5	15 621	8 256	2.12	9 621
2017	7 200	8 581	20 595	13 395	2.86	14 610
2018	7 125	7 192.5	16 410	9 285	2.30	10 710
2019	6 900	8 977.5	17 565	10 665	2.55	11 865

（三）绿豆成本效益分析

根据河北省各市绿豆的种植面积，选择了8个县的种植大户或者农户进行绿豆的抽样调研，最后整理了2015—2019年绿豆的生产收益情况（表3-16）。目前河北省绿豆采用机械播种，平原采用联合收割机，山区采用分段式收获。通过分析，近几年绿豆的利润呈增长趋势，2019年利润是8 987元/hm²，如果不计人工的情况下，绿豆利润是11 743元/hm²。

表3-16 河北省绿豆种植成本收益情况

年份	总投入 (元/hm²)	单产 (kg/hm²)	主产品产值 (元/hm²)	利润 (元/hm²)	产投比	不计人工费利润 (元/hm²)
2015	6 707	2 025	15 123	8 416	2.25	11 438

(续表)

年份	总投入（元/hm²）	单产（kg/hm²）	主产品产值（元/hm²）	利润（元/hm²）	产投比	不计人工费利润（元/hm²）
2016	7 390	2 070	13 940	6 550	1.89	9 924
2017	7 019	2 127	16 430	9 411	2.34	12 952
2018	7 519	2 298	16 255	8 736	2.16	11 970
2019	6 392	2 062	15 378	8 987	2.41	11 743

（四）红小豆成本效益分析

根据河北省各市红小豆的种植面积，选择了5个县的种植大户、农户进行红小豆的抽样调研，最后整理了2015—2019年红小豆的生产收益情况（表3-17）。目前河北省红小豆生产与绿豆基本一样，采用机械播种，平原采用联合收割机，山区采用分段式收获。通过分析，近几年红小豆的利润呈增长趋势，2019年利润是5 741元/hm²，如果不计人工的情况下，红小豆利润是9 836元/hm²。

表3-17 河北省红小豆种植成本收益情况

年份	总投入（元/hm²）	单产（kg/hm²）	主产品产值（元/hm²）	利润（元/hm²）	产投比	不计人工费利润（元/hm²）
2015	8 507	1 768	13 062	4 556	1.54	8 743
2016	7 678	2 038	15 025	7 347	1.96	11 374
2017	8 360	2 052	15 001	6 641	1.79	10 963
2018	8 579	2 350	16 935	8 357	1.97	12 789
2019	8 166	2 133	13 907	5 741	1.70	9 836

（五）燕麦成本效益分析

根据河北省各市燕麦的种植面积，选择了张家口和承德的种植大户、农户进行燕麦的抽样调研，最后整理了2017—2019年燕麦的生产收益情况（表3-18）。受单产和价格低的影响，2019年利润是3 278.95元/hm²，如果不计人工的情况下，利润是3 953.95元/hm²。

表3-18 河北省燕麦种植成本收益情况

年份	总投入（元/hm²）	单产（kg/hm²）	主产品产值（元/hm²）	利润（元/hm²）	产投比	不计人工费利润（元/hm²）
2017	3 843.34	2 059.20	6 177.60	2 334.26	1.61	2 912.26
2018	3 657.22	2 212.50	6 748.13	3 090.91	1.85	3 700.91
2019	3 537.05	2 130.00	6 816.00	3 278.95	1.92	3 953.95

（六）荞麦成本效益分析

根据河北省各市荞麦的种植面积，选择了张家口和承德的种植大户、农户进行荞麦的抽样调研，最后整理了2017—2019年荞麦的生产收益情况（表3-19）。农户3年投入基本维持常年不变，靠天吃饭，单产受天气影响较大，2019年利润是1 595.22元/hm²，如果不计人工的情况下，利润是2 138.97元/hm²。

表3-19 河北省荞麦种植成本收益情况

年份	总投入（元/hm²）	单产（kg/hm²）	主产品产值（元/hm²）	利润（元/hm²）	产投比	不计人工费利润（元/hm²）
2017	2 897.6	1 210.14	4 356.50	1 458.90	1.50	2 068.90
2018	2 875.8	1 159.89	4 291.59	1 415.79	1.49	2 004.79
2019	2 902.5	1 215.6	4 497.72	1 595.22	1.55	2 138.97

（七）糜子成本收益分析

河北省糜子种植成本收益依托国家谷子高粱产业技术体系信息平台和连续8年跟踪调研，分析河北省糜子生产经济效益数据（表3-20）。河北省糜子主要种植在张家口坝下和承德的部分县市，全省常年糜子种植面积约40万亩，种植方式主要是人工管理，机械播种，糜子在河北省是一种自给自足的生产模式，商业化种植较少。2012—2019年，糜子种植效益由1 260元/hm²增长至4 845元/hm²，增长3 585元/hm²，增长284.5%，主要是价格的增长，促进效益的增长。2019年糜子价格接近5元/kg，种植效益是4 845元/hm²，如果不计人工的情况下，种植效益是7 440元/hm²。

表3-20 河北省糜子种植成本收益情况

年份	总投入（元/hm²）	单产（kg/hm²）	主产品产值（元/hm²）	利润（元/hm²）	产投比	不计人工费利润（元/hm²）
2012	8 085	3 015	9 345	1 260	1.16	5 205
2013	8 205	2 820	9 870	1 665	1.20	5 445
2014	8 055	2 745	9 615	1 560	1.19	5 175
2015	7 770	2 835	10 050	2 280	1.29	5 670
2016	7 665	2 895	10 710	3 045	1.40	6 015
2017	7 620	2 874.2	11 520	3 900	1.51	6 960
2018	7 230	2 741.25	12 075	4 845	1.67	7 440
2019	7 155	2 910.9	14 550	7 395	2.03	9 930

二、河北省杂粮种植效益与玉米的关系

河北省杂粮和玉米基本属于同季作物，无论是在山区还是在平原区，无论是春播还

是夏播,它们之间的可比性较强。杂粮效益高还是玉米效益高是河北省未来种植业结构调整中选择作物的关键因素。本课题组跟踪了近几年的杂粮与玉米经济效益的数据。

(一) 谷子与玉米的效益关系

根据单位面积的谷子产值,测算了产生同样产值时的玉米单产,2017年河北省谷子产值14 976元/hm²,按照玉米平均价格1 600元/t计算,玉米的单产是624 kg/亩,根据调研发现,河北省玉米的单产不到500 kg/亩,若要实现624 kg/亩的单产非常困难。同样对2018年和2019年的情况进行了测算,发现2018年和2019年产生同样谷子产值的玉米干粒单产超过了650 kg/亩(表3-21)。

表3-21 谷子单位面积产值与玉米单产的对比

年份	谷子产值 (元/hm²)	玉米价格 (元/t)	玉米单产 (kg/hm²)	玉米单产 (kg/亩)
2017	14 976	1 600	9 360	624
2018	19 892	1 885	10 553	704
2019	18 492	1 850	9 996	666

(二) 高粱与玉米的效益关系

根据单位面积的高粱产值,测算了产生同样产值时的玉米单产,2017年河北省高粱产值20 595元/hm²,按照玉米平均价格1 600元/t计算,玉米的单产是858 kg/亩,根据调研发现,河北省玉米的单产不到500 kg/亩,若要实现858 kg/亩的单产非常困难。同样对2018年和2019年的情况进行了测算,发现2018年和2019年产生同样高粱产值的玉米干粒单产超过了600 kg/亩(表3-22)。

表3-22 高粱单位面积产值与玉米单产的对比

年份	高粱产值 (元/hm²)	玉米价格 (元/t)	玉米单产 (kg/hm²)	玉米单产 (kg/亩)
2017	20 595	1 600	12 872	858
2018	16 410	1 885	8 706	580
2019	17 565	1 850	9 495	633

(三) 绿豆与玉米的效益关系

根据单位面积的绿豆产值,测算了产生同样产值时的玉米单产,2017年河北省绿豆产值16 430元/hm²,按照玉米平均价格1 600元/t计算,玉米的单产是685 kg/亩,根据调研发现,河北省玉米的单产不到500 kg/亩,若要实现685 kg/亩的单产非常困难。同样对2018年和2019年的情况进行了测算,发现2018年和2019年产生同样高粱产值的玉米干粒单产超过了500 kg/亩(表3-23)。

表 3-23　绿豆单位面积产值与玉米单产的对比

年份	绿豆产值（元/hm²）	玉米价格（元/t）	玉米单产（kg/hm²）	玉米单产（kg/亩）
2017	16 430	1 600	10 269	685
2018	16 255	1 885	8 623	575
2019	15 378	1 850	8 313	554

（四）红小豆与玉米的效益关系

根据单位面积的红小豆产值，测算了产生同样产值时的玉米单产，2017 年河北省红小豆产值 15 001 元/hm²，按照玉米平均价格 1 600 元/t 计算，玉米的单产是 625 kg/亩，根据调研发现，河北省玉米的单产不到 500 kg/亩，若要实现 625 kg/亩的单产非常困难。同样对 2018 年和 2019 年的情况进行了测算，发现 2018 年和 2019 年产生同样高粱产值的玉米干粒单产超过了 500 kg/亩（表 3-24）。

表 3-24　红小豆单位面积产值与玉米单产的对比

年份	红小豆产值（元/hm²）	玉米价格（元/t）	玉米单产（kg/hm²）	玉米单产（kg/亩）
2017	15 001	1 600	9 375	625
2018	16 935	1 885	8 984	599
2019	13 907	1 850	7 517	501

（五）燕麦、荞麦、糜子与玉米效益说明

河北省燕麦、荞麦、糜子种植分布较特殊，受地域影响较大，主要在张家口种植，且燕麦和荞麦种植在坝上高原区，其他作物基本不能成熟，所以没有作物与之相比较。另外糜子种植和效益关系不大，所以和玉米比较意义不大，因为糜子是地方习惯性种植的作物。所以对以上 3 种作物不进行与玉米的效益关系比较。

三、杂粮种植效益影响因素

生产经营追求的是利润，有利润就有动力，杂粮生产也不例外。杂粮种植利润的大小与投入、产出有直接关系。投入包括物质投入和人工投入，河北省杂粮生产品种和技术的选择对物质投入影响变化不大；但是品种技术的选择对人工的投入影响非常大，人工主要是除草间苗环节的用工，占到杂粮生育期用工的 50%，当前杂粮适宜除草剂的品种就是一种采用化学除草的高效管理生产技术，因此选择适宜品种可以减少人工的使用。

关系杂粮种植利润的另一个因素是产出。产出包含两个方面，一个是单产，另一个是价格，虽然优质的品种可以影响价格，但在集散地、农产品批发市场上价格方面影响较小，价格受供求关系影响显著。单产可以受品种和技术的影响，选择高产的杂粮品种,可以提高单产;另外选用某一技术也可以获得高产,例如地膜栽培、合理密植等。

杂粮杂豆抗旱耐瘠、环境友好,食用豆具有生物固氮功能,是轮作倒茬、季节性休耕区优势作物,杂粮杂豆具有生态效益往往得不到农户的重视,政府应加强杂粮杂豆政策补贴,引导农户种植。

综上所述,河北省杂粮种植利润在不考虑人工费用的情况下,其利润在 9 000 元/hm² 以上;杂粮种植利润若要提高,一是选择高产优质杂粮品种;二是选择轻简高效生产技术;三是政府部门加强对杂粮杂豆生产补贴。

第四节 河北省杂粮生产要素变化

河北省杂粮种植面积不断减少的主要原因包括多数杂粮不抗除草剂、劳动成本投入大、缺乏适合丘陵山区小型机械等因素,而生产要素的投入和机械使用少是杂粮生产成本高的主要因素,为明确河北省杂粮生产发展的要素变化以及生产机械化水平的现状,本书开展了杂粮生产要素投入的跟踪调研,开展杂粮生产要素投入分析,期望能够指导杂粮实际生产,为相关部门提供参考依据。

一、河北省谷子生产要素变化

(一) 河北省谷子生产要素投入变化与全国对比

1. 谷子生产总投入费用变化

河北省谷子生产的总投入费用整体呈现下降的趋势,与全国谷子生产总投入变化相反,且河北省谷子生产总投入逐渐低于全国谷子生产总投入(图 3-40)。2012 年河北省谷子生产总投入 10 937 元/hm²,到 2019 年下降到 9 788 元/hm²,降低 1 149 元/hm²,降低 10.5%。变化的原因是谷子采用了简化栽培技术以后,机械化水平提升,节约了人工投入。

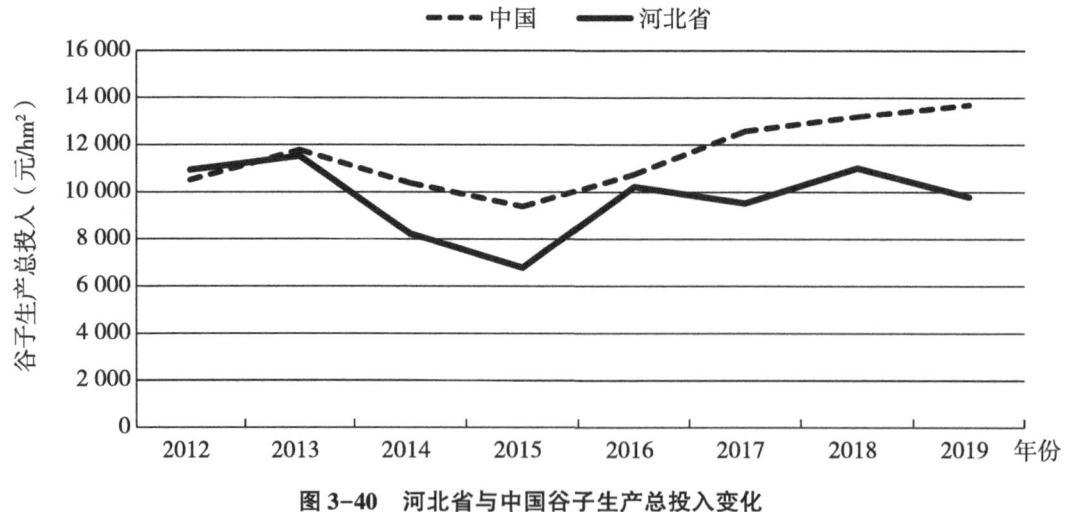

图 3-40 河北省与中国谷子生产总投入变化

2. 谷子生产物质费用变化

河北省谷子生产的物质费用整体呈现增长的趋势,与全国谷子生产物质费用变化基本一致,且费用相差不大(图3-41)。2012年河北省谷子生产物质费用4 757元/hm²,到2019年增长到6 280元/hm²,增长1 523元/hm²,增长32%。变化的原因是谷子采用了简化栽培技术以后,机械化水平提升,增加了机械费用。

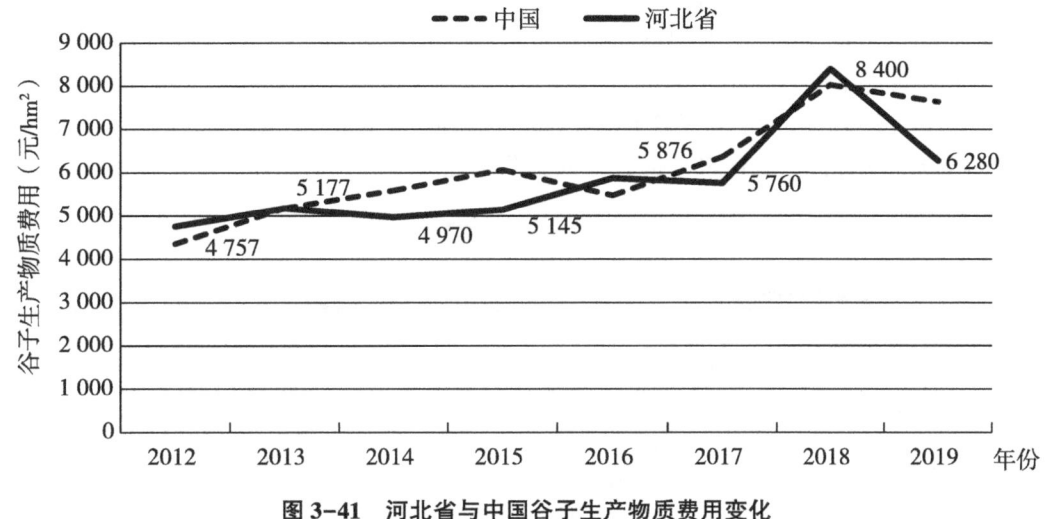

图3-41 河北省与中国谷子生产物质费用变化

种子费用呈现降低的趋势。2012年种子费572元/hm²,2019年降低到352元/hm²,降低220元/hm²,降低38.5%(图3-42)。

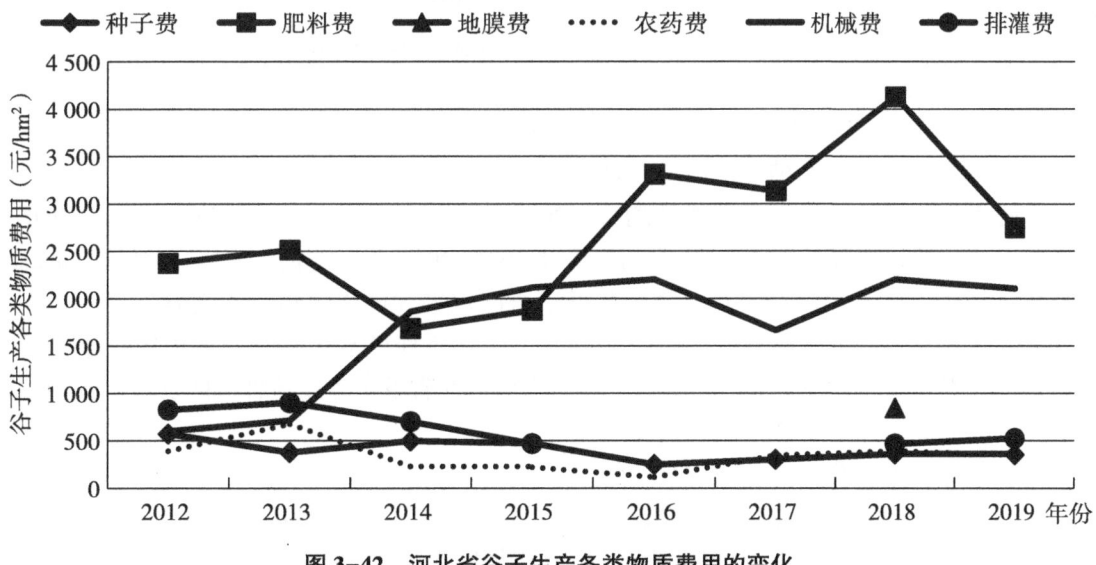

图3-42 河北省谷子生产各类物质费用的变化

肥料费呈现增加的趋势。2012年河北省谷子生产的肥料费用2 370元/hm²,2019年增长到2 748元/hm²,增长378元/hm²,增长15.9%。

机械费用呈现增加的趋势。2012 年河北省谷子生产的机械费用 600 元/hm², 2019 年增长到 2 105 元/hm², 增长 1 505 元/hm², 增长 251%。

农药费用呈现降低的趋势。2012 年农药费 390 元/hm², 2019 年降低到 348 元/hm², 降低 42 元/hm², 降低 10.8%。

地膜和排灌费用在河北省年度间不同, 部分年度未有排灌费和地膜费。

3. 谷子生产人工费用变化

河北省谷子生产的人工费用整体呈现降低的趋势, 全国谷子生产的人工费用也稍降低, 且年际间变化较大（图 3-43）。2012 年河北省谷子生产人工费用 6 180 元/hm², 到 2019 年降到 3 289 元/hm², 降低 2 891 元/hm², 降低 46.8%。变化的原因是谷子采用了简化栽培技术以后, 机械化水平提升, 人工节约比较多。

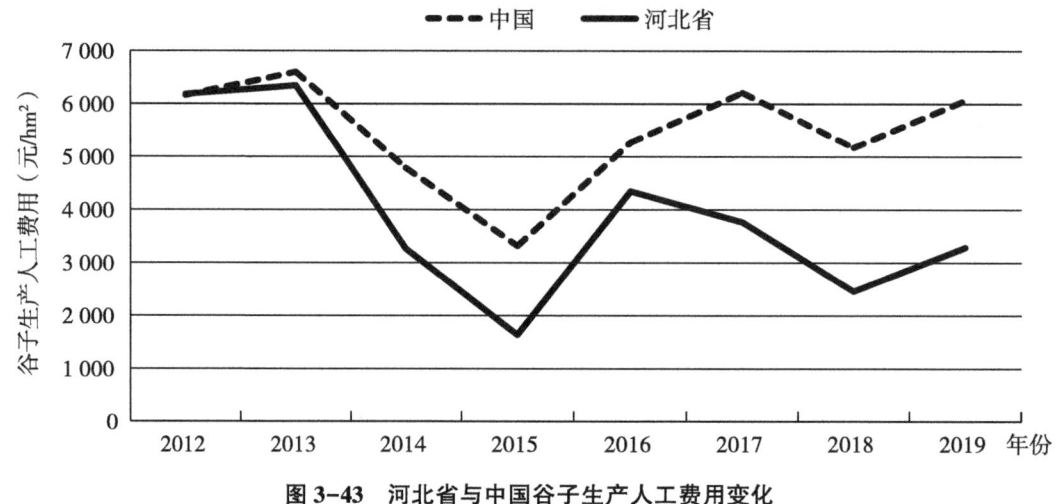

图 3-43 河北省与中国谷子生产人工费用变化

（二）河北省谷子生产要素使用量变化与全国对比

1. 河北省谷子生产种子使用量变化

河北省谷子种子用量呈现降低趋势。2012 年种子用量是 13.5 kg/hm², 到 2019 年降到 6.7 kg/hm², 降低 6.8 kg/hm², 降低 50.4%。2016 年以前河北省谷子种子用量高于全国水平, 而从 2017 年开始种子用量低于全国水平（图 3-44）。河北省谷子生产在全国范围内发展较快, 谷子播种机研发较早, 精量播种机不断出新, 种子用量逐年减少, 符合当前河北省谷子生产的现状。按照当前河北省谷子生产播种机的发展, 预测谷子种子用量将会趋于平稳。

2. 河北省谷子生产人工使用量变化

河北省谷子生产中人工使用比较稳定（图 3-45）。2012—2019 年, 河北省谷子生产人工用量 39.75~39.81 d/hm², 其中 2016 年最低 35.25 d/hm²。

3. 河北省谷子生产各物质投入量变化

化肥投入调查了磷肥、钾肥、尿素、复合肥四种肥料的变化, 总体来说, 河北省谷子生产中最主要的是复合肥、其次是尿素, 对于磷肥和钾肥的使用非常少（图 3-46），

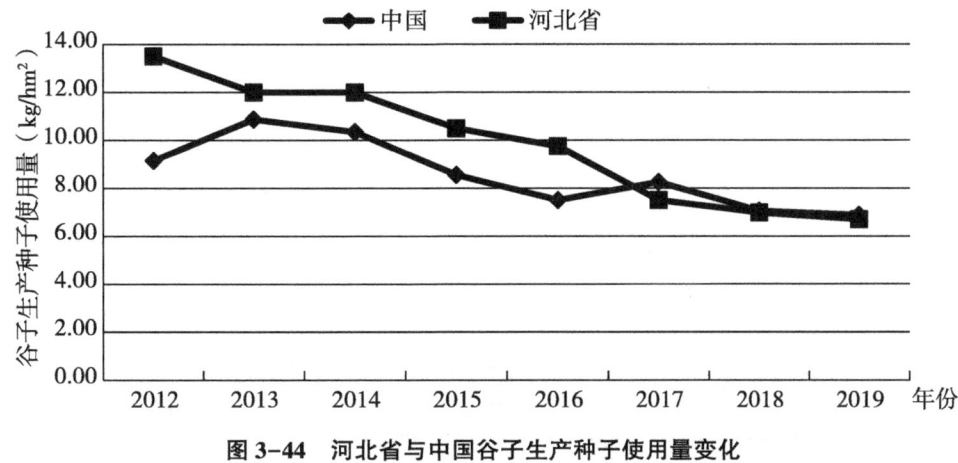

图 3-44 河北省与中国谷子生产种子使用量变化

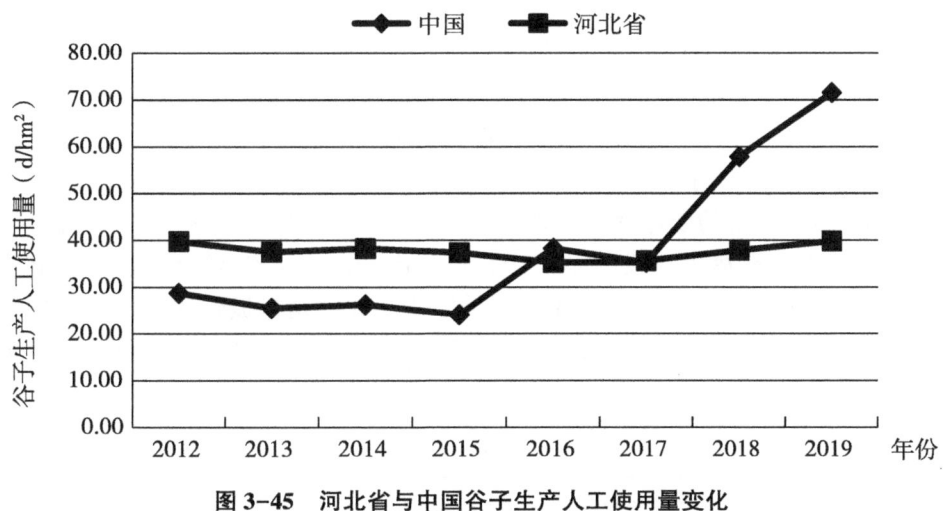

图 3-45 河北省与中国谷子生产人工使用量变化

本书中对磷肥和钾肥整理了一些数据，供参考。河北省谷子生产中复合肥和尿素的投入占化肥 76.3%，复合肥 2019 年用量是 551 kg/hm²，比 2012 年增加 326 kg/hm²，增长 145%，尿素 2019 年用量是 231 kg/hm²，比 2012 年增加 100 kg/hm²，增长 76%。

河北省谷子生产复合肥用量比全国水平高，2019 年河北省复合肥用量 551 kg/hm²，比全国 453 kg/hm² 高 21.6%；河北省谷子生产尿素用量比全国高，2019 年河北省是 231 kg/hm²，全国是 214 kg/hm²，高 7.9%。

二、河北省高粱生产要素变化

通过国家谷子高粱产业信息平台数据，结合课题组生产调研，分析 2014—2019 年河北省高粱生产要素变化。

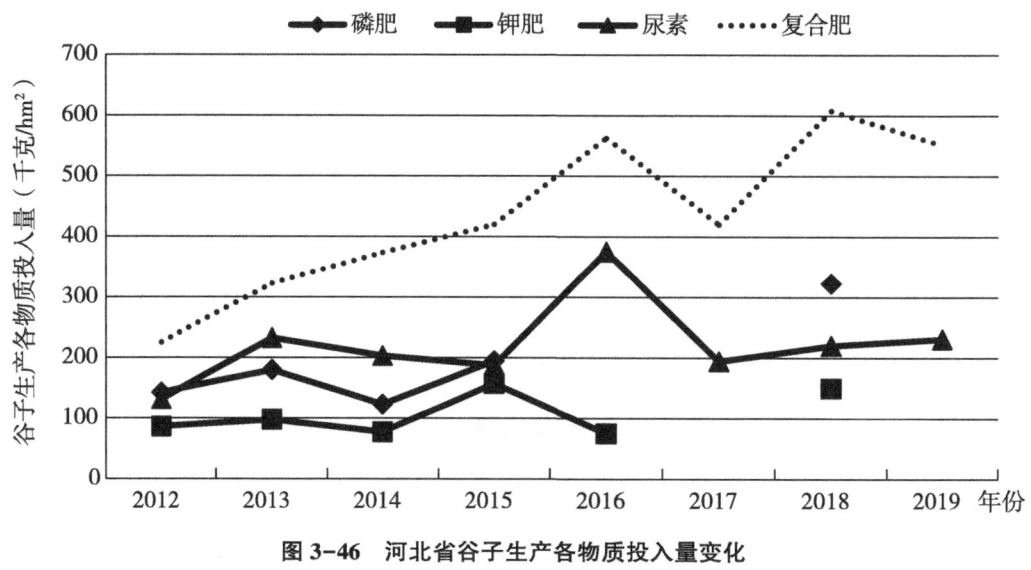

图 3-46　河北省谷子生产各物质投入量变化

（一）河北省高粱生产投入费用变化情况

1. 高粱总体投入费用

根据高粱生产要素的变化发现，河北省高粱生产要素总投入逐年减少（图 3-47），2019 年高粱生产要素费用总投入是 6 900 元/hm²，比 2014 年减少 750 元/hm²，减少 9.8%。总投入费用的减少完全来自于人工的减少，原因是机械化的完善，减少了部分的人工使用。物质投入基本没变化，只是在 2014—2019 年波动，原因是高粱物质投入中基本是固定的。

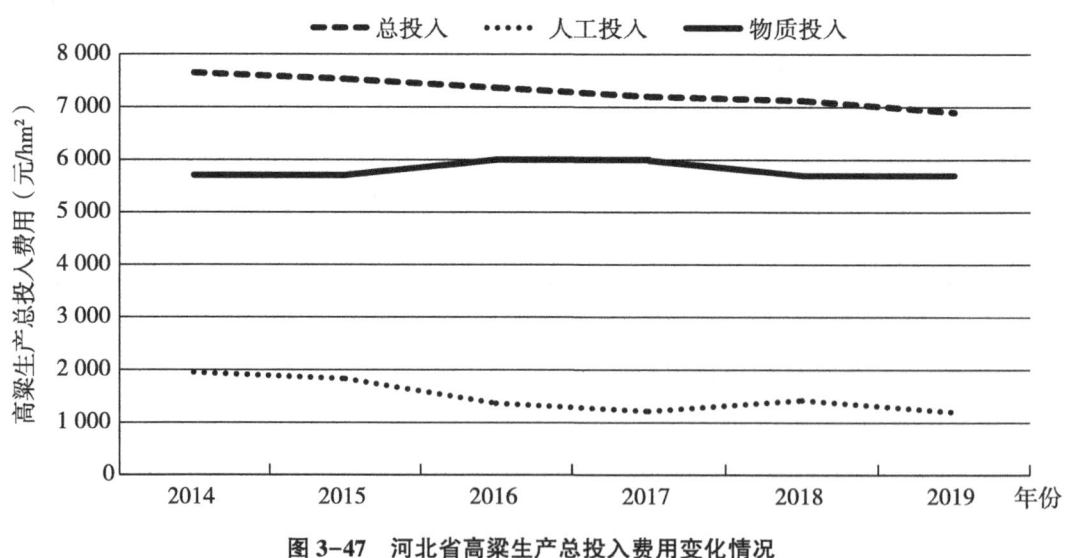

图 3-47　河北省高粱生产总投入费用变化情况

2. 高粱生产中的具体物质投入费用变化

河北省高粱生产物质投入中变化最大的属农药费用,其他变化不大(图3-48)。2014年到2019年农药费用增加15元/hm²,增长3.33%。原因是2016年以前基本是普通农药防治,费用较低,效果不好,但是近几年采用赤眼蜂防治虫害,效果非常好,成本相对高一点。由于高粱种植较简单、采用全程机械化生产技术,在化肥(1 900元/hm²)、机械(1 712元/hm²)、水电(470元/hm²)等方面基本无变化,另外在种子方面,种植的高粱基本是杂交种,价格也基本一样,2019年种子费比2014年降低45元/hm²,降低9.1%。

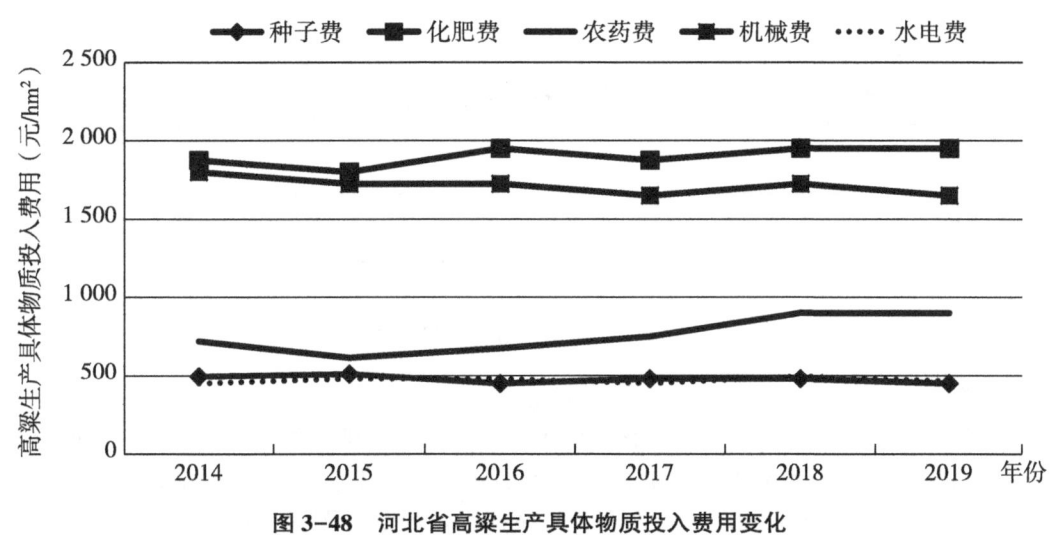

图3-48 河北省高粱生产具体物质投入费用变化

(二)河北省高粱生产投入使用量变化情况

河北省高粱生产近几年发展迅速,沧州、衡水、邢台、邯郸、廊坊等地区以新型经营主体为主,多数地方形成订单模式。在种植管理方面非常相似,因此在各项投入上变化不大。

高粱生产管理形成了全程机械化生产,人工使用主要体现在播种、浇水、喷药等环节的用工,其他用工较少,基本在每公顷15个工左右;高粱生产种子用量基本变化不大,由于精量播种、免间苗,种子用量保持在7.5 kg/hm²左右;施肥主要是一次性底肥,底肥多数采用复合肥,且基本是种肥同播,约675 kg/hm²。

三、河北省绿豆生产要素变化

为了更好的分析河北省绿豆生产要素的变化,根据河北省绿豆种植情况,课题组进行了河北省绿豆种植大户和农户的调查,追踪2015—2019年绿豆的生产情况,并对绿豆生产要素变化进行如下分析。

(一)河北省绿豆生产投入费用变化情况

1. 绿豆总体投入费用

根据绿豆生产要素的变化发现,河北省绿豆生产要素总投入逐年减少,但是期间有增长的年份，总投入最高 501 元/亩。2019 年绿豆生产要素费用总投入是 426 元/亩，比 2015 年减少 21 元/亩，减少 4.7%。总投入费用的减少主要是人工费的减少（图 3-49）。

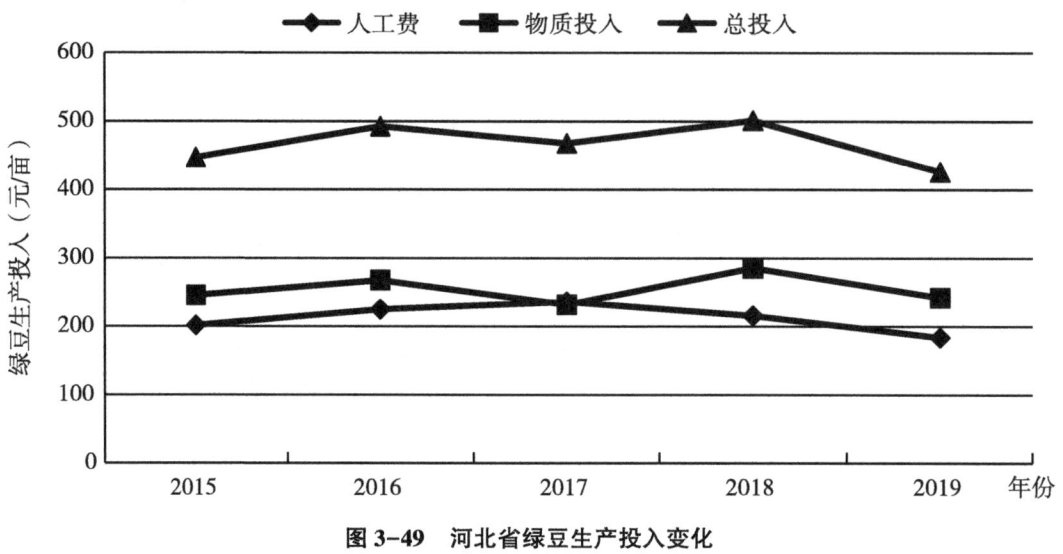

图 3-49　河北省绿豆生产投入变化

2. 绿豆生产中的具体物质投入费用变化

河北省绿豆生产物质投入中变化总体不大，主要是其他中的地膜、水电年际间有所区别，地膜不是每年都是用，水电根据降雨而定。种子费在 30 元/亩左右，农药投入 15 元/亩左右，化肥投入 60 元/亩左右，机械费用较稳定（图 3-50）。

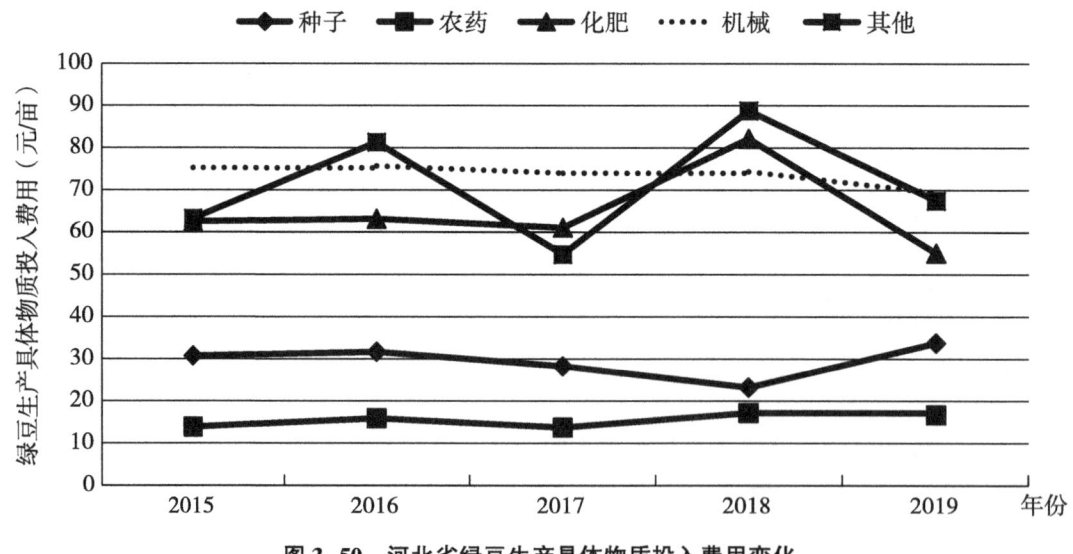

图 3-50　河北省绿豆生产具体物质投入费用变化

(二) 河北省绿豆生产投入使用量变化情况

河北省绿豆生产中农资的投入总体稳定，管理费用变化较少，种子投入 0.5 kg/亩左右，化肥投入 25 kg/亩左右，绿豆采用机械播种、平原采用联合收割机收获，山区采用脱粒机分段收获。

四、河北省红小豆生产要素变化

根据河北省红小豆种植情况，为了更好地分析河北省红小豆生产要素的变化，进行了河北省红小豆种植大户和农户的调查，追踪 2015—2019 年绿豆的生产情况，并对红小豆生产要素变化进行如下分析。

(一) 河北省红小豆生产投入费用变化情况

1. 红小豆总体投入费用

根据红小豆生产要素的变化发现，2015—2019 年，河北省红小豆生产要素总投入减少，在 551 元/亩之间变化，2019 年红小豆生产要素费用总投入是 544 元/亩，比 2015 年减少 23 元/亩，减少 4%。总投入费用的减少主要是人工费和物质投入共同作用的结果（图 3-51）。

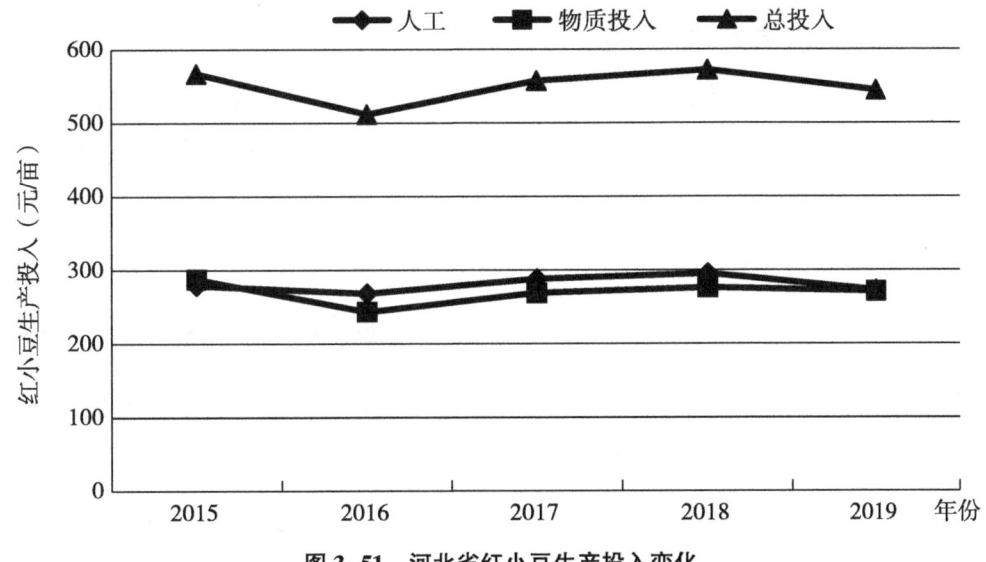

图 3-51 河北省红小豆生产投入变化

2. 红小豆生产中的具体物质投入费用变化

河北省红小豆生产物质投入中变化总体稳定，与绿豆基本相同。变化较大的仍然是地膜和水电的投入。种子投入 38 元/亩左右，农药投入 27 元/亩左右，化肥投入 67 元/亩左右，机械费用较稳定（图 3-52）。

(二) 河北省红小豆生产投入使用量变化情况

河北省红小豆生产中农资的投入与绿豆变化一致，总体稳定，管理费用基本上没有变化，种子投入 0.5 kg/亩左右，化肥投入 28 kg/亩左右，红小豆采用机械播种、平原

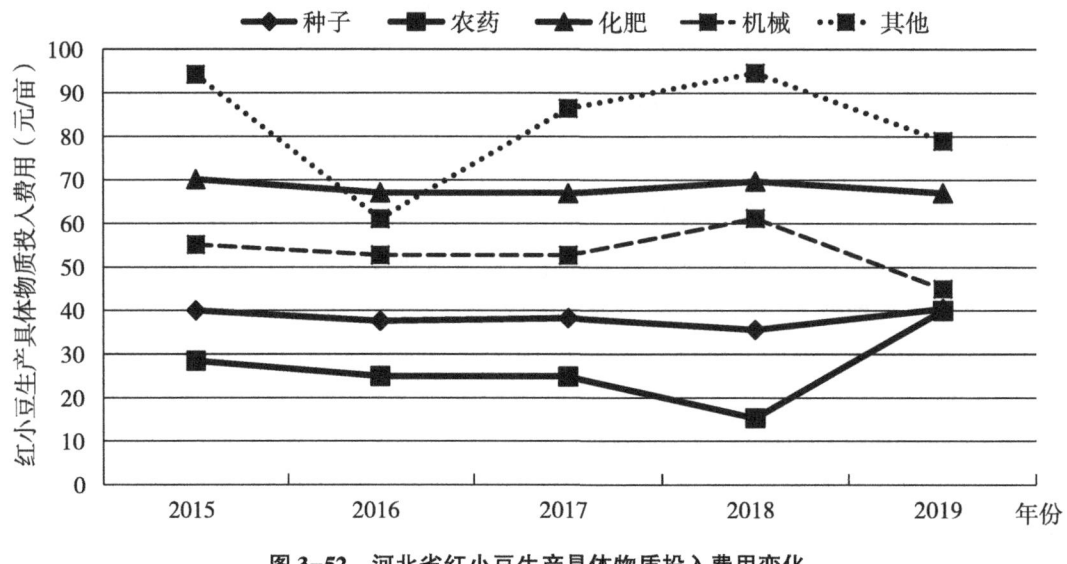

图 3-52 河北省红小豆生产具体物质投入费用变化

采用联合收割机收获，山区采用脱粒机分段收获。

五、河北省燕麦生产要素变化

为了更好地分析河北省燕麦生产要素的变化，根据河北省燕麦种植情况，进行了河北省燕麦种植大户和农户的调查，追踪2017—2020年燕麦的生产情况，并对燕麦生产要素变化进行如下分析。

（一）河北省燕麦生产投入费用变化情况

1. 燕麦总体投入费用

根据燕麦生产要素的变化发现，2017—2019年河北省燕麦总投入呈稳定略降走势，2020年总投入比上年度有所增加（图3-53）。其中，2019年燕麦生产要素费用总投入是305.8元/亩，比2017年减少30.42元/亩，减少9.05%。减少主要原因是随着机械

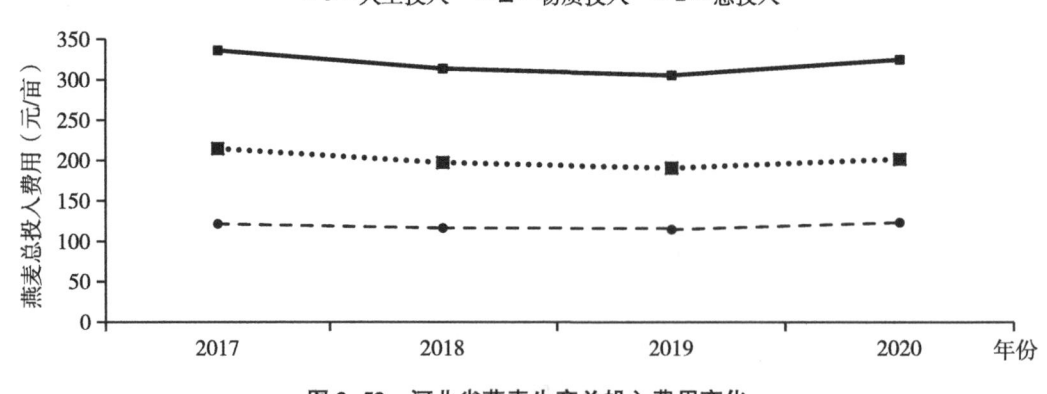

图 3-53 河北省燕麦生产总投入费用变化

化水平提高,劳动力投入和化肥费用有小幅度下降。2020 年总投入有所增加,比 2019 年增加了 19.41 元/亩,主要受农资价格和劳动力价格影响导致。在总投入费用中,人工费占到总投入的 36%~38%。

2. 燕麦生产中的具体物质投入费用变化

在物质与服务费用中,化肥费是第一大投入,占到总投入的 25%~27%。其次,随着燕麦机械化水平的提高,机械费用支出成为第二大投入,占到总投入的 12%~15%,第三位的是种子投入,占到总投入的 7%~9%。燕麦属于旱作农业,基本不灌溉,冷凉气候下病虫害发生程度也较少,灌溉费和农药费投入较少(图 3-54)。

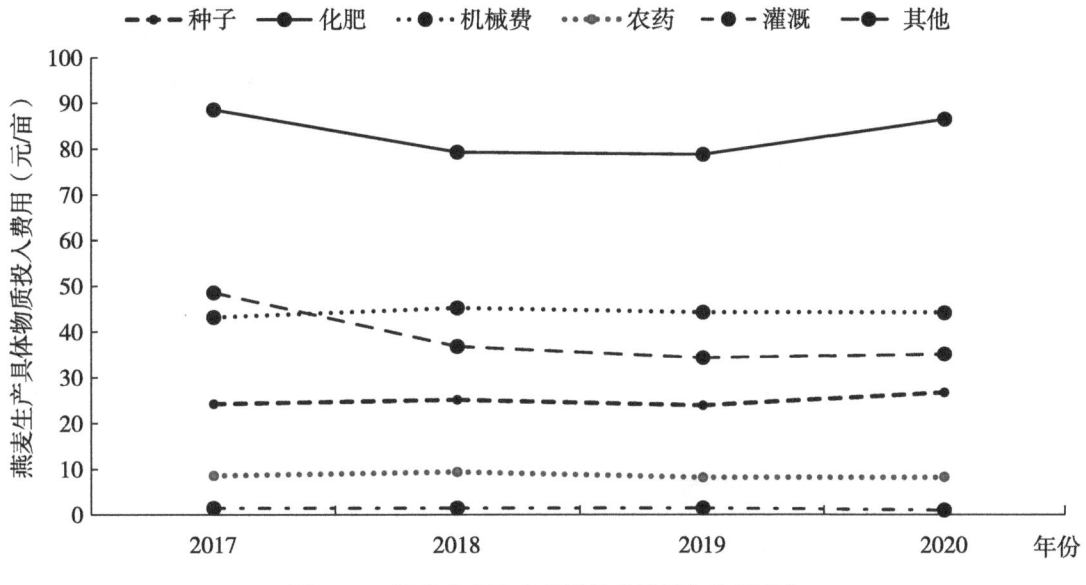

图 3-54 河北省燕麦生产具体物质投入费用变化

(二)河北省燕麦生产投入使用量变化情况

河北省燕麦种植区域主要位于张家口、承德等坝上高原地区,冷凉气候,病虫害相对较少,燕麦属于绿色生产。投入农资使用量较为稳定,种子投入方面,裸燕麦 10~12.5 kg/亩,皮燕麦 15~17.5 kg/亩,随着精量播种机和新品种推广,单位播种量有所下降,但幅度不大。燕麦近几年种植化肥投入量基本稳定,农户一般以施用复合肥为主,其中,裸燕麦复合肥根据地力用 7.5~12.5 kg/亩,皮燕麦复合肥根据地力用 15~17.5 kg/亩。

第五节 河北省杂粮全要素生产率测算分析

全要素生产率是科技创新的重要体现,对农产品有效供给和农业可持续发展有重要的支撑、引领和保障作用。党的十九大报告明确提出要提高全要素生产率,促进经济发展质量提升与模式转型。

全要素生产率(TFP)的提高主要表现为在生产要素投入之外,通过技术进步、体制优化、组织管理改善等无形要素推动经济增长。提高 TFP 通常有两种途径，一是通过技术进步，实现生产效率的提高；二是通过生产要素的重新组合，实现配置效率的提高。为了准确分析河北省杂粮作物各生产要素的贡献，特开展杂粮各作物全要素生产率测算，采用 2010—2019 年河北省杂粮主产县生产成本、收益等数据进行测算，数据来自国家谷子高粱产业技术体系、河北省食用豆主要生产县新型经营主体和农户的生产调查数据。

一、数据选择

为保证所分析数据的可获得性、连续性、可比性与选取指标的一致性，本研究分别选取谷子、高粱、绿豆、红小豆四种杂粮开展全要素生产率测算。分别以单产作为产出指标，以人工投入和物质投入作为投入指标，其中人工投入包括家庭用工和雇工，物质费用包括种子、肥料、农药、机械、农膜等费用。具体指标说明如表 3-25 所示。

表 3-25 指标说明

代码	名称	数据来源及说明
Y	单产	杂粮单产（斤/亩）：示范县调查数据
L	人工用量	用工数量（工/亩）：示范县调查数据
C	物质费用	物质与服务费用（元/亩）：示范县调查数据

二、测算方法与指标解释

Malmquist 指数法由 Malmquist 在 1953 年提出，Caves 将其与 DEA 理论相结合，所以简称 DEA-Malmquist 指数法，广泛用于测算全要素生产率的变动。Fare 将 BCC 模型引入 Malmquist 生产效率指数的计算，进一步将综合技术效率分解为技术变化（TP）和效率变化（EC）。Malmquist 指数法是一种非参数方法，由于既不需要特定的函数形式，也不需要对数据的随机特征，如条件分布等做出假设，并允许无效率行为存在，能对 TFP 变动进行分解等优点更受欢迎。

其原理如下：

首先用投入集 $L(y)$ 来定义投入距离函数：

$$d_i(x, y) = \max\{\rho : (x/\rho) \epsilon L(y)\} \tag{1}$$

式（1）中，$d_i(x, y)$ 为距离函数，下标 i 表示基于投入的距离函数，x 和 y 分别表示投入和产出向量，ρ 表示 Farrell 面向投入的效率指标。

$$L(y) = \{x : (x, y) \epsilon S\} \tag{2}$$

基于投入角度的 Malmquist 指数可以表示为：

$$d_i^t = d_i^t(x^{t+1}, y^{t+1}) / d_i^t(x^t, y^t) \tag{3}$$

式（3）中，Malmquist 指数的测度是以时间 t 的技术 T 水平为参照，测度从时期 t 到 $t+1$ 的技术效率变化的 Malmquist 指数。同理，定义在 $t+1$ 时期的技术水平下，测度时期 $t+2$ 到 $t+1$ 的技术效率变化的 Malmquist 指数：

$$d_i^{t+1} = d_i^{t+1}(x^{t+1}, y^{t+1}) / d_i^t(x^t, y^t) \tag{4}$$

实际应用中，Malmquist 生产率指数是采用式（1）和式（2）的几何平均数来衡量时期 t 到 $t+1$ 时期的全要素生产率的变化。

$$\begin{aligned} M_i(x^{t+1}, y^{t+1}; x^t, y^t) &= \sqrt{\frac{d_i^t(x^{t+1}, y^{t+1})}{d_i^t(x^t, y^t)} \times \frac{d_i^{t+1}(x^{t+1}, y^{t+1})}{d_i^{t+1}(x^t, y^t)}} \\ &= \frac{d_i^{t+1}(x^{t+1}, y^{t+1})}{d_i^t(x^t, y^t)} \left[\frac{d_i^t(x^{t+1}, y^{t+1})}{d_i^{t+1}(x^{t+1}, y^{t+1})} \times \frac{d_i^t(x^t, y^t)}{d_i^{t+1}(x^t, y^t)} \right] \\ &= EC(X^{t+1}, y^{t+1}; x^t, y^t) \cdot TP(x^{t+1}, y^{t+1}; x^t, y^t) \\ &= PC \cdot SC \cdot TP \end{aligned}$$

(5)

在式（5）中，Malmquist 生产率指数在不变规模报酬假定下可以分解为技术效率变化指数（EC）和技术进步指数（TP）。EC 还可以进一步分解为纯技术效率变化指数（PC）和规模效率变化指数（SC）。

DEA-Malmquist 指数法和随机前沿是两种常用的利用面板数据测算技术进步和效率变化的方法。限于时间因素影响，本研究中采用 DEA-Malmquist 指数法进行测算。

全要素生产率（TFP），是一种包括所有要素的生产率测量，本研究中，包含了谷子生产各环节的劳动投入、物质费用和其他不可观测因素的总和。

全要素生产率变化指数和变化率（全要素生产率变化率=全要素生产率变化指数-1，下同）是用来衡量 TFP 变化的指标，指在各种生产要素投入水平既定的条件下，产出增长率超出要素投入增长率的部分，也就是"索洛余值"。

技术效率变化指数和变化率是用来衡量技术效率变化的指标。技术效率反映了生产者对现有资源有效利用的能力，体现的是生产部门在既定投入水平下的产出能力，或者是在既定价格和生产技术下，生产部门投入要素的最优比例的能力。

技术进步变化指数和变化率是衡量技术进步变化的指标。技术进步可以推进前沿生产面向上移动，即在保持投入要素总量不变的条件下，促进生产效率整体提高。技术进步的途径主要有三个方面即技术创新、技术扩散、技术转移与引进。

三、河北省杂粮全要素生产率测算分析

（一）河北省谷子全要素生产率测算

河北省谷子全要素生产率测算数据来源于国家谷子高粱产业技术体系信息平台和河北省谷子生产调研数据。

1. 2014—2019 年的河北省谷子生产 TFP 变化指数累计增长 24.0%，年均增长 4.4%

河北省谷子 TFP 增长最快的年份是 2016 年，其增长率 13.1%，原因是河北省"十二五"期间研发的新品种、新技术的应用促进了 TFP 的增长。其次 TFP 增长较快的是 2019 年，其增长率是 10.8%。再次是 TFP 增长加快的年份是 2015 年，其增长率是 6.2%（表 3-26），两年增长率增加的原因是面积的扩大，促使谷子生产中各项投入扩

大。2014年谷子价格突破历史最高,达到9元/kg,导致2015年谷子面积增长约20%。2018年谷子库存消耗较大,且2018年谷子价格4.8元/kg,导致2019年谷子主产区面积增长约17%。

表3-26 河北省谷子生产TFP变化指数分解

年份	Effch 综合效率 变化指数	Techch 技术进步 变化指数	Pech 纯技术效率 变化指数	Sech 规模效率 变化指数	Tfpch 全要素生产率 变化指数	TFP 累计变化 率%
2015	1.018	1.043	1.01	1.009	1.062	6.2
2016	0.992	1.14	0.97	1.022	1.131	20.1
2017	1.047	0.87	1.057	0.991	0.911	9.4
2018	0.963	1.062	0.948	1.016	1.023	11.9
2019	0.942	1.175	0.964	0.977	1.108	24.0
平均	0.992	1.052	0.989	1.003	1.044	4.4

注:1. 表中均值均为几何平均值;
　　2. 2019年TFP累计变化率(%)=(1.062×1.131×0.911×1.023×1.108-1)×100。

TFP变化指数=综合效率变化指数×技术进步变化指数;综合效率变化指数均值为0.992(表3-26),年均增长-0.8%;技术进步变化指数为1.052,年均增长5.2%。因此TFP变化指数的增长全部来自技术进步的共同作用,综合技术效率变化抵消技术进步变化,导致TFP变化指数小于技术进步变化指数。

综合技术效率变化指数=纯技术效率变化指数×规模效率变化指数。综合效率变化指数受纯技术效率变化指数和规模效率变化指数的影响,纯技术效率变化指数和规模效率变化指数分别是0.989和1.003,其年均增长-1.1%和0.3%。综合效率的增长是受规模效率增长的作用导致的。

2. 技术进步是TFP变化指数增长的主要来源,技术进步变化指数年均增长5.2%

图3-55显示河北省谷子全要素生产率变化率与技术进步变化率保持一致,与综合技术效率变化率差异较大,很显然全要素生产率的变化来自技术进步的变化率。技术进步增长率年均增长5.2%,而综合技术效率年均增长-0.8%,说明技术进步变化率促进TFP变化率,而综合技术效率阻碍TFP变化率。

结合2014—2019年的河北省谷子生产实际情况看,技术进步增长的原因:一是抗除草剂谷子品种选育取得突破,河北省农林科学院谷子研究所加强抗除草剂育种,先后育成了冀谷31、冀谷35、冀谷36、冀谷39、冀谷42、冀谷45系列抗除草剂谷子品种,并进行了大面积的推广应用,极大提高了劳动效率;二是谷子播种、收获关键环节机械化水平逐步提升,谷子耕种收综合机械化率由2008年9%,上升到目前的49%;三是种植模式由分散种植向规模化种植转化,随着抗除草剂谷子品种育成、谷子播种、联合收获技术的成熟,为谷子规模化生产提供技术支撑,随着土地流转的加快,谷子种植模式由原来的传统分散种植向规模化、集约化方向发展,规模效率优势凸显,先后出现百

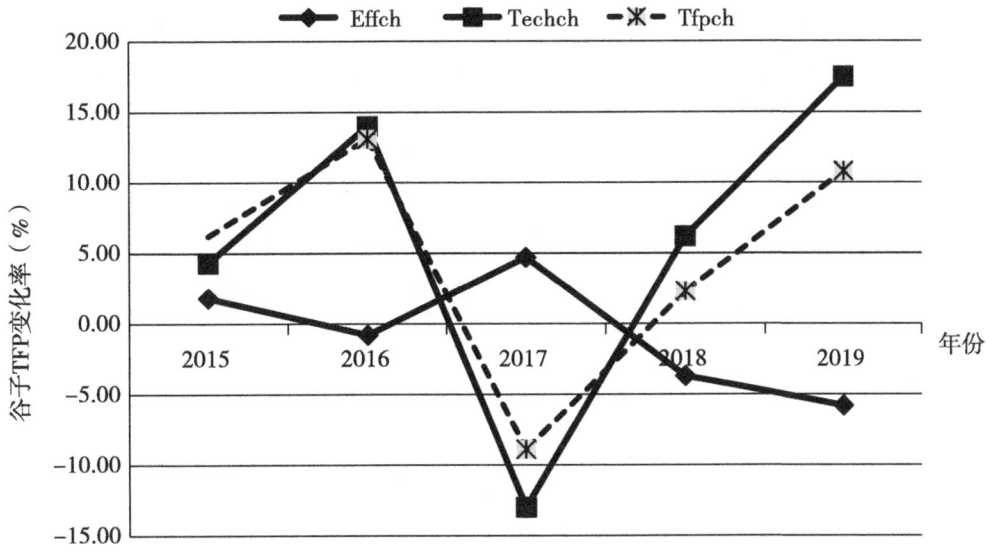

图 3-55 2015—2019 年河北省谷子 TFP 变化率与分解

亩、千亩谷子种植大户;四是随着人民对谷子等营养保健价值认识提高,消费需求呈增长趋势,谷子市场价格呈上升趋势,与同期作物玉米等作物相比,比较效益优势明显,农户种植积极性提高,促进了谷子管理水平提升。

3. 河北省谷子 TFP 变化指数平均增长 3.6%,除唐山市和秦皇岛市 TFP 变化指数下降以外,其余 9 市均增长

TFP 增长速度最快的是沧州市和廊坊市,均是 9.2%(表 3-27);其次是衡水市,其年均增长 8.7%;后面依次是张家口市(8.5%)、承德市(7.2%)、邢台市(3%)、保定市(2.9%)、石家庄市(0.9%)、邯郸市(0.6%)。

表 3-27 河北省各地市谷子生产 TFP 变化指数及分解

地区	Effch 综合技术效率变化指数	Techch 技术进步变化指数	Pech 纯技术效率变化指数	Sech 规模效率变化指数	Tfpch 全要素生产率变化指数
石家庄市	0.983	1.027	0.968	1.016	1.009
唐山市	0.965	1.029	0.954	1.011	0.992
秦皇岛市	0.977	1.018	0.963	1.015	0.995
邯郸市	0.977	1.030	0.969	1.009	1.006
邢台市	0.976	1.055	1.000	0.976	1.030
保定市	0.966	1.065	0.981	0.985	1.029
张家口市	1.021	1.063	1.019	1.001	1.085
承德市	1.013	1.058	1.008	1.005	1.072

续表

地区	Effch 综合技术效率变化指数	Techch 技术进步变化指数	Pech 纯技术效率变化指数	Sech 规模效率变化指数	Tfpch 全要素生产率变化指数
沧州市	1.012	1.079	1.004	1.008	1.092
廊坊市	1.010	1.082	1.008	1.002	1.092
衡水市	1.012	1.075	1.008	1.004	1.087
平均	0.992	1.052	0.989	1.003	1.044

注：综合技术效率变化指数、技术进步变化指数和TFP变化指数是根据2014—2019年数据测算的几何平均值。

4. 各地市谷子TFP变化率分解

综合技术效率表现有所不同，石家庄市、唐山市、秦皇岛市、邯郸市、邢台市、保定市TFP变化率完全来自于技术进步变化率，因为其综合效率是负值（图3-56），其他地市是技术进步和综合效率共同作用，显然种植在山区的谷子全要素生产率增长都是技术进步变化的原因。

从河北省山区和平原区分析看，平原地区的谷子全要素生产率变化指数明显大于山区谷子全要素生产率指数。原因可能是平原地区的技术采用方便，适宜开展规模化生产，且上述分析中提到了千亩谷子种植大户就是出现在平原地区，规模化生产效益显著。山区丘陵区受地形和气候影响，TFP效率均较低。

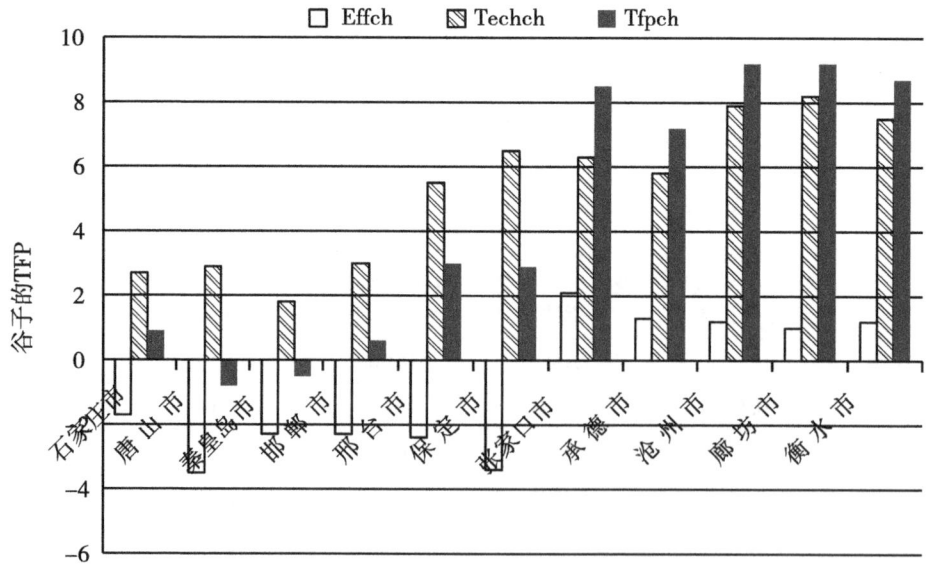

图3-56 主产市谷子的TFP分解与比较

(二) 河北省高粱全要素生产率测算

河北省高粱全要素生产率测算数据来源于国家谷子高粱产业技术体系信息平台和河

北省高粱生产调研数据。

1. 2014—2019 年的河北省高粱生产 TFP 变化指数累计增长 19.4%，年均增长 3.6%

河北省高粱 TFP 增长最快的年份是 2018 年，其增长率 14.4%，原因是高粱新品种红茅粱 6 号的推广以及各地红缨子订单生产。其次 TFP 增长较快的是 2016 年，其增长率是 10%；再次是 TFP 增长加快的年份是 2015 年，其增长率是 1.6%（表 3-28），两年增长率增加的原因是河北省高粱新品种冀酿 2 号、冀酿 3 号以及赤眼蜂生物防控新技术的广泛推广，促进了 TFP 的增长，同时面积的扩大，促使高粱生产中各项投入扩大。2018 年阜城高粱突破 8 万亩，2019 年种植约 10 万亩，也是 2019 年 TFP 增长 0.3% 的原因。

表 3-28　河北省高粱生产 TFP 变化指数分解

年份	Effch 综合效率变化指数	Techch 技术进步变化指数	Pech 纯技术效率变化指数	Sech 规模效率变化指数	Tfpch 全要素生产率变化指数	TFP 累计变化率（%）
2015	1.079	0.942	1.087	0.993	1.016	1.6
2016	0.941	1.169	0.953	0.987	1.100	11.8
2017	0.985	0.945	0.980	1.006	0.931	4.0
2018	1.022	1.120	1.034	0.988	1.144	19.0
2019	0.955	1.051	0.954	1.000	1.003	19.4
平均	0.995	1.041	1.000	0.995	1.036	3.6

注：1. 表中均值均为几何平均值；
　　2. 2019 年 TFP 累计变化率（%）=（1.016×1.100×0.931×1.144×1.003×-1）×100。

TFP 变化指数=综合效率变化指数×技术进步变化指数；综合效率变化指数均值为 0.995，年均增长-0.5%；技术进步变化指数为 1.041，年均增长 4.1%。因此 TFP 变化指数的增长全部来自技术进步的作用，综合技术效率变化抵消技术进步变化，导致 TFP 变化指数小于技术进步变化指数。

综合技术效率变化指数=纯技术效率变化指数×规模效率变化指数。综合效率变化指数受纯技术效率变化指数和规模效率变化指数的影响，纯技术效率变化指数和规模效率变化指数分别是 1.000 和 0.995，其年均增长 0% 和-0.5%。综合效率的降低是因规模效率降低的作用导致的。

2. 技术进步是 TFP 变化指数增长的主要来源，技术进步变化指数年均增长 5.2%

图 3-57 显示河北省高粱全要素生产率变化率与技术进步变化率保持一致，与综合技术效率变化率差异较大，很显然全要素生产率的变化来自技术进步的变化率。技术进步增长率年均增长 4.1%，而综合技术效率年均增长-0.5%，说明技术进步变化率促进 TFP 变化率，而综合技术效率阻碍 TFP 变化率。

结合 2014—2019 年的河北省高粱生产实际情况看，技术进步增长的原因：一是抗蚜糯高粱新品种选育及大面积推广，河北省农林科学院谷子研究所在高粱抗蚜及糯高粱

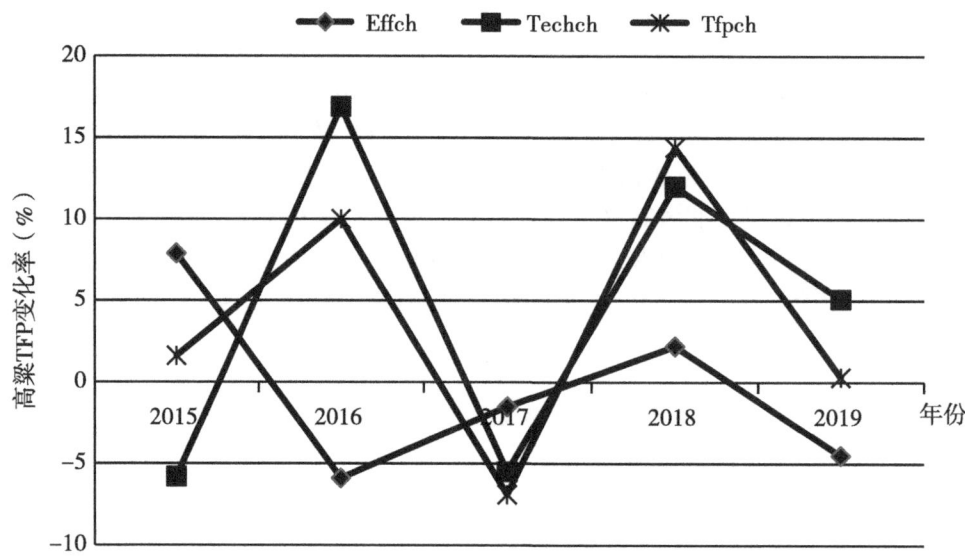

图 3-57　2015—2019 年河北省高粱 TFP 变化率与分解

研究方面率先选育出抗蚜糯高粱品种冀酿 2 号、冀酿 3 号，并大面积推广，吸引了南方酒厂的收购；二是高粱赤眼蜂生物防控技术，以及高粱矮秆品种的应用，在高粱管理方面大大节省了人工，并且提高了管理效果，机械化收获提高了效率；三是高粱种植规模逐渐变大，阜城县高粱由原来的 3 000 亩，到 2019 年逐步扩大到 10 万亩，形成由原来的分散种植向规模化生产的管理模式转变，规模效率优势凸显；四是高粱生产效益较玉米提高 300~500 元/亩，通过种植高粱新品种、采用新技术，同时由龙头企业统一品种、统一技术、统一回收、统一品牌，提高了种植效益。

3. 河北省各市除保定市和邢台市 TFP 变化指数下降以外，其余 8 市均增长

由于张家口市高粱种植面积非常少，在进行河北省高粱全要素生产率分析时没有考虑张家口市。通过分析 TFP，其增长速度最快的是衡水市，年均增长 7.8%（表 3-29）；其次是沧州市，年均增长 6.1%；后面依次是承德市（5.7%）、廊坊市和秦皇岛市（5.3%）、唐山市（5.1%）、石家庄市（4.7%）、邯郸市（3.2%），保定市和邢台市分别年均降低 2.1% 和 4.3%。

表 3-29　河北省各地市高粱生产 TFP 变化指数及分解

地区	Effch 综合技术效率变化指数	Techch 技术进步变化指数	Pech 纯技术效率变化指数	Sech 规模效率变化指数	Tfpch 全要素生产率变化指数
石家庄市	1.026	1.021	1.028	0.998	1.047
唐山市	1.028	1.023	1.028	1.000	1.051
秦皇岛市	1.029	1.023	1.043	0.987	1.053
邯郸市	1.010	1.021	1.022	0.989	1.032

(续表)

地区	Effch 综合技术效率变化指数	Techch 技术进步变化指数	Pech 纯技术效率变化指数	Sech 规模效率变化指数	Tfpch 全要素生产率变化指数
邢台市	0.949	1.008	0.959	0.990	0.957
保定市	0.961	1.019	0.961	1.000	0.979
承德市	0.979	1.080	0.981	0.998	1.057
沧州市	0.975	1.088	0.982	0.993	1.061
廊坊市	0.988	1.065	0.995	0.994	1.053
衡水市	1.009	1.069	1.009	1.000	1.078
平均	0.995	1.041	1.000	0.995	1.036

注：综合技术效率变化指数、技术进步变化指数和 TFP 变化指数是根据 2014—2019 年数据测算的几何平均值。

4. 河北省各市高粱 TFP 变化率分解

由于综合技术效率的降低，邢台市、保定市、承德市、沧州市、廊坊市五个地区 TFP 变化率完全来自于技术进步变化率（图 3-58），且邢台市和保定市受综合技术效率的影响，TFP 变化率降低。承德市、沧州市、廊坊市因综合技术效率的降低，拉低了 TFP 变化率，三市需要提高综合技术效率。

从河北省山区和平原区分析看，平原地区的高粱全要素生产率变化指数明显大于山区谷子全要素生产率指数。原因可能是平原地区的技术采用方便，适宜开展规模化生产。丘陵山区受地形和气候影响，TFP 变化率增长均较低。

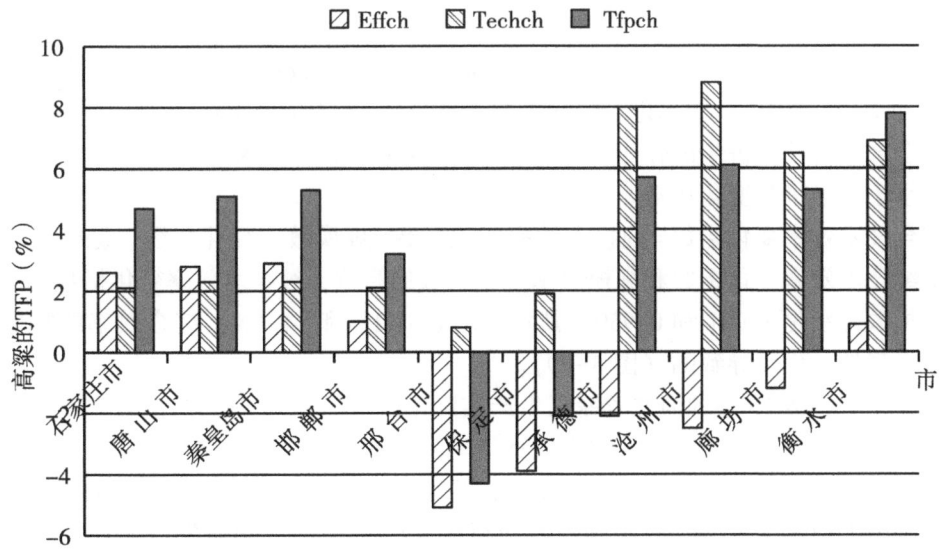

图 3-58 河北省各市高粱的 TFP 分解与比较

(三) 河北省绿豆全要素生产率测算

河北省绿豆全要素生产率测算数据来源于河北省绿豆新型经营主体和农户的生产调研数据。

1. 2015—2019年的河北省绿豆生产TFP变化指数累计增长15.3%，年均增长3.7%

河北省绿豆TFP增长最快的年份是2016年，其增长率56.7%（图3-59），其次TFP增长较快的是2018年，其增长率是25.2%。绿豆TFP增长率增加的原因是河北省冀绿系列绿豆新品的推广。另外也存在2016年张家口绿豆面积增加0.1万hm^2，和2018年全省绿豆比2017年增加0.36万hm^2，面积增加促使绿豆生产中各项投入扩大，造成TFP增长。

表3-30 河北省绿豆生产TFP变化指数分解

年份	Effch 综合效率 变化指数	Techch 技术进步 变化指数	Pech 纯技术效 率变化指数	Sech 规模效率 变化指数	Tfpch 全要素生产 率变化指数	TFP累计变化率（%）
2016	1.118	1.402	1.099	1.017	1.567	56.700
2017	0.785	1.105	0.984	0.797	0.867	35.859
2018	1.160	1.080	1.013	1.144	1.252	70.095
2019	0.836	0.812	0.915	0.914	0.678	15.325
平均	0.960	1.080	1.001	0.959	1.037	3.700

注：1. 表中均值均为几何平均值；
  2. 2019年TFP累计变化率（%）=（0.678×1.252×0.867×1.567-1）×100。

2. 技术进步是TFP变化指数增长的主要来源，技术进步变化指数年均增长8%

TFP变化指数=综合效率变化指数×技术进步变化指数；综合效率变化指数均值为0.960，年均增长-4%；技术进步变化指数为1.08，年均增长8%。因此TFP变化指数的增长全部来自技术进步的作用，综合技术效率变化抵消技术进步变化，导致TFP变化指数小于技术进步变化指数。

综合技术效率变化指数=纯技术效率变化指数×规模效率变化指数。综合效率变化指数受纯技术效率变化指数和规模效率变化指数的影响，纯技术效率变化指数和规模效率变化指数分别是1.001和0.959，其年均增长0.1%和-4.1%。综合效率的降低是受规模效率降低的作用导致的（图3-59）。

结合2015—2019年的河北省绿豆生产实际情况看，技术进步增长的原因：一是绿豆新品种选育及大面积推广，河北省农林科学院粮油作物研究所选育出优质、抗豆象的冀绿13、冀绿17、冀绿15等系列新品种，并大面积推广；二是随着绿豆加工需求量的增大，种植大户逐渐增多；三是绿豆脱粒机等配套机械的成功研发，大大节省了劳动力，实现分段收获；四是绿豆生产效益较玉米提高100~200元/亩，通过种植绿豆新品种、采用新技术，结合新型经营主体种植，促进绿豆效益超过玉米。

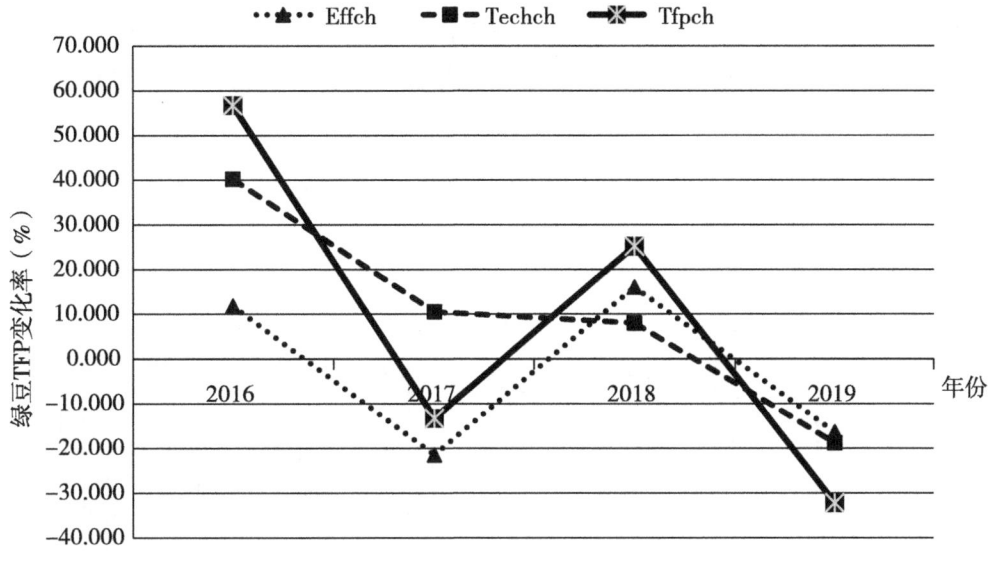

图 3-59　2015—2019 年河北省绿豆 TFP 变化率与分解

3. 河北省绿豆主要生产县 TFP 变化指数增长

根据绿豆主要生产县的调研，并进行主要生产县绿豆全要素生产率的测算，发现调查的 8 个县中蔚县、阳原县、故城县、鹿泉区、武安市绿豆 TFP 变化指数增长，无极县、广宗县、宁晋县绿豆 TFP 变化指数下降。虽然 TFP 变化指数有增长、有减少，但是技术进行变化指数均是增加的。具体变化指数见表 3-31。

表 3-31　河北省绿豆主要生产县生产 TFP 变化指数及分解

地区	Effch 综合技术效率变化指数	Techch 技术进步变化指数	Pech 纯技术效率变化指数	Sech 规模效率变化指数	Tfpch 全要素生产率变化指数
蔚县	1.077	1.094	1.088	0.990	1.178
阳原县	1.012	1.096	1.066	0.949	1.109
故城县	1.064	1.028	1.064	1.000	1.094
无极县	0.859	1.072	0.933	0.920	0.920
鹿泉区	0.941	1.070	0.927	1.015	1.007
广宗县	0.894	1.092	0.967	0.925	0.976
武安市	1.003	1.053	1.004	0.999	1.056
宁晋县	0.860	1.135	0.971	0.885	0.976
平均	0.960	1.080	1.001	0.959	1.037

注：综合技术效率变化指数、技术进步变化指数和 TFP 变化指数是根据 2015—2019 年数据测算的几何平均值。

4. 河北省各市高粱TFP变化率分解

由于综合技术效率的降低，无极县、鹿泉区、广宗县、宁晋县四个县TFP变化率完全来自于技术进步变化率，且只有鹿泉区受综合技术效率的影响小，TFP变化率增长，其他三县均降低（图3-60）。

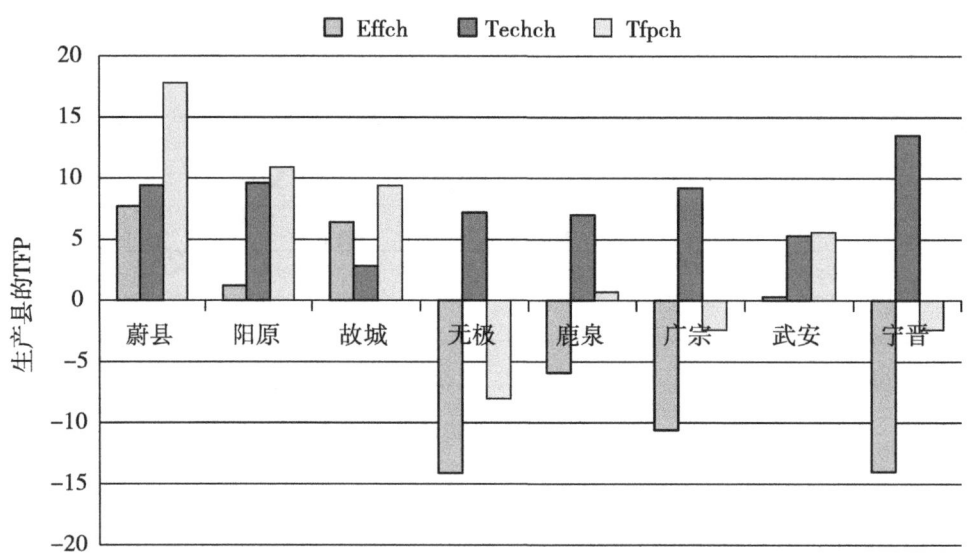

图3-60　河北省绿豆主要生产县的TFP分解与比较

河北省杂粮杂豆体系创新团队的成立，促进了全省绿豆的技术效率，但是短期之间不平衡。张家口蔚县、阳原县是绿豆主产区，由于杂粮杂豆体系在张家口的技术示范，促进了技术效率的增长。故城县有河北省三豆食品有限公司支持，绿豆生产效率相对较好。无极县、广宗县、宁晋县绿豆TFP降低，但是技术进步仍然是增加，所以，这些县具有提高生产效率的潜力。

（四）河北省红小豆全要素生产率测算

河北省红小豆全要素生产率测算数据来源于河北省红小豆新型经营主体和农户的生产调研数据。

1. 2015—2019年的河北省红小豆生产TFP变化指数累计增长-7.4%，年均增长-2.9%，综合效率变化指数年均增长5.5%

河北省红小豆TFP增长年份是2017年（表3-32），其增长率34.2%，其余年份均负增长。其原因红小豆的规模和技术支持还有待提高；另一方面还有红小豆选择的生产县较少。

表3-32　河北省红小豆生产TFP变化指数分解

年份	Effch 综合效率变化指数	Techch 技术进步变化指数	Pech 纯技术效率变化指数	Sech 规模效率变化指数	Tfpch 全要素生产率变化指数	TFP累计变化率（%）
2016	0.955	0.944	1.130	0.845	0.901	-9.100

(续表)

年份	Effch 综合效率变化指数	Techch 技术进步变化指数	Pech 纯技术效率变化指数	Sech 规模效率变化指数	Tfpch 全要素生产率变化指数	TFP累计变化率（%）
2017	1.208	1.111	1.030	1.173	1.342	20.914
2018	1.032	0.801	1.075	0.960	0.827	0.000
2019	1.040	0.891	1.022	1.017	0.926	−7.404
平均	1.055	0.930	1.064	0.992	0.981	−2.900

注：1. 表中均值均为几何平均值；
2. 2019年TFP累计变化率（%）=（0.901×1.342×0.827×0.926−1）×100。

2. 河北省红小豆主要生产县TFP变化指数降低

根据红小豆主要生产县的调研，并进行主要生产县红小豆全要素生产率的测算，发现调查的5个县中蔚县、阳原县绿豆TFP变化指数增长，且增长0.5%和0.1%，增长较小（表3-33）。故城县、无极县、武安市红小豆TFP变化指数下降。原因可能是阳原县和蔚县在省杂粮杂豆的技术支持下发展较快，其他地方支持不足，这也是今后科技支持的重要地方。

表3-33　河北省红小豆主要生产县TFP变化指数及分解

地区	Effch 综合技术效率变化指数	Techch 技术进步变化指数	Pech 纯技术效率变化指数	Sech 规模效率变化指数	Tfpch 全要素生产率变化指数
蔚县	1.097	0.916	1.109	0.989	1.005
阳原县	1.098	0.912	1.107	0.992	1.001
故城县	1.051	0.917	1.060	0.992	0.964
无极县	1.032	0.915	1.047	0.986	0.944
武安市	1.000	0.994	1.000	1.000	0.944
平均	1.055	0.930	1.064	0.992	0.981

四、结论与建议

（一）结论

（1）根据对谷子、高粱、绿豆、红小豆的全要素生产率测算，发现谷子、高粱、绿豆生产TFP变化指数累计增长，主要源自于技术进步的增长。红小豆生产TFP变化指数累计减少7.4%。

（2）从谷子、高粱、绿豆的TFP变化指数看，TFP变化指数总体保持增长趋势，主要是技术进步的共同作用，综合技术效率拉低了TFP的变化指数。

（3）从河北省谷子、高粱、绿豆、红小豆生产的区域看，TFP变化指数既有增长又有降低。

(二) 建议

1. 继续加强主产区杂粮产业政策支持力度

在当前我国乃至河北省全面推进乡村振兴形势下，杂粮的经济价值、生态价值、营养保健价值、农耕文明价值将发挥重大作用，建议在省市县三个层面加强杂粮产业政策支持力度，以各地资源禀赋和独特的历史文化为基础，有序开发优势特色资源，做大做强杂粮优势特色产业，打造产业聚集区，提高杂粮产业的规模效率。

2. 继续加强杂粮技术创新，巩固技术进步对杂粮 TFP 的贡献水平

重点加强优质、专用、抗除草剂谷子品种选育，抗蚜糯高粱品种选育、食用豆抗病虫害品种选育，绿色标准化生产技术，智能化农机装备研发，提高杂粮轻简化、规模化生产水平。

3. 针对丘陵旱地，加强适合丘陵区小地块播种机、联合收割机农机装备研发

各地 TFP 增长速度慢的主要原因是杂粮多种植在丘陵旱地，缺乏适合丘陵山区的收获机械，生产上人工收获占有很大比例。今后重点加强适合丘陵区的农机装备研发，提高山区杂粮轻简化生产水平。

4. 加大各种轻简化生产技术的推广

继续加强杂粮轻简化生产技术培训，支持杂粮社会化服务组织建设，提高技术效率。

5. 建议杂粮优势主产县制定产业发展规划

包括生产、加工、销售、品牌策划等方面的内容，将生产、加工、销售、品牌涵盖的三产融合发展，促进杂粮产业的一二三产业深度融合。

本章小结

本章介绍了河北省主要杂粮中谷子、高粱、绿豆、红小豆、燕麦、荞麦等生产中面积、单产、总产的现状，杂粮生产经济效益、杂粮生产要素变化，以及杂粮全要素生产率的测算。生产现状的介绍为今后杂粮布局奠定基础，杂粮生产经济效益分析为种植户提供种植杂粮的种类选择依据，杂粮生产要素变化分析为种植户提供生产要素投入要符合科学的发展，避免投入浪费，杂粮全要素生产率分析为政府制定相关政策提供参考依据。

第四章　河北省杂粮技术经济分析

河北省生态类型多样，是典型的农业生产大省，但人均耕地面积少，粮食主要以一家一户种植为主，全省规模经营比例仍然较低。河北省是杂粮生产大省，杂粮具有耐瘠薄、耐旱等优势，种植规模受地形等方面的影响和限制，多种植在山区、丘陵地带，以农户分散种植为主。随着居民膳食结构的调整、杂粮产业科技水平的提高以及季节性休耕区旱作雨养农业需求，平原种植面积呈恢复发展态势，目前以合作社、家庭农场等新型经营主体为主。农户种植意愿直接影响杂粮面积及新品种新技术的示范和推广。因此，提高农户杂粮种植意愿，对新品种新技术采用行为具有重要决定性意义。及时开展新型经营主体新品种、新技术应用综合评价以及杂粮种植意愿影响因素分析，为相关部门制定杂粮生产政策提供参考依据。

第一节　河北省农户杂粮种植意愿影响因素分析

河北省杂粮种植面积总体呈减少趋势。2000 年以前，河北省常年杂粮种植面积在 900 万~1 200 万亩。到 2018 年，河北省杂粮种植面积减少到 527.3 万亩，并趋于稳定。杂粮面积萎缩主要有以下几方面原因：一是杂粮轻简化、机械化生产水平低，劳动成本投入较大；二是杂粮消费单一，深加工不足，限制了消费需求增长；三是缺乏对杂粮生产环节的补贴，杂粮政策支撑不足，农户种植杂粮存在成本高、效益低、政府支持少、劳动力结构不合理等现象，严重影响了农户杂粮种植的积极性。因此，全面系统研究影响农户杂粮种植的因素，找出能够提高农户杂粮种植积极性的因素，对恢复杂粮面积，提高农民收益，具有重要意义。

一、数据来源与方法选择

（一）数据来源

通过对河北省 11 个地级市的杂粮种植农户进行调研。调研杂粮种类包括谷子、高粱、绿豆、红小豆、糜子。燕麦、荞麦受种植环境条件限制，只有在坝上种植，所以未对其调研。共发放 389 份问卷，回收 385 份问卷，有效问卷 337 份，有效率 87.5%。各地级市调查的样本量和杂粮种类样本量见表 4-1。杂粮主产区和杂粮调研的样本量基本相符，可以代表河北省杂粮整体情况。

表 4-1 河北省杂粮调查分类和分布情况

名称	邯郸	张家口	唐山	秦皇岛	邢台	石家庄	沧州	衡水	承德	保定	廊坊	合计
谷子	26	42	7	-	5	5	2	3	25	28	2	145
高粱	5	12	-	14	-	2	8	6	14	3	8	72
绿豆	15	25	4	-	3	4	3	4	4	6	4	72
红小豆	6	12	1	-	2	2	-	2	6	4	-	35
糜子	1	11	-	-	-	-	-	-	1	-	-	13
合计	53	102	12	14	10	13	13	15	50	41	14	337

(二) 研究方法

农户杂粮种植影响因素分析采用二元 Logistic 回归模型方法,该方法也是研究影响因素类问题用得最多的一种方法。

农户对杂粮选择持愿意态度的概率 $prob(event)$ 是: $prob(event) = \frac{e^x}{1+e^x} = \frac{1}{1+e^{-z}}$

式中,$Z=\beta_0+\beta_1X_1+\beta_2X_2+\Lambda+\beta_iX_i$($i$ 为影响农户选取的因素变量数量,β 为回归系数),不愿意的概率为 $prob(noevent)=1-prob(enent)$。

根据上述,最终构建 Logistic 为:

$$In=\frac{prob(event)\ i}{prob(noevent)\ i}=\beta_0+\beta_1X1+\beta_2X_2+\Lambda+\beta_iX_i$$

其中,$prob(event)\ i$ 是 $Y_i=1$ 即农户 i 愿意种植杂粮的概率;i 表示样本;$\beta_0\sim\beta_i$ 表示待估计的参数;$X_1\sim X_i$ 代表变量数据。

二、农户基本情况

农户家庭基本情况对杂粮种植理论上具有一定的影响。为了解农户家庭基本情况,从调查者年龄、性别、文化程度、家庭人口、耕地面积、打工人数等方面统计家庭基本情况。

(一) 被调查者性别、年龄

调查样本女性占比 71.2%,男性占比 28.8%。从调查者的年龄分布来看,50 岁以上的占 60%,平均年龄 53 岁,年龄结构偏老龄化(表 4-2)。

(二) 被调查者文化程度

调查样本文化程度小学和初中分别占 40.4% 和 40.7%,两者共占 81.1%,文化程度仍然比较低。

(三) 家庭人口和经营土地面积

调查样本家庭平均人口 3.86 人,劳动力比例占 51.8%,平均经营 1.18 hm² 的土地,说明农业土地只有半数农村人在种植,农业生产劳动强度较大。

表 4-2 被调查户的家庭基本情况

指标名称	次级指标	样本量	比例
性别	男	97	28.8%
	女	240	71.2%
受教育程度	文盲	29	8.6%
	小学	136	40.4%
	初中	137	40.7%
	高中	32	9.5%
	大专及以上	3	0.9%
年龄	大于50	201	60%
	小于等于50	136	40%
	平均53		
家庭平均人口		337	3.86人
家庭劳动力比例		337	51.8%
家庭经营土地面积		337	1.18 hm^2

随着农村家庭受教育程度逐渐提高，年轻劳动力外出打工，剩余以老年人、妇女和儿童为主，留守劳动力老龄化越来越严重，目前以家庭劳动力比例51.8%在耕地面积为1.18 hm^{2}的土地上工作，农业生产受到严重威胁。

三、河北省农户种植杂粮意愿分析

（一）种植杂粮的目的

对于农户种植杂粮的目的，设计了自用、获得经济收入和其他三个选项。经过对样本的统计，结果显示选择自用的农户占24.8%，选择获得经济收入的农户占74.9%，选择其他的有1户。其中，24.8%的农户种植杂粮面积平均0.073 hm^2，74.9%的农户种植杂粮面积平均0.373 hm^2，按照生产消费理论，剩余就会销售，必然会产生近3/4的农户目的是获得经济收入。

（二）农户杂粮销售方式

农户种植杂粮意愿的动力来源于市场预期收益的高低。对于杂粮的市场销售，设置了自售、商贩出售、订单收购和其他四个选项。订单收购生产优点是企业保障原粮质量，农户收益更加明显；商贩收购的优点是避免农户因时间问题而产生无必要的额外成本。统计显示，选择订单收购的占76.3%，商贩收购的占23.1%，自售的仅占0.6%，没有选择其他出售方式。订单模式是当前农业产业发展的趋势。

四、农户种植杂粮影响因素分析

(一) 理论假设

假设一：种植者生产条件越优越，农户种植意愿越强烈

农业现代化是农业发展的趋势，生产者具备的体力、文化水平、经营土地的数量等都是生产者的资本，也是进行农业生产的坚实后盾，有了这些基础，生产者意愿就非常强烈。本研究以年龄、劳动力数量、文化程度、土地经营面积指标来表示生产条件的优越性。假设年龄小、劳动力数量多、文化程度高、经营土地面积多是促进农户杂粮种植的意愿。

假设二：低投入、高产出是农户选择种植杂粮的积极因素

从经济学和行为学角度出发，低投入、高产出是任何经营者追求的目的。农户农业生产目的是获得经济收入，以满足家庭日常生活需要。根据本研究的调查内容，选择投入与产出的关系，按照正常的经济学假设，低投入、高产出是促进农户种植杂粮的积极因素。

假设三：外部环境越优越，种植意愿越强烈

政府对农业的支持是农户农业生产的强力后盾，适当的政策支持是提高农民生产积极性的有效措施。本研究假设外部环境的影响是促进杂粮种植的积极意愿。订单是当前企业发展有效获得货源的一种方式，是对农户产生正效益的刺激方式；技术培训是对农户开展新品种、新技术宣传的一种方式，是增加农户需求欲望的一种方式，农户得到满足，自然会产生种植意愿；补贴是国家制定的一项政策，是有利于农户开展农业生产，是一种促进因素；农户加入合作社可以获得一些信息、技术、提供农资等服务，有利于促进杂粮种植意愿。

(二) 指标体系建立

经过讨论和咨询研究领域相关专家，结合文献报道，建立了农户种植杂粮意愿的影响因素指标体系。选择是否愿意种植杂粮为因变量，选择家庭因素（农户年龄、农户的文化程度、农业劳动力数量、土地经营面积）、生产投入（种子费、农业用工量、机械化水平）、社会因素（补贴、订单、培训、合作社、产量），3个二级指标，12个三级指标作为自变量（表4-3）。

表4-3 解释变量的定义及预期作用方向

序号	指标	变量	变量解释	单位	预期方向
Y		种植意愿	愿意=1；不愿意=0	-	
X_1	家庭因素	农户年龄	被调查者年龄	岁	+
X_2		农户的文化程度	农户受教育程度	-	+
X_3		农业劳动力数量	农户劳动力实际数量	个	+
X_4		土地经营面积	农户实际耕地面积	hm^2	+

(续表)

序号	指标	变量	变量解释	单位	预期方向
X_5	生产投入	种子费	杂粮种子费用	元/kg	-
X_6		农业用工量	杂粮生产人工投入量	个/hm²	-
X_7		机械化水平	是否投入机械进行杂粮生产	-	不确定
X_8	社会因素	是否有补贴	种植杂粮是否有补贴	-	不确定
X_9		是否有订单	杂粮是否订单生产	-	不确定
X_{10}		是否参加培训	种植杂粮是否有培训	-	不确定
X_{11}		是否加入合作社	加入合作社一起生产杂粮	-	不确定
X_{12}		杂粮产量	杂粮的实际产量	kg/hm²	+

选择"杂粮种植意愿"为 Y，定义因变量指标，愿意种植杂粮赋值 1，不愿意种植杂粮赋值 0，影响种植意愿的指标为 X，其中，调查农户的年龄为 X_1、调查农户的文化程度为 X_2、农业劳动力数量为 X_3、土地经营面积为 X_4、种子费为 X_5、农业用工量为 X_6、机械化水平为 X_7、是否有补贴为 X_8、是否有订单为 X_9、是否参加培训为 X_{10}、是否加入合作社为 X_{11}、杂粮产量为 X_{12}，具体定义和预期作用方向见表 4-3。

（三）回归结果分析

采用 SPSS 软件进行分析处理，回归结果见表 4-4 和表 4-5，通过表-2 对数似然值、Nagelkerke R^2 以及 Cox & Snell R^2 值得判断，模型结果拟合度较好。同时结合预测成功率的判定，该研究数据预测结果良好，可以作为研究数据使用。

选定的数据中，"是否愿意种植杂粮生产"总计 337 人，其中，不愿意的 61 人，并且对"愿意"的进行了预测，有 30 人预测成功，31 人预测失败，预测成功率 49.2%。其中"愿意"的有 275 人，有 266 人预测成功，9 人预测失败，预测成功率 96.7%，总计预测成功率（30+266）/337=88.1%。

表 4-4 影响因素的 Logistic 回归分析结果

样本		已预测		
		是否愿意种植		百分比校正
		否	是	
是否愿意种植	否	30	31	49.2
	是	9	266	96.7
总计百分比				88.1

表 4-5　影响因素的 Logistic 回归分析结果

变量	B	S.E,	Wals	df	Sig.	Exp（B）
农户年龄	0.120	0.021	32.934	1	0.000***	1.128
农户的文化程度	0.463	0.230	4.063	1	0.044**	1.590
农业劳动力数	0.023	0.177	0.017	1	0.895	1.024
土地经营面积	0.004	0.006	0.327	1	0.567	1.004
种子费	0.019	0.011	2.955	1	0.086*	1.019
农业用工量	-0.060	0.086	0.488	1	0.485	0.942
是否使用机械生产	0.070	0.419	0.028	1	0.867	1.073
是否有补贴	-0.172	0.395	0.190	1	0.663	0.842
是否有订单	-0.838	0.436	3.703	1	0.054*	0.432
是否参加培训	0.185	0.422	0.192	1	0.662	1.203
是否加入合作社	0.048	0.500	0.009	1	0.924	1.049
杂粮产量	0.002	0.001	5.571	1	0.018**	1.002
常量	-6.620	1.572	17.731	1	0.000	0.001
表-2 对数似然值：230.081						
Cox & Snell R^2 = 0.231						
Nagelkerke R^2 = 0.377						
样本量 337						

五、农户种植杂粮的影响因素分析

（一）农户种植杂粮的显著性影响因素

通过 SPSS 软件对数据进行处理，回归结果显示有 5 个指标达到 10% 以上的显著性水平，分别是：农户年龄、农户文化程度、种子费、是否有订单、杂粮产量。

1. 农户年龄

数据显示，农户年龄与农户种植意愿成极显著正相关，与研究假设一致。农户的年龄影响着农户对杂粮种植的选择，年龄越大，种植经验相对丰富的农户越倾向于种植杂粮。调研发现，年龄越大的农户对杂粮的需求和习惯非常强烈，有一种杂粮的生活情结。

2. 农户文化程度

农户文化程度越高，接受新事物的能力相对越强，更愿意接受新品种新技术，与研究假设一致。只有敢于接受新事物、新品种、新技术的人群，才能找到最适合自己的品种，带来更高的收益。武安市绿禾谷物专业合作社最先采用谷子地膜栽培技术，在使用同样的品种情况下，地膜的谷子产量达到 350 kg/亩，而非地膜的谷子才 255 kg/亩。

3. 种子费

随着国家谷子高粱、食用豆产业体系和河北省杂粮杂豆产业体系的成立，育成的杂粮品种越来越多，农户在选择杂粮种植时，对种子的选择更偏向于高产优质等特点突出的品种，而新品种的价格较传统品种会有一定的差价，这也是种子费与农户的种植选择呈现出正相关关系的原因。据农户反映，高产优质，就算种子价格贵点，也会采用新品种。种子费指标虽然与假设不一致，但是当前的农户需求证实了这一点。

4. 是否有订单

订单农业是农业现代化发展的趋势，当前仍然处于摸索阶段，农户对订单的选择呈现两面性。调研农户订单生产占76.3%，58%的农户选择随行就市，在各方面都相对稳定的情况下，农户更愿意选择随行就市，通过市场直接将自己的农产品外销。但随着订单模式的健全和发展，农户更加倾向于订单生产。

5. 杂粮产量

产量一直是农户最关心的问题。杂粮产量与农户种植杂粮选择呈现显著正相关，杂粮产量越高，会给农户带来更高的收益。调研显示，产量较高的农户，杂粮种植意愿更强烈。

(二) 农户种植杂粮的非显著性影响因素

在选取的指标中，有7个指标呈现非显著性相关，分别是：农业劳动力数量、经营土地面积、农业用工量、机械化水平、是否有补贴、是否参加培训、是否加入合作社。

1. 农业劳动力数量

随着农业现代化发展，机械化投入大大减少农业生产劳动力投入量。但是传统农业向现代化农业转变过程中，拥有大量的劳动力也是影响种植意愿的因素，模型数据分析也可看出，种植意愿与劳动力数呈正相关。

2. 土地经营面积

结果显示，家庭土地经营面积与农户选择种植杂粮意愿呈正相关。农户经营面积越大，更愿意拿出土地来种植杂粮，但是杂粮具有一定的局限性，使得它不能成为显著性影响指标。

3. 农业用工量

结果显示，农业用工量与种植意愿呈现出负相关，与研究假设一致，与农业劳动力数量相关，都受到现代农业发展的影响，投入越少，农户更愿意去选择种植。

4. 机械化水平

随着传统农业向现代农业的转型升级，机械的使用在未来农业生产中必然会占据较高的市场份额，杂粮的机械化水平已有显著提高，但仍存在一些问题，精准、专用度不高，是机械不是显著性影响因素的原因。

5. 是否有补贴

农业政策的推进对农户的种植意愿有明显的提升，对农户而言，补贴越高，种植意愿越高。但目前杂粮的补贴非常少，2010年，河北省曾对张杂谷实施良种补贴，但不到两年就取消了。至今没有制定大规模的补贴，只是出现了地方项目的补贴，这可能是补贴不是影响农户种植杂粮的显著性因素。

6. 是否参加培训

新型农民成为当前农业生产的主导,农民积极参加培训能够学到更多先进的种植技术等知识,对农业提升有着显著的直接影响,但当前的农业培训在各方面可能依旧存在较多的不足,使得其不能成为影响的显著因素。调研显示34%的农民参加过培训,66%的农民未参加过或者近期未参加过培训。

7. 是否加入合作社

合作社是当前农村最重要的经营主体,加入合作社能为农民创造更高的便利与服务,合作社的兴起为农户的种植选择提供更高的引导,但当前的合作社发展仍处初级阶段,一定程度上阻碍着农业的发展。调研数据显示58%的农民参加了合作社。

六、结论

本节基于对河北省337户有效样本的数据,建立杂粮种植意愿评价指标体系,运用二元Logistics回归模型分析杂粮种植影响因素。结果显示,5个指标达到10%以上的显著性水平,分别是:农户年龄、农户文化程度、种子费、是否有订单、杂粮产量。

针对各因素的分析,建议:继续强化科技创新,加强对新品种、新技术研发、集成和推广;鼓励年轻有文化的技术人员从事杂粮农业生产,开展技术培训;加强新型经营主体管理和监督,对典型经营主体进行补贴,促进经营主体向好发展;完善企业农户订单制度,鼓励企业和农户订单生产,保证各方面利益。

第二节 农户种植谷子意愿及其影响因素分析

谷子在我国历史上曾是主粮作物,1937年我国谷子面积达1 133万hm^2。研究影响农户种植谷子的因素,找出能够提高农户种植谷子的积极性的影响因素,对发展谷子产业,具有重要意义。通过文献检索发现,关于农户种植作物影响因素的文献很多,但涉及谷子农户种植的研究文献却少之又少。张新仕研究了农户采用张杂谷种植意愿影响因素;李顺国研究了农户采用简化栽培品种影响因素;刘斐研究了谷子化控间苗技术农户采用意愿影响因素;李玉勤以山西谷子调查为例分析农户杂粮种植行为,具有一定局限性。而对农户是否愿意种植谷子的研究还未见报道,本研究分析农户种植谷子的意愿影响因素,以期为谷子产业发展以及主管部门决策提供参考。

一、数据来源与方法选择

(一)数据来源

根据农学及经济学相关理论基础,通过专家访谈和讨论,确定调研地点:内蒙古自治区赤峰市,辽宁省朝阳市,山西省太原市、忻州市、长治市、吕梁市,河北省张家口市、河南省安阳市等5省(区)8个市。调研点均是我国重要的谷子主产区,也是谷子产业水平较高的地区,问卷能够代表我国农户谷子种植情况。发放调查问卷1 100份,回收问卷1 048份,其中有效问卷1 031份,问卷回收率95.3%,问卷有效率93.6%(表4-6)。

表 4-6 我国谷子主产区调查样本分布

地区	赤峰	朝阳	忻州	太原	吕梁	长治	张家口	安阳	合计
样本量（份）	80	29	196	27	46	222	290	141	1 031
比例（%）	7.8	2.8	19.0	2.6	4.5	21.5	28.1	13.7	100

（二）研究方法

分析采用 Logistic 回归模型方法，方法介绍见第一节研究方法。

二、农户基本情况

为全面了解农户家庭基本情况，设计调查者性别、文化程度、家庭耕地面积、家庭农业劳动力数量、家庭人口数、打工人数等指标。对上述基本情况进行描述性统计分析。

（一）被调查者以女性居多

调查的 1 031 份样本中，女性比例 69.4%，男性比例 30.6%，说明大部分家庭留守在家的为女性（表 4-7）。

（二）被调查者受教育程度以小学和初中为主

调查的 1 031 份样本中，受教育程度小学和初中各占 40.3%，两者共占 80.6%。

（三）被调查者老龄化趋势严重

调查的 1 031 份样本中，50 岁以上的样本有 659 份，占 64%，50 岁及以下占 36%，表明年龄结构偏老龄化。

（四）家庭农业生产强度大

从调查的农户家庭耕地面积和家庭劳动力比例情况看，耕地面积平均 2.85 hm^2，而家庭劳动力比例却为 58%，农业生产劳动强度较大。主要是赤峰、吕梁、忻州等地区的山地较多，人均耕地面积较大。

表 4-7 被调查户的家庭基本情况

指标名称	次级指标	样本量	比例
性别	男	316	30.6%
	女	715	69.4%
受教育程度	文盲	113	11%
	小学	416	40.3%
	初中	416	40.3%
	高中	83	8.1%
	大专及以上	3	0.3%

(续表)

指标名称	次级指标	样本量	比例
年龄	大于 50	659	64%
	小于等于 50	372	36%
家庭平均人口		1 031	4 人
家庭劳动力比例		1 031	58%
家庭耕地面积		1 031	2.85 hm²

通过家庭基本情况发现，随着农村家庭受教育程度逐渐提高，年轻劳动力外出打工，留守劳动力老龄化越来越严重，剩余多是老人、妇女和儿童。目前以家庭劳动力比例58%的劳动强度在耕地面积为 2.85 hm² 的土地上工作，农业生产受到严重威胁。

三、农户种植谷子意愿统计分析

统计显示，85.6%的农户选择谷子种植经济效益低，10.2%的农户选择家庭劳动力少，不能承担谷子种植劳动强度，4.2%选择其他。由于谷子种植较为费工，人工成本高，经济效益低，以致农户种植谷子意愿不强烈。

（一）种植谷子的目的

农户种植谷子的目的包括自食、获得经济收入和其他 3 个选项。问卷统计显示，22%的农户选择自食，78%的农户选择获得经济收入，没有农户选择其他。对22%选择自食的农户统计发现，这些农户种植谷子面积较小，而78%的农户种植的谷子面积较大，按照产出理论分析，相同条件下，面积大的产出会大。也就能够解释22%的自食和78%的获得经济收入的结果。

（二）谷子经济效益分析

对同时期农户种植谷子和玉米的经济效益比较分析。谷子农资投入平均 3 195 元/hm²，人工用量约 90 d/hm²，按照目前农业用工 80 元/d 计算，人工投入 7 200 元/hm²，谷子产量 3 375 kg/hm²，按照谷子出售价格 5.6 元/kg 计算，谷子单位经济效益 8 505 元/hm²。而玉米农资平均投入 3 375 元/hm²，人工用量约 30 d/hm²，人工投入 2 400 元/hm²，玉米产量 6 750 kg/hm²，按照玉米出售价格 2.4 元/kg，玉米单位经济效益 10 425 元/hm²，比谷子的单位经济效益高 1 920 元//hm²。因此谷子经济效益低影响农户种植谷子意愿。另外谷子因为除草间苗费工，以致农户种植意愿下降，农户对省工的作物种植强烈。

（三）谷子销售模式分析

农户从事农业生产活动的目的除解决自家消费需求外，还有通过销售获取最大经济收益的动机。因此，农户种植谷子意愿的动力来源于市场预期收益的高低。对于谷子的市场销售，本调查给出了自己出售、商贩收购、企业直购、其他四个选项，有效问卷中61.4%的农户选择商贩收购，38.6%的农户选择自己出售。农户反映这两种销售模式比较方便,商贩收购避免农户因时间问题而产生无必要的额外成本;自己出售是农户与企业或者合作社形成的一种生产模式,能够保证种植的谷子有销路,不至于卖不出去。有了商贩的购买和企业+农户的生产模式,农户种植谷子的意愿有所增强。

（四）年轻劳动力外流影响了农户种植谷子的意愿

有 81.5%的家庭存在外出打工的人员,这部分打工人员其特点是年轻、有一技之长,能够从农业劳动以外的工业劳动中获得更高的价值,给家庭带来经济收入,因此在家留守的妇女、老人经营一些省时作物,避免像种植谷子这种劳动强度大的农业活动。

四、农户种植谷子意愿影响因素实证分析

（一）理论假设

根据农户种植谷子的意愿分析,在进行影响因素实证分析前进行部分假设。

假设一：家庭基本情况越优越,农户谷子种植意愿越强烈

农业经营者受教育程度越高,更易于接受现代化的农业生产,否则对新技术不了解,就不能胜任现代农业生产。本调查以年龄、劳动力比例、受教育程度、谷子面积比例等家庭指标来表示优越性。年龄大、劳动力比例小、受教育程度低、谷子面积比例小阻碍谷子种植。

假设二：低投入、高产出是农户种植谷子意愿的积极因素

从经济学角度出发,获得经济收入是经营行为的目的。农户种植谷子以获得经济收入,来满足家庭日常生活需要。以低投入获得高产出高收益是农户种植谷子的最终目的,农户种植谷子的意愿就越强烈。分析中设置了化肥投入、人工投入、种子价格、谷子产量、谷子价格 5 个变量。化肥费、种子、人工投入高不利于谷子种植,产量高、价格高有利于谷子种植。

假设三：外部环境越优越,谷子种植意愿越强烈

政府对农业的支持是农户农业生产的强力后盾,适当的政策支持是提高农民生产积极性的有效措施。本调查将是否补贴作为变量进行分析。谷子本身的特性反映出农户的种植意愿,小米口感是促进农户种植谷子的积极因素,口感好、销售不是问题;谷子抗病虫鸟害是刺激农户种植谷子的重要因素;机械化水平高反映出农户种植意愿强烈。

（二）指标体系建立

根据文献资料及咨询相关专家,确定农户谷子种植意愿影响因素的指标,具体如下。选择年龄、劳动力比例、受教育程度、种子价格、化肥费、谷子价格、口感、是否补贴、谷子产量、谷子面积比例、用工数量、病虫害、鸟害、是否使用机械 14 个指标（表 4-8）。

表 4-8 指标选择及预期方向

序号	变量	变量解释	单位	预期方向
Y	种植意愿	是否愿意种植：1=愿意；0=不愿意		

(续表)

序号	变量	变量解释	单位	预期方向
X_1	农户年龄	被调查者实际年龄	岁	+
X_2	劳动力比例	家庭劳动力数量占家庭人口数量的比例	%	+
X_3	化肥费	实际使用的化肥费用	-	未知
X_4	谷子产量	农户谷子实际平均亩产量	kg/hm²	+
X_5	病虫害程度	以轻、中、重为标准,农户主观确定	-	-
X_6	口感	以不好、一般、好为标准	-	+
X_7	是否补贴	农户收到政府的种子、肥料等的农资补贴	-	未知
X_8	教育程度	农户受教育程度	-	-
X_9	谷子面积比例	农户种植谷子面积占耕地面积的比例	%	+
X_{10}	种子价格	种子的实际费用	元/hm²	-
X_{11}	用工数量	农户种植谷子实际用工量	天	+
X_{12}	谷子价格	实际谷子的销售价格为准	元/kg	+
X_{13}	鸟害	以轻、中、重为标准,农户主观确定	-	-
X_{14}	是否使用机械	采用除了机耕外的机械即为是,采用机耕或不用即为否	-	未知

(三) 回归结果分析

经过对有效问卷数据的整理及处理以后,采用 SPSS 软件进行处理,带入模型输出结果见表 4-9,通过对极大似然值以及 Cox & Snell R^2,Nagelkerke R^2 的判断,模型结果拟合较好。

表 4-9 影响因素 Logistic 回归结果

变量	B	S. E.	Wals	Sig.	Exp（B）
年龄	0.009	0.011	0.582	0.4460	1.009
劳动力比例	0.03	0.407	0.006	0.9400	1.031
化肥费	0.003	0.002	2.425	0.1190	1.003
谷子产量	0.003	0.001	16.44	0.0000**	1.003
病虫害	0.113	0.196	0.334	0.5630	1.12
口感	0.547	0.151	13.146	0.0000**	1.727
是否补贴	-0.9	0.236	14.616	0.0000**	0.406
受教育程度	0.279	0.132	4.485	0.0340*	1.322

(续表)

变量	B	S.E.	Wals	Sig.	Exp (B)
谷子面积比例	0.024	0.006	15.83	0.0000**	1.024
种子费	0.008	0.007	1.222	0.2690	1.008
用工数量	0.002	0.018	0.018	0.8950	1.002
谷子价格	-0.521	0.196	7.04	0.0080**	0.594
鸟害	-0.218	0.118	3.411	0.0650	0.804
机械	0.044	0.234	0.035	0.8520	1.045
常量	-0.802	1.145	0.491	0.4840	0.448
-2 对数似然值	639.966				
Cox & Snell R^2	0.084				
Nagelkerke R^2	0.164				

** 表示 0.01% 显著水平，* 表示 0.05% 显著水平。

1. 农户种植谷子的显著性影响因素

表4-9显示，共有6个变量达到了0.05%以上的显著性水平，包括：谷子产量、谷子口感、是否补贴、受教育程度、谷子面积比例、谷子价格因素，这6个因素对农户种植谷子意愿有显著性影响。

(1) 谷子产量是影响农户种植谷子的重要影响因素。谷子产量对农户谷子种植意愿影响达到0.01%极显著水平，呈正相关，与预期的作用方向一致。谷子产量越高，种植谷子的积极性越高。Exp (B) 值为1.003，表示谷子产量提高0.3%，农户种植意愿增加1.003倍。这一变量的结果证实了假设二部分内容。调查显示，当问及农民是否愿意种植高产谷子时，农民均表现出积极的种植兴趣。另外谷子产量是评价谷子本身的一个重要指标，产量高是农民的首选品种，关系到农民经济收入的直接因素。

(2) 谷子口感是影响谷子种植的显著性因素。谷子的口感影响农户种植谷子的显著性因素，达到0.01%显著性水平，呈正相关，表明口感越好，农户种植的积极性越高。Exp (B) 值为1.727，表示口感提高54.7%，种植意愿提高1.727倍。随着人们生活水平的提高，在满足基本温饱的基础上，高品质和功能性小米需求旺盛。调查显示，所有的农户认为谷子口感好才愿意种植。该结果验证了假设三部分内容。

(3) 是否补贴是影响农户种植谷子的主要显著性因素。是否补贴在影响农户谷子种植意愿的因素中达到0.01%显著水平，呈负相关关系。农民认为，存在补贴，种植谷子积极性就会提高，表现出愿意种植谷子，当不存在补贴时，农户种植谷子积极性就会降低，表现出不愿意种植谷子。加上人工投入，谷子单位收入只有约4 500元/hm²。如国家补贴政策提高，种植效益适当得到提高，农民种植谷子的积极性才能提高。该结果验证假设三部分内容。

(4) 农民受教育程度影响谷子种植意愿显著。农民受教育程度影响农户种植谷子的显著性达到 0.05%，达到显著水平，且正向影响。表明受教育程度越高，种植谷子意愿越强烈。在模型之前的变量解释中，受教育程度越高，种植谷子的意愿越强烈，模型结果证实了这一指标的正确性。Exp（B）值为 1.322，表示受教育程度提高 27.9%，种植意愿提高 1.322 倍。调研中也发现，农户的教育程度越高，接受谷子新品种新技术的信息越快，理解越到位，愿意试一试新品种新技术，种植谷子的意愿也越强烈。从统计结果看，有 48.7%的被调查者教育水平是初中文化程度以上，这些人员表现出了强烈的谷子种植意愿。该结果验证假设一部分内容。

（5）谷子面积比例影响谷子种植意愿。谷子面积比例是农户谷子种植面积占农户耕地面积的比例，该指标体现了谷子面积占耕地面积越大，农户种植谷子面积和意愿也越大，是一个正向的良性循环。从模型的估计结果看，谷子面积比例达到 0.01%显著性水平，且正向，验证了前面的逻辑关系。Exp（B）为 1.024，表示谷子面积比例增加 2.4%，种植意愿提高 1.024 倍。调查发现，农户看到其他农户种植谷子产量收益较高，自己也会尝试种植，就会出现谷子面积的比例逐渐增大现象，证实农户种植谷子的意愿强烈。该结果验证了假设一部分内容。

（6）谷子价格对农户种植谷子产生负向影响。谷子价格对农户种植谷子意愿具有显著性影响。模型前我们假设谷子价格对农户种植谷子产生正向影响，表现谷子价格越高，农户种植谷子的意愿越强烈，然而，模型估计结果显示，谷子价格达到 0.01% 显著性水平验证了模型结果，但是影响系数却是负向，与假设相悖。原因可能是随着农户知识水平的提高，农户认为价格低是种植谷子意愿强烈的因素，谷子价格低，意味着有上升的趋势，有增收的潜力，农户是以一种期望的心理选择种谷行为。Exp（B）值为 0.594，表示谷子价格降低 52.1%，种植意愿提高 0.594 倍。在实际调查中，有 46.2%的农户认为谷子价格低是种植谷子的因素。

2. 农户种植谷子的非显著性影响因素

模型估计结果显示 8 个非显著性影响因素，年龄、劳动力比例、种子价格、化肥费、用工数量、病虫害、鸟害、是否使用机械。

调研发现，种植谷子受年龄增长的影响较小，同时劳动力比例也不是主要的影响因素。原因主要是目前谷子生产劳动强度减少，精量播种免间苗技术发展成熟，不需要大量的劳动力就可以完成谷子种植生产。从种植谷子的投入方面看，种子价格、化肥费、用工数量对农户种植谷子影响不显著，农户不计较种子、化肥以及人工的投入。病虫鸟害对农户谷子种植意愿影响不显著，主要原因是调研的谷子主产区以山区居多，山区气候多变，早晚冷凉，病虫害发生较少，且山区鸟类食物来源较多，谷子危害较轻，病虫鸟害不是影响农户种植谷子的显著因素。机械使用对农户种植谷子影响不显著，由于山区地块较复杂，机械使用受到限制，因此是否使用机械不影响农户种植谷子重要因素。

五、结论与对策建议

通过对农户谷子种植意愿影响因素分析，有 6 个影响因素达到 0.05%显著性水平，其中达到 0.01%极显著水平的有谷子产量、谷子口感、是否补贴、谷子面积比例、谷子价格，达到 0.05%显著水平的有受教育程度，其中除了谷子价格与假设不一致外，其余 5 个均验证假设的部分内容。其余未达到显著性水平。经过显著性水平分析，谷子病虫鸟害以及生产投入已经不是影响农户谷子种植意愿的显著因素，而谷子产量、口感、谷子价格以及国家的补贴政策已经成为影响农户谷子种植的显著因素。

根据农户谷子种植意愿因素分析，提出加大科技研发力度，培育高产优质新品种，同时也要加强抗病品种选育；落实政策支持，加强农业补贴力度，制定种子、机械、农资补贴；加强新品种、新技术示范推广力度，鼓励农户谷子生产，宣传谷子文化，倡导健康饮食。

第三节 农户种植张杂谷意愿及其影响因素分析

谷子起源于我国，具有抗旱抗逆、耐瘠、水分利用率高、粮草兼用等特点，在我国北方农业中占有重要的地位。我国谷子种植面积占世界谷子总种植面积的 80%，并且谷子营养价值和利用价值很高，小米含蛋白质 11.42%，粗脂肪 4.28%，（优质米）维生素 A、维生素 B_1 分别为 0.19 mg/100 g、0.63 mg/100 g，还含有大量的人体必需氨基酸和丰富的铁、锌、铜、镁、钙等矿物质。据国外研究，谷草新鲜茎叶和干草粗蛋白含量为 16%~17%，高于其他禾本科牧草，其饲料价值接近豆科牧草，是我国北方喂养大牲畜骡、马、牛不可缺少的优质饲草、料。但长期以来，谷子一直被看作为低产作物，种植面积连年减少。张家口市农业科学院谷子研究所在赵治海带领下经过 40 多年的努力，利用谷子光温敏不育系及恢复系杂交，2000 年成功育成谷子杂交种，目前已育成适宜不同区域种植的系列杂交谷子新品种 20 多个。目前张杂谷年推广种植 200 万亩左右，其中张杂谷 13 约 150 万亩，在我国西部及长城沿线发挥了重要作用。

一、张杂谷基本情况

2010 年张杂谷推广面积已超过 13.3 万 hm^2，一般产量达 400~500 kg/亩。2010 年山西省静乐县神峪沟乡木树头村吕桃拴种植 8 亩张杂谷 3 号平均亩产高到 843 kg，该县丰润镇步六社村李俊生种植的 0.5 hm^2 张杂谷 6 号平均单产高达 755 kg/亩，双双创造了两个品种高产纪录。同时走出一条"科研机构与企业合作+政府推动"的模式，一是张家口市农业科学院与宣化巡天种业有限责任公司和治海种业联合经营，销售杂交谷种子，双方形成利益共享、风险共担的运行机制，并对高产种植户进行奖励；二是河北省政府高度重视杂交谷子的技术创新和示范，2009 年把张杂谷新品种纳入了农业良种补贴范围，专门拿出 500 万元补贴资金。2009 年春播区张杂谷销售量为 40 万 kg，夏播区张杂谷 8 号销售量为 15 万套，共计 47.5 万 kg；2010 年春播区张杂谷销售量为 87.7 万 kg，夏播区张杂谷 8 号销售量为 28.83 万套，共计 102.1 万 kg。张杂谷种植面积不断得到扩大。2020 年张杂谷 13 在宁夏固原种植约 6 万亩，预计 2021 年增长到 20 万亩。

二、计量分析

（一）数据来源和解释变量

农户是农业生产的主体，是农业技术的需求者和采用者。农业技术的传播、采用及其应用效果如何,最终取决于农户是否采用技术以及如何采用该项技术,并且农户对农业新技术的采用受技术自身、自然环境、经济因素和政策因素的影响。本研究基于此方面,选择种植张杂谷面积比较大的张家口宣化、赤城、蔚县和邢台巨鹿4个县市对张杂谷进行问卷调查,包括张家口赤诚柳林屯、郭庄子,宣化李家堡、杨家山,蔚县统军庄、许家营,巨鹿赵庄、白家寨等8个村庄。共发放300份问卷,收回问卷293份,其中有效问卷286份,张杂谷142份、玉米105份、常规谷子和棉花共计39份,有效率为95%。在张杂谷调查中从不同性别、不同年龄段、不同文化水平出发涵盖常规种植、常规浇水、地膜覆盖等种植方式,具有较强的代表性。

我们选取"农户是否继续采用张杂谷"作为因变量,并对继续采用赋值为1,不采用为0。选取了12个自变量,依次为耕地面积、性别、年龄、文化水平、主要收入来源、采用张杂谷增产效果、种植张杂谷遇到困难解决方式、鸟害严重程度、是否参加培训、产量、劳动力占家庭人口数、用工等,并对其进行定义(表4-10)。

表4-10 计量模型的分析变量

	变量名称	变量定义	预期作用方向
因变量	是否继续种植张杂谷	采用=1,不采用=0	
自变量	耕地面积(X_1)	以实际数为标准	+
	性别(X_2)	女=0,男=1	待定
	年龄(X_3)	30岁以下=1,30~45岁=2,45~60岁=3,60岁以上=4	-
	文化程度(X_4)	未上学=0,小学=1,初中=2,高中=3,大学=4	+
	主要收入来源(X_5)	种植业=1,打工=2,养殖业=3,其他=4	-
	采用张杂谷增产效果(X_6)	不明显=0,一般=1,明显=2	+
	种植张杂谷遇到问题解决方法(X_7)	听天由命=1,靠自己经验=2,自己找资料=3,请教有经验农民=4,找当地农机人员=5	+
	鸟害严重程度(X_8)	不严重=0,严重=1	-
	是否参加培训(X_9)	没参加=0,参加=1	+
	产量(X_{10})	以实际数为标准	+
	劳动力占家庭人口数(X_{11})	以实际数为标准	+
	用工天数(X_{12})	以实际数为标准	

(二)模型检验及结果分析

采用 DPS 软件 logistic 模型对农户采用张杂谷技术影响因素进行估计。Logistic 模型的估计方程为具有特征的 X_i 的用户对采用张杂谷技术和不采用张杂谷技术选择的概率。农户采用种植张杂谷的概率为 $Prob(event) = 1/[1 + exp(-\sum b_i x_i)]$,不采用的则为

Prob (notevent) = 1 − Prob (event)。在 DPS 数据处理过程中,Logistic 回归模型参数采用最大似然法估计。表 4-11 分别给出了方程系数、似然卡方、标准误、OR、P 值(显著水平)和 95% 的置信区间。

表 4-11 模型回归结果

	方程系数	似然卡方	标准误	OR	P 值	95%置信区间	
X_1	0.014 1	0.012 8	0.124 4	1.014 2	0.909 9	−0.233 0	0.261 1
X_2	−1.458 9	0.494 3	2.265 2	0.232 5	0.482 0	−5.955 3	3.037 6
X_3	−7.516 1***	17.058 9	4.205 7	0.000 5	0.000 0	−15.864 3	0.832 0
X_4	1.621 0*	2.642 7	1.780 3	5.058 1	0.085 0	−1.912 9	5.154 9
X_5	−2.246 8**	6.102 5	1.299 4	0.105 7	0.013 5	−4.826 0	0.332 4
X_6	5.606 1***	14.023 2	2.692 8	272.069 0	0.000 2	0.260 9	10.951 2
X_7	0.309 9	0.209 8	0.682 0	1.363 2	0.647 0	−1.043 9	1.663 6
X_8	−2.357 0	2.104 8	1.920 1	0.094 7	0.146 8	−6.168 4	1.454 4
X_9	2.466 3	0.009 9	30.442 3	11.778 3	0.999 9	−57.961 3	62.893 7
X_{10}	0.063 2***	30.214 5	0.030 0	1.065 2	0.000 0	0.003 3	0.123 1
X_{11}	9.448 4**	5.312 1	6.191 5	1 2687.475 2	0.021 2	−2.841 7	21.738 5
X_{12}	1.168 1**	3.990 3	0.813 6	3.216 0	0.045 8	−0.446 9	2.783 2
X	−13.964 9	2.607 9	9.486 4		0.106 3	−32.795 1	4.865 4
对数似然函数 L=	9.024 5						
似然比卡方=	81.175 8						
p 值=	0.000 0						

注:***、**、*分别表示 1%、5%、10% 的显著性水平。

通过上表可以发现在 1% 水平下有 X_3、X_6、X_{10},在 5% 水平下有 X_3、X_5、X_6、X_{10}、X_{11}、X_{12},在 10% 水平下显著的有 X_3、X_4、X_5、X_6、X_{10}、X_{11}、X_{12},其中 X_6、X_{10}、X_{11}、X_{12} 为正向显著性,X_3、X_5 为负向显著性。X_1、X_2、X_7、X_8、X_9 没有通过显著性检验。从中得到归回方程为:$Y = -13.96 - 7.52X_3 + 1.62X_4 - 2.25X_5 + 5.61X_6 + 0.06X_{10} + 9.45X_{11} + 1.17X_{12}$

1. 产量和增长效果

从结果看产量和增长效果的拟合度较好,说明产量是农民考虑的主要因素,并且方程系数为正值,说明呈正显著性作用。张杂谷最突出的优势是抗旱性、高产、稳定性,张杂谷产量比玉米产量并不低。根据调查问卷统计,在干旱不浇水情况下,张杂谷产量为 230 kg/亩,玉米的产量为 229 kg/亩。张杂谷的产量高于玉米的产量,并且谷子价格比玉米高 1.4~2 元/kg,相对常规谷子农民反映张杂谷比常规谷子多产 75~100 kg/亩,按照目前谷子和玉米价格,农民多收入 200~500 kg/亩,经济效益可观。在调查中,65% 的农民认为张杂谷挣钱比其他作物强,有 10% 农户选择了玉米挣钱多,有 24% 农户选择了两种作物经济效益差不多。

2. 年龄和文化程度

年龄和主要收入来源方程系数为-7.516 1 和 1.621 0，年龄越小和文化程度越高，接受新鲜事物和消化新鲜事物快，越愿意采用新技术，种植张杂谷。在调查中发现种植张杂谷年龄段集中在45~60岁，按照变量定义，可以求得平均值为3.17。在文化程度中，高中、初中、小学、未上学的比例依次为0.09、0.27、0.4、0.24，文化程度越高他们在种植、田间管理等方面投入比较合理和科学，相对而言张杂谷产量较高。

3. 劳动力占家庭人口数和用工数

劳动力占家庭人口数和用工数方程系数为 9.448 4 和 1.168 1 呈正相关。在农村中，劳动力占家庭人口数越高，从事农业劳动人口数相对较多，谷子由于间苗费工，相对玉米一亩地多投入1~2个工，这就要求加大对其投入，以提高作物产量，增加家庭的收入，而在农户中，农民一般不会考虑对用工的计算，仅要求作物产量和经济收入。

4. 主要收入来源

从主要收入来源看，方程系数为-2.246 8，呈负相关。靠种植业收入的农民愿意采用种植张杂谷，而靠打工和其他收入的继续采用种植张杂谷的少，尤其是壮青年他们外出打工比种植业收入高，他们放弃了自己的土地，租给村里其他农户，在调查中发现，35岁以下的农户基本都选择外出打工，仅在作物收获中返乡，但他们不考虑作物产量问题，只要解决自己口粮问题。农户一般都自留种，品种比较混杂，作物产量较低，这就要求依靠种植业收入的农户采用新技术和新品种，提高作物产量。

5. 耕地面积

耕地面积差异性不显著，对农户采用种植张杂谷没有影响。说明新品种只要能满足农民的需求，农民就愿意采用。在目前耕地面积不断减少的趋势下，提高单产成为农业发展重要途径。而张杂谷在降水少的地区，产量依然比较高。

6. 种植张杂谷遇到困难解决方式和是否参加培训

种植张杂谷遇到困难解决方式和是否参加培训差异性不显著，对农户种植张杂谷没有影响。在调查中，仅有13%的农民咨询过农业技术人员，请教过其他农户的有10%、61%的农民基本靠自己经验。在培训方面，大多数农户没参加过培训，仅有19%的农户参加过农业局和村大队的培训。

7. 鸟害严重程度

鸟害严重程度差异性不显著。农民反映在以前种植谷子，鸟害对谷子产量影响比较大，一般谷子减产达到20%~50%，甚至绝收。但如果谷子成片种植，鸟害对谷子的影响较小。这就要求我们在张杂谷方面要实行区域化、规模化、专业化种植，以减少鸟害对张杂谷产量的影响。

三、结论与建议

通过以上分析，文化程度、张杂谷增长效果、产量、劳动力占家庭人口数、用工数对农户是否继续采用张杂谷有显著性正向影响，年龄和家庭主要收入来源对农户是否继续采用张杂谷有显著性负向影响。在调查8个村中，农民对种植张杂谷的意愿比较强，91%的农户选择了会继续种植张杂谷。张杂谷已经得到农民的认可和满意。说明农民对新技术、新品种的渴望。另一方面，农民缺乏种植张杂谷栽培管理方法和措施，由于张杂谷属于分蘖作物，更加强调个体优势，不同于常规谷子，需要稀植。但是农民还是按照常规方式种植，对张杂谷的正常生长和产量产生影响，对农民的培训急需加强。

提出以下建议：应加大对张杂谷的推广和扶持力度，政府制定相应政策，加大张杂谷补贴，应申请把张杂谷纳入国家农业补贴范围内；科研单位应加大科研力度，提高张杂谷的品质和制种产量，并同时改善张杂谷的病虫害和间苗除草问题；与农业局、推广站、村大队等联合给农民举办培训班，传授张杂谷种植栽培管理措施、预防病虫害和处理突发灾害培训技术，建立示范户，发挥其示范、推广作用，带动其他农户进行种植；企业加大对张杂谷产品的开发力度，形成张杂谷品牌，尤其是深加工产品，不能仅仅停留在原粮和精包装等初级产品，开发满足不同消费群体食品。

第四节 农户种植谷子简化栽培品种影响因素分析

解放初期谷子与小麦、玉米作物的面积、产量相差不多，随着小麦玉米等主粮作物品种突破、机械化水平及单位产量的提高，谷子产量水平、栽培方式、配套农机没有根本改变，逐步与玉米拉开差距，平原种植面积逐渐被玉米取代。"十五"以来，谷子育种、栽培、植保等方面取得重要进展，特别是简化栽培技术方面取得重大突破，解决了制约谷子产业发展中的关键问题。以河北省农林科学院谷子研究所选育的"冀谷31"简化栽培一级优质米品种为代表，该品种实现了化学间苗、化学除草，产量稳定在 6 000 kg/hm² 左右，高产可达到 9 000 kg/hm²。在 2009—2010 年谷子农机试验中，该品种表现出了适合机械化收割的优良特性。本研究以"冀谷31"为研究对象，对农户种植简化栽培品种影响因素进行探讨。试图找到适合谷子大面积推广的有效途径，这将对谷子产业持续、快速、稳定发展创造条件，也将会为科研工作者和政府部门做研究和决策提供参考依据。

一、数据来源与指标选择

（一）数据来源

数据来源于国家谷子高粱产业技术体系产业经济岗位在洛阳市伊川县对"冀谷31"种植情况调研。采用随机调查的方法，选取洛阳伊川县白沙镇、江左镇、吕店乡三个乡镇，其中白沙镇包括程子沟村、吴堂村、焦王村、范村，江左镇包括周村、白村和江左村，吕店乡包括赵庄、上庄、王村，共 10 个村。发放调查问卷 189 份，其中，有效问卷 186 份，有效率为 98.4%。

本研究采用 Logistic 回归分析方法，借助 DPS 数据处理系统对数据进行处理分析。

（二）变量指标选取

选取"冀谷31"种植意愿为 Y，影响种植意愿的指标为 X，定义变量指标，愿意种植"冀谷31"品种的为 1，不愿意种植"冀谷31"品种的为 0，调查农户的性别为 X_1，农户的年龄为 X_2，受教育年限为 X_3，农户收入来源为 X_4，劳动力数量占家庭人口

数为 X_5，农户种植"冀谷 31"的面积占耕地面积的比例为 X_6，"冀谷 31"是否有补贴 X_7，种子购买方式 X_8，鸟害是否严重 X_9，谷子销售方式 X_{10}，是否有技术培训 X_{11}，"冀谷 31"的优点原因 X_{12}，获得"冀谷 31"信息途径 X_{13}，解决谷子种植过程中遇到的问题 X_{14}，谷子种植是否使用机械 X_{15}，"冀谷 31"的单产 X_{16}，具体定义和预期作用方向见表 4-12。

表 4-12 解释变量的定义及预期作用方向

序号	变量名称	变量定义	单位	预期作用方向
Y	种植"冀谷 31"的意愿	愿意=1 不愿意=0	—	
X_1	性别	男=1 女=0	—	不定
X_2	年龄	30 以下=1 31~40=2 41~50=3 51~60=4 60 以上=5	岁	+
X_3	教育程度	文盲=1 小学=2 初中=3 高中=4 大专及以上=5	—	+
X_4	收入来源	种植=1 养殖=2 打工=3 正式职工=4 其他=5	—	+
X_5	劳动力占家庭人口比例	0~33（含）=1 33~66（含）=2 66~100=3	%	+
X_6	谷子占耕地面积	0~33（含）=1 33~66（含）=2 66~100=3	%	+
X_7	种子是否补贴	是=1 否=0	—	—
X_8	种子购买方式	自己购买=1 推广站=2 合作社=3 企业提供=4 其他=5	—	+
X_9	鸟害是否严重	是=1 否=0	—	+
X_{10}	销售方式	自己销售=1 商贩购买=2 合作社购买=3 企业收购=4	—	+
X_{11}	是否技术培训	是=1 否=0	—	—
X_{12}	种谷子的原因	省工省力=1 高产经济=2 适口性=3 政府号召=4 节水=5 其他=6	—	不定
X_{13}	获得谷子信息途径	政府服务部门=1 电视报刊=2 农户影响=3 其他=4	—	—
X_{14}	解决谷子问题	请教科技人员=1 请教经验人=2 听天由命=3 自己解决=4 其他=5	—	—
X_{15}	机械使用	是=1 否=0	—	—
X_{16}	单产	实际数值	kg/hm²	+

二、结果分析

数据采用 Excel 进行整理，然后采用 DPS 统计软件处理，输出结果见表 4-13。

表 4-13 谷子种植意愿影响因素 Logistic 回归分析结果

变量	方程系数	似然卡方	标准误	OR	p 值	95%置信区间	
β_1	-0.194 459	0.183 639 7	0.453 921 2	0.823 279 7	0.668 263 8	-1.090 507	0.701 588 6
β_2**	0.525 184 2	6.231 902 1	0.217 366 4	1.690 770 3	0.012 547	0.096 099 5	0.954 269
β_3	0.152 064 3	0.448 26	0.228 522 3	1.164 235 1	0.503 162 4	-0.299 042	0.603 171 1
β_4	-0.112 748	0.247 723 7	0.227 668 8	0.893 376 1	0.618 682 5	-0.562 169	0.336 674 3
β_5**	0.671 356 2	3.866 395 2	0.346 799 6	1.956 889 4	0.049 262 3	-0.013 232	1.355 944 2
β_6	0.218 370 2	0.663 162 1	0.269 191 4	1.244 047 5	0.415 445 8	-0.313 018	0.749 758 4
β_7**	1.157 830 9	5.550 612	0.512 366 2	3.183 021 6	0.018 474 3	0.146 411 7	2.169 250 2
β_8	-0.122 719	0.595 423 2	0.157 774 5	0.884 512 3	0.440 329 6	-0.434 168	0.188 730 6
β_9	0.409 218 7	0.963 006 9	0.420 124 9	1.505 641	0.326 430 5	-0.420 115	1.238 552 2
β_{10}	-0.146 628	0.613 726	0.186 350 5	0.863 614 9	0.433 388 3	-0.514 487	0.221 230 6
β_{11}	0.279 816 7	0.367 547 3	0.462 785 4	1.322 887 3	0.544 344 2	-0.633 729	1.193 362 6
β_{12}	0.080 860 2	0.273 003 7	0.156 423	1.084 22	0.601 323 9	-0.227 921	0.389 642 3
β_{13}	0.218 492 4	0.434 473 8	0.337 628 8	1.244 199 5	0.509 801 9	-0.447 992	0.884 977 2
β_{14}	0.080 520 2	0.172 313 5	0.192 940 2	1.083 850 8	0.678 063 9	-0.300 347	0.461 387 3
β_{15}***	16.311 275	8.535 391 7	1 281.637 2	12 131 005	0.003 483 1	-2 513.662	2 546.284 1
β_{16}**	0.004 114 3	5.822 366 8	0.001 807 7	1.004 122 8	0.015 823 8	0.000 545 9	0.007 682 8
β_0	-5.001 6	7.786 279 5	1.882 697 9		0.005 264 5	-8.718 076	-1.285 123
对数似然函数 L=				83.317 586			
似然比 $x^2=$				34.968 948			
p 值=				0.006 280 2			

（一）回归结果

1. 正负性指标

表 4-13 显示，农户性别、农户收入来源、种子购买方式、谷子销售方式与农户种植"冀谷 31"的意愿成负相关关系，其他指标呈正相关关系。

2. 显著性指标

表 4-13 显示，通过 10%置信区间的 p 值检验指标有调查农户年龄、劳动力人数占家庭人口数比例、种子是否有补贴、是否使用机械种植、谷子单产 5 个指标，其中 5%

显著性的有调查农户年龄、劳动力人数占家庭人口数比例、种子是否有补贴、谷子单产，1%极显著的是否使用机械种植。上述指标的变化对农户种植"冀谷31"的意愿影响较大。

3. 非显著性指标

表4-13显示，P值大于10%置信区间的指标包括农户性别、教育程度、收入来源、谷子占耕地面积、种子购买方式、鸟害、销售方式、技术培训、谷子优缺点、获得谷子信息途径、解决谷子种植问题，这些指标影响不显著。

（二）显著性指标分析

从p值的显著性结果看，"冀谷31"的种植过程机械的使用极显著，呈正相关关系，说明"冀谷31"在当地种植过程中机械化程度较低，调研结果显示，6.42%的农户采用了机械，其中包括机械种植、机械收割、机械运输等，93.58%的农户从种植到收获均由人工完成。机械使用在"冀谷31"种植时所起到的作用很大。通过显著性检验的其他指标，农户年龄呈正向关系，农户年龄越大越愿意种植"冀谷31"；劳动力占家庭人口比例呈正相关关系，家庭劳动力年轻化是种植"冀谷31"的重要条件，虽然年轻劳动力外出打工者居多，但家庭自留劳动力仍旧种植谷子。种子是否补贴是影响农户种植"冀谷31"的重要因素，且呈现正相关关系，补贴越多种植积极性越高。调研显示，存在政府补贴的农户愿意继续种植"冀谷31"，不存在补贴的农户就不愿意种植"冀谷31"，调查还发现补贴多少也是影响种植意愿的因素，补贴20元的农户和补贴30元的农户种植意愿明显不同。所以补贴是影响"冀谷31"种植的重要因素。产量与种植意愿有直接的正向关系，结果显示，产量越高，种植意愿就越强烈，反之相反，调研显示农户看中的是"冀谷31"产量，产量高自然种植面积就会增加，产量低就会影响种植积极性和实际种植面积。

（三）非显著性指标分析

非显著性指标对谷子种植影响不大，谷子和其他作物一样，对技术的要求不高，因此农户性别、教育程度、收入来源多少、耕地面积不变等影响较小；只要种子来源正规，怎样买、在哪购买都一样；谷子加工企业较多，销售方式影响不到"冀谷31"种植意愿，技术培训效果不明显，农户对谷子优缺点认识不足，获得谷子的信息主要是村大队，遇到问题稍微应对一下，遇病虫草害打打药，严重的就认定是天灾，鸟害是普遍的，不采取什么大的措施。

三、结论与建议

（一）结论

通过对"冀谷31"的调研结果发现，省工省力的种植方式给农户种植意愿带来很大影响，机械使用是最显著的影响因素；农业劳动力逐渐向老年化转移；政府是农民的有力保障，补贴是农户种植"冀谷31"的重要因素；产量也是农户选择种植"冀谷31"的最重要因素。

(二) 建议

针对分析得出的结论，提出以下建议。

1. 加大机械研发力度

研发播种、中耕、收获等关键生产环节的配套农机，走农机与农艺相结合的发展道路。目前，改装的谷子联合收割机已在生产上试验成功，有望大面积推广，播种机和晒割机也取得初步成效。

2. 加强政府号召，建立杂粮专项补贴制度

目前，年轻劳动力外出打工逐渐增多，留在农村的劳动力也逐渐从青壮年转向中老年，面对当前形势，政府号召加强农业生产，稳定农业劳动力，施行农业补贴制度，提高农民生产积极性。

3. 加大科研力度，做好基层和农户培训工作

在保证品质的基础上，完善谷子简化栽培技术，提高谷子产量，加强抗鸟害、抗除草剂品种研发。大力开展对各级农技人员和广大农户的技术培训，通过高产示范区建设，技术观摩指导培训，实现科技入户，调动基层农技人员和农民生产积极性，促使科学技术应用在谷子生产中。

4. 扩大谷子企业规模，拉动谷子生产

有关部门采取适当政策，鼓励企业扩大规模，完善生产、加工、销售一体化服务，促使企业向标准化、产业化、现代化转移，从而拉动当地谷子产业发展，促进企业增值，农民增收。

第五节 谷子简化栽培技术综合评价

一、谷子简化栽培技术发展历程

谷子抗旱耐瘠，水分利用效率高，是环境友好型作物，也是应对未来日益严重水资源短缺的战略储备作物。谷子营养丰富且均衡，富含维生素、氨基酸、膳食纤维以及硒、铁等多种功能成分，是中国北方居民不可或缺的传统食物，尤其是产妇、老人和儿童的最佳营养食物。谷草在禾谷类作物秸秆中是最佳的牲畜饲草。谷草含蛋白5%～7%，戊聚糖26%，木质素24.2%，纤维素42.2%，营养价值高于一般禾本科牧草，而且谷草质地柔软，容易消化，是牲畜的良好饲草。谷子悠久的种植历史直接说明谷子这种作物具有优良特性，但我国谷子种植面积却持续下降。其中最重要的一个原因就是谷子长期以来依赖人工间苗、人工除草，这主要是由谷子自身的特性决定的。

第一，谷子是小粒半密植作物，每千克种子多达30多万粒，而适宜的留苗密度为3万~5万株/亩，每亩有效用种量仅0.2 kg左右，精量播种不但困难，也很难保证全苗，因为谷子幼苗弱小，又多种植在干旱瘠薄地，管理粗放，谷苗需要群体顶土才能保证全苗。因此，生产上一直采用大播种量（1~1.5 kg/亩），再人工间苗。第二，普通谷子品种不抗除草剂，谷田只能靠人工作业。人工间苗、除草不仅是繁重的体力劳动，而且苗期一旦遇到连续阴雨天气，极易造成苗荒和草荒，最终导致严重减产甚至绝收，

常年因此减产 30% 左右。近年来，随着农业机械化程度的提高，小麦、玉米生产变得非常简便，大量的农村劳动力转移务工经商，农村已形成以老人、妇女为主要劳力的农业生产的格局。由于谷子面积小、种植分散及分布于山区丘陵地带，农机科研和生产单位出于效益和收益群体角度考虑，基本不从事谷子生产机械的研发，导致谷子生产仍靠人工操作，严重制约了谷子的规模化、集约化生产。

近些年为了解决谷子栽培间苗、除草难题，国内外谷子科研工作者从精量播种、种子处理、化学除草、育种等方面开展了不懈的探索，并取得了一系列成就。

（1）在谷子精量播种与栽培方面。内蒙古昭乌达盟农科所（1962）提出谷子精量播种不间苗技术；河北省农学会（1965）提出谷子宽垄密植少间苗技术。河北省农作物所（1983）提出夏谷小密垄不间苗技术。精量播种需要机械操作，而我国谷子种植分散，一些又种植在丘陵山区，致使机械操作困难。同时，谷子籽粒小，弱小的谷苗需要发挥群体顶土能力才能保证一播全苗，精量播种往往缺苗断垄问题突出；半精量播种不间苗技术尽管出苗较好，但往往导致密度过高，造成田间通风透光性差，病害、倒伏严重，间苗省工的效益难以补偿产量的损失。因此，未能大面积推广。

（2）在种子处理技术方面。河北省农林科学院谷子研究所通过谷子种丸化实现精量播种免间苗。但丸化后的谷种吸水困难，出苗率低，应用效果不理想。其次谷子单位面积效益不能和蔬菜相比，高级丸化技术成本高而不宜采用。

（3）在谷子化学除草方面。国内大量的研究探索表明，谷子对所有商业化生产的除草剂均表现敏感，只有少数除草剂在低剂量下可勉强使用，但除草效果较差。1998年，南开大学研制出新谷子专用除草剂"谷草灵"，与河北省农林科学院谷子研究所合作，经过几年的反复试验示范和剂型改进，该除草剂在墒情条件好、使用剂量适宜的情况下除草效果可达 90% 以上。该除草剂主要用于谷子播种后出苗前封地使用。在推荐剂量下（0.14 kg/亩），可以防治双子叶杂草和大部分单子叶杂草，但对谷子伴生杂草"谷莠子"无效。该除草剂的研制填补了谷子没有专用除草剂的空白，对于减轻谷田草荒发挥了一定的积极作用，但生产应用仍受到限制，主要是除草效果易受土壤墒情影响，在土壤墒情不足的情况下除草效果不理想，而在苗期阴雨较多或使用剂量稍大的情况下，谷苗易产生药害。

（4）在化控间苗技术方面。山西省农科院谷子研究所研究出一种能使谷子正常播种出苗的 MND 化学药剂。使用 MND 化学药剂处理谷种，在与正常谷种按一定比例混匀配制成化控间苗谷种，出苗后经 MND 处理过的谷种苗 2 叶自然死亡，留下正常谷种的种苗，从而实现不间苗或少间苗。但该技术间苗效果与土质、肥力、整体质量、土壤墒情和播期有关，农民使用不易掌握。此外该方法不能解决人工除草的难题。

（5）在抗除草剂育种方面。法国、加拿大得到了抗阿特拉津（Atrazine）材料、抗拿捕净（Sethoxydim）材料。1993 年，河北省农林科学院谷子研究所将法国、加拿大的谷子抗除草剂基因引入中国栽培品种中，培育出谷子抗除草剂材料，国内一些谷子育种单位培育出了不同类型的抗除草剂谷子品种，例如，辽宁省铁岭市农科院育成抗阿特拉津谷子新品系"DSB98-625SR"；河北省张家口市坝下农科所育成抗拿捕净新品种"坝谷 214"等，但均未在生产上大面积使用。主要原因就是单一的抗除草剂品种不能解决谷子人工间苗的难题；抗氟乐灵类型抗性水平偏低，除草剂浓度不易掌握，抗阿特拉津是细胞质内叶绿体突变产生的抗除草剂特性，对光合作用产生一定的不利影响，导致产量损失；抗拿捕净类型虽然抗性水平高，但拿捕净对双子叶杂草无效，除草不彻底。

二、谷子简化栽培技术先进性分析

为解决谷子间苗除草难题，国内外谷子科研工作者进行了不懈的探索，但均未在生产上大面积推广。河北省农林科学院谷子研究所吸取上述技术之长，2003 年提出了综合运用育种手段和栽培措施实现谷子简化栽培的技术思路。技术核心：利用谷子近缘野生种抗除草剂基因，通过杂交、回交等育种手段，培育出抗除草、不抗除草剂或抗不同除草剂的同型姐妹系或近等基因系，把不同姐妹系或近等基因系按一定比例混合播种、通过喷施特定除草剂实现化学除草、化学间苗的目的。河北省农林科学院谷子研究所应用该项技术育成了简化栽培谷子品种"冀谷 25""冀谷 29"，分别于 2006 年、2008 年通过全国谷子品种委员会鉴定，并在河北、河南和山东大面积示范成功。这两个品种在品质上与当前主栽的不抗除草剂品种冀谷 19 还有较大差距，推广潜力受到限制。

"冀谷 31"是河北省农林科学院谷子研究所继冀谷 25、冀谷 29 之后培育的最新的简化栽培谷子品种，2009 年 12 月通过全国谷子品种鉴定委员会鉴定。该品种不仅能够化学间苗、化学除草，省工省时，并具有优质、高产、适合机械化收获、鸟害轻等特点。在 2008—2009 年国家谷子新品种区域试验中，三省 17 个试验点平均单产 5 184 kg/hm²，较对照"冀谷 19"增产 3.88%，2009 年国家生产试验较对照"冀谷 19"增产 8.58%。2009 年在河北省邯郸市等地示范一般单产 6 000 kg/hm² 左右，其中 0.2 hm² 谷田平均 8 138 kg/hm²，单产潜力 9 000 kg/hm² 以上。2009 年在全国第八届优质食用粟品质鉴评中综合得分居 29 个品种的第 2 位，评为一级优质米。在 2009—2010 年谷子农机试验中，该品种还表现出了适合机械化收割的优良特性，2009—2010 年在河北、河南、山东已推广 1.3 万 hm²，受到农民和推广部门的高度认可，被邯郸市农业局列为"4123 工程"的首选品种。"冀谷 31"是目前华北夏谷区优势明显、产业特色突出、综合性状良好的谷子新品种，它的育成和推广对谷子生产和产业发展具有重要作用，但如何评价其经济效益，影响"冀谷 31"的种植因素有哪些，一直缺乏定量和定性的研究。

简化栽培谷子品种及其配套技术有如下先进性。第一，谷友和拿捕净两种除草剂的配合使用可以弥补当前单一除草剂使用不彻底的问题，谷友在播后苗前使用，可以杀死双子叶杂草和大部分单子叶杂草；拿捕净在 3~5 叶期使用，可以杀死不抗除草剂谷子从而实现间苗的目的，同时可以杀死谷田恶性杂草谷莠子。第二，混配的谷种为同型姊妹系，除抗除草剂基因外，其他特性均相同，在墒情不好、出苗率低的情况下，可以酌情少使和不使用除草剂，产出的谷子米质与抗除草剂谷子一样。第三，用于培育的简化栽培谷子品种选育是对密度不敏感的品种，在留苗密度 45 万~90 万株/hm² 情况下，对产量影响不明显，技术操作难度低。第四，多年试验表明，该技术除草效果达到 95.43%，产量较对照增产 8.37%。

简化栽培的谷子品种及其配套技术有效解决了千百年来谷子间苗、除草的难题，符合现代农业发展的方向，但国内对谷子简化栽培技术的具体投入产出分析和经济评价研究较少。本研究从我国谷子产业的现状和谷子简化栽培技术的特点等两方面，对主推品种"冀谷31"进行定量经济效益评价，并分析影响农户采用简化栽培品种的主要因素，最后提出对策建议，为简化栽培谷子品种"冀谷31"的大面积推广和谷子产业水平的提升提供依据。

三、谷子简化栽培品种综合评价

（一）数据来源、评价指标体系构建及模型选择

1. 数据来源

数据来源于国家谷子高粱产业技术体系重点任务谷子轻简高效栽培技术的调研。简化栽培技术新品种种植面积最大的地区包括河北武安市和河南洛阳市。这两个地区均在当地实行种子补贴，且集中购买种子，是该技术使用较集中的区域。河北武安市和洛阳市伊川县自古有种谷子的习惯，且历史悠久，洛阳市孟津县是实施谷子示范方建立起来的新技术推广县，均具有代表性。调查方法采用问卷抽样调查和典型个案访谈相结合。此次调查共发放问卷280份，收回260份，其中有效问卷245份，有效率94%。

作物选取原则：以当地谷子的主要品种为主，以面积、产量稳定、农民反映良好的品种，并把同季节作物玉米选取在内。因此武安选择"冀谷31""冀谷19"、当地自留种谷子与玉米进行比较，洛阳选择"冀谷31""张杂谷8号"、当地自留种谷子与玉米进行比较。

2. 评价指标体系构建

通过对谷子种植地区河北武安市、河南洛阳市的问卷及实地调查与分析，结合各品种的种植现状，有针对性地找出影响谷子品种优属度的因素，并考虑指标数据的可获取程度、数据的统计误差等情况，构建了谷子品种优属度评价指标体系，最终确定投入强度、产出效果、社会效果等3个准则层的10个指标层作为评价因素（表4-14）。

表4-14 谷子品种优属度评价指标体系

评价目标层	评价因素层	评价指标层	指标说明（单位）
A 目标谷子品种优属度	B_1 投入强度	C_{11} 单位劳力投入	劳动人口/种植面积（人/hm²）
		C_{12} 单位种子费用投入	种子费用/种植面积（元/hm²）
		C_{13} 单位化肥费用投入	化肥投入费用/种植面积（元/hm²）
		C_{14} 单位时间投入	用工总天数/种植面积（d/hm²）
		C_{15} 单位机械费用投入	机械总费用/种植面积（元/hm²）
		C_{16} 单位农药投入	农药总费用/种植面积（元/hm²）
	B_2 产出效果	C_{21} 单产	总产量/种植面积（kg/hm²）
		C_{22} 农业收入	单产×价格（元/hm²）
	B_3 社会因素	C_{31} 农业推广程度	本年种植面积/上年种植面积
		C_{32} 农民种植意愿	非常愿意=4，愿意=3，随大流=2，不愿意=1

3. 模型选择

熵权综合评价法是在确定研究对象评价指标体系基础上，运用一定方法对各指标在研究领域内的重要程度，即其权重进行确定。根据所选择的评价模型，利用综合指数的计算形式，定量地对某对象进行综合评价的方法。

(二) 结果

按照前面阐述的熵权综合评价法计算谷子品种优属度评价指标的熵和熵权，结果见表4-15。由于两个地区涉及的作物不同，不能总体分析，因此本书把河北武安市和河南洛阳市的谷子简化栽培技术品种分开进行分析。另外投入强度指标为负效应，意思是投入越多，成本越大，效益越少，因此熵权模型采用负效应公式，这样得出的结果是得分大的为优越性。

1. 武安谷子简化栽培技术结果分析

(1) 投入强度指标分析。从投入强度的6个指标中发现简化栽培技术品种"冀谷31"单位劳动力投入、单位时间投入、单位机械费用投入、单位农药费投入均排第一名，单位种子费用投入和单位化肥投入排第三名。简化栽培品种"冀谷31"因采用化学除草、间苗，单位面积劳动力投入和单位面积劳动时间均减少，化学除草间苗减少了农药费用的投入，机械费用在谷子生产中没有明显的优势；简化栽培品种"冀谷31"配有化学药剂，种子费上会比其他谷子品种投入大，但比玉米的种子费投入少，因此种子费排在第三位，调查发现农民现在对谷子育成品种基本认可，除少量保留农家品种外，基本上都是购买新种子。从化肥投入来看，作为新品种的"冀谷31"受到农民的欢迎与重视，以致简化栽培品种"冀谷31"的化肥投入增加，排在第3位，仅次于玉米的化肥投入。

表4-15 武安谷子简化栽培技术投入强度指标情况

品种	单位劳力投入	排名	单位种子费用投入	排名	单位化肥费用投入	排名	单位时间投入	排名	单位机械费用投入	排名	单位农药费用投入	排名
冀谷31	0.094 1	1	0.055 5	3	0.028 6	3	0.137 7	1	0.085 8	1	0.107 0	1
冀谷19	0.068 3	2	0.066 9	2	0.058 8	2	0.098 4	2	0.057 2	3	0.060 7	2
自留种	0	4	0.085 7	1	0.128 7	1	0	4	0.085 8	1	0	4
玉米	0.043 7	3	0	4	0	4	0.019 7	3	0	4	0.036 5	3

综合以上分析，简化栽培品种"冀谷31"因其自身特点，充分显示了简化栽培技术的优越性；"冀谷19"和自留种谷子因其没有配套农药，要使用其他农药维持谷子正常生长，而增加了农药费用，相应机械费用减少；玉米和"冀谷31"的投入强度指标对比也显示出"冀谷31"的优越性比较大（表4-16）。

表 4-16　武安谷子简化栽培技术产出指标情况

品种	产量	排名	农业收入	排名
冀谷 31	0.054 4	2	0.081 6	1
冀谷 19	0.046 3	3	0.071 0	3
自留种	0	4	0	4
玉米	0.096 0	1	0.076 8	2

（2）产出效果指标分析。产出分析包括了产量和收入。其中玉米产量以较高得分居于首位，显示玉米的产量高于谷子的产量，这是公认的事实。但是在 3 个谷子品种中，以"冀谷 31"的产量最高，"冀谷 19"次之，自留种谷子产量最低；从农业收入方面看，虽然玉米的产量比谷子的产量高，但由于谷子的价格高于玉米，最终简化栽培品种"冀谷 31"的农业收入高于玉米，得分最高，在 3 个谷子品种中，涉及谷子的品质问题，3 个谷子的品种单价有所不同，另外受产量的影响，导致 3 个谷子品种以"冀谷 31"最高，"冀谷 19"次之，自留种最低。

（3）社会效益指标分析。近些年，随着媒体对谷子产业广泛宣传报道，越来越多的人逐渐认识并开始关注谷子，各地的农民也通过各种渠道联系到科研机构咨询引进试种新品种。"冀谷 31"作为河北省农林科学院谷子研究所育成的新品种，因此位于农业推广程度这一指标的首位。可以看出农户非常愿意接受新品种、新技术，而"冀谷 31"正是顺应新品种、新技术的这一特点。对于玉米大宗作物，面积大且产量稳定，是农民首要选择的作物（表 4-17）。

表 4-17　武安谷子简化栽培技术社会指标情况

品种	农业推广程度	排名	农民种植意愿	排名
冀谷 31	0.096 7	1	0.067 4	2
冀谷 19	0.069 1	2	0.053 2	3
自留种	0	4	0	4
玉米	0.041 4	3	0.086 7	1

2. 洛阳结果分析

（1）投入强度指标分析。因为"冀谷 31"的化学除草间苗、省工省力特点，单位劳动力投入得分和单位时间投入得分均最大，排名第一；单位种子费用投入、单位化肥费用投入、单位机械费用投入、单位农药费用投入均排名第二。单位劳动力投入和单位时间投入与武安情况相同；单位农药费用投入受简化栽培品种配套的化学药剂而使"冀谷 31"的农药费用少于张杂谷和玉米，然而费用却多于自留种，分析原因是因为农民对自留种的管理较粗放，不重视自留种的谷子生产，而对新技术、新品种的谷子生产却非常重视造成的，另外单位化肥费用投入和种子费用投入分别高于自留种，也是这个原因；单位机械费用投入与武安情况相同，对谷子之间的影响不大（表4-18）。

表4-18 洛阳谷子简化栽培技术投入强度指标情况

品种	单位劳力投入	排名	单位种子费用投入	排名	单位化肥费用投入	排名	单位时间投入	排名	单位机械费用投入	排名	单位农药费用投入	排名
冀谷31	0.067 6	1	0.041 4	2	0.048 0	2	0.133 9	1	0.054 4	2	0.035 6	2
张杂谷8	0.060 8	2	0	4	0.042 2	3	0	4	0.071 4	1	0.032 9	3
自留种	0	4	0.148 0	1	0.073 5	1	0.100 9	2	0	4	0.098 5	1
玉米	0.053 7	3	0.014 8	3	0	4	0.008 2	3	0.043 4	3	0	4

（2）产出效果指标分析。通过表4-19的作物效益得分排名分析，玉米产量和农业收入均以其绝对优势排在第一位，但由于受到天气的影响，洛阳谷子产量受到极大影响，产量平均在1 500 kg/hm²左右，但是"冀谷31"的产量在3个谷子品种中仍然较高。

表4-19 洛阳谷子简化栽培技术产出指标情况

品种	产量	排名	农业收入	排名
冀谷31	0.027 8	2	0.049 9	2
张杂谷8	0.020 9	3	0.026	3
自留种	0	4	0	4
玉米	0.156 8	1	0.096 9	1

（3）社会效益指标分析。洛阳调查中发现，对"冀谷31"的认知程度要比其他谷子品种要好，80%以上的农户反映"冀谷31"适口性好，抗倒伏性较强，这使得"冀谷31"在农户中有良好的口碑。农业推广程度和农户的种植意愿是相对应的，正是由于农户对谷子品种有了足够的认知，才会去选择种植这一品种（表4-20）。

表4-20 洛阳谷子简化栽培技术社会指标情况

品种	农业推广程度	排名	农民种植意愿	排名
冀谷31	0.079 4	1	0.064 1	2
张杂谷8	0.068 1	2	0.055 4	3
自留种	0	4	0	4
玉米	0.034 0	3	0.074 0	1

3. 谷子简化栽培技术综合评价

综合河北武安市和河南洛阳市的谷子简化栽培技术经济评价得分情况分析，简化栽培品种"冀谷 31"在两个地区的综合得分均排在第一名，表明了谷子简化栽培品种及其配套技术超过了当地的玉米效益，虽然在产量和农民种植意愿上没有玉米的突出，但是综合指标已超过玉米。在谷子品种内部比较上，简化栽培品种及其配套技术更加显示出了它的地位，化学除草、间苗特点比其他谷子更具有无可比拟的优点（表 4-21）。

表 4-21 谷子简化栽培技术综合评价指标情况

河北武安地区			河南洛阳地区		
品种	综合评价	排名	品种	综合评价	排名
冀谷 31	0.808 7	1	冀谷 31	0.602 0	1
冀谷 19	0.649 7	2	张杂谷 8	0.377 7	4
自留种	0.300 2	4	自留种	0.420 9	3
玉米	0.400 8	3	玉米	0.481 9	2

（三）结论

通过采用熵权模型分析法对河北武安市和河南洛阳市的谷子生产调研进行分析，简化栽培品种"冀谷 31"及其配套技术的综合得分比其他参比的谷子品种和玉米都高。其谷子内部表现出了其特有的化学除草、间苗技术及其带来的省工省力等优越性，劳动力投入少、农药使用较少，农民对新技术新品种的重视以致化肥使用费用增多；另外，简化栽培技术品种效益超过了玉米的效益，虽然在产量和农民种植意愿上没有玉米的突出，但是综合指标超过玉米。谷子简化栽培技术品种"冀谷 31"的育成和推广为该地区谷子的标准化、专业化生产提供技术支撑，对于这部分地区农民脱贫致富以及新农村建设具有重要意义。通过对武安、洛阳的实地调查也证实了简化栽培品种"冀谷 31"表现出较强的优势，在农户当中有较好的口碑。继续完善谷子简化栽培技术新品种及推广工作，对农民增收、农业增效具有重要意义。

第六节 简化栽培品种及配套技术规模化生产评价

为了对简化栽培品种及其配套技术综合效益进行全方位的评价，本节以简化栽培谷子品种"冀谷 31"及其配套技术为例，通过对华北夏谷区 6 个种植大户和 2 个县的农户种植情况生产调研，采用密切值模型对简化栽培品种及其配套技术规模化生产进行评价，以期对科研、生产和主管部门提供借鉴参考。

规模化生产是提高效益的重要途径，张忠根（1997）利用边际生产力理论建立了描述农业在市场竞争中处于不利地位的理论模型，揭示了农业比较效益低的实质是农户过小的规模经营，因此提高农业的比较效益，必须走农业规模经营之路。隆旺夫（2007）提出农产品适度规模布局是效益最大化的基础，没有规模就没有影响力。合作社发挥规模效益，为农民带来了效益。王恺（2012）认为提高油茶产业就要发展规模效益，许能锐（2010）应用非线性回归分析橡胶生产的规模效益。以上文献结论都是说规模化生产对提高生产效益的重要性。对于以上的规模效益来说,学术界存在3种不同的观点。第一种认为农户经营规模扩大可以促进生产效率的提高;第二种观点认为经营规模扩大无益于生产效率的提高;第三种观点认为在农户经营规模的某个范围内,可能存在规模效益,在另外一个范围内就没有规模效益。

在农业生产经营管理和科学试验中,经常会遇到多种技术或者技术的效益评价和结果的比较与选择问题。例如对某一品种的多种栽培技术模式进行优选、品种区域适宜性评价、多作物生产效益评价等研究,所选择的指标是多项的,如何根据多指标来评价或者选择样本的优劣等,针对这种情况,不少学者提出运用灰色理论、模糊数学等方法,取得了较好的效果。但是,不论从理论体系还是从计算复杂度看,灰色理论与模糊数学方法都需要有较深厚的数学基础知识,且计算量较大。另外,用灰色理论进行多目标评价中,如何合理确定指标在评价中的权重缺乏理论依据,而模糊数学中隶属函数表达式的确定亦比较困难。鉴于此,提出运用密切值法来评价上述情况。密切值法是多目标决策中使用较广泛的一种方法,目前在各种领域得到充分的应用,在环境质量评价、生产效益评价、企业效益评价等均有研究,另外研究方法也不尽相同,有熵权的密切值方法、熵权改进密切值法、改进密切值法等。在综合了以上研究成果的基础上,依据问卷调查内容以及谷子品种自身特性构建了评价指标体系,利用密切法对谷子简化栽培技术规模化生产进行评价。

一、指标体系建立与数据来源

(一) 指标体系的建立

规模报酬分析涉及企业的生产规模变化与引起产量变化之间的关系。规模报酬变化是指在其他条件不变的情况下,企业内部各生产要素按相同比例变化时所带来的产量变化。农业生产经营中,规模报酬是农业规模生产要素的变化给产量带来的增产变化。农业适度规模经营是指在既有的农业生产力水平和经营条件下,适度扩大生产要素的投入量并使其合理组合和充分利用,已获得最佳产出规模。另外本研究还同时对生产效益进行评价,因此考虑到生产要素和效益两点原因,经过筛选和整合,指标选取产出、投入、社会3个一级指标,单产、产值、利润、农药费、化肥费、机械费、水费、用工数量、用工工价9个二级指标。产出包括谷子的单产和产值;效益是单位面积的纯收入;成本包括了各生产要素的物质投入;综合指标包括谷子单位用工数量和用工工价。其中产出和效益是正向指标,成本和社会指标是负向指标(表4-22)。

表4-22 指标体系建立及解释

一级指标	二级指标	指标解释	单位	作用方向
产出	单产	谷子单位面积产量	kg/hm^2	+
	产值	谷子单位面积产值	$元/hm^2$	+
	利润	谷子单位面积纯收入	$元/hm^2$	+

(续表)

一级指标	二级指标	指标解释	单位	作用方向
投入	农药费	谷子单位面积农药使用费用	元/hm²	-
	化肥费	谷子单位面积化肥使用费用	元/hm²	-
	机械费	谷子单位面积机械使用费用	元/hm²	-
	水费	谷子单位面积浇水使用费用	元/hm²	-
社会	用工数量	谷子单位面积人工使用数量	元/hm²	-
	用工工价	谷子单位用工费用	元/天	-

（二）数据来源与处理

数据来源于国家谷子高粱产业技术体系调研数据。种植大户选取6个，谷子种植面积都在1 hm²以上，最大的41.7 hm²。景县津龙公司、馆陶县种植大户、邯郸县种植大户、曲阳县种植大户均是土地流转后承包的土地，其中曲阳为山区种植，晋州周家庄乡是集体所有制（未实行家庭联产承包）形式，农业生产可认为是规模化生产，永年文兰种养公司是将废弃的河滩、荒滩进行治理形成耕地，以上种植形式具有一定规模。河南伊川县和河北武安市是农户种植，选取的是0.2 hm²以下的农户（表4-23）。

通过2010年和2011年简化栽培技术品种的调研，采用两年数据和两年平均数据对6种规模种植和2种农户种植情况进行密切值计算。数据处理借助于Excel软件进行统计。

表4-23 调查样本基本情况（hm²）

调查对象	总面积	2010年	2011年	两年平均	地形
景县津龙公司	733.3	23.3	36.7	30	平原
永年文兰种养公司	113.3	20	33.3	26.7	平原
晋州市周家庄乡	1 073.3	13.3	70	41.7	平原
馆陶县种植大户	66.7	18.7	6.7	12.7	平原
邯郸县种植大户	20	8	10	8.3	平原
曲阳县种植大户	20	1.3	0.7	1	山区
伊川县农户	0.5	<0.2	<0.2	<0.2	丘陵平原
武安市农户	0.4	<0.2	<0.2	<0.2	山区

二、谷子简化栽培技术规模化生产效益实证分析

利用2010年和2011年的简化栽培技术调研数据，根据密切值的计算公式，得到以下结果。

(一) 最优点集和最劣点集的确定

最优点集：N+ = (0.284 104, 0.286 148, 0.338 038, -0.262 725, -0.322 091, -0.517 780, -0.369 701, -0.308 469, -0.363 236)

最劣点集：N- = (0.094 426, 0.071 219, -0.033 779, -0.111 658, -0.111 658, -0.060 408, 0, 0, -0.086 485)

(二) 密切值的计算 (表4-24)

表4-24 适宜规模生产的评价结果

评价对象	2010	排序	2011	排序	平均	排序	评价结果
邯郸县种植大户	2.132 302	5	1.793 441	3	1.951 005	3	适合
景县津龙公司	0.252 665	1	0.009 561	1	0.044 588	1	适合
曲阳县种植大户	2.828 751	6	3.418 91	7	3.085 36	7	不适合
永年文兰种养公司	1.985 395	4	2.070 785	4	2.022 045	5	较适合
晋州市周家庄乡	1.717 449	3	1.713 413	2	1.708 474	2	适合
馆陶县种植大户	1.656 881	2	2.556 778	5	2.019 495	4	较适合
伊川县农户	3.014 712	8	3.613 74	8	3.313 955	8	不适合
武安市农户	2.994 714	7	2.895 738	6	2.939 51	6	不适合

(三) 简化栽培技术规模化生产的适宜性评价

表4-24可以看出2010年和2011年密切值排序除了邯郸县和馆陶县变化较大外基本上一致，为了消除年际间外界因素影响，对两年的各指标取平均值，然后计算密切值。表4-24显示密切值排序前5位的样本对象均是种植大户，种植面积均在6.7 hm² 以上，具有一定的规模，且5个样本区均是平原地区，其简化栽培技术较适合规模化生产。排在后三位的是曲阳种植大户和伊川县、武安市农户，曲阳大户处于山区、面积较小，伊川县和武安市农户种植面积均小于0.2 hm²，均不成规模。因此，简化栽培技术品种"冀谷31"较适合平原地区规模化生产。

(四) 简化栽培技术规模化生产的效益评价

对8个样本对象的生产效益进行了分析，景县津龙公司的生产效益最大10 763 元/hm²，主要是产值较高；其次是永年文兰种养公司生产效益是9 563 元/hm²；生产效益依次是曲阳县种植大户，馆陶县种植大户，武安市农户，邯郸县种植大户，晋州周家庄乡，伊川县农户 (表4-25)。通过对各样本对象的成本和产值进行比较，把效益分成3个范围，高>8 000元/hm²，4 000元/hm²<较高< 8 000元/hm²，低< 4 000元/hm²。可见在平原地区的5个样本对象中包括了2个较高效益和2个高效益的样本，这说明平原地区简化栽培技术品种冀谷31规模化生产效益较高。

表 4-25　2010 年和 2011 年规模化生产的平均效益评价结果　　　　　（元/hm²）

评价对象	产值	生产成本	效益	排序	评价结果
邯郸县种植大户	14 700	8 423	6 278	6	较高
景县津龙公司	18 788	8 025	10 763	1	高
曲阳县种植大户	12 713	4 800	7 913	3	较高
永年文兰种养公司	16 425	6 863	9 563	2	高
晋州市周家庄乡	14 012	10 988	3 024	7	低
馆陶县种植大户	13 725	6 593	7 133	4	较高
伊川县农户	8 040	6 758	1 313	8	低
武安市农户	12 994	7 124	6 623	5	较高

三、结论与建议

采用密切值模型对简化栽培技术品种"冀谷 31"的规模化生产效益进行了评价，得出：（1）简化栽培技术品种"冀谷 31"适合在平原地区进行规模化生产，且规模程度越高表现得效益越好；（2）规模种植效益好于农户小规模种植；（3）简化栽培技术品种"冀谷 31"不适合在山区规模化生产。

根据以上结论提出了简化栽培技术品种"冀谷 31"的发展建议。大力发展规模化生产，研发大中小型机械；在平原地区实行农业专业合作社、土地流转承包等形式规模化种植；山区农户种植可应适当增加种植面积，使用适应山区丘陵农户生产作业的小型机械，增加机械化使用率；政府予以扶持的农业政策，实行良种补贴等，降低生产要素的物质投入费用，提高产出。

本章小结

本章应用经济学理论对河北省杂粮进行了技术经济分析。分析了农户种植杂粮的影响因素，随后，对简化栽培谷子品种及其配套技术农户种植影响因素进行了分析，对简化栽培谷子品种及其配套技术进行了综合评价。通过对简化栽培谷子品种"冀谷 31"的调研结果分析发现，省工省力的种植方式在一定程度上都会给农户种植意愿带来很大影响，谷子种植过程中机械使用是最显著的影响因素；政府是农民的有力保障，补贴是农户种植谷子的重要因素；产量也是农户选择种植谷子的最重要因素。通过对农户谷子种植意愿影响因素分析，谷子产量、口感、谷子价格以及国家的补贴政策已经成为影响农户谷子种植的显著因素。构建了评价简化栽培谷子品种及其配套技术三个层次 13 个指标体系。采用熵权模型分析表明：简化栽培品种及其配套技术的综合得分比其他参比的谷子品种和玉米都高，表现出了其特有的化学除草、间苗技术及其带来的省工省力等优越性，综合指标超过玉米。应用密切值模型得出简化栽培技术品种适合在平原地区进行规模化生产，且规模程度越高表现的效益越好。

第五章　河北省杂粮适度经营规模分析

适度规模经营是在一定的适合的环境和适合的社会经济条件下，各生产要素（土地、劳动力、资金、设备、经营管理、信息等）的最优组合和有效运行，取得最佳的经济效益。随着城镇化和农业现代化进程加快，农村劳动力大量转移，农户承包土地的经营权流转明显加快，为大力推进农业适度规模经营提供了有利条件和机遇。随着杂粮轻简化、规模化、标准化栽培技术的成熟以及河北省季节性轮作休耕、渤海粮仓等专项的实施，为杂粮规模化种植提供了有利条件，但杂粮的适度规模经营的"度"在哪里？适度规模经营的规模是多少？本节以谷子为例，通过河北省谷子生产效率定量测算，分析投入产出合理性，分析谷子规模化生产适宜生产规模，为新型经营主体谷子适度规模经营提供参考，同时为河北省其他杂粮生产提供借鉴。

第一节　河北省谷子生产效率测算

河北省是全国谷子主产省之一，种植区域分布广泛。根据河北省谷子主产县以及国家谷子高粱产业技术体系河北省综合试验站示范县分布情况，选择河北省21个谷子生产县（市、区）进行跟踪分析（表5-1），其中，平原区包括11个县（市、区），太行山区包括5个县（市、区），燕山山区包括5个县（市、区）。从谷子生产县（市、区）面积和分布情况看，可以代表河北省谷子生产的总体情况，分析谷子生产效率可以代表河北省谷子的生产效率。

数据来源于国家谷子高粱产业技术体系信息平台及实际生产调研，部分数据来源于官方统计数据。研究方法采用公认的数据包络分析方法（DEA），利用 DEAP Version 2.1 软件进行数据处理，分别选择基于产出角度和投入角度的恒定规模报酬的模型。指标分产出和投入两项，其中，产出指标选择单产，投入指标选择人工用量、化肥使用量、农药使用量、机械费用。

综合效率是规模报酬不变时技术效率。基于产出角度和投入角度处理得到的综合效率值是相同的，只是产出和投入的变化值不同。基于产出角度是在现有的投入水平上追求的产出最大化；基于投入角度是以现有产出不增加基础上尽可能地减少投入。经测算，当前河北省谷子生产综合效率 0.828，处于效率欠优水平，其中有 7 个县（市、区）谷子的生产效率为 1，处于 DEA 有效状态，包括平原区的沧县、桃城区、南宫市，太行山区的唐县，燕山山区的隆化、围场满族蒙古族自治县、蔚县，其他处于 DEA 无效状态。

表 5-1 河北省主要谷子生产县（市、区）综合效率

序号	县名称	综合效率	序号	县名称	综合效率
1	沧县	1.000	12	曲阳县	0.845
2	黄骅市	0.874	13	顺平县	0.602
3	孟村县	0.768	14	唐县	1.000
4	献县	0.964	15	易县	0.624
5	盐山县	0.712	16	武安市	0.692
6	枣强县	0.841	17	承德县	0.888
7	桃城区	1.000	18	隆化县	1.000
8	景县	0.505	19	平泉县	0.965
9	冀州市	0.457	20	围场县	1.000
10	南宫市	1.000	21	蔚县	1.000
11	蠡县	0.657		平均	0.828

一、基于产出角度的谷子生产效率分析

处于 DEA 有效的县（市、区），单产原始值和目标值是相等的，而非 DEA 有效的县（市、区）单产均有不足。对于处于 DEA 有效状态的县（市、区），投入和产出均未有增加和不足，因此不做分析。下面分析处于非 DEA 有效状态下的县（市、区）其产出和投入的变化。

（一）投入无冗余而产出不足县（市、区）的综合效率分析

投入无冗余而产出不足的县（市、区）综合效率均小于 1，包括黄骅市、盐山县、冀州市、顺平县、武安市、承德县、平泉县，7 个县谷子生产保持现有的投入水平，单产均可以提高到相对应的目标值，综合效率才能达到 1（表 5-2）。

平泉县综合效率 0.965，非常接近 1，是单产不足县（市、区）中效率最大的县，单产不足只有 206 kg/hm²，基本上可以说投入和产出较合理。平泉县参考县（市、区）是围场满族蒙古族自治县、蔚县、沧县、隆化县，其中围场满族蒙古族自治县的权重为 45.1%。

冀州区综合效率 0.457，是单产不足县（市、区）中的效率最小的县，距离单产目标值差 3 439 kg/hm²，在当前用工量 75 d/hm²，化肥使用量 425 kg/hm²，农药 2.08 kg/hm²，机械费 1 950 元/hm² 的投入水平下，单产可以达到 6 338 kg/hm²。冀州区参考的县是沧县、围场满族蒙古族自治县、蔚县、隆化县，其中围场满族蒙古族自治县的权重为 40%。

盐山县综合效率 0.712，即在当前的用工量 90 元/hm²，化肥使用量 275 kg/hm²，农药使用量 4.17 kg/hm²，机械费 2 625 元/hm² 的投入水平下，单产达到 7 905 kg/hm²，

综合效率达到1,可以解释在既定投入水平下,单产有7 905 kg/hm² 的潜力。盐山县参考县是围场满族蒙古族自治县、蔚县、沧县、隆化县,其中沧县的权重为82.8%。

除了以上3个县(市、区)以外,其余4个县(市、区)分析与上述3个县(市、区)分析相同,均是投入没有冗余,只是单产不足。

表5-2 低效率县(市、区)投入和产出调整方案(一)

序号	县域名称	变量	原始值	径向调整	横向调整	目标值
2	黄骅市	单产(kg/hm²)	4 666	671	0	5 337
		用工量(d/hm²)	30	0	0	30
		化肥使用量(kg/hm²)	250	0	0	250
		农药使用量(kg/hm²)	4.17	0	0	4.17
		机械费(元/hm²)	2 025	0	0	2 025
		参考单元	1	21	20	10
		参考单元权重	0.374	0.083	0	0.448
		综合效率	0.874			
5	盐山县	单产(kg/hm²)	5 625	2 280	0	7 905
		用工量(d/hm²)	90	0	0	90
		化肥使用量(kg/hm²)	275	0	0	275
		农药使用量(kg/hm²)	4.17	0	0	4.17
		机械费(元/hm²)	2 625	0	0	2 625
		参考单元	20	21	1	18
		参考单元权重	0.458	0.087	0.828	0.026
		综合效率	0.712			
9	冀州市	单产(kg/hm²)	2 899	3 439	0	6 338
		用工量(d/hm²)	75	0	0	75
		化肥使用量(kg/hm²)	425	0	0	425
		农药使用量(kg/hm²)	2.08	0	0	2.08
		机械费(元/hm²)	1 950	0	0	1 950
		参考单元	1	20	21	18
		参考单元权重	0.211	0.4	0.372	0.151
		综合效率	0.457			
13	顺平县	单产(kg/hm²)	2 822	1 866	0	4 688
		用工量(d/hm²)	75	0	0	75
		化肥使用量(kg/hm²)	113	0	0	113
		农药使用量(kg/hm²)	2.08	0	0	2.08
		机械费(元/hm²)	1 425	0	0	1 425
		参考单元	14	20	1	18
		参考单元权重	0.526	0.209	0.116	0.116
		综合效率	0.602			

(续表)

序号	县域名称	变量	原始值	径向调整	横向调整	目标值
16	武安市	单产（kg/hm²）	4 634	2 061	0	6 695
		用工量（d/hm²）	85.5	0	0	85.5
		化肥使用量（kg/hm²）	449	0	0	449
		农药使用量（kg/hm²）	2.08	0	0	2.08
		机械费（元/hm²）	1 752	0	0	1 752
		参考单元	20	21	1	18
		参考单元权重	0.517	0.385	0.209	0.079
		综合效率	0.692			
17	承德县	单产（kg/hm²）	5 250	662	0	5 912
		用工量（d/hm²）	90	0	0	90
		化肥使用量（kg/hm²）	250	0	0	250
		农药使用量（kg/hm²）	2.08	0	0	2.08
		机械费（元/hm²）	1 650	0	0	1 650
		参考单元	1	20	21	18
		参考单元权重	0.223	0.589	0.129	0.135
		综合效率	0.888			
19	平泉县	单产（kg/hm²）	5 625	206	0	5 831
		用工量（d/hm²）	82.5	0	0	82.5
		化肥使用量（kg/hm²）	238	0	0	238
		农药使用量（kg/hm²）	2.08	0	0	2.08
		机械费（元/hm²）	2 250	0	0	2 250
		参考单元	20	21	1	18
		参考单元权重	0.451	0.135	0.154	0.353
		综合效率	0.965			

（二）投入冗余和产出不足县的综合效率分析

孟村回族自治县、献县、枣强县、景县、蠡县、曲阳县、易县7个县（市、区）相同点均是谷子生产投入中农药使用量存在冗余，且单产也存在不足，不同的是各县（市、区）的投入冗余和单产不足量不同，导致综合效率不同（表5-3）。下面分析综合效率在本部分最大的献县和最小的景县投入产出的调整情况。

献县谷子生产综合效率0.964，存在146 kg/hm²的单产不足和0.93 kg/hm²的农药冗余。该县显示保证单产在4 025 kg/hm²的水平，投入同比例减少不存在冗余，但是农药减少0.93 kg/hm²也不会影响单产的目标值。献县效率测算参考的是唐县、南宫市、沧县，其中沧县的权重41.8%。

景县谷子生产综合效率0.505，存在3 594 kg/hm²的单产不足和2.03 kg/hm²的农药冗余。景县的单产不足值远远大于献县的单产不足值，这也是综合效率低于献县的主要原因。景县及其他县与献县的情况相同，在投入同比例减少不存在冗余，而是在农药投入有部分冗余。景县效率测算参考的是围场满族蒙古族自治县、蔚县、南宫市,其中权重最大的是南宫市108%。

综上所述,以产出角度的DEA效率测算结果显示,存在7个DEA有效状态县(市、区)和14个非DEA有效县(市、区)。经分析,非DEA有效的县单产均存在不足,主要原因种植管理过程中出现产量损失,包括苗荒草荒、病虫害及其自然灾害、收获损失等。另外投入中农药出现了冗余,主要是谷子生产中农药用量过多。

表5-3 低效率县(市、区)投入和产出调整方案(二)

序号	县域名称	变量	原始值	径向调整	横向调整	目标值
3	孟村回族自治县	单产(kg/hm²)	5 438	1 642	0	7 080
		用工量(d/hm²)	60	0	0	60
		化肥使用量(kg/hm²)	500	0	0	500
		农药使用量(kg/hm²)	4.17	0	-0.13	4.04
		机械费(元/hm²)	1 950	0	0	1 950
		参考单元	20	21	10	
		参考单元权重	0.265	0.344	0.596	
		综合效率		0.768		
4	献县	单产(kg/hm²)	3 879	146	0	4 025
		用工量(d/hm²)	30	0	0	30
		化肥使用量(kg/hm²)	125	0	0	125
		农药使用量(kg/hm²)	3.95	0	-0.93	3.02
		机械费(元/hm²)	1 575	0	0	1 575
		参考单元	14	10	1	
		参考单元权重	0.118	0.184	0.418	
		综合效率		0.964		
6	枣强	单产(kg/hm²)	4 875	923	0	5 798
		用工量(d/hm²)	45	0	0	45
		化肥使用量(kg/hm²)	270	0	0	270
		农药使用量(kg/hm²)	10.42	0	-5.80	4.62
		机械费(元/hm²)	1 785	0	0	1 785
		参考单元	20	21	10	
		参考单元权重	0.173	0.033	0.776	
		综合效率		0.841		
8	景县	单产(kg/hm²)	3 663	3 594	0	7 257
		用工量(d/hm²)	45.6	0	0	45.6
		化肥使用量(kg/hm²)	346	0	0	346
		农药使用量(kg/hm²)	8.27	0	-2.03	6.25
		机械费(元/hm²)	2 388	0	0	2 388
		参考单元	20	21	10	
		参考单元权重	0.1	0.038	1.08	
		综合效率		0.505		

(续表)

序号	县域名称	变量	原始值	径向调整	横向调整	目标值
11	蠡县	单产（kg/hm²）	4 434	2 314	0	6 748
		用工量（d/hm²）	75	0	0	75
		化肥使用量（kg/hm²）	250	0	0	250
		农药使用量（kg/hm²）	6.25	0	−1.59	4.66
		机械费（元/hm²）	1 875	0	0	1 875
		参考单元	20	10	14	
		参考单元权重	0.223	0.635	0.389	
		综合效率	0.657			
12	曲阳县	单产（kg/hm²）	3 713	681	0	4 394
		用工量（d/hm²）	33.6	0	0	33.6
		化肥使用量（kg/hm²）	120	0	0	120
		农药使用量（kg/hm²）	4.04	0	−0.91	3.13
		机械费（元/hm²）	1 807	0	0	1 807
		参考单元	14	10	1	
		参考单元权重	0.119	0.06	0.61	
		综合效率	0.845			
15	易县	单产（kg/hm²）	4 286	2 588	0	6 874
		用工量（d/hm²）	105	0	0	105
		化肥使用量（kg/hm²）	245	0	0	245
		农药使用量（kg/hm²）	6.25	0	−2.74	3.51
		机械费（元/hm²）	1 425	0	0	1 425
		参考单元	20	10	14	
		参考单元权重	0.718	0.435	0.078	
		综合效率	0.624			

二、基于投入角度的谷子生产效率分析

基于投入角度的谷子生产效率分析是保证产出不变，而投入尽可能最小，是追求投入最小化问题的研究。

对于综合效率等于1的县（市、区），同样也不再分析，而是对综合效率小于1的县（市、区）进行分析。根据测算的结果，将各县市划分成两类，一类是径向调整，意思是各投入等比例的减少，而不涉及横向调整；另一类是径向调整和横向调整均需要减少的调整。径向调整是保证产出水平不变，各投入按比例减少，横向调整反映的是结构问题，各项投入在按比例减少以后，部分投入还需要减少，也能保证产出水平不变。下面分别选择每一类中的一个县（市、区）进行分析。

（一）只有径向调整而没有横向调整县（市、区）的效率分析

综合效率小于1，只有径向调整而没有横向调整的县（市、区）有7个，分别是黄

骅市、盐山县、冀州市、顺平县、武安市、承德县、平泉县，这7个县（市、区）的单产目标值与原始值相等，即单产保持现有水平，各投入按比例缩减，仍能保证单产不变（表5-4）。根据各县（市、区）单产与平均单产的关系，选择单产最接近平均单产4 650 kg/hm² 的武安市作为该类分析对象。

武安市谷子生产综合效率0.692，处于效率较低水平，该市谷子生产效率测算主要参考的是围场满族蒙古族自治县，其权重35.8%。武安市谷子生产综合效率提高到1，径向上显示用工量、化肥使用量、农药使用量、机械费分别减少 26.3 d/hm²、138 kg/hm²、0.64 kg/hm²、539 kg/hm²，在实际生产中用工量是 59.2 d/hm²，化肥使用量 311 kg/hm²，农药使用量 1.44 kg/hm²，机械费 1 213 元/hm² 仍然可以得到 4 634 kg/hm² 的单产水平。因此在保证现有单产水平下，投入过多，也从侧面反映了人工浪费、农药化肥的过度使用以及机械价格的不合理等现象。其他县（市、区）与武安市的分析相同，只是在投入按比例缩减的量不同，其都存在人工浪费、农药化肥过度使用等现象。

表5-4 非横向调整的县（市、区）谷子生产调整方案

序号	县名称	变量	原始值	径向调整	横向调整	目标值
2	黄骅市	单产（kg/hm²）	4 666	0	0	4 666
		用工量（d/hm²）	30	-3.8	0	26.2
		化肥使用量（kg/hm²）	250	-31	0	219
		农药使用量（kg/hm²）	4.17	-0.52	0	3.65
		机械费（元/hm²）	2 025	-254	0	1 771
		参考单元	1	21	20	10
		参考单元权重	0.327	0.073	0	0.392
		综合效率	0.874			
5	盐山县	单产（kg/hm²）	5 625	0	0	5 625
		用工量（d/hm²）	90	-26.0	0	64.0
		化肥使用量（kg/hm²）	275	-79	0	196
		农药使用量（kg/hm²）	4.17	-1.20	0	2.97
		机械费（元/hm²）	2 625	-757	0	1 868
		参考单元	20	21	1	18
		参考单元权重	0.326	0.062	0.589	0.019
		综合效率	0.712			
9	冀州市	单产（kg/hm²）	2 899	0	0	2 899
		用工量（d/hm²）	75	-40.7	0	34.3
		化肥使用量（kg/hm²）	425	-231	0	194
		农药使用量（kg/hm²）	2.08	-1.13	0	0.95
		机械费（元/hm²）	1 950	-1 058	0	892
		参考单元	1	20	21	18
		参考单元权重	0.096	0.183	0.17	0.069
		综合效率	0.457			

(续表)

序号	县名称	变量	原始值	径向调整	横向调整	目标值
13	顺平县	单产（kg/hm²）	2 822	0	0	2 822
		用工量（d/hm²）	75	−29.9	0	45.2
		化肥使用量（kg/hm²）	113	−45	0	68
		农药使用量（kg/hm²）	2.08	−0.83	0	1.25
		机械费（元/hm²）	1 425	−567	0	858
		参考单元	14	20	1	18
		参考单元权重	0.317	0.126	0.07	0.07
		综合效率	0.602			
16	武安市	单产（kg/hm²）	4 634	0	0	4 634
		用工量（d/hm²）	85.5	−26.3	0	59.2
		化肥使用量（kg/hm²）	449	−138	0	311
		农药使用量（kg/hm²）	2.08	−0.64	0	1.44
		机械费（元/hm²）	1 752	−539	0	1 213
		参考单元	20	21	1	18
		参考单元权重	0.358	0.266	0.144	0.054
		综合效率	0.692			
17	承德县	单产（kg/hm²）	5 250	0	0	5 250
		用工量（d/hm²）	90	−10.1	0	79.9
		化肥使用量（kg/hm²）	250	−28	0	222
		农药使用量（kg/hm²）	2.08	−0.23	0	1.85
		机械费（元/hm²）	1 650	−185	0	1 465
		参考单元	20	21	1	18
		参考单元权重	0.523	0.115	0.198	0.12
		综合效率	0.888			
19	平泉县	单产（kg/hm²）	5 625	0	0	5 625
		用工量（d/hm²）	82.5	−2.9	0	79.6
		化肥使用量（kg/hm²）	238	−8	0	230
		农药使用量（kg/hm²）	2.08	−0.07	0	2.01
		机械费（元/hm²）	2 250	−80	0	2 170
		参考单元	1	20	21	18
		参考单元权重	0.149	0.435	0.13	0.34
		综合效率	0.965			

（二）既有径向调整又有横向调整的县（市、区）谷子效率分析

综合效率小于1，既有径向调整又有横向调整的县（市、区）有7个，分别是孟村回族自治县、献县、枣强县、景县、蠡县、曲阳县、易县（表5-5）。根据各县（市、区）单产与河北省平均单产的关系，选择单产最接近平均单产4 650 kg/hm² 的枣强县作为该类分析对象。

枣强县谷子生产综合效率 0.841，处于效率中等水平，该县谷子生产效率测算主要参考的是南宫市，其权重 65.2%。枣强县谷子生产综合效率提高到 1，除了径向上用工量、化肥使用量、农药使用量、机械费按比例减少 7.2 d/hm²、43 kg/hm²、1.66 kg/hm²、284 元/hm² 以外，在保证单产目标值 4 875 kg/hm² 的水平下，农药还需减少 4.88 kg/hm²。根据各投入的缩减，仍能保证单产水平不变，枣强县谷子生产依旧是投入过多，存在人工、化肥农药浪费现象。

表 5-5 横向调整的县（市、区）谷子生产调整方案

序号	县名称	变量	原始值	径向调整	横向调整	目标值
3	孟村回族自治县	单产（kg/hm²）	5 438	0	0	5 438
		用工量（d/hm²）	60	-13.9	0	46.1
		化肥使用量（kg/hm²）	500	-116	0	384
		农药使用量（kg/hm²）	4.17	-0.97	-0.10	3.11
		机械费（元/hm²）	1 950	-452	0	1 498
		参考单元	20	21	10	
		参考单元权重	0.203	0.264	0.458	
		综合效率	0.768			
4	献县	单产（kg/hm²）	3 879	0	0	3 879
		用工量（d/hm²）	30	-1.1	0	28.9
		化肥使用量（kg/hm²）	125	-5	0	120
		农药使用量（kg/hm²）	3.95	-0.14	-0.89	2.91
		机械费（元/hm²）	1 575	-57	0	1 518
		参考单元	14	10	1	
		参考单元权重	0.113	0.177	0.403	
		综合效率	0.964			
6	枣强县	单产（kg/hm²）	4 875	0	0	4 875
		用工量（d/hm²）	45	-7.2	0	37.8
		化肥使用量（kg/hm²）	270	-43	0	227
		农药使用量（kg/hm²）	10.42	-1.66	-4.88	3.88
		机械费（元/hm²）	1 785	-284	0	1 501
		参考单元	10	20	21	
		参考单元权重	0.652	0.145	0.028	
		综合效率	0.841			

(续表)

序号	县名称	变量	原始值	径向调整	横向调整	目标值
8	景县	单产（kg/hm²）	3 663	0	0	3 663
		用工量（d/hm²）	45.6	−22.6	0	23.0
		化肥使用量（kg/hm²）	346	−171	0	175
		农药使用量（kg/hm²）	8.27	−4.10	−1.02	3.15
		机械费（元/hm²）	2 388	−1 183	0	1 205
		参考单元	20	21	10	
		参考单元权重	0.051	0.019	0.545	
		综合效率			0.505	
11	蠡县	单产（kg/hm²）	4 434	0	0	4 434
		用工量（d/hm²）	75	−25.7	0	49.3
		化肥使用量（kg/hm²）	250	−86	0	164
		农药使用量（kg/hm²）	6.25	−2.14	−1.04	3.06
		机械费（元/hm²）	1 875	−643	0	1 232
		参考单元	14	20	10	
		参考单元权重	0.256	0.147	0.417	
		综合效率			0.657	
12	曲阳县	单产（kg/hm²）	3 713	0	0	3 713
		用工量（d/hm²）	33.6	−5.2	0	28.4
		化肥使用量（kg/hm²）	120	−19	0	101
		农药使用量（kg/hm²）	4.04	−0.63	−0.77	2.65
		机械费（元/hm²）	1 807	−280	0	1 527
		参考单元	14	10	1	
		参考单元权重	0.1	0.051	0.515	
		综合效率			0.845	
15	易县	单产（kg/hm²）	4 286	0	0	4 286
		用工量（d/hm²）	105	−39.5	0	65.5
		化肥使用量（kg/hm²）	245	−92	0	153
		农药使用量（kg/hm²）	6.25	−2.35	−1.71	2.19
		机械费（元/hm²）	1 425	−536	0	889
		参考单元	14	20	10	
		参考单元权重	0.049	0.448	0.271	
		综合效率			0.624	

综上所述，河北谷子生产综合效率 0.828，处于效率欠优水平，其中河北省有 7 个县（市、区）谷子的生产效率为 1，处于 DEA 有效状态，其他处于 DEA 无效状态。从产出角度和投入角度分析提高谷子生产效率时，发现在保证产出水平不变或者提高产出水平下河北省谷子生产投入中用工量、化肥用量、农药用量、机械费均有冗余，要同比例减少。除此之外，农药投入依旧过多，在不影响产出的情况下还可以继续减少。可见，河北省谷子生产中存在化肥农药投入过剩、机械费用不合理现象，另外人工用量过多，表明谷子全程轻简化生产推广比例整体较低。

第二节 河北省谷子生产适度规模经营分析

适度规模经营是经营主体提高经济效益降低成本最直接、最有效的途径。理论上讲随着规模经营的扩大，单位成本会有所降低，产生规模经济。如果农业经营不"适度"可能会由规模经济转为规模不经济。

河北省谷子生产位居全国第三位，分布广泛，山区种植面积约占 67%，平原约占 33%。随着农业规模化的发展，小杂粮种植也逐渐规模化，出现了许多杂粮家庭农场、种植大户、生产型企业、农业专业合作社等新型经营主体。据国家谷子高粱产业技术体系价格监测，2014 年谷子价格涨到历史最高价位，约 11 元/kg，随着原粮价格上涨和居民消费观念的变化，近几年谷子种植面积呈上升趋势，出现了百亩甚至千亩成方连片种植大户、谷子种植专业合作社等新型经营主体，因此，对河北省谷子适度规模经营分析至关重要。

借助 2016 年对河北省山区武安市、蔚县、涿州市和平原区任县、藁城区、威县、黄骅市 7 个县（市、区）的 12 个新型经营主体谷子生产调研数据，利用 DEA 模型测算新型经营主体的生产效率，通过生产效率分析每个经营主体所经营的规模，从而评价河北省谷子生产的适宜规模。效率测算指标选择单产作为产出指标，选择用工量、化肥使用量、农药使用量、机械费 4 个为投入指标。采用 DEAP Version 2.1 软件，参数设置：（1）选择基于产出角度的测算；（2）选择可变规模报酬的测算；（3）采用多阶段逐步分析方法。

一、新型经营主体谷子生产规模分析

12 个新型经营主体的综合效率 0.833，处于中等水平，纯技术效率 0.893，技术效率有待提高，规模效率 0.928，处于效率较高水平，但还不是最优状态（表 5-6）。12 个新型经营主体中有 5 个综合效率是 1，处于 DEA 有效状态，但是有 6 个规模效率是 1，处于规模报酬不变状态。综合效率是纯技术效率与规模效率的乘积，只要一方不是 1，综合效率就不能为 1。纯技术效率等于 1 说明新型经营主体在投入和产出中没有松弛变化，即不存在投入冗余和产出不足；规模效率等于 1 说明经营主体在生产规模中具有规模效益，处于规模报酬不变状态，即新型经营主体所对应的种植规模就是谷子生产的适宜规模。

武安市润泽谷物合作社、武安市白府村种植大户、武安市洺河源有限公司、武安市

王杰家庭农场、藁城区富硒种植专业合作社、蔚县陈家洼乡种植大户种植的谷子面积分别 13.3 hm²、33.3 hm²、28.2 hm²、12.4 hm²、13.7 hm²、30 hm²，由于以上经营主体的规模效率等于 1，处于规模报酬不变，初步判断河北省谷子生产的适度规模处在 12~33.3 hm²。

表 5-6　新型经营主体生产效率测算结果汇总

序号	新型经营主体	种植规模（hm²）	综合效率	纯技术效率	规模效率	规模报酬	是否DEA有效	是否技术有效
1	武安市润泽谷物合作社	13.3	1.000	1.000	1.000	-	是	是
2	武安市白府村种植大户	33.3	1.000	1.000	1.000	-	是	是
3	武安市洺河源有限公司	28.2	1.000	1.000	1.000	-	是	是
4	武安市和旺家庭农场	53.3	0.607	0.754	0.805	drs	否	否
5	武安市王杰家庭农场	12.4	0.729	0.729	1.000	-	否	否
6	藁城区富硒专业合作社	13.7	1.000	1.000	1.000	-	是	是
7	威县七汲种植大户	6.7	0.824	1.000	0.824	irs	否	是
8	黄骅吕桥种植大户	47.3	0.651	0.671	0.969	drs	否	否
9	藁城区硒之王家庭农场	11.7	0.893	1.000	0.893	irs	否	是
10	涿州横岐村种植大户	35.4	0.695	0.821	0.846	drs	否	否
11	任县邢家湾种植大户	48.7	0.593	0.741	0.799	drs	否	否
12	蔚县陈家洼乡种植大户	30.0	1.000	1.000	1.000	-	是	是
	平均	27.8	0.833	0.893	0.928			

二、非DEA有效的经营主体的参考标准分析

根据 12 个新型经营主体的综合效率分析，综合效率小于 1 的新型经营主体是武安市禾旺家庭农场、武安市王杰家庭农场、威县七汲种植大户、黄骅市吕桥种植大户、涿州横岐种植大户、任县邢家湾种植大户，上述新型经营主体谷子生产效率若要提高到 1 就要参考综合效率为 1 的生产规模以及该规模下的投入和产出，因此分析非 DEA 有效的新型经营主体参考 DEA 有效的新型经营主体，可以判断非 DEA 有效经营主体的生产规模该如何发展。

武安市禾旺家庭农场目前的生产规模 53.3 hm²，处于规模报酬递减状态，效率测算参考蔚县陈家洼乡种植大户和武安市洺河源有限公司，参考蔚县陈家洼乡种植大户的权重 81.8%，因此武安市禾旺家庭农场生产规模适当减少，与蔚县陈家洼乡种植大户的生产规模 30 hm² 方向发展（表 5-7）。

武安市王杰家庭农场种植规模 12.4 hm²，虽然综合效率小于 1，但是规模效率等于 1，处于规模报酬不变状态，但是在技术改进中参考的是武安市洺河源有限公司，洺河

源有限公司生产规模 28.2 hm², 因此武安市王杰家庭农场的生产规模可以在 12.4～28.2 hm², 规模收益不会产生较大的变化。

威县七汲种植大户生产规模 6.7 hm², 纯技术效率等于 1, 在投入和产出中没有松弛变化, 即不需要减少投入和增加产出, 导致该经营主体综合效率小于 1, 原因是生产规模与投入产出不匹配, 因为该经营主体处于规模报酬递增状态, 因此若提高综合效率需要扩大生产规模以适应投入和产出, 在 6.7 hm² 的基础上逐渐增加规模。

黄骅市吕桥种植大户生产规模 47.3 hm², 综合效率测算参考武安市洺河源有限公司、蔚县陈家洼乡种植大户、藁城区富硒专业合作社, 其中参考藁城区富硒专业合作社的权重 65.3%, 武安市洺河源有限公司的权重 33.3%, 另黄骅市吕桥种植大户处于规模报酬递减状态, 因此生产规模要适当减少, 逐渐向 13.7～28.2 hm² 范围发展。

涿州横岐村种植大户规模效率小于 1, 处于规模报酬递减状态, 生产规模 35.4 hm²。效率测算参考武安市洺河源有限公司、蔚县陈家洼乡种植大户、藁城区富硒专业合作社, 其中蔚县陈家洼种植大户的权重 63.9%, 武安市洺河源有限公司的权重 33.3%, 同时加上涿州横岐村种植大户处于规模报酬递减状态。所以, 生产规模适当减少到 28.2～30 hm²。

任县邢家湾种植大户生产规模 48.7 hm², 纯技术效率和规模效率均小于 1, 处于规模报酬递减状态, 效率测算参考蔚县陈家洼乡种植大户, 权重 100%。因此, 任县邢家湾种植大户的生产规模要适当减少, 接近 30 hm² 的规模。

另外在非 DEA 有效的新型经营主体效率测算时参考 DEA 有效经营主体的次数也能反映出各经营主体适宜的生产规模。武安市洺河源有限公司是 DEA 有效的经营主体, 其被参考了 4 次, 同时蔚县陈家洼乡种植大户也被参考了 4 次, 28.2～30 hm² 的谷子生产规模应该是新型经营主体首选的规模。被参考 2 次的藁城区富硒专业合作社种植面积 13.7 hm² 也是新型经营主体首次种植谷子的规模选择。

表 5-7 新型经营主体生产效率参考与被参考结果汇总

序号	新型经营主体	种植规模 (hm²)	规模报酬	参考单元			参考单元权重			参考次数
1	武安市润泽谷物合作社	13.3	-	1			1.000			0
2	武安市白府村种植大户	33.3	-	2			1.000			0
3	武安市洺河源有限公司	28.2	-	3			1.000			4
4	武安市禾旺家庭农场	53.3	drs	12	3		0.818	0.182		0
5	武安市王杰家庭农场	12.4	-	3			1.000			0
6	藁城区富硒专业合作社	13.7	-	6			1.000			2
7	威县七汲种植大户	6.7	irs	7			1.000			0
8	黄骅吕桥种植大户	47.3	drs	3	12	6	0.333	0.014	0.653	0
9	藁城区硒之王家庭农场	11.7	irs	9			1.000			0
10	涿州横岐村种植大户	35.4	drs	3	12	6	0.333	0.639	0.028	0

(续表)

序号	新型经营主体	种植规模（hm²）	规模报酬	参考单元	参考单元权重	参考次数
11	任县邢家湾种植大户	48.7	drs	12	1.000	0
12	蔚县陈家洼乡种植大户	30.0	-	12	1.000	4

三、谷子生产效率的提升引起生产规模的变化分析

从12个新型经营主体生产效率测算过程看，存在四类情况：一是综合效率等于1，即纯技术效率和规模效率均等于1的情况，生产的投入和产出不存在松弛现象，属于适度规模生产，具有规模效益。这一类情况容易理解，不过多解释；二是纯技术效率等于1，而规模效率小于1的情况；三是纯技术效率小于1而规模效率等于1的情况；四是纯技术效率和规模效率均小于1。

（一）纯技术效率等于1，而规模效率小于1的情况

这一类情况投入和产出不存在松弛现象，不需要投入减少或者产出增加，只是单元的生产规模与投入和产出不匹配，可根据规模报酬情况适当扩大或减少生产规模，规模效率达到1。藁城区硒之王家庭农场经营11.7 hm²的谷子，纯技术效率等于1，但是规模效率0.893，生产中投入和产出不需要进行调整，综合效率不等于1的原因是生产规模与投入和产出不匹配，由于规模报酬处于递增状态。因此，藁城区硒之王家庭农场的生产规模要适当增加，仍然可以保证具有规模效益（表5-8）。

表5-8 藁城区富硒家庭农场改进方案

变量	原始值	径向调整	横向调整	目标值
单产（kg/hm²）	3 051	0	0	3 051
用工量（d/hm²）	30	0	0	30
化肥使用量（kg/hm²）	200	0	0	200
农药使用量（kg/hm²）	4.17	0	0	4.17
机械费（元/hm²）	2 100	0	0	2 100
参考单元	9			
参考权重	1.000			
综合效率	0.893			
技术效率	1.000			
规模效率	0.893			

（二）纯技术效率小于1而规模效率等于1的情况

纯技术效率小于1而规模效率等于1的情况具有规模效益，生产规模不变或者扩大

规模，不影响规模效益。生产投入和产出存在松弛现象，需要进行投入和产出的调整，来提高纯技术效率。武安市王杰家庭农场在用工量 75 d/hm²、化肥使用量 300 kg/hm²、农药使用量 2.08 kg/hm²、机械费 1 425 元/hm² 时，保证单产不变，纯技术效率等于 1，生产规模适宜 12.4~28.2 hm²，均可以保证综合效率等于 1（表 5-9）。

表 5-9 武安市王杰家庭农场改进方案

变量	原始值	径向调整	横向调整	目标值
单产（kg/hm²）	3 825	1 425	0	5 250
用工量（d/hm²）	90	0	−15	75
化肥使用量（kg/hm²）	300	0	0	300
农药使用量（kg/hm²）	2.08	0	0	2.08
机械费（元/hm²）	1 800	0	−375	1 425
参考单元	3			
参考权重	1.000			
综合效率	0.729			
技术效率	0.729			
规模效率	1.000			

（三）纯技术效率和规模效率均小于 1 的情况

纯技术效率和规模效率均小于 1 的情况反映出投入和产出存在松弛现象，需要对投入和产出进行调整才能提高纯技术效率，当纯技术效率等于 1 时，要进行规模效率的分析，看规模报酬所处的状态，是减少生产规模还是扩大生产规模。

武安市禾旺家庭农场生产投入用工从原来的 90 d/hm² 减少到 38 d/hm²，农药使用量从原来的 2.08 kg/hm² 减少到 1.23 kg/hm²，机械费从原来的 2 400 元/hm² 减少到 1 855 元/hm²，化肥使用量不变，而且单产还能达到 6 170 kg/hm²，纯技术效率提高到 1，参考了蔚县陈家洼乡种植大户的生产规模。因此，武安市禾旺家庭农场的生产规模适宜在 30 hm² 左右（表 5-10）。

表 5-10 武安市禾旺家庭农场改进方案

变量	原始值	径向调整	横向调整	目标值
单产（kg/hm²）	4 650	1 520	0	6 170
用工量（d/hm²）	90	0	−52	38
化肥使用量（kg/hm²）	750	0	0	750
农药使用量（kg/hm²）	2.08	0	−0.85	1.23
机械费（元/hm²）	2 400	0	−545	1 855

(续表)

变量	原始值	径向调整	横向调整	目标值
参考单元	12	3		
参考权重	0.818	0.182		
综合效率	0.607			
技术效率	0.754			
规模效率	0.805			

四、新型经营主体的经济效益分析

上述新型经营主体的 DEA 生产效率测算结果显示，新型经营主体种植谷子的适宜生产规模一般在 12~33.3 hm²，从生产效率角度是具有规模效益的。然而这样的生产规模是否具有经济效益？接下来进行新型经营主体的经济效益分析。

根据 12 个新型经营主体谷子生产人工、物质投入和产值情况分析，平均经济效益是 8 100 元/hm²，产投比是 1.9。12 个新型经营主体的经济效益与平均经济效益相比，武安市润泽谷物合作社、武安市白府村种植大户、武安市洺河源有限公司、武安市王杰家庭农场、藁城区富硒专业合作社、蔚县陈家洼乡种植大户 6 个新型经营主体经济效益均大于 8 100 元/hm²，另外，新型经营主体的 DEA 生产效率测算结果显示这 6 个经营主体的生产规模也分布在 12~33.3 hm²。因此生产规模处于 12~33.3 hm² 的时候，谷子生产的经济效益处于平均水平之上，具有较好的经济效益（表 5-11）。

产投比是主产品产值与总投入的比值，反映的是农业生产中经济效果的好坏，是评价经济效益的重要指标，其值越大经济效益越好，反之越差。12 个新型经营主体的产投比大于 1.9 的有武安市润泽谷物合作社、武安市洺河源有限公司、武安市王杰家庭农场、藁城区富硒专业合作社、藁城区硒之王家庭农场、蔚县陈家洼乡种植大户，上述 6 个经营主体的生产规模也基本处于 12~33.3 hm²，也反映出了 12~33.36 hm² 的谷子生产规模是当前新型经营主体适宜的生产规模。

表 5-11 新型经营主体不同生产规模的经济效益情况　　　　　　　　（元/hm²）

序号	新型经营主体名称	面积	生产成本	人工成本	产值	经济效益	产投比
1	武安市润泽谷物合作社	13.3	2 535	6 000	16 800	8 265	1.97
2	武安市白府村种植大户	33.3	3 390	7 200	18 900	8 310	1.78
3	武安市洺河源有限公司	28.2	3 450	6 000	21 000	11 550	2.22
4	武安市禾旺家庭农场	53.3	5 025	7 200	18 600	6 375	1.52
5	武安市王杰家庭农场	12.4	2 100	5 100	15 300	8 100	2.13
6	藁城区富硒专业合作社	13.7	2 775	2 400	16 800	11 625	3.25
7	威县七汲种植大户	6.7	4 350	4 800	15 525	6 375	1.70

(续表)

序号	新型经营主体名称	面积	生产成本	人工成本	产值	经济效益	产投比
8	黄骅吕桥种植大户	47.3	4 200	3 600	12 300	4 500	1.58
9	藁城区硒之王家庭农场	11.7	3 720	2 400	12 300	6 180	2.01
10	涿州横岐村种植大户	35.4	4 950	5 475	17 625	7 200	1.69
11	任县邢家湾种植大户	48.7	4 110	7 200	16 980	5 670	1.50
12	蔚县陈家洼乡种植大户	30.0	5 025	4 800	22 950	13 125	2.34

五、河北省谷子生产效率测算

河北谷子生产综合效率 0.828，处于效率欠优水平，其中河北省有 7 个县（市、区）谷子的生产效率为 1，处于 DEA 有效状态，其他处于 DEA 无效状态。在保证产出水平不变或者提高产出水平下河北省谷子生产投入中用工量、化肥用量、农药用量、机械费均有冗余，要同比例减少，除此之外，农药的投入依旧过多，在不影响产出的情况下还可以继续减少，可见河北省谷子生产中存在化肥农药投入过剩、机械费用不合理现象，另外人工用量过多，显示轻简化生产技术所占比例较小。

六、河北省新型经营主体适度规模经营分析

虽然河北省谷子生产仍然是以小农户种植为主，但是随着谷子简化栽培技术的成熟、土地流转速度加快，今后谷子规模化、标准化、品牌化生产是发展方向。适宜的生产规模可以产生规模效益，且保证经济效益不减。本章通过新型经营主体的 DEA 生产效率测算，新型经营主体种植谷子的适度生产规模一般在 12~33.3 hm^2，若谷子价格保持 3.89 元/kg 时，该生产规模的经济效益仍能保持在 8 100 元/hm^2。

本章小结

土地流转和适度规模经营是发展现代农业的必由之路。随着谷子轻简化、规模化栽培技术的成熟以及河北省季节性轮作休耕、渤海粮仓等专项的实施，为谷子规模化种植提供了条件。通过 DEA 模型分析河北省谷子生产综合效率 0.828，处于效率欠优水平，其中河北省有 7 个县（市、区）谷子的生产效率为 1，处于 DEA 有效状态，其他处于 DEA 无效状态。在保证产出水平不变或者提高产出水平下河北省谷子生产中存在化肥农药投入过剩、机械费用不合理现象，另外人工用量过多，表明谷子全程轻简化生产推广比例整体较低。采用 DEA 模型测算 12 个新型经营主体的生产效率，结果表明新型经营主体种植谷子的适度生产规模控制在 12~33.3 hm^2，若谷子价格保持 3.89 元/kg 时，该生产规模的经济效益仍能保持在 8 100 元/hm^2。谷子产业适度规模经营的测算实践经验和理论价值对于丰富河北省农业适度规模经营研究具有较好的指导意义。

第六章　河北省杂粮加工及品牌分析

河北省杂粮加工和销量居全国前列，杂粮加工业发展极大地带动了相关产业的发展，形成了完整的产业链。近年来，河北省杂粮加工企业数量持续增长，杂粮产业逐步成为主产区农民增收和乡村振兴的重要力量。截至2019年年底，河北省杂粮加工企业已发展到600多家；年总贸易量3 700万t；产值300多亿元，占全国杂粮加工业产值近20%；在北京、天津杂粮加工市场份额为35%，而在内蒙古、山西、河南、辽宁等省区这一份额达40%。杂粮加工制造业属于劳动力密集行业，年均吸纳农村剩余劳动力5.6万余人，创财税收入1 800万元。杂粮加工业在带动区域经济发展和促进农民就业增收等方面发挥了重要的作用。

杂粮加工包括杂粮加工、产品及品牌建设等内容。根据农产品加工程度、理化特性变化，把杂粮加工产品分成初级加工和深加工产品。本章分别介绍加工企业、产品、品牌建设等现状，并对加工业存在的问题进行剖析，以期为河北省杂粮加工业的持续发展提供参考。

第一节　河北省杂粮初级加工现状

一、河北省杂粮初级加工基本情况

（一）河北省杂粮初级加工产品

杂粮经过清理、脱壳、碾米、磨粉、分级、包装等简单加工处理，制成成品粮或面粉统称为初级加工产品。据国家谷子高粱产业技术体系调研，谷子的初级加工占80%以上，食用豆初级加工占65%，糜子初级加工占90%，燕麦初级加工占70%，高粱初级加工占10%（90%以上用作酿酒、酿醋），荞麦初级加工占90%。

（二）河北省杂粮初级加工企业类型

通过对河北省杂粮加工企业调研、网络调查以及文献检索，初步统计河北省杂粮初级加工企业约500家。其中，小米加工企业（加工厂）300家，高粱、绿豆、红小豆加工企业50家，荞麦、燕麦、黍子加工企业约150家。

杂粮初级加工企业主要分为以下几类：一是大型龙头企业，年加工销售能力在万吨以上。由于品牌效应，杂粮单价较高，企业效益好。例如，河北景蔚五谷香有限公司通过基地、品牌等建设，年加工销售小米2万t左右，是河北省农业产业化经营龙头企业；河北三豆食品有限公司以"甘珠"牌红小豆、绿豆、青仁乌豆三种小杂粮为主导产品，以科研单位为支撑，成为集生产、加工、销售于一体的省级农业产业化经营重点龙头企业。二是中小型企业、合作社，年加工销售规模在200～500 t。这些杂粮加工企业的共同特点是依托区域优势、充分挖掘历史文化、打造精品杂粮。如河北龙兴贡米、南和金米、黄旗皇小米等。三是作坊式加工厂，多分布在小米加工集散地、杂粮中转站。加工能力较强，年加工能力1 000～10 000 t。例如，河北蔚县吉家庄镇杂粮中转站、河北藁城市南营镇马庄村小米集散地、沧州孟村小米加工集散地、河北威县曲周一带小米集散地等，这些集散地加工的杂粮主要批发到全国各地，产品处于低端水平。

二、河北省杂粮加工集散地

（一）河北省蔚县吉家庄镇杂粮中转站

河北省蔚县吉家庄镇位于蔚县东北部，属于丘陵地区，适宜杂粮种植，主要品种有谷子、食用豆、黍子等。由于交通和种植优势的特点，形成了以杂粮为贸易的中转站。蔚县吉家庄镇以做大做强小杂粮产业作为强镇富民的特色主导产业。多年来，通过培育龙头企业、树品牌意识、强协会作用，使杂粮加工业得到快速发展。杂粮年销售量达30万t，交易额达25亿元，成为辐射晋、冀、内蒙古、京、津等华北地区最具影响力的小杂粮交易集散地。吉家庄镇杂粮中转站市场目前小型贸易货栈有60多家，其中谷子加工作坊30余家，杂粮货站30余家。每家平均年加工谷子2 000 t，加工品种主要是当地的8311、大白谷以及张杂谷系列品种。杂粮杂豆主要来源于周边各县以及山西广灵、灵丘等地，经过加工转售到全国各地。为发展杂粮产业，蔚县吉家庄镇采取了以下措施。第一，大力培育龙头企业。鼓励镇内昌盛、益达、景斌等重点粮贸企业对接19家杂粮种植合作社，形成了"粮贸龙头企业+合作社+基地+农户"的发展模式，直接带动杂粮种植基地0.27万 hm^2，粮农8 000多人。从破解企业资金瓶颈入手，扶持企业增规扩模，积极引导县内金融机构为企业提供巨额低息资金扶持。第二，引导企业树立品牌意识。充分发挥"吉家庄杂粮交易市场"这一金字招牌的作用，将吉家庄镇打造成为我国北方地区最有影响力的小杂粮交易集散市场。引导重点粮贸企业引进新技术进行杂粮加工，提高杂粮品质，注册了御冠、蔚康、旺日、景蔚五谷香4个商标，杂粮产品远销湖南、广东等省市。

（二）河北省藁城马庄小米集散地

藁城马庄小米集散地形成于20世纪80年代，并于1997年创立小米加工协会，于2009年创立马庄杂粮专业合作社农民专业合作社。现有小米加工厂100余家，年加工谷子30万～40万t，年销售额30多亿元，能够辐射100多万亩谷子，就业劳动力1 000多人，辐射带动周边餐饮、运输、包装等7 000多人就业，加工能力和销售规模居我国小米集散地首位。集散地加工原料主要来源于内蒙古自治区赤峰市、吉林省松原市和白城市、甘肃省和陕西省部分地区；每家企业谷子加工量为2～4 t/h，平均户年加工谷子3 000 t左右，最高可达2万t，企业均拥有集清洗、去石、色选、抛光全自动化生产于一体的流水线。形成了以华北为依托，经销网络辐射全国的华北最大的小米集散地。除加工小米外，马庄还有 10 余家的其他绿豆、红小豆、糜子等其他杂粮加工厂，年销售其他杂粮 1 万 t 左右。

随着人民生活水平的提升，小米市场结构发生较大变化，藁城马庄小米集散地面临如下突出问题：一是原料来源受限，内蒙古赤峰、辽宁朝阳传统谷子产区小米产业发展迅速，当地谷子原料输出受限；二是马庄集散地固定的原料基地、没有质量标准，精品化、品牌化发展受到制约；三是管理松散，无序竞争，产品成为低端市场标签，再不转型升级，将被市场淘汰。为了推动藁城马庄集散地转型升级，河北省农林科学院谷子研究所与藁城农业农村局合作，创建了以河北惜康农业科技有限公司为依托的河北省谷子产业创新驿站，定向研发了藁城宫米专用品种——"宫米 1 号"，通过科技、基地、企业共同打造藁城区域公用品牌"藁城宫米"。2022 年 5 月，藁城区政府与河北省农林科学院谷子研究所签订了《共建宫米小镇战略合作协议》，主要内容包括：政府、科研、企业协同创建"宫米小镇"；顶层设计、高点定位，对接乡村振兴规划，按照特色、美丽、功能齐全、产业链完整、高科技支撑、企业创新高地、农文旅结合园区以及藁城区招商引资环境标杆目标，进行小镇规划建设；将马庄小米市场由生产、初加工基地向谷子产品全链条开发转变，开展定制式优质专用新品种培育、谷子绿色高效生产技术创新与集成、标准化基地建设、原料和产品质量标准制定，各类加工食品和副产品开发及综合利用等工作；共同挖掘"宫米文化"，培育"宫米品牌"、制定产业发展规划、培育新型经营主体，开展产业信息服务以及职业农民素质提升与培训等工作。

（三）河北省孟村小米集散地

孟村小米加工集散地位于孟村镇南部后涨沙村。该村小米加工市场兴起于 20 世纪 70 年代，傍津南路东段，自我形成、自我发展，成为当地一大特色产业。该集散地现有小米加工企业 40 多家，粮食收购企业 8 家，规模以上经营户 15 家。其中，3 家已进行了商标注册，分别是建志米业公司注册的"建志"、恩荣米业公司注册的"沧泉山"、丰源米业公司注册的"冀丰"，9 家企业产品（QS）认证了绿色食品；谷子每年吞吐量 18 万 t，生产小米 13 万 t，交易额 5.7 亿元，纯利润 700 多万元；产品主要销往我国山东、江苏等地及俄罗斯、日本、韩国等，逐渐发展成为冀东地区最大的杂粮交易市场。通过杂粮市场的发展壮大，吸纳周边务工人员 1 000 余人，同时盘活了县内粮食市场，带动了粮食收购、运输搬运、餐饮服务、养殖、饲料生产等行业的发展，拉动了当地粮食价格稳步增长，促进了农民增收。

近年来，受一系列食品安全事件的负面影响，且自身生产经营粗放、产品质量不稳定、环境污染严重、信息化程度不高等因素，严重制约了杂粮产业的健康发展。后涨沙村及集散地所辖企业计划依托邯黄铁路及火车站的区域优势，高标准规划杂粮产业园区，以丰源米业有限公司、创丰米业有限公司两个龙头企业为主，组建集团公司，创品牌、积聚合力，打造现代化农业产业集团。

（四）阳原县杂豆贸易集散地

阳原县位于河北省西北部，属于国家级重点贫困县，县区内独特的气候条件和地理环境，为杂粮杂豆的生产创造了良好的条件，杂粮杂豆种植面积占农作物播种面积的比重约30%。阳原县与山西接壤，利用张家口与大同、忻州的杂粮优势区，形成了杂豆贸易集散地。目前该集散地加工企业约12家，杂豆主要来源于周边各地，经过分级、筛选、包装后销往北京、天津、太原、石家庄等地。每家企业平均年销售杂豆1 000 t以上，其中芽豆占1/3。

以龙头企业河北泥河湾农业发展股份有限公司牵头，组织全县其他企业，成立了阳原县杂粮产业协会、泥河湾杂粮产业集群，结合所有企业的力量共同发展。现已达到了超10万t的年加工量，建有先进的谷黍类和豆类生产线十余条；每年除大量收购阳原县农户种植的粮食外，还辐射带动周边的山西、内蒙古等地；通过溢价收购贫困户手里的粮食，促进了阳原县农业产业化的发展，改善了当地农民的生活质量，帮助贫困户脱贫致富。

（五）燕麦加工基地

目前，河北省张家口市燕麦相关加工企业300余家。其中，规模以上的40余家，年加工销售能力30万t，产品在国内市场占有率70%以上，年产值60多亿。比较有实力的有万全燕麦加工基地、张北县张北镇加工集散地、康保县粮油市场。

1. 万全燕麦加工基地

该基地是20世纪80年代末、90年代初逐渐形成的以燕麦加工为主的加工集散地，初期以加工燕麦为主，后逐渐加工燕麦片。2008年万全县被授予"中国燕麦之乡"的称号。

在万全区，各类燕麦加工企业达120余家，燕麦产品达到十几个系列、几十个品种，年加工量达到10万t以上，年交易额近10亿元。其中，燕麦片加工企业13家。万全县燕麦加工基地消耗了周边80%的燕麦原粮，燕麦产品销往全国30多个省、市、自治区，并出口新加坡、中国香港等地，已成为全国最大的燕麦加工基地。著名企业有：河北康希燕麦食品有限公司、张家口北燕燕麦食品开发公司、张家口市绿田地燕麦食品有限公司、张家口建军燕麦食品有限公司、万全区大自然麦片厂、张家口一康生物科技有限公司。

2. 张北县张北镇加工集散地

张北镇燕麦加工种植企业有10余家。产品主要有面粉、燕麦米、燕麦片和燕麦方便面等。企业主要有：张家口宏昊食品开发有限公司、张北原麦燕麦食品有限公司、金维他（张北）食品有限公司、张北县燕绿燕麦食品公司、河北省张北县燕健食品有限公司、河北金露生物科技有限责任公司。

3. 康保县粮油市场

康保县市场内有商户35家，市场外有2家。主要经营燕麦、小麦、食用豆、胡麻、荞麦等粮油作物购销业务。其中，21家商户经营燕麦业务（燕麦购销业务16家、加工燕麦米燕麦片的2家、燕麦面粉的3家）。企业主要有：康保县康晨粮油有限责任公司、康保县江鑫粮油有限责任公司、河北康保飞龙粮油有限公司、康保县茂盛粮油有限责任公司、康保县康龙粮油贸易有限责任公司。

（六）黄骅市高粱贸易集散地

河北省黄骅市高粱贸易集散地位于黄骅市307国道东道安村附近，交通便利。依托黄骅港便利的港口优势，高粱的进口和海运优势巨大，故黄骅素有"中国高粱集散地"之称。据调研，该集散地的高粱90%用于酿造，并且进口高粱占15%左右，销售对象是国内不同档次的酒厂。其中，糯高粱占50%左右，粳高粱占25%左右。糯高粱主要销往四川、贵州等地的酱香型高端白酒厂，粳高粱主要销往河北等中高端酒厂，进口高粱主要销往中低端白酒厂。

三、河北省杂粮加工规模

（一）谷子加工规模

河北省目前约有谷子初级加工企业300多家，万吨以上谷子加工企业20多家；1 000 t以上的加工企业250多家，主要有石家庄藁城市马庄小米加工集散地、沧州孟村小米集散地、张家口蔚县吉家庄杂粮中转站、邢台的威县、广宗县、邯郸的曲周县、定州市、辛集市等作坊式小米加工厂；拥有200~500 t的中小型谷子加工企业50多家，如张家口萝川贡米有限公司、河北黄粱美梦米业有限公司、武安市洺河源土特产有限公司、行唐龙兴贡米有限公司、邢台自然农庄农产品有限公司等。河北省谷子加工企业年产值约40亿元，吸收谷子约60万t，约占全国总产量的1/3，销售小米约38万t。

（二）高粱加工企业规模

河北省黄骅市借助交通、海运的便利条件，已成为高粱加工贸易集散地。该集散地以东道安村为中心，周边有12~15家从事高粱回收加工贸易的企业。据不完全统计，高粱年销售量在30万~40万t，远大于河北省4.5万t的高粱产量，占国内高粱产量的10%以上。

河北省衡水市阜城县高粱种植发展迅速，由前几年的3 000亩发展到10万亩，辐射周边县共10万多亩。该县阜星科技现代农业园区是以高粱种植、服务、回收、销售为一体的现代农业园区，2018年列为河北省省级园区，高粱全年加工量约5.5万t。随着阜城及周边县高粱种植面积的增加，目前有2~3家的高粱加工贸易企业，从事收购、清选、烘干、贸易等业务，以满足不同酒厂的需求，为阜城高粱产业做出了巨大贡献。

（三）食用豆加工企业规模

河北省食用豆加工企业约30家。其中，初级加工企业约25家，深加工企业约5家。阳原县杂豆贸易集散地约5家，每家年均销售杂豆1 000 t以上，杂豆来源于周边各地，经过分级、筛选、包装，主要销往北京、天津、太原、石家庄等地。其他各地分散的杂豆加工厂或其他杂粮加工厂，年均杂豆销售500~800 t。

（四）燕麦加工企业规模

河北省燕麦初级加工企业主要在张家口市坝上地区，以"中国燕麦之乡"的万全区为主，辐射康保县、张北县，约130多家。万全区各类燕麦加工企业达120余家，其中燕麦片加工企业13家，燕麦产品达到十几个系列、几十个品种，年加工量达到10万t以上，年交易额近10亿元。万全县燕麦加工集散地消耗了周边80%的燕麦原粮。

（五）其他杂粮加工企业规模

糜子荞麦均以初加工为主，糜子主要加工黄米面，荞麦加工荞麦面，基本是乡村作坊式加工，成规模的企业很少。

四、地理标志产品

截至 2019 年 6 月，全国杂粮地理标志产品认证 153 个。其中，小米（谷子）49 个、绿豆 8 个、红小豆 2 个、燕麦 2 个、莜麦 3 个、荞麦 16 个、糜子 1 个、黍子 1 个、马铃薯 34 个、其他杂豆 32 个、高粱 5 个。河北省具有杂粮地理标志保护产品 8 个。包括：蔚州贡米、南和金米、黄旗小米、黄粱梦小米、武安小米、曲周小米、阳原鹦哥绿豆、崇礼蚕豆。

（一）蔚州贡米

1. 蔚州贡米的由来

据《蔚州志》记载，700 年前，蔚县的黄小米就成为贡品享誉京城，被列为"四大贡米"之一。元至治二年（1322 年）八月，蔚州献嘉谷；清代，蔚县的黄小米进贡清廷，又被称为"贡米"。

2. 营养与品种

蔚州贡米又名"蔚州小米"，含有多种营养物质，如蛋白质、脂肪、碳水化合物、钙、磷、铁、锌、维生素等。与普通大米相比，蛋白质含量高 1.5 倍，脂肪含量高 6 倍，维生素 B_1 高 1.5 倍，粗纤维高 6 倍，并含有丰富的氨基酸等人体必需的物质，是产妇、老、弱、婴幼儿的滋补佳品。蔚州贡米颗粒饱满，金黄灿灿，素以粒大、色黄、味香、富黏性、多营养著称。适口性佳，米粒均匀，清洁度高，质地晶亮，黏甜可口。用它煮饭或熬粥，色、香、味俱佳，并且容易为人体消化吸收，是孕妇及老弱、婴儿和病人较理想的食品。

蔚县谷子的品种多达百余种，大体上可分为黄谷子小米与白谷子小米两类。其中黄谷子小米尤为出名。黄谷子的传统优良品种有"九根齐""大玉皇""竹叶青""大红苗"等。其中，"九根齐"在谷雨播种，秋分收割，生长期较长，其间再经过蔚县传统的中耕程序，采取"一步五株"的疏植规格，谷株秆挺叶壮，籽粒盈实，是蔚县小米的典型代表。

3. 文化记载和荣誉

历史文化：相传，清乾隆年间直隶总督方观承来蔚县巡政，地方官员为讨好上司，准备了精美的肴馔招待，并请总督亲自点席。孰料，方观承却在食谱上写了"不吃膏粱与珍馐，要吃蔚县小米粥"。于是，蔚县官府特从桃花镇选来了优质小米，请名厨为总督做成小米干饭，深得方观承的夸奖，自此"总督爱吃小米粥"被传为佳话，蔚县小米也因此名声大振。

民国二十四年（1935 年）6 月，时任察哈尔省主席的刘汝明来蔚县视察驻防蔚县的三十九军部队。团长董纯奎设宴招待时，特备了蔚县小米稀饭作为晚餐，也大得刘汝明的称赞。

获得的荣誉：2009 年，蔚县启动申办地理标志产品来保护这一特色产业；2010 年，获得地理标志产品保护。统一的包装，统一的标识提升了蔚州贡米价值；2011 年，蔚州贡米获"2011 消费者最喜爱的中国农产品区域公用品牌"第七名。

(二) 南和金米

1. 营养品质

南和金米籽粒饱满，米粒圆形，色泽金黄，白粒率2%~5%，小米千粒重2.5 g左右。熬粥省火，口感极佳，一般开锅后10~12分钟就可香黏可口，清香宜人。南和金米富含蛋白质、脂肪、钙、铁等营养物质，经检测，南和金米蛋白质>8.8%，脂肪>1.9%，钙>8.9 mg/100 g，铁>1.4 mg/100 g。

2. 生产环境

南和金米优良特性的形成与南和县的气候、土壤及水质条件有着密切联系。南和县属暖温带半干旱大陆性气候，四季分明，光照充足。常年平均日照2 260 h，年平均气温15 ℃，积温4 829 ℃，年平均降水量523 mm，平均无霜期196 d。南和县的地下水质良好，为百泉水系，矿化度小于1 g/L，清澈甘甜，适于长期灌溉。南和县的土质为石灰性褐土、沙壤土为主，pH值为7.8，排灌方便，土壤疏松肥沃，适宜南和金米的生长。南和县光照充足，地下水质良好，促成了南和金米优良特性的形成。

3. 历史文化与荣誉

据《南和文史概览》记载：唐朝名相宋璟是南和人，曾把家乡小米带进皇宫献给武则天享用，女皇觉着出奇好吃，就封南和小米为"金米"，至此南和金米也就成了贡品。南和县城北有个村叫"三官殿"，明朝万历年间，南方三位去北京赶考的学子，途中遭劫，身负重伤，住在一位老大娘家，整日以小米为生，伤势奇迹般痊愈，三人高居榜首，为感谢南和金米救命之恩，回来在这个村种了三棵柏树，修建了一座桥，桥拱上雕刻上谷穗。

据《南和县志》记载：解放前，抗日军政大学建在太行山。刘伯承、左权等革命将军确定南和为军谷生产县，当时种谷面积十几万亩，生产的金米直供八路军前线，在"小米加步枪"的革命年代，南和金米做出了贡献。

获得的荣誉：2008年，南和县成立了10万亩谷子基地建设领导小组。同年，南和小米通过中国绿色食品发展中心认证，被认证为A级绿色食品；2012年，南和县申办金米原产地保护；2013年，在全国第十届优质食用粟质量评选中，南和金米获一级优质米称号；2013年"南和金米"获得农产品地理标志登记保护。

(三) 黄旗小米

1. 营养品质

黄旗小米是河北省丰宁满族自治县特产。丰宁县种植谷子具有悠久的历史，生产的小米米质好、产量高、口感好。种植品种主要有山西红谷、大金苗、老不死、齐头黄等。黄旗小米，外形饱满、色艳、粒大、均而圆，适口性好、香味浓郁。该米富含人体所需的多种氨基酸、维生素及矿物质。蛋白质含量为9.2%~14.2%、每100 g含色氨酸192 mg、蛋氨酸297 mg、维生素B_2含量比大米、面粉高1~2倍，维生素B_1含量为0.3~0.7 mg/100 g。

2. 生长环境

丰宁县位于河北省北部、承德市西部，南邻北京市怀柔区，北靠内蒙古自治区正蓝旗、多伦县，东接承德市围场县、隆化县、滦平县，西面与张家口市赤城县、沽源县接壤。丰宁县地处燕山北麓和内蒙古高原南缘，地势由东南向西北呈阶梯状增高，分坝下、接坝、坝上三个地貌单元。

丰宁县属中温带半湿润半干旱大陆性季风型高原山地气候。春季风多干旱，夏季湿热多雨，秋季天高气爽，冬季寒冷干燥。年平均气温 0.9~6.2℃，无霜期 110~145 d，坝上地区有效年积温 1 082℃，坝下地区有效年积温 1 489℃。年日照时数 2 903.6 h，昼夜温差大。年降水量 350~550 mm。

丰宁县是京津生态屏障和重要水源地。有林面积 572 万亩，草场面积 736 万亩。境内有潮河、滦河、牤牛河、汤河、天河 5 条主要河流。潮河、滦河发源于丰宁，分别占密云水库、潘家口水库总入库水量的 56.7%、13.6%。

丰宁是传统农业大县，地处内蒙古高原向燕山山脉过渡的农牧交错带，地势高低错落，四季分明，光照充足，历史悠久的传统农业让丰宁在精耕细作、用养结合、地力常新等有机农业的精髓方面积累了丰富的经验，加上一直以来实施的生态市县发展战略，为丰宁发展有机农业，生产优质小米提供了优越的产地环境。

3. 历史及荣誉

历史渊源：黄旗小米的种植历史可追溯到满清皇太极时期。

获得的荣誉：2015 年 5 月，丰宁县启动了"黄旗小米"国家地理标志产品保护申报工作，同年 9 月，由河北省质监局推荐到国家质检总局，2015 年 12 月国家质检总局对其进行了公示，2016 年 4 月获批。

4. 地域保护范围

黄旗小米产地范围为河北省丰宁满族自治县行政区内的黄旗镇、大阁镇、土城镇、凤山镇、黑山嘴镇、波罗诺镇、天桥镇、王营乡、选将营乡、南关蒙古族乡、北头营乡、五道营乡、小坝子乡、窟窿山乡、杨木栅子乡、西官营乡、苏家店乡、汤河乡、胡麻营乡、石人沟乡等 20 个乡镇所辖行政区。

（四）黄粱梦小米

1. 特点及营养

黄粱梦小米色泽金黄，粒粒饱满，形状正圆形，横径略大于纵径，沿纵径方向有一条深黄色的粒沟，米粒较小，千粒重 2.0 g 左右，其中白粒占 2%~5%。熬成粥后，黄而黏稠，口感润滑。黄粱梦小米富含蛋白质、钙、铁等营养物质，经检测，黄粱梦小米中蛋白质含量>8.9 g/100 g、钙>8.0 mg/100 g、铁>1.6 mg/100 g。

2. 产地环境

邯郸县属温带大陆性季风气候，四季分明，雨热同季，光照充足，季风突出，雨量充沛，年平均有效积温 4 227.9℃，年平均气温 13.2℃，全年无霜期 202 d，年日照时数 2 544 h，年平均降水量 535.5 mm。

地理标志区分两个：一个是位于邯郸县西部丘陵岗坡地，海拔 70~200 m，远离闹市区，周围无污染企业，土壤主要是次生黄土性壤质褐土，水源为天然降水，土壤肥力属中下，耕层有机质含量 17.45 g/kg，全氮 0.87 g/kg，有效磷 23.45 mg/kg，速效钾 130 mg/kg。另一个是山前平原漳河古道的砂带，土层深厚，质地偏砂，肥力中等，生产水平较高，土质为砂质褐土性土，土壤 pH 值 7.1，有机质含量 16.23 g/kg。

3. 历史渊源及荣誉

历史渊源：唐人枕中记、王安石吟诗作赋、乾隆饮黄粱、红色的革命历史构成了璀璨的黄粱梦文化。"一粒粟中藏人生"，是黄粱梦给世人最大的启迪。发生于唐开元七年（719 年）的《枕中记》，讲述了卢生过眼烟云般繁花锦绣之梦，引起了无数人对人生如梦的无限感慨，故事中未熟的黄粱饭即为小米饭，把黄粱梦小米的渊源追溯至唐代。

宋朝诗人王安石是最早为黄粱梦题诗的人，曾有七绝《听人叙黄粱梦》：

邯郸四十余年梦，相对黄粱欲熟时。

万事只如空鸟迹，怪君强记尚能追。

当地流传小米装在瓦缸中，能保持其香黏可口的特性，延长其保质期。

张学良将军南下路过黄粱梦游览吕仙祠。历代诗人游黄粱梦，品黄粱梦小米粥，留下了不朽的诗篇，把小米粥的香、黏，安神补脑作用贯穿诗中。

获得的荣誉：2014 年获得"黄粱梦小米"农产品地理标志登记保护；2015 年，入选中华人民共和国农业部发布的《2015 年度全国名特优新农产品目录》；2017 年入选中华人民共和国农业部发布的《2017 年度全国名特优新农产品目录》。

4. 地域保护范围

黄粱梦小米产区位于邯郸县黄粱梦镇、户村镇、康庄乡、三陵乡、尚壁镇、代召乡、南堡乡、河沙镇八个乡镇的 187 个村。地理坐标：东经 114°21′18″~114°38′08″，北纬 36°29′38″~36°42′36″。黄粱梦小米种植，西南起康庄乡于二庄村，西北至三陵乡高窑村，东北起尚壁镇北井寨村，东南至河沙镇苗庄村，与武安市、永年县、成安县相邻，保护面积 20 764.79 hm²。

（五）武安小米

1. 产品特点及营养

武安小米色泽微黄，粒小，黏稠易烂，入口绵甜糯香，并含有丰富的维生素，可暖胃养人，舒缓筋骨，止烦解渴，益气补中，常年食用可延年益寿。武安小米营养价值极高，蛋白质含量为 9.2%~14.3%，高于大米和玉米，粗脂肪含量 3.0%~4.6%，略低于面粉，色氨酸、蛋氨酸的含量很高，每千克小米中含色氨酸 192 mg，蛋氨酸 297 mg。

2. 产地环境

武安市处于太行山隆起与华北平原沉降带的接触部，属山区县（市）。总体可分为山区（占总面积的 29.7%）、低山丘陵区（占 45%）及盆地（占 25.3%）三大类型。地处海河流域，境内诸河均汇流于洺河。

武安属温带大陆性季风气候，四季分明。年平均气温 11~13.5℃，极端最高温 42.5℃，极端最低温-19.9℃；年平均降水量 560 mm，年最大降水量 1 472.7 mm；年日照时数平均 2 297 h，年日照百分率平均为 52%；四季之中，屡起西北、西南及西风，年平均风速 2.6 m/s，极端最大风速 29 m/s；年平均无霜期 196 d，适宜种植谷子。

3. 历史渊源及荣誉

1972 年，当地开挖水渠过程中，磁山第二生产大队在武安市磁山文化遗址中发掘出了大量粟灰。在磁山遗址，考古工作者们一共发现了 189 个储存粮食的"窖穴"。如果按照比重、体积推测，这 189 个"粮仓"中储存的粟，至少应在 5 万 kg 以上。经过中国科学院吕厚远研究员课题组对磁山文化遗址植物遗存进行研究，证明距今 8 700 多年前的新石器时期，武安原始人种谷、饲养家畜、制作生产生活用具，进入了人类最早的文明。这一发现，把我国黄河流域植粟的记录提前到距今约万年，填补了前仰韶文化的空白，也修正了目前世界农业史对植粟年代的认识。获得的荣誉：2010 年获得"武安小米"地理标志产品保护。

4. 地域保护范围

保护范围为河北省武安市现辖行政区域。

（六）曲周小米

1. 特点及营养

曲周小米，米粒饱满，色泽金黄，表面有光泽，手感光滑沉实，米粒不开不裂。经检测，富含蛋白质、维生素 B_1、钙、铁、锌。其中，钙>8 mg/100 g、铁>1.6 mg/100 g、锌>2.1 mg/100 g。

2. 产地环境

曲周县位于暖温带，属半干旱半湿润大陆性季风气候区。年降水量平均值 566.7 mm，年平均气温 13.2℃，年日照时数 2 400～2 600 h，日照率为 55%～57%，年太阳辐射量 505.78 kJ/cm^2，其中 4—9 月辐射量 294.90 kJ/cm^2。无霜期 229 d，初霜期一般在 10 月 25 日左右，终霜日一般在 4 月 5 日左右，年大于 10℃ 活动积温 4 510℃，按 85% 的保证率计算，可达 3 882.5℃。

曲周县地势平坦，土层深厚，土地肥沃，质地适中，土壤以壤质潮土为主，pH 值 7.5～8.2，耕层土壤有机质平均含量为 1.26%，碱解氮平均含量为 83.7 mg/kg，速效磷平均含量为 12.6 mg/kg，速效钾平均 198 mg/kg。曲周水资源丰富，水利条件好，水质优良、纯净、无污染，是理想的农业生产和生活用水。良好的气候条件、得天独厚的自然优势和区位优势、优质的水源有利于优质谷子的生产。

3. 获得的荣誉

2013 年获得"曲周小米"农产品地理标志登记保护。

4. 地域保护范围

曲周小米地理标志保护的区域范围为曲周县大河道乡、安寨镇、白寨乡、南里岳乡、曲周镇、第四疃镇一带 6 个乡镇 130 个自然村。地理坐标为东经 114°87′00″～115°09′00″，北纬 36°64′00″～36°89′00″。

（七）阳原鹦哥绿豆

1. 特点及营养

阳原鹦哥绿豆，种皮翠绿有光泽，因似鹦鹉羽毛的颜色而得名。籽粒呈圆柱形，粒型较小，口感绵软清香。内在品质指标：阳原鹦哥绿豆淀粉 46～49 g/100 g，蛋白质 23～25 g/100 g，脂肪 1.3～1.7 g/100 g，千粒重 45～52 g。

2. 产地环境

阳原县平均海拔1 100 m，土壤呈弱碱性，为栗褐土，质地偏砂，富含钙、磷、铁、钾等多种元素。区域气候独特，四季分明，雨热同季，光照充足，年均气温7.8℃，年均日照时数2 897 h，昼夜温差15℃，年均降水量365 mm。独特的自然生态环境为阳原鹦哥绿豆生长创造了良好的自然条件。

3. 历史及荣誉

鹦哥绿豆是阳原县传统名优产品，栽培历史悠久。满清初期即有记载，据康熙五十一年（1712年）出版的《西宁县志·风土篇》就记述绿豆的种植。其后，同治十二年（1873年）的《西宁县新志》也有记载。可惜两县志，均未载明种植面积和产量。民国二十四年（1935年）的《阳原县志》就有了详细的记述，记述了绿豆的播种季节和收获季节，绿豆的市场价格及绿豆与小米的比价。抗战爆发前，因为绿豆销路广，价格高，该县种植绿豆一直在10万亩左右，约占土地的1/8。

抗战胜利后到1952年，国民经济恢复时期，鹦哥绿豆种植面积有所增加；1953年，粮食实行统购统销政策，粮食不允许酿造，造成绿豆播种面积大幅度下降；1956年，合作化以后，鹦哥绿豆种植已经寥寥，人民公社化以后，绿豆种植几乎濒临绝种；1983年后种植面积逐年增长，截至2017年，阳原鹦哥绿豆地理标志保护面积66万亩，常年种植面积7.7万亩，年产量3 416 t。

获得的荣誉：2018年获得"阳原鹦哥绿豆"农产品地理标志登记保护。

4. 地域保护范围

阳原鹦哥绿豆的地理标志保护区域范围为张家口市阳原县所辖高墙乡、化稍营镇、三马坊乡、东城镇、井儿沟乡、东坊城堡乡、西城镇、要家庄乡、东井集镇、揣骨疃镇、浮图讲乡、马圈堡乡、辛堡乡、大田洼乡共计14个乡（镇）301个建制村。地理坐标为东经113°54′09″~114°48′21″，北纬39°53′33″~40°22′51″。

（八）崇礼蚕豆

1. 特点及营养品质

崇礼蚕豆籽粒饱满均匀，皮薄、色纯白、香味浓郁，适口性好，营养丰富，有很高的经济价值。蚕豆百粒重106 g左右，属中粒型，粒形为中方型，色泽明亮、饱满性好、豆粒近乳白色。种脐较短，深褐色。崇礼蚕豆含有丰富的蛋白质、脂肪、淀粉、膳食纤维、矿物质和维生素B_1、维生素B_2。蛋白质和淀粉含量既保障了营养平衡，同时也保障了食品的良好口感。

2. 产地环境

崇礼县地处冀西北高寒山区，兼具坝上干燥冷凉和坝下温暖湿润的特点，雨热同季，秋季光照充足，昼夜温差大，特殊的气候条件能充分满足蚕豆生长发育的要求；土壤、水源、空气洁净，土地资源丰富，有利于作物轮作倒茬；土壤类型以栗钙土和棕壤为主，特别是沿坝头以暗栗钙土为主，土层深厚，质地疏松，土壤团粒结构好，含腐殖质多，耕作层20~40 cm，利于根系生长；耕层土壤有机质含量0.56%~11.12%，全氮含量163.2~184.7 mg/kg，碱解氮含量22.7~245.6 mg/kg，速效磷含量2.96~48.1 mg/kg，速效钾含量89.25~365.6 mg/kg，耕性良好，保水保肥能力强；pH值7.3~8.6。

崇礼县水质洁净，水量充足，水质良好，区域有潮白河和永定河两大水系。潮白河水系面积 105.77 km²，占全县总面积的 4.5%；永定河水系面积 2 228.33 km²，占总面积 95.5%，该水系在本县有两条支流，即清水河和小清水河（盘长河）。

崇礼县为寒温向冷凉、半湿润向半干旱过渡的大陆性季风型山区气候，春、秋季明显，夏季凉爽，冬季寒冷，昼夜温差大，光照充足，雨热同季。全县年平均气温为 3.2℃，无霜期为 86~135d，年降水量平均为 490 mm，其 70% 集中在 6—8 月，年平均日照数为 2 739.2 h，日照百分率 61%，其中 4—6 月日照数占 56.3%。土壤营养丰富、天然降水和干旱时河水的浇灌、凉爽的气候适合蚕豆生长。

3. 历史及获得荣誉

据《崇礼县志》记载，崇礼蚕豆自明末清初开始种植，已有 400 多年的历史。据传蚕豆对康熙有救命之恩。康熙在崇礼微服私访时，路经瓦窑村被劫匪追杀，情急之下，被寺庙僧人相救。僧人以炒熟的蚕豆供康熙充饥，康熙吃到香甜美味的蚕豆，赞不绝口。

获得的荣誉："崇礼蚕豆"产业化经营水平逐年提高。崇礼蚕豆产品远销日本、韩国、新加坡、中国香港等国家和地区，并荣获俄罗斯、蒙古国精品标志，允许在蒙古国常年销售。2002 年，崇礼县被河北省农业厅命名为"河北蚕豆之乡"；2007 年，崇礼县农牧局下属的种子公司在国家商标总局注册了"桦皮岭"牌蚕豆商标，供全县所有"崇礼蚕豆"生产、经销企业使用；2011 年获得"崇礼蚕豆"农产品地理标志登记保护。

4. 地域保护范围

崇礼蚕豆种植区位于河北省崇礼县境内，全县海拔高度 1 240~1 800 m，北接张北县、沽源县，南连宣化县，西靠张家口市，东邻赤城县，南北长 57.57 km，东西宽 48.17 km，总面积 2 773 km²。种植区域属于河北省崇礼县西湾子、四台嘴、狮子沟、清三营、石窑子、驿马图、红旗营 7 个乡镇的 114 个建制村，地处东经 115°33′39″~114°59′3″，北纬 40°1′52″~41°17′28″，保护面积 6 648 hm²。

第二节　河北省杂粮深加工现状

一、深加工企业类型

初步统计，全国生产杂粮深加工产品的企业有 550 多家。其中，生产营养粉的有 70 多家，杂粮锅巴等膨化食品的有 80 多家，杂粮饼干、杂粮煎饼、杂粮酒、醋等有 70 多家。在这些企业中，河北省生产营养粉的有 4 家、锅巴膨化食品的 12 家、酒类的 29 家、杂粮煎饼的 73 家、杂粮饼干的 6 家、杂粮方便面的 5 家、杂粮面条的 46 家、杂粮醋的 26 家等。

通过加工产品功能、特征及地方特色，将这些深加工企业主要分为三类：杂粮主食化产品加工企业、杂粮专业化产品企业、地方特色杂粮加工企业。

第一，杂粮主食化产品企业。产品主要有面食产品，如小米馒头、杂粮豆包、杂粮面条、杂粮煎饼等。这类产业加工企业起步较晚，主要集中在杂粮主产区，且工业化强的地区，如唐山广野集团有限公司，生产小米馒头、杂粮包等食品；河北纽康恩食品有限公司，生产速冻杂粮面条、杂粮包等，销售到国内酒店及远销国外；河北三豆食品有限公司，以"甘珠"牌红小豆、绿豆、青仁乌豆3种小杂粮及杂粮深加工产品为主导，主要生产豆面、挂面、淀粉、豆制品等，销售到全国各地；河北省张家口康希燕麦食品有限公司，主要生产燕麦片、燕麦粉、燕麦方便面等，远销广东、浙江、上海、山东、河南、东北等地，销售网络遍及全国各大城市；张北县绿健食品有限公司生产莜麦挂面；张北源麦公司、张家口宏昊食品公司加工燕麦米、燕麦片；张北宝龙燕麦食品公司年加工燕麦粉等。

第二，杂粮专业化产品加工企业。如生产杂粮饼干、绿豆糕、高粱饴、小米酥、小米营养粉、小米饮料、小米黄酒和小米醋等类型的企业，小米产品为其加工产品的一个品系。这些企业多集中在经济发达的沿海城市，生产的产品品种丰富、种类齐全、专业化程度高、生产技术成熟、科研团队成熟、销售渠道较广，在谷子深加工中发挥着重要作用。如河北东粮农业科技股份有限公司生产小米酒、小米锅巴，邯郸瑞和庄园生产中国清酒等。

第三，地方特色杂粮深加工企业。例如，武安的小米醋、藁城区的杂粮醋、蔚县豆面糊糊等。这些企业生产的产品具有浓郁的地方饮食和文化特色，主要集中在杂粮主产区，区域性强，生产能力相对较小，对传承地方文化和发扬杂粮文化价值，促进地方经济增长具有重要意义。

二、深加工产品类型

据全国各大超市、企业实地调研和网络调研，初步统计市场上有代表性的杂粮深加工产品主要有21类。包括：营养粉、锅巴、杂粮煎饼、醋、酒、方便面、方便粥、饼干、酥饼、饮料、蛋糕、小米鲊、谷糠油、高粱饴、绿豆糕、饲料、色素、糍粑、汤圆、粽子、糖。

细分主要有：小米营养粉、小米锅巴、小米煎饼、杂粮煎饼、小米醋、高粱醋、燕麦方便面、燕麦粉、高粱酒、糜子酒、小米酒、杂粮酥饼、小米乳酸菌发酵饮料、小米可乐、小米蛋糕、小米粥、花生小米酥、小米糠油、小米糊糊、豆面糊糊、小米豆浆粉、小米黄酒、高粱饼、高粱蛋糕、高粱面条、高粱煎饼、高粱红色素、高粱糍粑、黍子鹦鹉饲料、黄米汤圆、黄米粽子、糜子酥、黍子醋、小米花糖、荞麦饼干、粟米糙米饼等上千种的杂粮食品。

第三节 河北省杂粮加工业存在问题

一、杂粮加工技术整体水平偏低

河北省杂粮加工企业500多家，多以杂粮初加工为主，精深加工企业较少，加工增值带动能力不足，缺少全国头部国家级龙头企业。从河北省杂粮初加工企业和深加工企业发展状况来看，初加工企业虽然数量较多，但是加工技术水平不高，缺乏先进的加工手段，尤其缺乏在全国产区布局基地、形成杂粮品种+基地+加工+品牌融合发展一体化规模企业。同时，河北省具有杂粮地理标志保护产品的蔚州贡米、南和金米、黄旗小米、黄粱梦小米、武安小米、曲周小米、阳原鹦哥绿豆、崇礼蚕豆以及一大批优质产品如龙兴贡米、车亭贡米等没有得到规模开发。河北省燕麦加工企业规模小，加工设备落后，对各类燕麦产品如燕麦片、燕麦米、燕麦粉、燕麦饮品等研发的关键技术有待提升，导致产品科技含量低，产品市场竞争力弱。

二、杂粮以原粮消费为主

根据调查发现，目前杂粮消费主要以原粮消费为主。如，小米、绿豆、红小豆、大黄米、荞麦米等；加工的小米面、绿豆面、黄米面、荞麦面、燕麦片等消费较少；杂粮饼干、杂粮营养粉、杂粮方便粥以及小米化妆品等精深加工产品市场占有率低。

三、杂粮产品研发品种单一

多元化杂粮产品研发不足，造成杂粮消费产品单一；产业链延伸不够，市场缺乏高附加值产品。一些杂粮的加工用途未能充分开发，如高粱。目前高粱的用途仅用于制酒、饲料、淀粉，但其用途非常广泛，如制糖、制醋、制板材、造纸、加工成麦芽制品、日用品、编织品、制饴糖、做架材、做蜡粉等，加工增值潜力很大。

四、产品营销观念和意识较为淡薄

河北省杂粮作坊式加工较多，销售方式靠批发，产品无商标、无包装、无认证，直接导致产品销售价格低，在市场上缺乏竞争力。虽有一些企业为杂粮产品申请了品牌，但多数企业只是将初级产品用包装袋进行简单包装，不能突出产品的优势，造成销售效率和效益低。

五、杂粮营养健康、养生功能宣传不足

目前全球掀起的"杂粮热"潮，充分显示了杂粮的保健价值、营养价值，得到了社会各界人士的认同，经济价值也在不断增长。河北省各级政府对杂粮产业的发展有了较大的关注，但是整体投入力度相对有限，政策导向作用相对薄弱，对杂粮产业发展优势的宣传力度不够，缺乏对入驻企业的鼓励和相关的优惠政策，造成河北省杂粮产业发展相对滞后。

第四节 杂粮企业品牌建设分析

一、杂粮品牌现状

（一）杂粮品牌建设取得初步成效

近几年，随着人们对杂粮营养保健功能的认识，"杂粮热"悄然升温，杂粮产品市场需求逐步扩大，新建杂粮加工企业快速增加，品牌建设起到了促进企业发展的作用，取得了初步成效。一是品牌注册显著增加。随着杂粮产业的发展，经营者不断重视品牌

效应，纷纷注册品牌。相关部门数据显示，品牌注册数量急剧增加，且品牌的地区分布主要集中在杂粮主产地。二是地理标志保护从无到有。2003年以前，有关杂粮的地理标志产品非常少，截至2019年，河北省杂粮地理标志产品有8个，其中谷子6个、绿豆1个、蚕豆1个。

（二）杂粮品牌建设模式选择

1. 自然资源开发整合利用模式

自然资源开发整合利用模式是指利用当地所独有的自然资源优势发展特色农产品的模式。可通过地理保护标志认证、注册商标等方式创建品牌，可以辐射带动周围区域的生产者共享资源，扩大生产规模，提高生产效益，增强品牌力。例如，阳原县利用地方资源开展绿豆产业发展，形成生产、加工、销售的产业模式；武安市利用谷子起源地和主产县优势，开展"政府+科研+企业+合作社"模式发展谷子产业；阜城高粱从无到有、从生产到销售，逐渐形成了与酒厂签订订单生产、糯高粱抗蚜生防生产、加工、销售产业发展模式。

2. 历史文化融入模式

历史文化融入模式是将当地杂粮悠久的历史文化底蕴融入产业生产链中。消费者在购买产品之时，也是在选择品牌的文化品位。企业在杂粮产业品牌建设中，依托地方历史悠久、源远流长的文化底蕴，突出浓厚的人文、风土气息，丰富品牌的文化内涵，提升品牌价值。同时，利用多种途径，挖掘和宣传与杂粮相关的历史文化，让消费者从更深更广的内涵上感受其价值，产生一种"我吃的不是杂粮，吃的是一种文化"的感觉。例如：四大贡米之一的蔚州贡米、具有"中国小米之乡"称号和地标产品的武安小米、张家口阳原县鹦哥绿豆地标产品、"三十里小米、四十里糕"的蔚县黄米、行唐县龙兴庄村的龙兴贡米、南和金米等。

3. 龙头企业带动模式

龙头企业带动模式主要依靠实力较强的企业发挥其龙头带动作用，通过不断技术创新，产品研发，以自身的品牌建设为核心，推行统一管理，辐射带动周边的基地和农户，从而保障产品的质量，提升产业效益。例如，阜星科技现代农业园区以生产、服务、加工、销售于一体的模式，种植阜城冀酿2号高粱增加到8万亩，采用服务、回收、销售的模式，与酒厂签订订单，带动阜城高粱产业的发展。

在品牌建设模式选择上，杂粮产业应将三种模式相融合，以自然资源开发整合为主，历史文化融入和龙头企业带动为辅的模式选择，这样既能发挥我国资源丰富、历史文化丰厚的特点，又能体现出品牌建设要多方面整体推进的必要性，如图6-1所示。

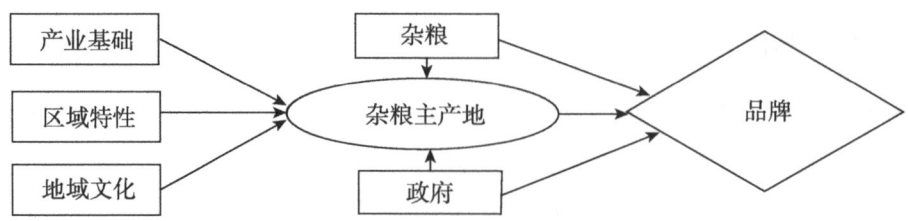

图6-1 杂粮品牌建设模式选择

二、杂粮品牌建设 SWOT 分析

（一）杂粮品牌建设的有利因素

1. 政策支持

在科技创新上，2008 年谷子、高粱、食用豆、燕麦被列入国家现代农业产业技术体系，2011 年又将糜子并入谷子体系形成谷子糜子产业体系，将荞麦并入燕麦体系形成燕麦荞麦产业体系。上述作物的国家产业技术体系的建立为国内杂粮科研机构提供了稳定的经费，稳定和壮大了科研队伍，为杂粮产业的发展提供科技保障。2018 年河北省启动第二批现代农业产业创新团队，杂粮杂豆创新团队成立，为河北省的杂粮产业发展起到促进作用。

在产业发展上，2012 年农业农村部首次把谷子纳入高产创建，河北省及一些谷子主产区把谷子纳入良种补贴，对谷子企业进行了扶持，2021 年河北省将谷子产业集群纳入河北省十二个产业集群之一，促进了谷子产业发展。近年来，河北省实施镰刀弯计划、两减政策、黑龙港区域限水政策、季节性休耕等政策，这些政策的实施有利于杂粮产业的发展，在资金、技术、人才、信息等方面提供保障，提高了其竞争优势。

2. 市场潜力大

杂粮在营养、健康保健等方面，功能强大，同时杂粮还具有一定的药用价值，这些保健和食疗方面的功效正在逐步被人们重新认识。随着人们生活水平提高和保健意识的增强，杂粮产品的国内消费市场越来越大。

（二）杂粮品牌建设的主要制约因素

1. 杂粮产品附加值低、品牌创建动力不足

杂粮作为特色产业，产品附加价值未能充分挖掘。企业要创建自己的品牌，首先是该产品要有独特性、排它性、差异性或显著的地理区域性，要让消费者便于和其他同类产品相区分。由于消费者选择日渐多样化，需要市场产品结构多元化，但当前大多数杂粮产品仍以初级产品为主，产品层次较低，附加值不高，产业链条不长，难以满足日益多元化的消费需求，导致市场疲软，缺乏品牌创建的动力。

2. 营销理念落后，增加品牌创建难度

杂粮加工企业普遍存在着作坊式经营、家族式管理，营销意识淡薄，营销手段匮乏。许多企业和农户几乎没有考虑市场需求，只按习惯和经验生产。在营销方面，多数企业都把宣传重点放在产品是否通过绿色食品或有机食品认证，而较少宣传产品的生产质量安全问题。

3. 组织化程度低、经营分散造成品牌意识差

杂粮与其他大作物相比，存在着生产经营分散、产业化水平低、带动能力弱、规模经济效益低，无品牌建设意识。因此，品牌创建的主体实力与数量均不足，创建与整合速度缓慢，创品意识淡薄，严重制约了杂粮产业品牌的培育与长远发展。

(三) 杂粮品牌建设的机遇

1. 国际形势发展机遇

2009 年以来，全球饥饿、营养不良人口已超过 10 亿，主要分布在亚太、非洲、拉丁美洲等贫瘠、干旱地区。一些撒哈拉以南的非洲国家，如布隆迪和马达加斯加等，由于缺乏必要的营养，大约有一半的儿童生长发育迟缓。杂粮作物营养丰富且均衡，无疑是应对营养不良和饥饿的保障食品。谷子可以作为应对全球干旱、营养不良背景下的重要战略作物，在国际上特别是亚非拉地区有广阔的市场前景以及发展机遇，未来小米以健康、营养食品出口亚非拉地区，必将拉动谷子在全球的消费和生产。

2. 膳食结构调整机遇

时下消费者对食品的需求正在向营养、健康方向转变。近二十年来，随着人们膳食结构及生活方式的改变，作为主食的"五谷杂粮"日益从餐桌上减少，内地居民膳食纤维摄取量逐年下降，肥胖、高血压与糖尿病等慢性病发生率持续上升，仅糖尿病人就达上亿人。新版《中国居民膳食指南》制定的健康膳食原则是"食物多样、谷类为主、粗细搭配"。随着人们保健意识的增强，膳食结构的调整，城市居民对五谷杂粮的需求量会逐年增加。所以，杂粮会越来越成为人们餐桌的必备食品，甚至成为高档餐厅的特色产品，无公害、绿色、优质杂粮品牌的市场前景广阔。

(四) 杂粮品牌建设面临的挑战

从 20 世纪 90 年代开始，杂粮加工业逐渐恢复增长。随着农产品加工业的快速发展，一批规模化、集团化的杂粮加工龙头企业和知名品牌开始涌现出来。经过近几年的快速发展，都取得了明显成效，但是农产品品牌建设依然存在着许多挑战。

第一，初加工产品满足不了消费者的需求，影响了品牌的声誉；第二，杂粮加工企业规模小、分散，生产能力弱，效益低，缺乏资金进行建设品牌和品牌宣传；第三，随着人民生活质量的提高，消费者对杂粮的需求越来越大，各种各样的杂粮品牌充斥着市场，对杂粮市场产生了强大的冲击力；第四，杂粮作物科研投入不足，影响了新品种、新技术的创新与推广，少数农户还在种植多年前的无名自留种，杂粮产品质量不能保证，影响了品牌建设的效果。

(五) 实施杂粮品牌建设的必要性

1. 发展杂粮品牌建设的必要性

(1) 市场化条件下提高竞争力的内在要求。多年来，杂粮大都以"原始"形象示人，以初级产品为主。随着杂粮市场化程度的加深，消费需求不断变化，人们开始更多地关注杂粮的品牌、档次、特色、包装、内涵等。杂粮的市场竞争已由过去数量之争、价格之争转化为质量之争、品牌之争。在市场经济里，品牌是建立产品差异化竞争优势的工具，是生产者与消费者有效沟通的桥梁，是引领整个行业和产业发展的火车头，其地位至关重要。因此，加快杂粮产业品牌建设是满足消费者名、特、优的需要，也是杂粮参与市场竞争的内在要求。

(2) 提高农产品综合效益的客观需要。无论农民、企业还是地方政府，生产、经营、推广杂粮产品的初衷都是为了获得一定的经济效益和声誉。建设一批享有知名度的杂粮品牌，无疑是提高我国杂粮产业综合效益的最佳选择。第一，品牌是一种高效的广告手段，它提高了杂粮的曝光率、知名度、美誉度和市场竞争力，吸引消费者眼球，从而在消费中促成其购买行动，无形中提高了杂粮的经济效益。第二，杂粮品牌在自身成长的同时也承担了社会责任，以发展反哺社会。如，促进地方增收、提升地方知名度、拓宽就业渠道、推动农业科技创新等，形成了良好的社会效益。第三，杂粮品牌的建设，形成一整套紧密相连的产业链，使杂粮生产、加工、销售等各个环节有效衔接，满足各利益主体相应的利益需求。

（3）降低消费者选择成本的外在需要。由于杂粮品类繁多，消费者面临的可选择信息越来越多。消费者想获取某类产品相关信息需要一定的时间成本和信息成本。品牌作为产品的形象代言，其基本特征和所代表的信息相对固定，可以将企业经营者理念和产品相关信息更好地传播给受众。消费者利用品牌进行信息收集，择优决策，大大降低了选择成本。加强杂粮品牌建设，可以降低消费者的选择成本，并使消费者形成稳定的品牌忠诚度。

（4）增加企业利润，提高企业美誉度的需要。品牌承载着生产者对产品质量的承诺，容易使消费者产生信任度和追随度，形成品牌美誉度，从而降低产品推介成本。品牌产品的价格一定高于均衡价格，为企业带来超额利润。品牌是企业的无形资产，拥有品牌就拥有市场。加强杂粮品牌建设，可以提高产品认知度，占据更多的产品市场，增加企业利润，推动企业良性发展。

（5）增强农户可持续增收能力的本质需要。一旦有了品牌，就会对生产产生带动和辐射作用，就有了强有力的市场竞争力，产品销量将得到提升，从而也解决了"卖粮难"问题。同时，可提升生产者的信心，促进"公司+农户"订单模式的良性互动。同时，"品牌联盟"的形成将有力提升"专业合作社+龙头企业+农户"或"龙头企业+专业合作社+农户"的合作组织水平，带动、辐射、提升整个谷子产业发展的专业化和组织化水平，保持农民持续增收。

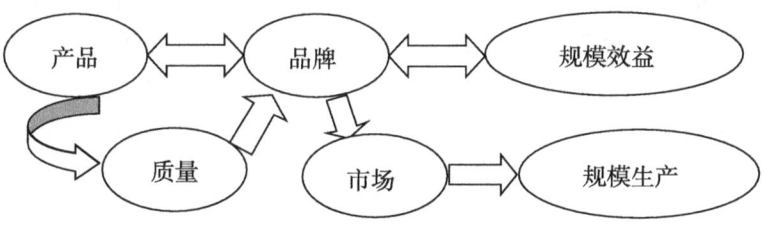

图 6-2 品牌与规模效益的关系

2. 发展杂粮品牌建设的意义

（1）提高产品附加价值。高知名度的杂粮品牌具有增值效应。现代社会，以高知名度品牌为时尚，追求高知名度品牌商品消费的潮流已经兴起。与其说是商品给生产经营者带来财富，倒不如说是品牌的知名度给他们带来了财富。高知名度品牌满足了消费者心理和生理多方面的需求，迎合了人们的求名偏好。高知名度品牌能给生产经营者带来财富，就是因为它们比同行业、同类商品的其他品牌更有名气。不少人心甘情愿地将

"名声费"付给他们喜欢、渴求或向往的高知名度品牌商品,以奖赏品牌创造者因奋斗、冒险而获得的名声。这也是品牌刺激人们购买的一个原因。基于这一动因,实施杂粮产业品牌化战略,可促使杂粮生产者和经营者不断在创高知名度品牌上下功夫,以便获取或增加高知名度品牌的附加值。

(2)提高市场竞争力和整体竞争力。实施杂粮产业品牌化,可以形成较好的市场机制。由于河北省杂粮生产规模小、成本高,在这样的形势背景下,实施杂粮产业品牌化,明确主要目标市场,确定发展思路,集中力量进行重点培育,发挥品牌效应,尽快形成一批具有竞争力的优势杂粮品牌,辐射和带动全国杂粮产业的整体发展水平,尽快成为提高我国杂粮产业整体竞争力战略措施。实施杂粮产业品牌化,树立杂粮品牌信誉,在市场上创名牌、保名牌,有利于提高农业和农村经济的整体竞争力,促进农业和农村经济的发展。

(3)有利于挖掘杂粮品牌丰富的文化内涵。杂粮品牌的命名也凝结着生产者或经营者的追求,品牌主题成为这些企业的象征,构成这些企业文化的组成部分。实施杂粮品牌化战略,培育品牌的企业文化、区域文化、挖掘杂粮品牌丰富的文化内涵,这些都反映了品牌诞生所应具备的一般条件和形成名牌的规律。

第五节 加快河北省杂粮产业品牌建设的措施

目前,河北省杂粮品牌建设推进工作取得了一定成效,商标注册量与地理保护标志量均有不同程度增长,但绝大部分产品并没有成为品牌,少许仅仅是区域性小品牌,全国知名的品牌屈指可数。因此,为创建河北省杂粮品牌,必须通过科技化、标准化、组织化、市场化、规模化等手段,把杂粮产业的品牌做大做强。

一、提升杂粮品牌建设水平关键是科技化

近年来,受健康膳食的影响,杂粮产业快速发展。但目前产业化开发品种主要是农家种大白谷、紫脖根、冀谷19、九根齐、大紫秆、大青稞、抗四、八月红、平顶冠、冀杂6号、冀杂4号、兴湘粱2号等一批农家品种和老品种。今后的科技创新应针对产业发展,尽快培育出一批优质品种、轻简化生产技术支撑产业发展。同时,充分利用国家现代产业技术体系和河北省杂粮杂豆体系示范基地,发挥示范基地的试验、示范和带动作用,培训一批基层农技人员,用科技化提升杂粮产业化水平。

二、规范杂粮品牌建设重点是标准化

标准化事关杂粮品牌建设的成功与否。为促进河北省杂粮产业品牌建设,需要研究和建立杂粮产业发展的标准体系;加快研究和建立杂粮质量标准体系,积极制定质量标准和安全优质生产技术规程,形成国家、行业和地方标准相配套的标准体系来保障产品质量和安全性。

三、服务杂粮品牌建设保障是组织化

为了河北省杂粮产业品牌创建的长远发展,必须提高产业的组织化服务水平。加大对杂粮产业合作经营组织的支持力度,通过实施一系列组织化建设,创建名优品牌和扩大市场销售。设立专项资金,扶持合作社组织和龙头企业的发展;鼓励新种植区农户组建乡村专业协会、专业合作社等合作经济组织。通过合作组织的带动,种植户可以采取新技术、新管理等措施,来满足市场发展的要求;随着合作组织的做大、做强以及对市场的不断开拓,品牌的影响力也会不断增强。

四、指引杂粮品牌建设方向的途径是市场化

在创建杂粮品牌建设中,始终要把着眼点放在培育市场上。各级地方政府要建立信息服务平台,让农户及时掌握市场动态,依靠市场信息指导生产,使生产的杂粮适销对路、产销衔接,最大限度地降低了市场风险。同时大力发展多种销售模式,减少中间流通环节,降低流通成本,对扩大销售和农民增收发挥作用。

五、壮大杂粮品牌建设的目标是规模化

河北省杂粮产业正由小规模生产、分散化经营向规模化、区域化、集中化方向转变。杂粮种植规模化是发展现代农业产业的重要内容。通过扩大生产经营规模,实现经营成本下降,收益上升,达到效益的最大化。因此,必须加快土地使用权的流转,培育新型经营主体,为杂粮产业规模化和品牌化发展创造条件。

六、培育扶持龙头企业带动品牌建设

品牌建设与产业化是相辅相成的,没有雄厚的产业基础,就不可能有规模,没有知名品牌建设,产业化也不可能做大做强。根据我国杂粮产业发展特点,当前必须着力培育、打造一批带动力强的龙头企业,在产业内发挥引领作用,鼓励龙头企业建设专业合作社,引导企业和农户之间建立稳定的产销合同和服务契约,从而保障小生产与大市场的有效衔接,切实推动杂粮产业和品牌的发展。

七、加大宣传力度提升品牌价值

与大宗作物的营销相比,杂粮相关产品的品牌建设相对落后,营销力度较弱,品牌的拥有者应该予以重视。为提升市场对杂粮品牌、产品的认知度和美誉度,树立与巩固品牌形象和主导市场地位,生产企业必须要树立品牌观念,增强品牌自有宣传能力,使杂粮产品从"低端"走向"高端";在超市要开设营销专柜,包装要符合现代人"少而精致"的消费观念,产品量上要做到"少而精";在宣传方面,重点突出杂粮产品营养平衡丰富的消费理念,以此增强消费者对该类产品的消费意识,扩大市场销路;为进一步提升企业的综合竞争力,企业要充分认识到良好的企业品牌形象,更容易受到消费者的青睐,从而更能提升品牌的自身价值,提高市场占有率。

八、挖掘产业文化内涵塑造品牌形象

杂粮作物在是历史长河中积累下来的,文化底蕴非常丰富。各地方在对区域杂粮品牌文化进行挖掘时,必须全面了解该区域内的历史文化以及与之有关的历史和文化事件。如武安磁山文化遗址,谷子的起源地;蔚县桃花米成为古代宫廷的贡米。只有形成产品的差异化,才能吸引不同消费者的消费偏好。在体现区域品牌浓厚的人文特色时,区域杂粮品牌建设是一个长期、系统的工程,需要各方面的力量来共同参与。

本章小结

本章介绍了河北省杂粮加工企业、产品、品牌以及促进加工产业发展的建议,包括杂粮加工的初、深加工企业和规模,产品发展方向和品牌 SWOT 分析等方面的内容,该部分对加工产业的发展具有很好的指导作用,同时也为企业品牌建设提供参考依据,指导企业产品和品牌发展,促进杂粮加工在产业中的地位。

第七章 河北省杂粮市场流通贸易分析

第一节 河北省杂粮流通现状

一、河北省杂粮流通方式

流通可以为引导生产者合理安排生产提供重要信息，从而保持产业的稳定健康发展。杂粮市场流通的参与者包括生产者、中间商、加工经营者、消费者等，顺畅的杂粮流通环节，可以大大提高杂粮流通效率。目前杂粮市场主体多元化发展较为迅速，政府、企业、新型经营主体、经纪人等主体参与到杂粮产业发展当中，给杂粮产业发展带来了新的活力，杂粮流通渠道也越来越广。从目前杂粮流通来看，杂粮主要通过农户或者商贩集中到加工企业或者加工集散地，加工企业通过商超、专卖店、电商等渠道销售到消费者；另外，集散地杂粮通过批发，由经销商销售到消费者，通过这些渠道方式实现杂粮由生产到餐桌。

（一）种植者—消费者

杂粮种植者将生产出来的杂粮经过简单的去杂、筛选、脱壳、包装，通过交换和零售到消费者手中。这种方式多在杂粮主产区乡镇及村的集贸市场上出现，流通规模小且不集中，是最原始的销售方式。例如：蔚县的黄米面、荞麦面、豆面等，农民自己加工成面在集市进行销售。

（二）种植者—商贩—加工企业—消费者

种植者生产出来的杂粮，由种植者或商贩转运到杂粮加工企业，或者是与加工企业签订订单协议，加工企业生产出来的产品经过超市、零售店、专卖店、电子商务等渠道销售到消费者手中。这种模式是最常见的杂粮流通形式。例如：黄骅市高粱贸易商，通过订单种植或商贩送粮收购高粱，经过加工销售到南方各地酒厂；阳原县种植绿豆农民卖给商贩、商贩转卖给贸易商进行筛选、去杂、分级，销售到全国各地；张家口万全县燕麦加工基地，由商贩送到加工企业，制成燕麦米、燕麦片等产品，批发到全国各地市场。

（三）主产区—集散地—批发市场—经销商—消费者

流动粮贩是我国杂粮市场流通主要参与者，粮贩主要负责将杂粮主产区域农民种植的杂粮进行集中收购，运输到杂粮加工集散基地，经集散地进行初加工，后经不同的包装运到全国各地的批发市场或零售店,通过逐层运输和流通,最终到消费者手中。目前全国已经形成数量众多的杂粮加工集散地,如:辽宁省建平县朱禄科镇、山东省冠县等。河北省有石家庄藁城马庄小米集散地、沧州孟村小米集散地、张家口蔚县吉家庄杂粮中转站、邯郸曲周小米加工集散地、张家口阳原绿豆贸易集散地、廊坊文安刘么粮食批发市场、万全燕麦加工基地等。区域性杂粮批发和贸易市场,在一定程度上起到了平衡地区供需的作用。但是流通中间环节多,一定程度上增加交易成本,经销商也会根据市场行情采取投机行为,对杂粮市场稳定健康发展构成隐患。

调研发现,国内甘肃省、陕西省谷子等杂粮主要运输到山东省、河北省进行加工,内蒙古自治区、辽宁省、吉林省的杂粮主要运输到河北省、河南省、山东省、山西省进行加工,然后包装,大部分经河南郑州最大的批发市场进入南方等地区。以河北省藁城小米集散地马庄为例,作坊式加工厂100余家,小作坊年生产能力为3 000 t左右,有6家超过万吨加工企业,原粮主要来源为赤峰市、朝阳市、阜新市、白城市、松源县等地区,小米加工后大部分销往河南和山东,目前小米100%是原粮销售,无加工产品,规格以25 kg/袋为主,占到销售的80%,5 kg/袋和10 kg/袋占到市场的20%,销售主要以大包装批发为主。小米包装销售存在两类市场:一类谷子(好品种)以当地为主,二类谷子(混合品种)主要销往郑州粮食交易中心,运往全国各地。

(四)订单式农业生产,合作联盟不断完善

订单式农业的发展,使杂粮流通渠道呈现多元化。政府制定杂粮产业发展政策,企业根据需要,经营主体标准化生产,形成利益共同体,布局全产业链发展。目前杂粮企业生产能力相对较小,但正走向正规化。张家口北宗黄酒酿造有限公司年加工转化"张杂谷"系列原粮6万t,以高出市场价0.48元/kg的价格收购原粮,增加"张杂谷"产业效益;张家口萝川贡米有限公司,通过订单生产,企业加工进行专卖店和电商平台销售;唐山广野食品集团有限公司生产的杂粮包、速冻馒头等原料来自于订单生产。

(五)杂粮电商平台发展迅速

随着互联网的不断发展,杂粮在电商销售也呈爆发式增长,网上交易可以减少中间环节,实现产地直发,减少交易成本,打造地方特色。在"1号店"可以搜索到包括东方亮、十膳九米、黑土小镇等47个品牌的包装小米,价格在16~30元/kg。在淘宝上,可以搜到小米、绿豆、红小豆、燕麦片、黄米面、荞麦面等杂粮加工品。例如:野三坡绿豆、十月稻田绿豆、沈大成绿豆糕、黄龙绿豆糕、沁州黄小米、延安小米、米脂小米、朝阳小米、蒙山小米、广灵小米、乾安黄小米、东山小米、南和金米、敖汉旗小米、金乡金谷小米、恩施原米贵州小米、龙山小米、塞外黄小米、蒙清黄米面、尚蔚黄米糕等地方特色小米。截至2019年,在阿里平台上,经营杂粮的店铺数量在7 000家以上,张家口北宗黄酒酿造有限公司也正在打造集工厂+实体店+智慧旅游+互联网电商于一体平台,给顾客提供最方便的购物平台。

二、影响流通的主要因素

(一) 国家对杂粮宏观调控力度小

目前杂粮流通主要靠市场调节,没有最低限价和保护价收购,一旦杂粮种植面积扩大,供大于需,杂粮价格下降明显,打击农户种植积极性;当杂粮价格上涨时,农户跟风现象严重。导致杂粮价格起伏不稳。健全杂粮流通价格形成机制和杂粮储备制度,配套的杂粮价格保护政策和健全的政策性粮食流通体系,产业才能健康稳定发展。

(二) 流通主体组织化程度不高

杂粮存在分散、种植面积不稳定、不规范生产问题,影响杂粮流通稳定性。调研发现农户种植面积小,有的种植只是简单满足家庭需要,品种混杂,加大了收购杂粮的难度,造成收购成本加大,批发商放弃收购,做不到优质优价,难以形成经济优势。杂粮生产、仓储与消费分布不均衡,杂粮生产集中在北方和南方的山区,交通运输加大了成本,企业的数量和质量有待提高等原因造成杂粮流通速度慢,市场难以发展。

(三) 加工产品不足,单一原粮消费带动产业发展动能不足

杂粮加工附加值较低,消费方式单一、快节奏食品开发少、功能性产品缺乏,停留在原粮消费层面。以小米为例,经初步估算,家庭年均消费小米量仅为 20 kg,平均食用频率为两天一次,一周一次的频次占到 37.67%,尤其是在城市里,妇女时间的机会成本促进了食物消费的转变,说明小米的消费不是消费者的主食,仅为平时的辅食。现阶段,超市已成为居民购买杂粮的主要渠道,杂粮的购买群体大多为妇女或老人,受到传统观念、购买习惯、价格等方面的影响,半数以上消费者选择散装杂粮,一次购买量大多为 1~2 kg。

(四) 生产、流通等信息的不对称

小麦玉米等主要粮食作物市场化程度高,信息的收集、发布、共享机制较完善,政府、企业、批发市场数据更新及时,流通信息的传递效率较高。但是杂粮产业信息缺乏,仅在杂粮主产省份能获得部分数据,农民与市场之间的信息不对称问题比较突出,缺少杂粮流通信息服务数据,尤其是杂粮收购价格、物流等信息,造成杂粮流通环节的混乱,造成资源浪费,运行效率低。

第二节 河北省杂粮市场动态变化

杂粮价格变化直接影响了农民种植杂粮的意愿,准确及时分析杂粮价格及预测价格变化趋势,对杂粮供需和农业生产具有重要意义。课题组从主产地、农产品批发市场、杂粮加工集散地、大型超市、电子商务平台等方面搜集整理杂粮市场动态变化数据,建成了杂粮市场动态变化数据库,分析杂粮市场价格变化及短期预测,供有关部门参考。

一、农产品批发市场价格变化分析

数据采集于河北省石家庄桥西批发市场,对杂粮批发价格长期跟踪监测,根据各市场价格信息变化特点,信息采集频度为每周一次,及时掌握杂粮交易价格变动频率。截

至 2019 年 12 月，石家庄桥西批发市场杂粮价格数据量达到 1 万个，数据库涵盖了 2008—2019 年小米，2018—2019 年绿豆、红小豆等杂粮交易数据的价格。

（一）小米价格变化趋势

通过对石家庄桥西批发市场小米的价格监测发现，2012 年以前小米价格在 5.0 元/kg 上下浮动。进入 2013 年 3 月后，价格开始上扬，2014 年 9 月达到了顶峰，为 11.6 元/kg，之后开始震荡下调。2016 年以后价格呈现反弹，但不及 2014 年涨势。从历年小米价格变化发现，小米的价格每年呈现周期变化，春节后短期的小幅涨价，3 月后逐渐降低，到 8 月有个明显反弹，到 9 月初新小米上市后价格逐渐降低，10 月后价格平稳到春节，"双 11" 和 "双 12" 期间，短期上涨，幅度不大（图 7-1）。

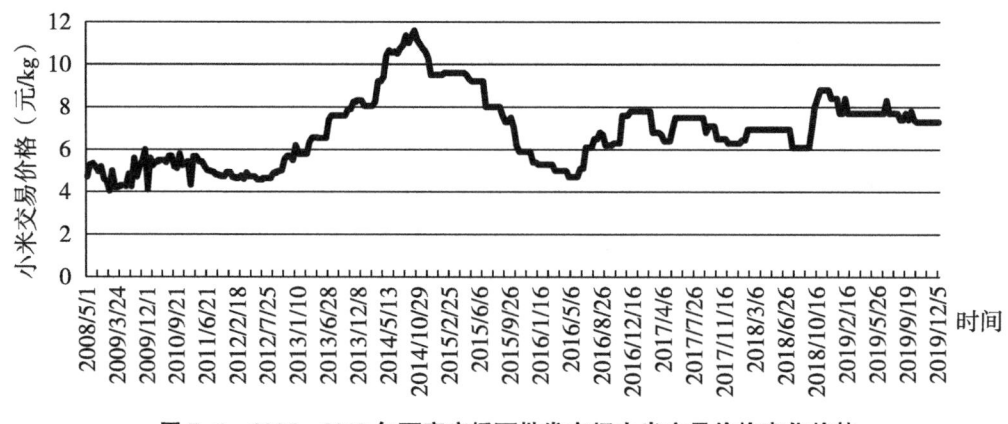

图 7-1　2005—2019 年石家庄桥西批发市场小米交易价格变化趋势

（二）绿豆价格变化趋势

通过对石家庄桥西批发市场绿豆的价格监测发现，绿豆的价格在 7~10 元/kg 变化，根据 2018 年和 2019 年的绿豆价格变化趋势，初步预测在每年的 4 月、5 月绿豆价格开始有企稳走高的趋势，下半年会略有降低。原因可能是，绿豆汤清凉爽口、夏天绿豆的消费量会增加，导致价格上涨（图 7-2）。

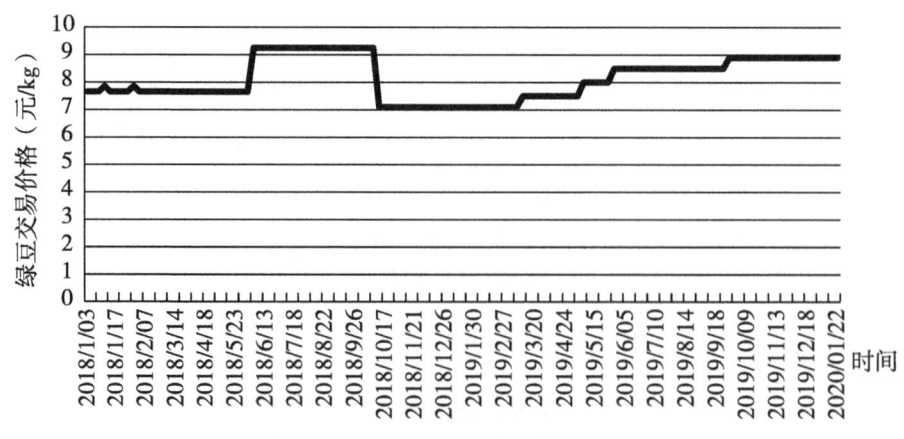

图 7-2　石家庄桥西批发市场绿豆交易价格变化趋势

(三) 红小豆价格变化趋势

通过对石家庄桥西批发市场红小豆的价格监测发现，2018—2019年红小豆的价格呈现增长的趋势。由2018年初6.45元/kg上涨到2019年12月9.05元/kg，涨幅40%。从趋势变化可见，在每年10月，红小豆的价格出现波峰。原因可能是新红小豆收获购买较多，价格因此上涨（图7-3）。

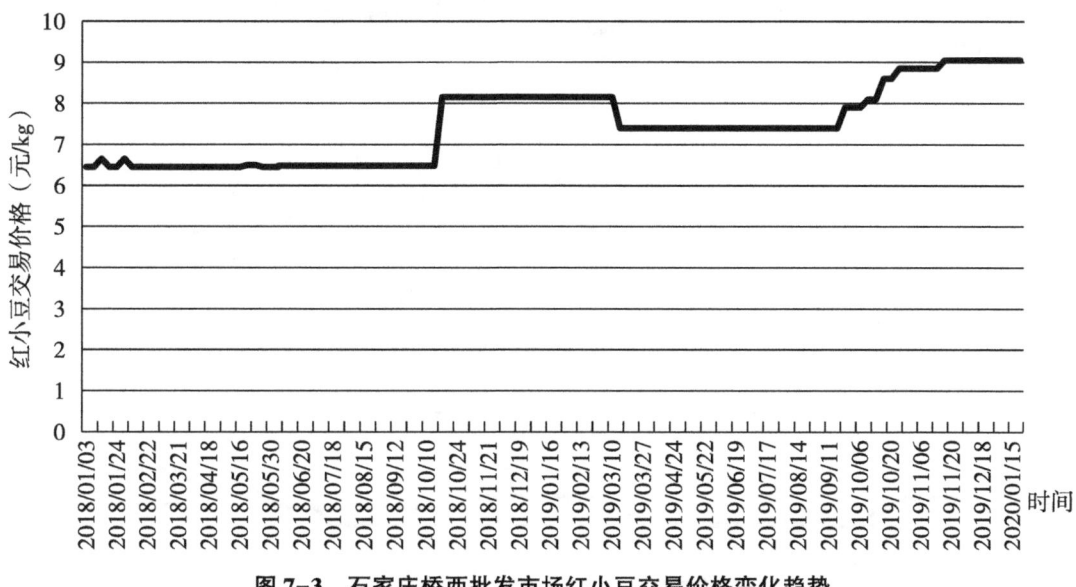

图7-3　石家庄桥西批发市场红小豆交易价格变化趋势

二、杂粮集散地市场变化分析

重点监测石家庄藁城马庄小米集散地、黄骅高粱贸易集散地、蔚县杂粮中转站。截至2019年12月，杂粮数据量达到8 000个，数据涵盖了2009—2019年藁城马庄小米集散地谷子、小米、绿豆、红小豆、大黄米、荞麦、高粱的价格数据。

(一) 谷子（小米）的价格变化趋势

目前，石家庄藁城马庄小米集散地的谷子主要以黄金苗、红谷、吨谷等优质品种为主。图7-4为河北省石家庄藁城马庄小米加工集散地黄金苗谷子和小米购销价格走势。截至2019年，监测马庄集散地的谷子小米价格数据7 000余个，谷价的波动呈现出倒"U"形（图7-4），在2014年达到高峰，谷价高达9.56元/kg，随后开始大幅下降。2019年上半年谷价较平稳，到8月出现短暂高峰，当年谷子收获后，谷价下降到4.6元/kg左右，维持2个月，谷价又出现增长趋势，春节前约5.2元/kg。

(二) 绿豆价格变化趋势

通过马庄小米集散地监测绿豆的批发价格和零售价格，发现绿豆在每年的6月有个下降的趋势（图7-5），这与桥西批发市场绿豆的价格变化不一致，原因可能是集散地靠走量赚取利润。

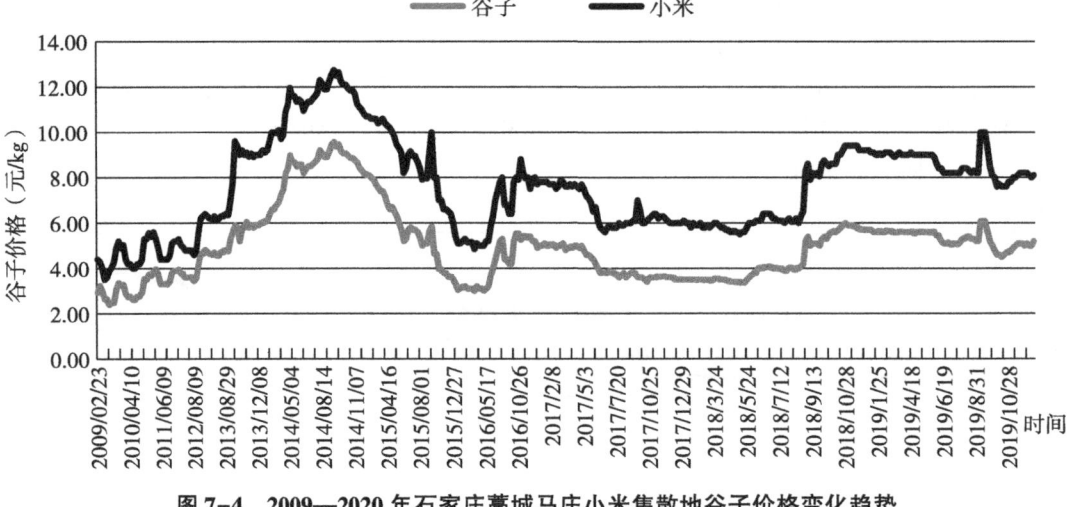

图 7-4　2009—2020 年石家庄藁城马庄小米集散地谷子价格变化趋势

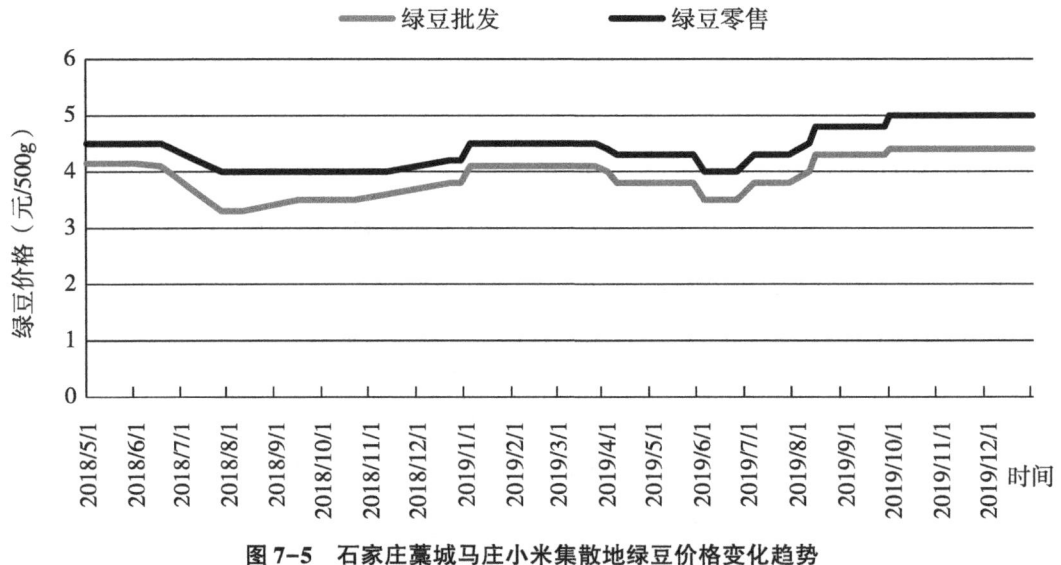

图 7-5　石家庄藁城马庄小米集散地绿豆价格变化趋势

（三）红小豆价格变化趋势

通过马庄小米集散地监测红小豆的批发价格和零售价格，发现 2018 年红小豆价格较平稳，但是 2019 年价格变化较大，但整体呈上涨趋势，这与石家庄桥西批发市场红小豆价格变化一致（图 7-6）。

（四）高粱价格变化趋势

通过对黄骅高粱贸易集散地价格的监测，发现高粱市场平均价格这两年呈现增长趋势，但每年年底有所下降，第二年逐渐增长（图 7-7）。另外，3—4 月高粱价格小幅度增长，之后逐渐平稳，可能是贸易商大量采购高粱的原因。

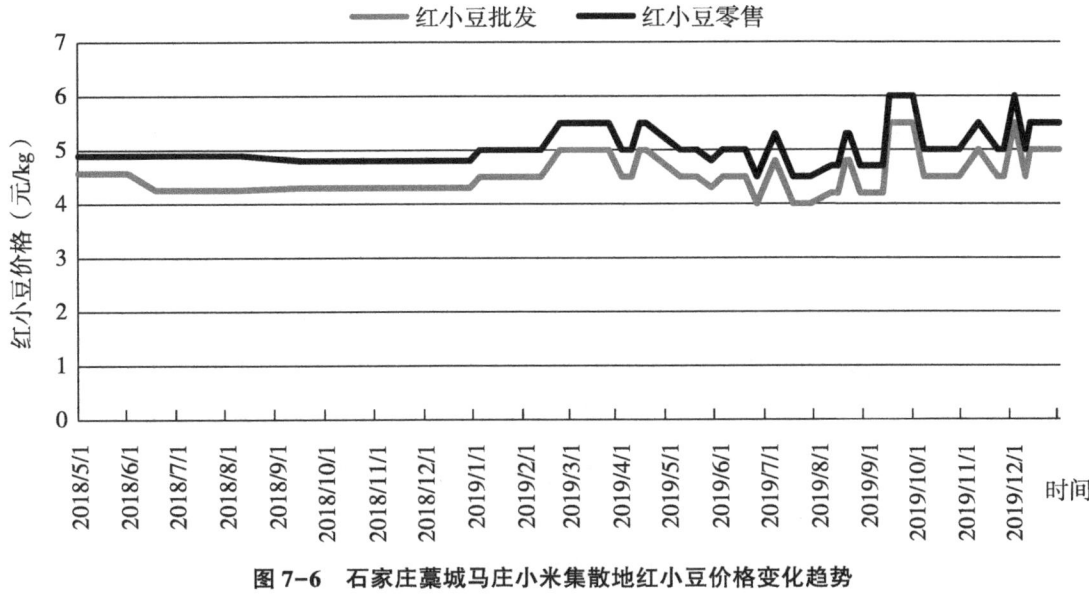

图 7-6　石家庄藁城马庄小米集散地红小豆价格变化趋势

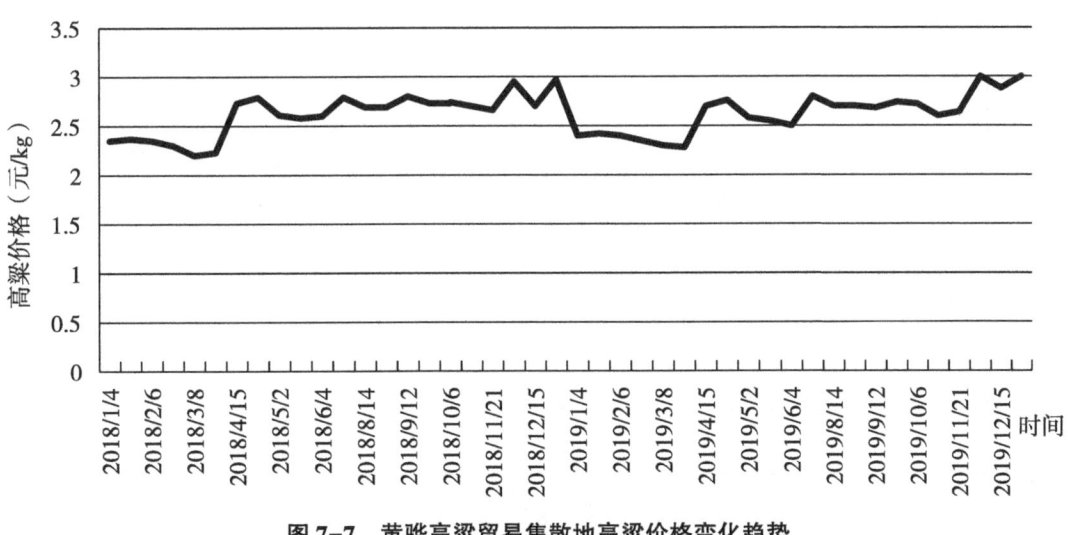

图 7-7　黄骅高粱贸易集散地高粱价格变化趋势

（五）燕麦价格变化趋势

燕麦价格整体呈现增长趋势，2019 年 7 月至 2020 年 12 月，燕麦价格由 3.28 元/kg 增长到 3.58 元/kg，增长 0.3 元/kg，增长 9.1%。观察两年的燕麦价格趋势发现，燕麦价格年度内上半年呈现下降趋势，下半年出现增长趋势，主要体现在 9 月之前价格是下降，之后逐渐增长（图 7-8）。（数据来源：卓创咨询）

（六）糜子价格变化趋势

通过网络搜集和对蔚县市场价格的调研及监测，整理了蔚县吉家庄杂粮中转站糜子

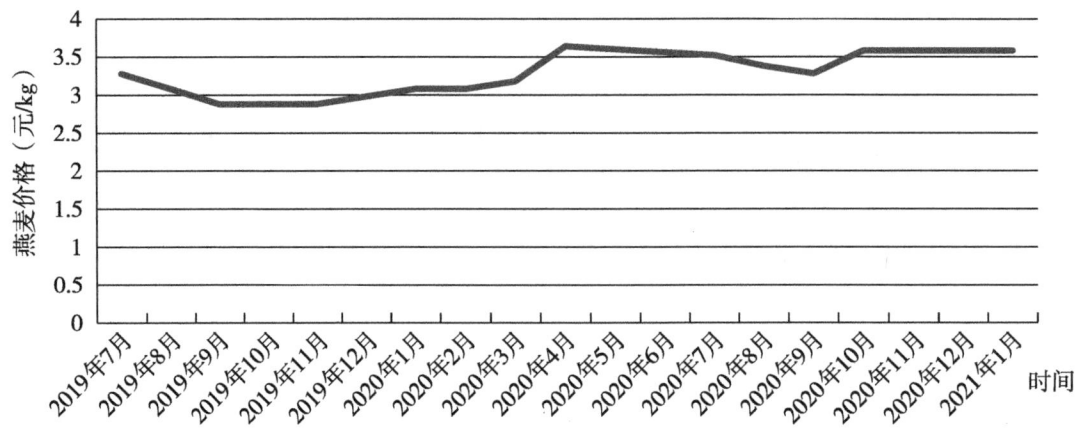

图 7-8　张家口燕麦集散地燕麦价格变化趋势

的价格数据。通过统计，2014—2019 年糜子价格呈现增加的趋势（图 7-9）。2014 年糜子价格 3.6 元/kg，2019 年糜子价格上涨到 5 元/kg，糜子质量好的价格达到 6 元/kg。糜子价格在每年的 8—9 月和 12 月会出现两个增长点，主要原因是新糜子收获和春节前消费增加造成价格回升。

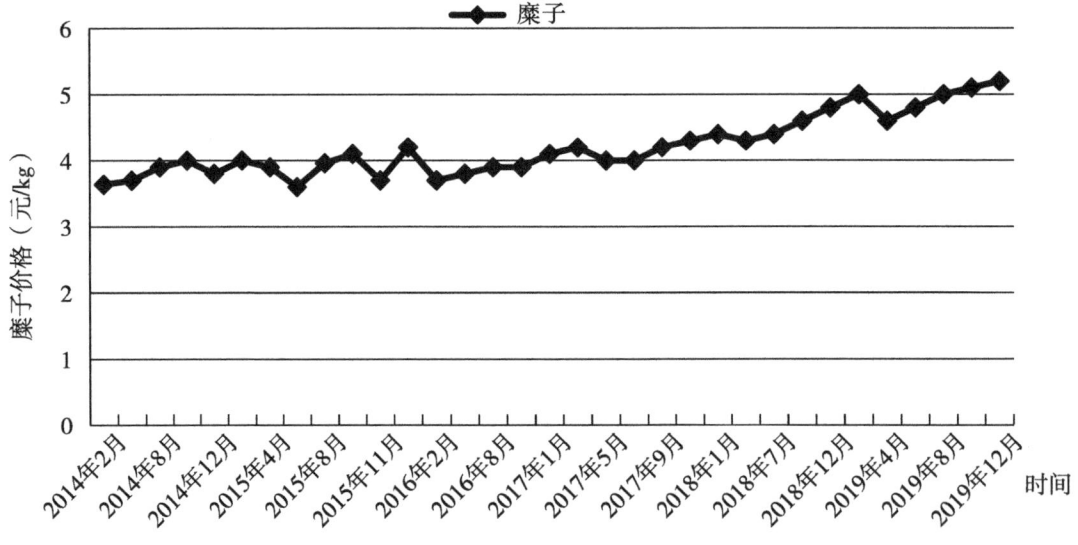

图 7-9　蔚县吉家庄糜子市场集散地糜子价格变化趋势

三、大型超市散装杂粮价格变化分析

（一）超市小米价格变化

2014 年以来开展大型超市小米价格实时监测，监测频率为 3~5 天/次，目前数据量约达到 2 300 余个。超市散装小米价格波动频繁（图 7-10），主要原因是超市经常搞促销活动，以及销售小米品种和产地不同的影响。对沁州黄小米、蔚州贡米等知名品牌包

装小米监测发现，价格在 20 元/kg 以上。此处的小米专指散装小米，不分品种。

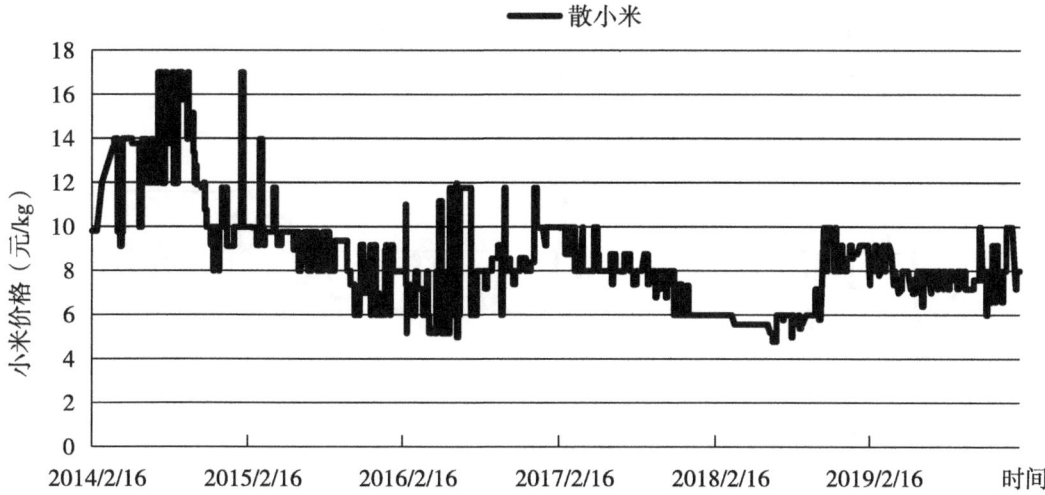

图 7-10　2014—2019 年石家庄北国超市散装小米价格变化趋势

由于超市的促销手段单一，散装小米价格波动起伏不定，最高价可高达 17 元/kg 左右，最低价可达 5 元/kg 左右，差距较大。

对超市精装小米价格监测显示，精装小米价格自监测之日起没有变动，如沁州黄 0.5 kg 袋装售价一直保持在 15.9 元/袋；蔚州贡米 0.9 kg 袋装售价一直在 17.5 元/袋左右，其余监测产品清田珍品、黄粱梦以及蔚州贡米均保持价格不变的态势，这一现象表明精包装小米的价格一般不随市场价格的波动而波动。

（二）超市绿豆价格变化

经过对大型超市绿豆价格的监测，发现绿豆的价格基本维持在 8~12 元/kg 变动。2019 年 4 月开始，价格下降 1~2 元/kg，持续到 11 月，绿豆的价格又回到原价位（图 7-11）。超市促销是价格上下浮动主要原因。

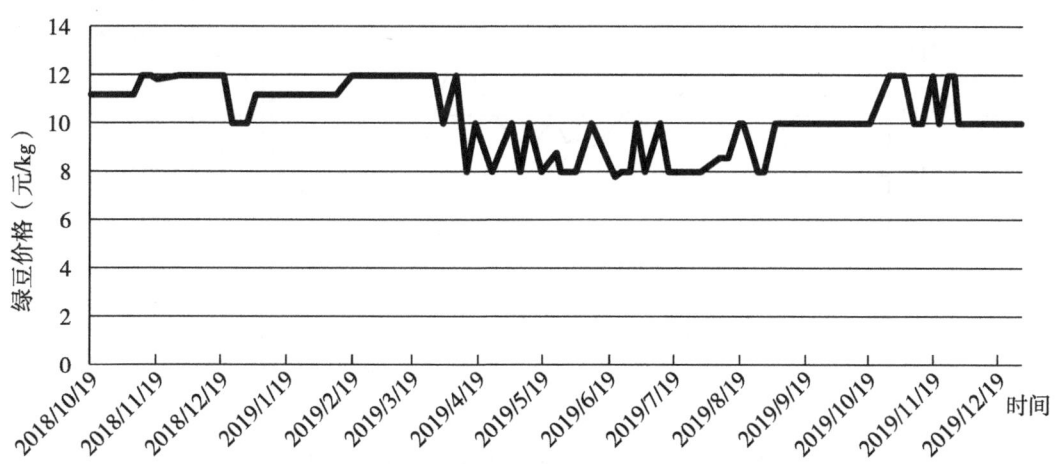

图 7-11　超市绿豆价格变化趋势

(三) 超市红小豆价格变化

大型超市红小豆价格的监测显示,红小豆没有明显的变化规律,红小豆的价格基本维持在 8~12 元/kg 变动(图 7-12),多数品种在 8~10 元/kg 浮动。

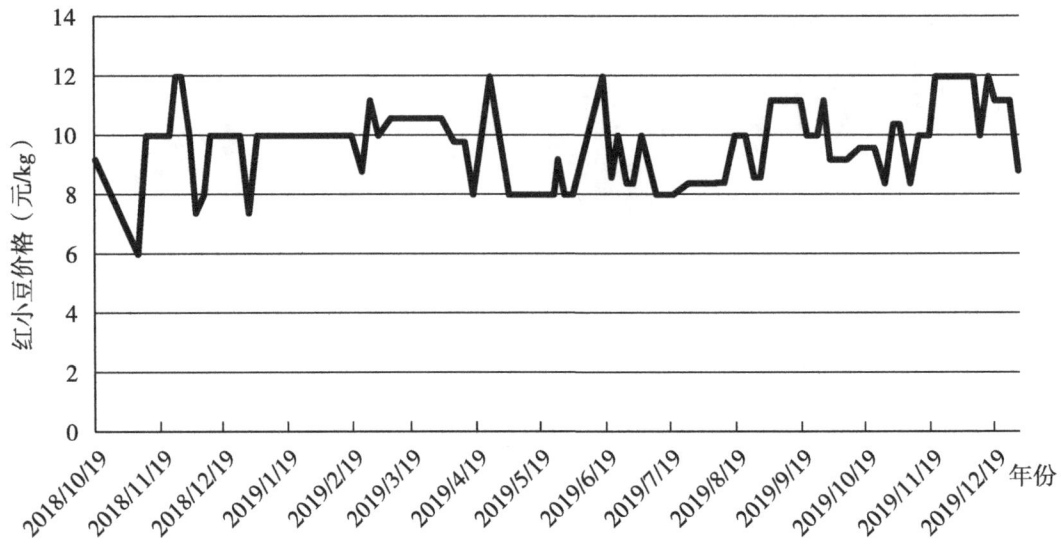

图 7-12 超市红小豆价格变化趋势

四、电子商务平台杂粮价格变化分析

随着电商的推广,杂粮在电商平台的销售日渐火热。自 2013 年开始对电子商务平台小米价格变动情况进行实时监测,截至目前,共监测电子商务平台数据 23 000 余个。平台数据显示小米价格波动较小,总体处于高位运行。

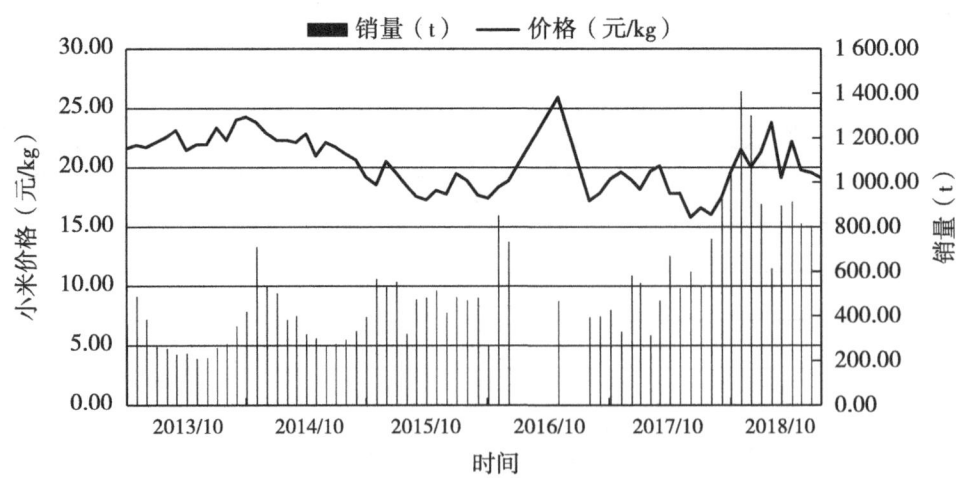

图 7-13 2013—2019 年电子商务平台小米价格变化趋势

总体来看，电子商务平台的小米月度均价变动较小（图7-13），但销量的波动较大，究其原因是电子商务平台的散装小米以薄利多销为主，包装小米以高档高价销售为主，由于网络价格查询方便，因此，店家一般不会选择经常变动价格；销量的变动受重大假节日的影响较大，每年的11月和12月是销售高峰期，春节期间受快递公司歇业原因，小米处于销售淡季。2019年1—7月，小米的销售量月平均808 t。

据电商平台监测发现，截至2020年2月，杂粮销售的河北省店铺数量523家，产品（宝贝）数量1 081个。2020年1月，据电商（淘宝、天猫）显示河北省店铺销售杂粮3.8万件，销售额112.4万元。

第三节 河北省杂粮市场监测预警

河北省有小米集散地3个，杂粮中转站1个，高粱贸易集散地1个，荞麦加工集散地1个，以及石家庄桥西批发市场等，各类杂粮交易市场众多。加大对河北省杂粮市场的监测把控，对稳定河北省杂粮市场价格和供需具有重要意义。按照杂粮消费情况，选择石家庄藁城马庄小米集散地的谷子、石家庄桥西批发市场的绿豆和红小豆，沧州黄骅的高粱贸易集散地的高粱，张家口蔚县吉家庄杂粮中转站糜子，开展杂粮市场价格的预测预警，指导河北省杂粮市场发展。

一、价格监测预警方法

农产品监测预警是对农产品生产、市场运行、消费需求、进出口贸易及供需平衡等情况进行全产业链的数据采集、信息分析、预测预警与信息发布的全过程。先从河北省杂粮市场价格的预测与预警入手，逐步向全产业链的预测预警延伸。

（一）ARMA（p，q）模型

ARMA（p，q）模型又称向量自回归移动平均模型，是Box和Jenkins在1976年提出的时间序列分析方法，能够实现时间序列的短期预测，并且具有较高的精度。该模型基本原理是利用时间序列变化的规律性，分析序列的结构和特征，通过数学模型对时间序列进行最小方差下的近似描述，实现基于时间序列本身的最优化预测。该模型主要分为三种结构类型，分别是自回归模型（AR）、移动平均模型（MA）和自回归移动平均模型（ARIMA），具体模型结构分别如下：

AR（p）模型：$y_t = \phi_1 y_{t-1} + \phi_2 y_{t-2} + \cdots + \phi_p y_{t-p} + u_t$

MA（q）模型：$y_t = u_t - \theta_1 u_{t-1} + \theta_2 y_{t-2} - \cdots - \theta_q u_{t-q}$

ARMA(p,q)模型：$y_t = \phi_1 y_{t-1} + \phi_2 y_{t-2} + \cdots + \phi_p y_{t-p} + u_t - u_t \theta_1 u_{t-1} - \theta_2 u_{t-2} - \cdots - \theta_q u_{t-q}$

其中y_t为原时间序列，y_{t-p}为原时间序列滞后p阶的变量，u_t为随机项，u_{t-q}为滞后q阶的随机项，ϕ_p为自回归系数，θ_q为移动平均系数，为模型待估参数。

（二）ARMA（p，q）模型建立

1. 时间序列特性检验

对时间序列进行建模之前，首先考察时间序列的相关特性，以评价时间序列是否具

备条件建立相关模型。

2. 滞后阶数

p 和 q 的确立对于 ARMA（p，q）模型中滞后阶数 p 和 q 的确立主要方式参照序列的自相关分析图。

（三）短期预测

ARMA（p，q）模型能够实现时间序列的短期预测，并且具有较高的精度。按照目前的杂粮数据情况看，从 2018 年开始监测，符合该模型的条件。另外开展短期预测，探讨预测值与实际值的准确度，也是为了验证其模型预测的结果准确度，方便指导后期的预测。

二、河北省杂粮价格预测

（一）谷子市场价格预测

河北省小米加工集散地有石家庄藁城马庄小米集散地、沧州孟村小米集散地和威县曲周小米加工集散地（较分散）。为较好把控谷子市场价格，选择石家庄藁城马庄小米集散地 2018 年 1 月至 2019 年 12 月的月度谷子价格数据作为基础预测数据，采用 ARIMA 模型对其进行预测。结果见表 7-1 和图 7-14。

表 7-1　谷子预测结果（2020 年）

模型		1月	2月	3月	4月	5月	6月
价格-模型_1	预测	5.20	5.30	5.40	5.50	5.60	5.71
	UCL	6.01	6.49	6.91	7.31	7.69	8.06
	LCL	4.48	4.28	4.15	4.06	3.98	3.93

注：对于每个模型，预测都在请求的预测时间段范围内的最后一个非缺失值之后开始，在所有预测值的非缺失值都可用的最后一个时间段或请求预测时间段的结束日期（以较早者为准）结束。

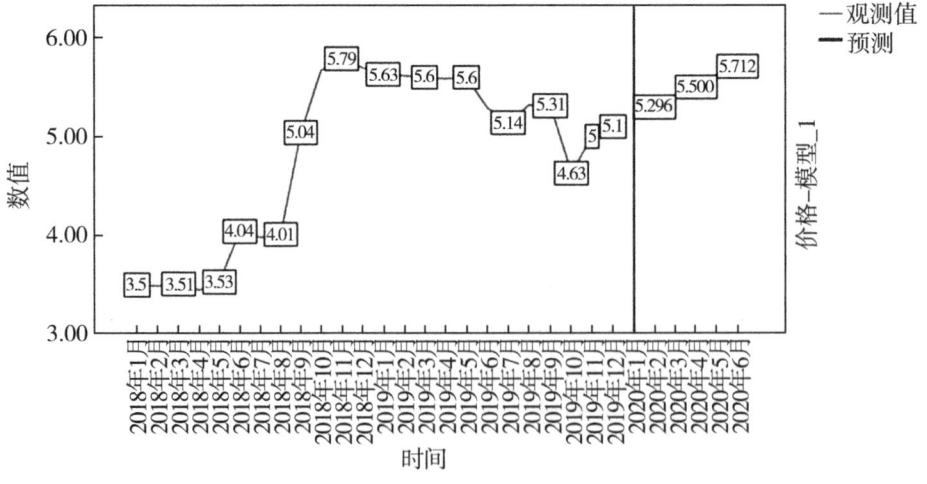

图 7-14　谷子观测值和预测值

结果显示，2020年1—6月谷子价格将呈增长趋势，到2020年6月预测谷子价格为5.7元/kg，其中最大值8.06元/kg，最小值3.93元/kg。

（二）高粱市场价格预测

河北省沧州高粱贸易集散地是河北省最大的贸易集散地，位于流通便利的沿海，适宜南方的水运条件，该集散地是北方高粱产区和南方高粱消耗区的中间枢纽，所以开展高粱价格的预测具有重要意义。选择2018年1月至2019年12月的月度数据，采用ARIMA模型对其进行预测。结果见表7-2和图7-15。

表7-2 高粱预测结果（2020年）

模型		1月	2月	3月	4月	5月	6月
价格-模型_1	预测	2.34	2.36	2.38	2.63	2.65	2.67
	UCL	2.55	2.56	2.58	2.84	2.86	2.88
	LCL	2.13	2.15	2.17	2.43	2.45	2.46

注：对于每个模型，预测都在请求的预测时间段范围内的最后一个非缺失值之后开始，在所有预测值的非缺失值都可用的最后一个时间段或请求预测时间段的结束日期（以较早者为准）结束。

结果显示，2020年1—6月高粱价格呈迅速增长的态势，到2020年3月预测高粱价格为2.38元/kg，4月将增长到2.63元/kg，到6月，保持价格基本不变，6月最高价格2.88元/kg，最低价格2.46元/kg。

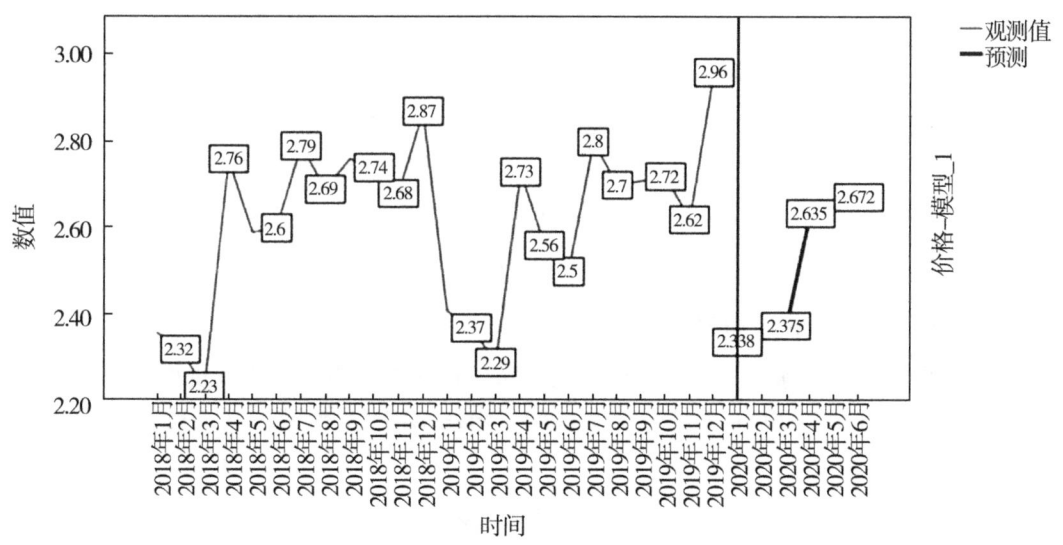

图7-15 高粱观测值和预测值

（三）绿豆市场价格预测

河北省石家庄桥西批发市场是全省最大的批发市场，绿豆价格关系绿豆市场消费情况，开展其价格的预测对于绿豆消费具有指导性的意义。石家庄桥西批发市场绿豆价格监测从 2018 年 10 月开始，选择 2018 年 10 月至 2019 年 12 月的月度数据，采用 ARIMA 模型对其进行预测。结果见表 7-3 和图 7-16。

表 7-3　绿豆预测结果（2020 年）

模型		1 月	2 月	3 月	4 月	5 月	6 月
价格-模型_1	预测	10.31	10.31	10.31	10.32	10.32	10.32
	UCL	13.05	13.05	13.05	13.06	13.06	13.06
	LCL	7.57	7.57	7.58	7.58	7.58	7.58

注：对于每个模型，预测都在请求的预测时间段范围内的最后一个非缺失值之后开始，在所有预测值的非缺失值都可用的最后一个时间段或请求预测时间段的结束日期（以较早者为准）结束。

结果显示，2020 年 1—6 月绿豆的价格将呈稳定的走势，1 月预测价格为 10.31 元/kg，5 月份预测价格为 10.32 元/kg，变化幅度较小。2020 年上半年绿豆价格总体将呈平稳走势。

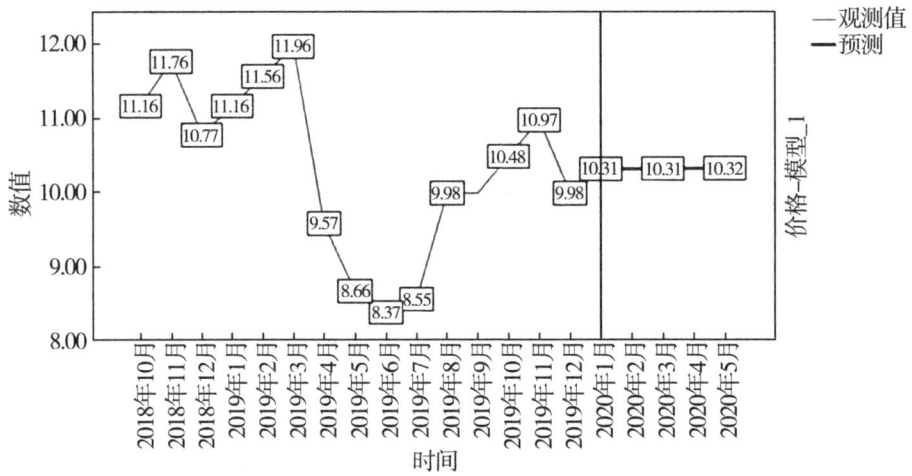

图 7-16　绿豆观测值和预测值

（四）红小豆市场价格预测

红小豆的预测与绿豆一样，同样采用石家庄桥西批发市场红小豆价格监测数据，选择 2018 年 10 月至 2020 年 2 月的月度数据，采用 ARIMA 模型对其进行预测。结果见表 7-4 和图 7-17。

表 7-4　红小豆预测结果（2020 年）

模型		3 月	4 月	5 月	6 月
价格-模型_1	预测	11.02	11.08	11.14	11.20
	UCL	12.94	13.00	13.06	13.12
	LCL	9.11	9.16	9.22	9.28

注：对于每个模型，预测都在请求的预测时间段范围内的最后一个非缺失值之后开始，在所有预测值的非缺失值都可用的最后一个时间段或请求预测时间段的结束日期（以较早者为准）结束。

结果显示，2020年3—6月红小豆的预测价格呈缓慢增长态势，增长率约为1.6%，3—6月预测价格分别为11.02元/kg、11.08元/kg、11.14元/kg、11.20元/kg。

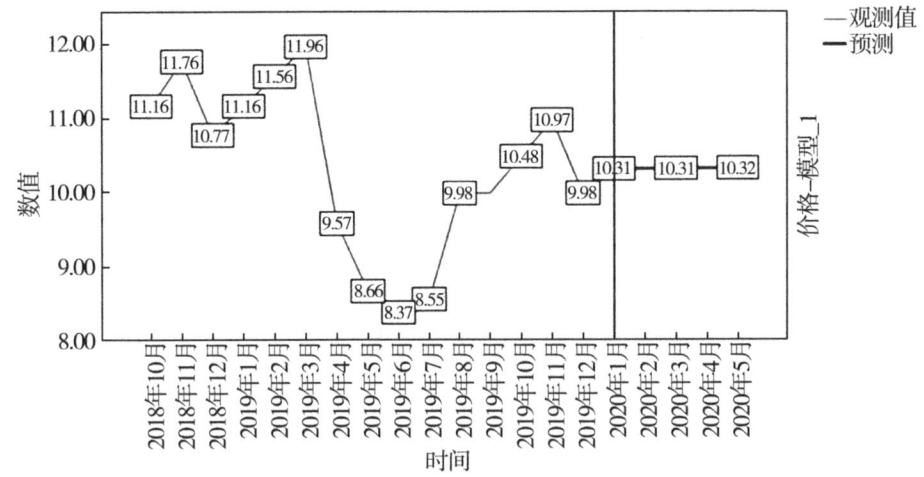

图7-17 红小豆观测值和预测值

（五）糜子市场价格预测

通过监测张家口蔚县吉家庄杂粮中转站糜子价格，选择2018年1月至2019年12月的月度糜子价格数据，采用ARIMA模型对其进行预测。结果见表7-5、图7-18。

表7-5 糜子价格预测结果（2020年）

模型		1月	2月	3月	4月	5月	6月
价格-模型_1	预测	5.20	5.20	5.20	5.00	5.00	5.00
	UCL	5.38	5.45	5.50	5.35	5.39	5.43
	LCL	5.02	4.95	4.90	4.65	4.61	4.57

注：对于每个模型，预测都在请求的预测时间段范围内的最后一个非缺失值之后开始，在所有预测值的非缺失值都可用的最后一个时间段或请求预测时间段的结束日期（以较早者为准）结束。

结果显示，2020年1—6月糜子的价格将呈缓慢走低的趋势，1—3月将保持与上年底持平的价格，5.2元/kg，4月将逐渐降低到5元/kg，保持到6月。从变化趋势看，2020年上半年价格走势与2018年和2019年上半年的变化趋势一致，呈走低趋势。

三、河北省杂粮市场预警

采用ARIMA模型开展了2020年上半年河北省杂粮市场价格走势预测，均属于短期预测。一是探索该模型对短期预测的精确度，二是对河北省杂粮进行短期的预警。根据预测的结果得出以下结论：预计2020年上半年石家庄藁城马庄小米集散地谷子价格将

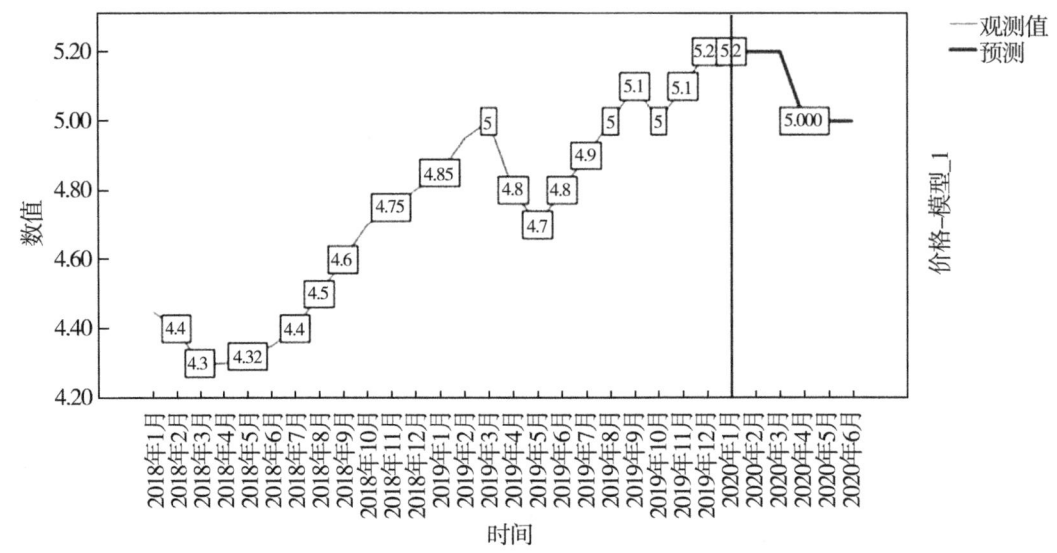

图 7-18 糜子观测值和预测值

呈缓慢增长，6月价格预计为 5.71 元/kg；沧州黄骅高粱贸易集散地高粱价格将呈稳定增长态势，6月价格预计为 2.67 元/kg；上半年石家庄桥西批发市场红小豆价格将保持稳定状态，增长率约为 1.6%，上半年绿豆价格预计与红小豆变化一样，保持 10.32 元/kg；上半年张家口蔚县吉家庄杂粮中转站糜子价格将呈降低趋势，降到 5 元/kg，与每年的上半年变化趋势一致。

提出以下几点建议：一是建议消费者适量购买杂粮，避免长时间存放变质，价格变化幅度较小；二是杂粮销售可适量采购杂粮，避免大量采购造成杂粮挤压和资金运转困难局面；三是针对杂粮价格现状，建议种植户适当种植优质高产的杂粮品种；四是建议政府关注小杂粮市场价格变化，建立完整的杂粮信息监测平台，目前石家庄桥西批发市场具有信息系统，但对杂粮的信息监测有待提高。

本章小结

本章介绍了河北省杂粮市场情况的分析，从市场流通、市场价格变化以及市场价格预测等方面的内容。市场流通包括国内主要产区和加工区的流通关系和成本变化，指导杂粮物流产业具有重要作用，市场价格变化分析指导企业和贸易商在价格变化中获得更高的利益提供参考依据，同样杂粮的市场价格预测给杂粮产业提供借鉴参考。

第八章　河北省杂粮消费分析

第一节　河北省杂粮消费现状

一、杂粮消费总量变化分析

本章以谷子为例分析河北省杂粮消费现状及其影响因素。新中国成立后，河北省与全国谷子消费均呈现"U"形波动状态，由于谷子进出口贸易量较小，谷子消费量的变动会随着国内生产量的波动而变化，因此，国内以及河北省谷子消费量在低于总产量的水平上随着总产量的变化而变化。近年来，随着人民生活水平的提高和消费结构的不断升级，对杂粮的需求也日益增多，杂粮营养丰富、药食同源特性是现代人消费的趋向，对于满足居民日益丰富的消费需求，改善居民膳食结构，提高全民健康水平具有重要意义（王亮等，2015），因为，近年来国内杂粮消费量逐年增长。

二、杂粮人均消费量变化分析

与小麦面粉和大米相比，小米的淀粉颗粒偏大，口感发粗发干，适口性相对较差。面筋含量低，机械加工难度大，传统的烹饪制作费时费工，不能很好地适应快节奏的现代生活，直接导致几千年来一直在我国北方饭桌上担任主角的小米已经悄悄退位，成为辅助食品。目前，除了极少部分地区仍以小米干饭为主粮消费外，谷子特色食品仅停留在产地农家的餐桌上，全国大部分地区小米的烹饪方法以熬粥为主，致使消费量增速缓慢，人均仅 2 kg/年左右。然而伴随着居民对更美好生活向往的食品消费需求的转型升级，食物消费方式逐渐向营养均衡多样化方向演进。杂粮恰恰契合了食品的消费升级、产出能力提升、科技提质以及结构变化等多重消费趋势，与此同时，也对居民健康的积极助益，从而增加居民饮食文化丰富性。比如：从山丘地区居民消费习惯与消费趋势来看，杂粮消费超过主粮。新时代，在大食物观的背景下，"五谷杂粮""药食同源""药疗不如食疗"等中华食文化的重要理念，为杂粮消费的增加起到助推器的作用。杂粮种类多样，营养价值高，各种杂粮所含的营养素各有所长，此外，杂粮加工过程简单，能够保存许多细粮中没有的营养成分，比如：大部分杂粮蛋白质含量相对偏少，淀粉、纤维素、矿物质，以及 B 族维生素含量丰富。2017—2020 年全球杂粮产量及消费量不断增加，2020 年全球杂粮产量为 14.46 亿 t，较 2019 年增加了 0.34 亿 t；消费量为 14.64 亿 t，较 2019 年增加了 0.36 亿 t。全球杂粮消费集中在美国、中国、巴西以及欧盟等地。2020年美国杂粮消费量为31 600.4万t，中国杂粮消费量为31 308万t，巴西杂粮消费量为7 471.5万t，欧盟杂粮消费量为16 899.2万t。

三、杂粮消费结构

河北省杂粮消费主要有食用消费、加工消费、饲料消费、种用消费、损耗和其他等消费形式。食用消费指直接食用的消费；饲料消费指直接用作饲料的消费。由于损耗消费和其他消费在杂粮总消费中的比例很小且相对稳定（约占3%），因此，这里仅探讨食用消费、加工消费、饲料消费和种用消费这四种主要消费形式。总体来看，加工消费和食用消费是河北省杂粮消费的主要形式，两项消费合计约占杂粮总消费的85%以上。种子消费和饲料消费分别占到约8%和4%。

以河北省谷子（小米）食用消费为例，最大的消费类型是居民的早餐和晚餐粥，居民消费小米80%以上煮粥为主。最主要的消费人群是中老年人、孕妇、幼儿、病人等特殊群体。国家谷子高粱产业经济岗位通过网上调查全国谷子消费类型，结果表明：目前谷子消费类型的比例为小米64.85%，小米锅巴23.37%，饲料谷子11.29%，小米醋0.41%，小米酒0.07%，小米挂面0.01%。

第二节　河北省杂粮消费特征

一、杂粮消费是河北省居民传统饮食的重要内容和营养安全的重要保证

杂粮具有丰富的营养物质和较高的营养价值。我国居民很早就认识到了杂粮独特的营养价值和功效，较早开始了杂粮生产与消费，使得杂粮生产成为河北省古代传统农业的重要组成部分，使中国成为世界上著名盛产杂粮的国家，也成为世界上主要的杂粮消费大国。我国居民消费谷子、糜子有8 000多年历史，消费绿豆有2 000多年的悠久历史。鉴于杂粮蛋白质含量丰富，氨基酸种类齐全，在畜牧业不够发达的传统农耕时代，先人主要依靠各种杂粮补充人体所需蛋白质，渐渐形成了比较科学、健康的饮食结构，从而养育和支撑了中华民族的不断繁衍和壮大。目前，杂粮仍然是河北省许多农村地区，特别是张家口农村地区居民食用蛋白质的重要来源。随着历史的变迁，杂粮逐渐成为居民传统饮食的重要组成部分，是河北省居民营养安全的重要保证。

二、杂粮在居民消费中的功能由解决口粮安全为主转向解决营养安全为主

新中国成立到改革开放前，杂粮产品是河北省广大农村地区特别是一些偏远落后地区、山区居民的主要口粮。当时由于大宗粮食产量不足，温饱问题没有解决，杂粮的重要作用是解决温饱问题即粮食安全问题。20世纪80年代后，随着生产条件的改善、生活水平的提高和大宗粮食产量的不断增长，原来以杂粮为主食地区的居民由于收入水平的提高，饮食逐渐以小麦、大米等为主食，杂粮产品做为辅食，直接食用杂粮产品比重开始逐渐下降，在一些地区已经将杂粮产品只作为改善生活或者作为主食的配料等使

用。近年来，随着居民生活水平提高以及科学、合理膳食结构的倡导，居民开始追求吃得安全、吃得健康，杂粮的消费量也随之逐年增加。随着杂粮食品加工业的不断发展，开发了一些名特优新产品，打造了一些区域性知名杂粮加工产品品牌。以杂粮为主制作的加工食品逐渐走进超市等相对较高档的商业场所，居民的餐桌上开始越来越多地出现一些营养价值较高的杂粮及其制成品。杂粮的主要作用由原来解决温饱为主转变为解决营养结构和营养安全问题。杂粮在居民消费中的地位发生重要变化，由作为口粮的重要组成部分转变为重要的营养保健品。

三、杂粮消费品种较多，但以谷子为主

从消费品种看，日常居民经常消费的杂粮种类较多，有谷子、糜子、绿豆、红豆等多个品种。但河北省杂粮消费量最大的是谷子、其次是食用豆，二者合计约占杂粮总消费量的80%。从食用豆消费的品种结构看，以红小豆、绿豆为主。

第三节　河北省杂粮消费影响因素分析

经上述分析可以看出，河北省杂粮的消费量呈显著增长态势，而这一增长主要来自于加工与食用消费的增长。为此，国家谷子高粱产业经济岗位对河北省石家庄市城镇居民的小米消费进行调研，共收集有效问卷513份。

一、样本描述性统计分析

调查过程采用随机抽样的调查方式。从调研样本的基本特征看，被调查者以女性为主，且被调查者中79.53%为家庭主要食品购买者；调研样本年龄主要集中在26~45岁，中大专及以上学历的样本数最多，家庭人均月收入多集中在2 001~3 000元。513个调研样本中，经常食用小米的占比为79.53%，偶尔食用的占比为17.15%，基本不食用的占比为3.32%，调研样本年均消费小米26.025 kg。知道"谷子起源于中国，并且是世界上最古老的作物之一"的样本占比为48.53%，听说过但具体不清楚的样本占比为20.07%，完全不知道的样本占比为31.40%，这一结果表明至少68.60%的样本居民具备不同程度的谷子相关概念。此外，在对小米称谓（谷、粟、黍、粱、稷等）的调查过程中，也发现有241个样本不知道小米的称谓，158个样本能直接说出，44个样本在提醒的情况下能说出"谷子"一词，部分人是凭感觉说出几个词语来。同时调查中还发现，40岁以上的样本对于谷子文化了解较多。将问卷中居民对小米的消费意愿进行统计，分为经常消费、偶尔消费、基本不消费3个情况，为便于分析，本文将经常消费定义为愿意消费，偶尔消费与基本不消费定义为不愿意消费。调查结果显示，在513位样本居民中，经常消费的居民有408位，占79.53%，偶尔消费的居民有105位，占20.47%。整体上看，样本居民小米消费意愿较强。

二、指标说明与研究假说

（一）指标说明

本研究以影响城镇居民小米消费意愿的影响因素为研究对象。综合国内相关研究结果，将城镇居民小米消费意愿的影响因素分为三大类，即城镇居民个体特征（包括性别、年龄、籍贯、受教育程度、职业）、城镇居民家庭经济情况（是否为家庭主要食品购买者、家中是否有 16 岁以下孩子或 60 岁以上的老人、家庭人均月收入、家庭月均实物支出）、城镇居民对小米的认知、购买和态度情况（包括是否关心粮食安全问题、购买小米时是否会和大米、面粉等价格作比较、小米被推销或促销时，是否会购买、购买小米地点、饮食习惯、烹饪时间长短是否会影响消费、了解小米历史文化或营养价值后是否会增加消费、小米口感区别程度、小米为原料的加工产品种类、小米在粮食中的地位是否为辅粮）。相关变量的含义、赋值及描述性统计分析结果见表 8-1。

表 8-1 变量的含义及描述性统计结果

变量	指标变量	指标简单描述
因变量		
消费意愿	Y	基本不食用=1；偶尔食用=2；经常食用=3
自变量		
性别	X_1	男=1，女=0
年龄	X_2	1=25 岁及以下；2=26~45 岁；3=46~60 岁；4=61 岁及以上
受教育程度	X_3	1=小学及以下；2=初中；3=高中或中专；4=大专及以上
籍贯	X_4	1=东北地区，2=华北地区，3=华中地区，4=华东地区，5=华南地区，6=西北地区，7=西南地区
职业	X_5	1=政府机关或事业单位；2=企业职工；3=文教卫生从业人员；4=个体经营者；5=农民；6=学生；7=离退休人员；8=下岗职工
是否为家庭主要食品购买者	X_6	1=是；0=否
家中是否有 16 岁以下孩子或 60 岁以上的老人	X_7	1=是；0=否
家庭人均月收入	X_8	1=1 000 元及以下；2=1 001~2 000 元；3=2 001~3 000 元；4=3 001~4 000 元；5=4 001~5 000 元；6=5 001 及以上
家庭月均食物支出	X_9	1=500 元及以下；2=501~1 000 元；3=1 001~1 500 元；4=1 501~2 000 元；5=2 001 及以上
关注小米价格程度	X_{10}	1=非常不关心；2=比较不关心；3=一般关心；4=比较关心；5=非常关心

(续表)

变量	指标变量	指标简单描述
小米被推销或促销时，是否会购买	X_{11}	1=不会；2=可能会；3=会
购买小米地点	X_{12}	1=农贸市场；2=粮油店；3=超市；4=其他
饮食习惯	X_{13}	1=小米；2=玉米；3=大米；4=小麦
烹饪时间长短是否会影响消费	X_{14}	1=不会；2=可能会；3=会
了解小米历史文化或营养价值后是否会增加消费	X_{15}	1=不会；2=可能会；3=会
小米口感区别程度	X_{16}	1=没区别；2=区别不大；3=有
小米为原料的加工产品种类	X_{17}	1=不多，品种较单一；2=还可以，有一些；3=挺多，种类齐全
小米在粮食中的地位是否为辅粮	X_{18}	1=是；0=否

由表 8-1 可以看出，小米消费的影响因素多而复杂，因此，需要运用相关分析方法计算城镇居民小米消费意愿与各影响因素之间的相关性，舍弃与消费意愿相关性不显著的变量，从而找到影响城镇居民小米消费意愿的主要因素，之后在运用 Logit 回归方法进行分析。

（二）相关性分析

变量之间的相关性分析是考察变量与变量之间相关程度的统计分析方法，城镇居民小米消费意愿与各影响因素之间的相关系数结果见表 8-2。

表 8-2 城镇居民小米消费意愿与各影响因素之间的相关关系

解释变量	相关系数	解释变量	相关系数
性别	-0.136**	是否关注小米价格	0.284**
年龄	0.244**	小米被推销或促销时，是否会购买	0.174**
受教育程度	-0.094	购买小米地点	0.075
籍贯	0.113*	饮食习惯	-0.061
职业	0.029	烹饪时间长短是否会影响消费	-0.074
是否为家庭主要食品购买者	0.234**	了解小米历史文化或营养价值后是否会增加消费	0.224**
家中是否有 16 岁以下孩子或 60 岁以上的老人	0.126**	小米口感区别程度	0.075

(续表)

解释变量	相关系数	解释变量	相关系数
家庭人均月收入	-0.069	小米为原料的加工产品种类	0.044
家庭月均食物支出	0.001	小米在粮食中的地位是否为辅粮	-0.206**

注：* 和 ** 分别表示相关系数在5%和10%的统计水平上显著。

（三）研究假说

在相关性分析并借鉴国内相关研究成果的基础上，结合本课题前期研究成果以及实地调研情况，对城镇居民小米消费意愿提出以下几种研究假说。

假说1：性别对城镇居民小米消费意愿有影响。就性别而言，一般女性在家庭食品消费中占据支配权，对家庭成员的身体健康状况关心程度普遍高于男性。

假说2：年龄对城镇居民小米消费意愿有影响。城镇居民小米消费意愿与年龄呈正相关性，即年龄越大对小米的消费意愿越强烈。

假说3：籍贯对城镇居民小米消费意愿有影响。小米曾长期是我国北方的主要粮食作物，北方人民普遍有食用小米的习惯，在调查过程中也发现，华东（除山东）、华南与西南地区的被调查者基本不食用小米，有些甚至不清楚什么是小米，更不知道食用方法，因此，本研究认为，籍贯在一定程度上影响着居民对小米的消费意愿。

假说4：是否为家庭主要食品购买者对城镇居民小米消费意愿有影响。家庭主要食品购买者的偏好直接决定了食品消费。

假说5：家庭中是否有16岁以下的孩子或60岁以上的老人对城镇居民小米消费意愿有影响。小米营养丰富平衡、医食同源，易于消化吸收，适宜孩子与老人食用，因此会对居民消费意愿有影响。

假说6：是否关注小米价格对城镇居民小米消费意愿有影响。调查结果显示对价格非常关心和比较关心的居民会有较强的消费意愿，并且会与面粉、大米的价格进行比较，非常不关心和比较不关心的居民对小米的消费意愿不明显。本研究认为，对小米价格敏感度较高的居民直接影响着小米的消费量。

假说7：小米被推销或促销时，是否会购买对城镇居民小米消费意愿有影响。调查显示当超市搞小米促销活动时，居民会增加对小米的消费。

假说8：当了解了小米的历史文化或营养价值后是否会增加消费对城镇居民小米消费意愿有影响。现代人更注重健康饮食，且有更深的爱国情结，调查中显示当知道小米起源于中国，具有滋阴养血，膳食纤维丰富等功效时，纷纷表示会增加消费。假说7和假说8都和商家的营销有直接关系，宣传做得好可以增加居民对小米的认知，相应也会增加消费。

假说9：小米在粮食中的地位是否为辅粮对城镇居民小米消费意愿有影响。小米是否为辅粮是居民的对小米的一种态度，调查发现觉得小米是辅粮对小米消费的意愿较低，他们会更多地消费小麦和大米。相反，觉得小米不是辅粮的一天会食用两次（早晚）。有研究表明消费者态度将影响其对商品的判断与评价，一旦形成某种认知后很难改变。

(四) 实证结果分析

本研究被解释变量为城镇居民小米消费意愿（愿意和不愿意），因此，建立二元 Logit 模型。由于受教育程度、职业、家庭人均月收入、家庭月均食物支出、购买小米地点、饮食习惯、烹饪时间长短是否会影响消费、小米口感区别程度、小米为原料的加工产品种类这 9 个因素与消费意愿的相关性不显著，因此将性别、年龄、籍贯、是否为家庭主要食品购买者、家中是否有 16 岁以下孩子或 60 以上的老人、小米价格关注程度、小米被推销或促销时是否会购买、了解小米历史文化或营养价值后是否会增加消费以及小米在粮食中的地位是否为辅粮这 9 个变量与消费意愿进行 Logit 回归分析。本研究运用 SPSS 17.0 软件，对 513 个样本进行 Logistic 回归处理，从回归结果（表 8-3）可以看出，居民的年龄、是否为家庭主要食品购买者、家中是否有 16 岁以下或 60 岁以上的老人、是否关注小米价格、小米被推销或促销时是否会购买、了解小米历史文化或营养价值后是否会增加消费、小米在粮食中的地位是否为辅粮这 7 个变量显著影响消费者的小米消费意愿。

表 8-3 回归结果

步骤	变量	B	S.E.	Wald	df	Sig.	Exp (B)
	性别	0.021	0.295	0.005	1	0.943	1.021
	年龄	0.535	0.160	11.119	1	0.001	1.707
	籍贯	0.214	0.147	2.118	1	0.146	1.239
	是否为家庭主要食品购买者	0.667	0.302	4.887	1	0.027	1.948
	是否有 16 岁以下或 60 岁以上的老人	0.829	0.273	9.248	1	0.002	2.292
	小米价格关注程度	0.372	0.111	11.129	1	0.001	1.450
	小米被推销或促销时是否会购买	0.368	0.168	4.821	1	0.028	1.445
	了解小米历史文化或营养价值后是否会增加消费	0.782	0.196	15.958	1	0.000	2.186
	小米在粮食中的地位是否为辅粮	-1.141	0.278	16.808	1	0.000	0.319
	常量	-4.218	0.855	24.359	1	0.000	0.015

-2 对数似然值：400.647 Cox & Snell R^2：0.208 Nagelkerke R^2：0.326

1. 居民个体特征的影响

年龄的影响。年龄与小米消费的意愿显著，影响系数为正，说明年龄越大的人越愿意消费小米，随着年龄的增长，人们会越来越关注自身健康状况，小米作为保健食品，不可避免地受到青睐，这也与调查中老年人对小米的消费意愿较高相吻合，证实了假说 2。

2. 居民家庭情况的影响

消费者是否为家庭主要食品购买者这一变量在10%的统计水平上显著,对小米消费意愿具有显著的正向影响。家庭主要食品购买者在购买食材时,首要意识是以自己的喜好进行食材的挑选,直接影响着小米的消费意愿,也验证了假说4。如果家中有16岁以下的孩子或60岁以上老人,那么他们对小米的消费意愿更强,因为消费者在购买小米时,肯定会首先考虑小米给家中孩子或老人的身体健康所带来的影响,因为孩子和老人同属脆弱人群,更需要营养健康的食品,所以,家中有小孩或老人的消费者会影响其小米的消费意愿。

3. 居民对小米的认知和态度情况的影响

价格是影响消费的主要因素,从消费者对小米价格的关注程度回归分析结果可以看出当价格每提高0.372时,消费意愿可能会提高0.001,说明消费者对价格的变化很敏感,价格的增高可能会抑制消费者的消费意愿,证实了假说6。小米被推销或促销时是否会购买的系数为正,表明当促销活动增加0.368时,小米消费意愿可能会提高0.028,通过了5%的检验,验证了假说7,这也说明消费者更喜好一些促销活动。随着生活水平的提高,肥胖病、高血压与糖尿病等慢性病发生率持续上升,这与居民膳食纤维摄取量逐年下降有关,因此当消费者在了解小米历史文化或营养价值后,可能会增加其消费意愿,同时也验证了假说8。小米在粮食中的地位是否为辅粮的系数为负,表明当消费者认为小米是辅粮时消费意愿就比较低,虽然现实中小米也确实沦为辅粮地位,但是消费者对小米自身的认知也直接影响着消费意愿,与假说9相吻合。

回归结果显示,被调查者的"性别""籍贯"两个变量均对消费意愿没有显著影响。"性别"这一变量的预期没有得到证实,说明性别不会影响消费者对小米的消费。"籍贯"这一变量对小米消费意愿的影响不显著,可解释为消费者可能会受周围环境的影响,如南方基本就没有销售小米的,因此消费者消费意愿较低,即使有北方消费者想购买小米,也会受小米购买的难易程度而减少消费,对于生活在北方的南方居民,则会受到北方饮食习惯的影响可能会增加小米的消费,因此整体来看籍贯不会影响小米的消费意愿。

第四节 河北省杂粮消费趋势

新中国成立初期由于主粮供应不足,杂粮产品在是中国居民重要的口粮来源,消费量较大。例如:20世纪60年代中国食用豆消费量曾经达到1 000多万t,随着中国经济发展和人民生活水平的提高,人们开始逐步倾向于消费口感较好的大米、小麦等大宗粮食作物,杂粮的消费量开始下降。到90年代,中国食用豆消费量已经降至200万t左右。此后,随着我国居民口粮问题的逐步解决和健康饮食的倡导,杂粮消费量又开始回升,21世纪初年达到500多万t,之后又有所回落,目前正处于逐步恢复期,年消费量维持在500万t以上。

2014年1月28日,国务院办公厅发布了《中国食物与营养发展纲要(2014—2020)》(下称《纲要》)指出,当前中国经济社会发展正处在同步推进工业化、信息化、城镇化、农业现代化的关键阶段，城乡居民收入水平明显提高、消费方式显著变化、消费结构加速升级，对食物的消费观念不再仅限"吃得饱"，而是逐步向"吃得好""吃得营养""吃得健康"转变。《纲要》强调要用现代营养理念引导食物合理消费，逐步形成营养需求为导向的现代食物产业体系，传承以植物性食物为主，动物性食物为辅的健康膳食传统，保护具有地域特色的膳食方式，创新繁荣中华饮食文化。联合国粮农组织自2010年也逐渐将粮食安全扩展为"粮食安全与营养"，以营养需求指导粮食安全和食物消费。杂粮是人类膳食中最安全、最经济、最有效的食药同源食物，能有效解决人们的营养安全问题。随着人们对杂粮保健功能认识的不断深入，杂粮消费将不断增加，未来具有广阔的市场空间。

本章小结

本章介绍了全国以及河北省杂粮消费的结构、特征、影响因素以及消费趋势，并以石家庄城镇居民的小米消费为例实证检验了小米消费的影响因素，根据本章的研究结论，可为企业发展和区域品牌建设起到指导作用，同时为引导杂粮消费提供参考依据。

第九章　河北省杂粮产业发展模式分析

第一节　河北省谷子产业发展模式类型分析

谷子产业发展模式是指包括从种植管理、市场交易、产品开发、产业组织等内容的系统的产业发展组织模式。课题组通过调研和资料搜集，从参与主体角度可将谷子产业发展模式分为企业带动型、政府推动型、合作社主导型、能人领办型、经纪人参与型、科研单位引领型等产业发展模式；从市场开发角度可将谷子产业发展模式分为自然资源开发型、历史文化融入型等产业发展模式。

一、谷子产业发展模式类型

(一) 企业带动型

企业带动型谷子产业发展模式就是企业在产业发展中发挥主导作用，主要依靠实力较强的企业发挥其龙头带动作用，它们不断进行技术创新，产品研发，以自身的品牌建设为核心，推行统一管理，辐射带动周边的基地和农户，从而保障产品的质量，提升产业效益。这一模式选择主要集中在山西、河北等谷子主产区，例如山西省山西沁州黄小米（集团）有限公司，河北省邯郸武安的河北仓盛兴粮油工贸有限公司，河北金粟源米业有限公司。

(二) 政府推动型

政府推动型产业发展模式就是在产业发展中政府起着主导作用，特别是在产业发展初期，对产业发展具有决定性作用。主要特征是：政府牵头制定产业发展规划，依据当地自然资源进行产业布局；制定产业发展优惠政策，比如农资补贴、企业免税等优惠政策；积极寻求科研单位支持，以科技创新支撑产业发展；牵头组织地理保护标志产品申请、有机基地认证申请、绿色基地认证申请等，通过提高地域产品质量提升产业发展档次和水平；积极引进各类项目、资金助推产业发展。政府推动型产业发展模式主要在谷子主产县和传统产区，比如内蒙古赤峰敖汉旗、河北邯郸武安市、陕西延安市等谷子产业均是政府推动型产业发展模式。

(三) 合作社主导型

农民专业合作社以农民家庭生产经营为基础，以合作社为主导，集体统一组织部分生产经营环节，发挥集体优势而形成的规模生产的一种经济模式。这种模式能有效推进土地流转、促进品种改良、提高组织化程度、促进农民增收。谷子专业合作社主要有能人带动型、企业领办型、供销社领办型、农民自发组建型等几种模式。例如河北石家庄行唐县龙兴贡米专业合作社，实行"合作社+基地+农户"的产业发展模式，目前全村408户农户与合作社签订了谷子种植收购合同，种植面积达到12 000余亩，年销售收入660万元，占全村经济收入80%，辐射本县周围6个乡镇36个村。

（四）能人领办型

农村能人是指乡村中在创业、营销与技术等方面能力、德才兼备的群体。他们具有先进的科技文化和经营管理知识，懂技术、会管理、善开拓、敢创新，表现在对市场的把握和管理上，也表现在对村民社员服务的敢作敢为的精神上。能人领办型谷子产业发展模式是指由农村能人领办种植专业合作社、企业等产业发展模式。如甘肃省甘州区花寨小米种植专业合作社是由花寨乡西阳村致富能人甄彬2009年组建的。入社社员也由最初的5户发展到现在的1 026户，分布在甘州区花寨乡、安阳乡、山丹县、民乐县等地，辐射带动谷子种植户5 000多户。2012年，合作社销售收入2 782万元，农户二次返利近242万元，农民亩均增收达1 526元。"金花寨"小米硬是在"劣势环境"下成长为一个"优势产业"，当地农民也由此走出了一条适宜山区农业产业化发展的新路子。

（五）经纪人参与型

经纪人参与型是一种中介服务组织，是连接谷子生产与加工的媒介，它将主产区的谷子集中起来，形成主产区+中介+加工厂的谷子产业发展模式。在内蒙古赤峰市和东北三省的谷子主产区存在很多这样的中介服务组织，又叫粮食存储站。全国各地的小米加工厂有很多都是从赤峰和东北的谷子主产区调运的谷子，例如河北省藁城马庄小米集散地是全国最大的小米集散地，目前小米加工厂80家，马庄的小米加工厂所需要的谷子80%以上是从内蒙古赤峰、辽宁朝阳的谷子主产区调运过来的，小米加工厂加工成小米后又批发到全国各地。

（六）科教单位引领型

科教单位引领型是指科研单位以科技服务、示范推广项目为依托在谷子主产区建立示范基地，扶持当地谷子种植大户、种植合作社、企业，可有效提高当地谷子产业发展水平。例如河北省农林科学院谷子研究所依托河北省农林科学院示范基地建设项目、成果转化项目在武安邑城镇白府村建立谷子示范基地，从新品种引进、配套栽培技术到产业组织、市场动态等方面全方位服务当地谷子生产，带动当地绿禾谷物种植合作社，有效促进了武安市谷子产业发展。

（七）自然资源开发整合利用模式

自然资源开发整合利用模式是指利用当地所独有的自然资源优势来发展特色农产品的模式，可通过地理保护标志认证、注册商标等方式创建品牌，可以辐射带动周围区域的生产者共享资源，扩大生产规模，提高生产效益，增强品牌力。这一模式的选择主要集中在山西、陕西、内蒙古、河北等谷子传统产区。

(八) 历史文化融入模式

历史文化融入模式是将当地谷子悠久的历史文化底蕴融入产业生产链中。消费者在购买品牌之时，其实也是在选择品牌的文化品位。这就要求在建设谷子产业品牌中，要善于依托地方历史悠久、源远流长的文化底蕴，突出浓厚的人文、风土气息，丰富品牌的文化内涵，进而提升品牌价值。同时，利用多种途径，加大历史文化的挖掘和宣传，让消费者从更深更广的内涵上感受其价值，从而推动品牌长久发展。如山西的沁州黄、河北龙兴贡米、南河金米、黄旗皇小米等均是通过深入挖掘当地的历史文化，培育小米品牌，促进了谷子产业发展。

二、谷子产业发展模式存在的问题分析

(一) 谷子产区基础条件较差，不利于新型谷子产业发展模式的形成

目前，河北省谷子产区主要分布在太行山、燕山山区和黑龙港地区，两山种植面积占全省面积的70%左右。山区相对于平原区来说基础条件较差，主要表现在：一是农田基本条件建设较差，不利于现代化农业生产；二是山区交通条件落后，不利于产业发展壮大；三是山区谷农年龄结构偏大，知识层次偏低，接受新鲜事物的能力偏低，不利于新兴产业发展模式的形成。

(二) 利益联结机制尚未完善

谷子产业发展模式形式多样，但政府、企业、农户、合作社、科研单位等各部门还未形成风险共担、利益共享的联结机制。特别是企业、合作社、基地的产业发展模式中，各方约束能力有限，时常出现违约行为，不利于产业的可持续发展。

(三) 产业发展的科技支撑能力有待进一步增强

尽管目前国家的科技研发投入持续增加，但在谷子产业发展中科技支撑能力偏弱，主要表现在：一是适合企业开发的优质、高产、专用品种偏少，更新换代缓慢，诸如黄金苗、8311、冀谷19等一批农家种、老品种仍然是企业开发的主导品种；二是缺乏适合不同区域的谷子轻简、高效生产技术，目前谷子地膜栽培技术、简化栽培技术、配套农机等单项技术均取得了突破，但在山区轻简、高效谷子生产技术集成方面还缺乏技术规程；三是产品质量安全控制节点有待深入研究，在产品质量分级、质量追溯体系建立等方面谷子产业发展还未涉及；四是深加工产品较少，谷子生产增值潜力需要进一步挖掘。

(四) 政策支持力度需要进一步加强

近年来，国家对农业的政策支持力度不断增强，但在国家层面还缺乏专门针对谷子等杂粮的良种补贴政策。调研表明谷子在山区丘陵地区种植效益和比较效益具有显著优势，在干旱年份尤其明显，谷子在旱地增粮、山区增效方面发挥着独特作用。近年来，随着镰刀弯计划、河北省季节性休耕轮作、压采地下水专项的实施，河北省在谷子等杂粮产业方面的政策会进一步增强。

(五) 龙头企业带动能力不足

尽管河北省目前有武安仓盛兴粮油工贸公司、武安洺河源土特产有限公司、邢台自

然农庄农产品有限公司、石家庄龙兴贡米有限公司、承德黄旗皇农业发展有限公司、唐山广野集团有限公司、张家口北宗黄酒等一批较为知名的谷子企业，但均为区域性企业，产能不足，带动辐射能力有限，缺乏跨区域、多产品的龙头企业。

（六）文化宣传不足、品牌意识较弱

谷子在河北省具有8 700多年的栽培历史，文化源远流长，但产业发展中粟文化的挖掘不够。现阶段谷子的宣传不足，未引起人们对谷子的文化、营养的认识，科研工作者也未能深入挖掘谷子文化。另外谷子品牌意识较弱，企业生产者和产品经营者品牌意识薄弱，加工、贮藏、运输等设施短缺，商品质量参差不齐，产品缺乏必要的包装和商标，直接影响商品质量和市场竞争力。

第二节 河北省谷子产业发展模式案例分析

一、武安谷子产业发展模式——政府推动

（一）河北省武安谷子产业发展历程

河北省武安市是我国谷子的发祥地，武安市的磁山文化表明我国谷子种植历史已有8 700多年。武安市也是全国谷子种植面积最大的县市之一，常年种植面积在2万hm^2左右。经过多年发展，武安市谷子产业组织初具规模，企业、合作社、政府、科研单位等在产业发展中发挥了重要作用，产业组织化水平和产业效益得到显著提升。根据各阶段的参与主体所起到的主导作用，可将武安市谷子产业发展阶段划分为：自然发展阶段、政府推动阶段和企业主导阶段。

自然发展阶段（2004年以前）。2004年以前，武安市谷子生产处于自然发展阶段，几乎没有农民种植专业合作社、龙头企业，政府对谷子产业发展不够重视。这一阶段的主要特征是政府对谷子产业的投入少；谷子品种杂乱，品质优劣不齐，单产不足3 000 kg/hm^2，产后加工基本是空白。谷子主产区没有转为优势产区，生产优势不能有效转化产业优势。分析原因主要有两个方面，一是武安市政府部门对谷子产业发展意识不强，没有意识到谷子产业可以发展成武安市的特色产业。二是由于经费短缺、示范项目少，科研单位没能在武安市开展有效的科技服务，缺乏有效组织和技术支撑，谷子生产基本处于自然发展状态。

政府推动阶段（2005—2011年）。随着武安市经济的转型以及特色农业发展的需要，政府对谷子产业发展给予了高度重视。这一阶段的主要特征是政府主导，重点从三个方面推动谷子产业发展。第一，与科研单位合作，寻求技术支撑。市政府与河北省农林科学院谷子研究所合作，从品种引进、筛选、配套技术等方面开展试验、示范，谷子所把武安作为重要示范基地，将多个项目整合，放在示范基地。同时谷子所组成科技服务专家队伍，全方位服务谷子生产，并且有针对性地研发适合武安市的谷子生产技术和品种，对谷子产业发展提供了有力的技术支撑。第二，武安市农业局牵头完成了武安市谷子绿色基地认证、有机基地认证；配合质监局申请了地理保护标识产品，制定了地理

保护标识产品谷子栽培技术规程等，为提升武安市谷子产业发展水平奠定了基础。第三，政府加大谷子产业补贴力度，市政府将谷子产业列入武安市三大农业支柱型产业之一，每年市财政拿出 200 万元应用谷子良种补贴、测土配方施肥等。第四，大力扶持龙头企业、专业合作社，积极组织农户和龙头企业、专业合作社对接，实行订单生产，促进产业组织发展。

企业主导阶段（2012 年至今）。2012 年以后，由于政府财政原因，武安市对谷子产业已无补贴，但是龙头企业、种植专业合作社由于经济效益的提升对发展谷子产业的愿望持续提高。这一阶段的主要特征是企业自建基地、加大对谷子产业的投入，实行"公司+农户"产业发展模式，实现了订单农业；政府对谷子产业投入减少，只进行新品种新技术的展示。河北仓盛兴粮油工贸有限公司、河北华瑞农源有限公司、河北金粟源米业有限公司等企业自主建立了优质谷子生产基地，企业出资同意购买优质谷子品种、和农户签订收购合同。由于企业的带动，武安市基地谷子收购价比市场每千克高 0.2~0.8 元，农民的种植谷子经济效益显著增加。武安市农业农村局与谷子所合作继续进行新技术研发与示范，示范了农机农艺结合生产技术、富硒谷子栽培技术、丘陵山区谷子地膜覆盖高效集雨技术、化肥减施技术、绿色防控技术、全产业链绿色生产技术等。通过上述技术集成与配套，有效提高了谷子生产效益，形成了企业主导、政府搭台、科研单位助推、农户参与的谷子产业组织发展模式。

（二）武安市谷子产业发展成效

在政府推动、科研单位技术支撑、龙头企业带动下，武安市谷子产业发展取得显著成效。一是谷子品种全面更新，品质和产业得到提升。经过品种筛选与示范，逐步形成了以优质谷子品种冀谷 19、优质简化品种冀谷 31 为主的品种布局，良种普及率达到 90%以上。全市谷子单产由几年前的 3 000 kg/hm² 上升到现在的 4 500 kg/hm²，示范方谷子单产达到 6 000 kg/hm² 以上。二是种植面积逐步扩大，种植优势明显。逐步形成"六沟五梁六面坡"的优质谷子生产基地，总面积达到 2 万 hm²，其中 684.3 hm² 通过绿色谷子生产基地认证，84.9 hm² 通过有机谷子生产基地认证，国家质检总局授予"武安小米"地理标志保护产品。三是龙头企业带动能力日益增强，建成多家年加工能力 1.5 万 t 的小米加工龙头企业，注册了"晶秋""磁山粟""洺水源""米乡乐"等商标，创出了自己品牌的武安小米，不仅走进了北京、上海等大城市，而且飘洋过海远销东南亚，2021 年"磁山粟""米乡乐"两个品牌获得"河北省十大优质品牌小米"称号。四是种谷经济效益大幅提高，旱地谷子亩产值达到千元以上，促进了农业增效、农民增收。

近两年来，随着我国农业供给侧结构性改革的深入推进，河北省农林科学院谷子研究所与武安市农业农村局针对武安市谷子产业发展现状，提出了"发展绿色谷子生产、产销一体推进、产业链深入延伸、三产融合发展"的谷子产业发展理念。在推广品种上以优质抗除草剂新品种冀谷 37、冀谷 38、冀谷 39、冀谷 42、冀谷 168、适合糖尿病人食用的谷子新品种冀谷 T7 等抗除草剂、优质、特色、功能等系列品种为主，进行了新一轮的品种更新；在生产技术以谷子集雨高效生产技术、农机农艺结合生产技术、富硒谷子栽培技术、测土配方施肥、化肥减施技术、绿色防控技术等为主，使武安市谷子产量水平、品质水平再上新台阶，节本增效 4 500 元/hm² 以上；先后实施了农业部"武安市谷子绿色高产高效创建项目"、河北省农业厅"优势特色农产品项目"、科技部"谷子高产高效生产技术集成与示范"、河北省科技厅"山区谷子优质高效生产技术集成与示范"、河北省农林科学院"武安市绿色高效生产技术示范基地"等系列项目；2016 年武安小米被评为河北省十大区域公用品牌产品，订单化种植、产销一条龙产业化格局逐渐形成；2018 年武安市以同会现代农业园区为依托，正在打造集谷子种植、养殖、加工、深加工、文化、农业景观、休闲、观光于一体的三产融合发展循环经济产业园区，以此为龙头带动武安市谷子产业进一步转型升级。

二、山西沁州黄小米（集团）有限公司——企业带动

(一) 山西沁州黄小米（集团）有限公司发展历程

山西沁州黄小米（集团）有限公司位于山西省沁县，是开发我国历史"四大名米"最成功的企业。公司集良种繁育、基地建设、科研开发、产品加工、市场营销于一体的省级农业产业化经营重点龙头企业，山西省优势农产品谷子基地示范企业，全国标准化生产示范区建设实施单位。公司成立于 1989 年，2001 年改为股份制，2002 年组建集团，下设 5 个控股子公司，注册资本 1.15 亿元，现有员工 350 名。根据沁州黄小米集团发展历史分为自然发展阶段、政府牵头阶段、企业主导阶段。

自然发展阶段（1988 年以前）。1988 年以前，山西沁县谷子产业发展处于自然发展阶段，没有专门开发谷子的企业。这一阶段的主要特征是产业发展意识不强，农民自发经营、效益低，优势不能发挥。据史料记载，沁州黄早在明朝嘉靖年间就成了宫廷贡米。到清朝康熙年间，当朝宰相沁州籍人吴琠将家乡糙谷米带进宫内，敬奉康熙，康熙食后，神清气爽，龙颜大悦，当即赐名"沁州黄"。《沁县志》记载：1915 年，沁州黄小米荣获巴拿马万国博览会金奖。解放后，由于科技手段跟不上，沁州黄种植面积越来越小，产量越来越低，沁州黄品种退化较为严重。

政府牵头阶段（1989—2000 年）。沁州黄小米的种植生产情况，得到了政府高度重视，沁县科委牵头成立了科研小组，联合山西农业大学、山西省农业科学院等科研单位开展沁州黄谷子品种研究。以 1989 年成立"沁州黄谷子研究协会"，注册登记"沁县沁州黄谷子开发服务部"为标志，是政府牵头阶段。这一阶段的主要特征是政府牵头，开发企业为国有性质，职工为国营企业身份。1990 年向工商局提出申请注册商标"沁州黄"。1992 年国家工商局正式批准使用"沁州"注册商标。1997 年县委、县政府挂牌成立了"山西沁县沁州黄集团"。但这一阶段，由于国有企业缺乏活力，企业发展依然较为缓慢。

企业主导阶段（2001 年至今）。以 2001 年企业进行了体制改革，重新注册登记成立了沁县沁州黄小米开发有限责任公司为标志，沁州黄谷子产业发展进入企业主导阶段，企业也进入了快速发展轨道。这一阶段的主要特征是企业资产、员工身份进行了置换，企业进行股份制改造，成为股份制民营企业。此后，企业活力增强，形成了政府支持、企业主导的产业发展模式。2002 年企业进行二次改革，组建成立了"山西沁州黄小米集团"，重新变更登记注册了母公司"山西沁州黄小米（集团）有限公司"。2003

年企业实行了"公司+农户+基地+标准化+品牌"的运作模式;采取了"统一规划地块、统一品种种植、统一技术规程、统一施肥标准、统一收购价格"的"五统一"基地管理办法。

(二) 山西沁州黄小米(集团)有限公司发展成效

山西沁州黄小米(集团)有限公司以打造小米产业第一品牌为目标,坚持不懈抓科研、建基地、上项目、塑品牌、拓市场,取得显著的经济效益和社会效益。在全县13个乡镇发展沁州黄绿色标准化基地4 000 hm^2,年产优质沁州黄谷子15 000 t,带动26 000多农户户均收入3 000元,成为老区农民脱贫致富的支柱产业。目前,公司产品销售市场已覆盖全国20多个省会城市和180多个地级城市,终端销售店达到2 300多个。2000年以来,沁州黄小米连续获得国家绿色食品认证、有机食品认证、QS认证,被评定为"山西省名牌产品""中国名牌农产品"和"中国优质产品";"沁州"商标被国家工商总局评定为"中国驰名商标"。"十二五"期间,山西沁州黄小米集团深度开发沁州黄小米,延伸小米产业链,提高产品附加值,实现由初加工向深加工转变,由外延扩张向内涵提升转变,由单一的传统产业向集约、低碳、多元循环发展转变。投入建设年产20 000 t"谷之爱"中老年营养小米粉生产线,20 000 t沁州黄谷子窑洞式储藏库;年加工20 000 t沁州黄小米加工生产线;年产40 000 t的秸秆草粉颗粒饲料加工项目。沁州黄集团先后成立山西沁州黄集团谷之爱食品有限公司、山西沁州黄小米加工公司、沁县科达农资公司、山西沁州黄基地公司等4个全资子公司,形成对沁州黄谷子的全产业链开发。

三、蔚县谷子产业发展——资源优势有待深入挖掘

(一) 蔚县谷子发展概况

蔚县属大陆性季风气候区,以地形地貌可分为南部深山、北部浅山、环周丘陵、中部河川区,由于地形复杂,形成了复杂多变的气候类型,也造成了农作物结构与品种布局的多样性。蔚县是谷黍之乡,常年种植谷子、黍子等作物,当地有一句老话"没有20万亩的谷子,20万亩的黍子,养不活蔚县人民",说的是谷子在蔚县的种植时间很久,且规模很大。蔚县谷子因"四大名米"中的桃花米而著名,桃花米又称"九根齐",原产于蔚县桃花、吉家庄镇一带,有千余年的栽培历史。相传,古代用桃花米奉献皇帝,被称作"贡米"。据《蔚州志·大事记》记载:"至治二年(1322年)八月,蔚州献嘉禾。"清朝乾隆年间直隶总督方观承来蔚县巡政,方观承在食谱上写了"不吃膏粱与珍馐,要吃蔚县小米粥"。

蔚县现有耕地面积8万 hm^2,其中旱地面积占80%,全县粮食播种面积6万 hm^2,其中谷子年种植面积在1.2万 hm^{2}左右,种植面积在河北省仅次于武安市,是河北省第二大谷子生产县。近几年县政府对发展谷子产业比较重视,对发展杂粮市场和产品加工的企业在土地征用、资金信贷等方面给予优惠、优先的政策。2002年蔚县被河北省农业厅命名为"河北谷子之乡"。目前生产上推广的主要品种繁多,主栽品种有:桃花米(九根齐)、冀张谷5号、承农2号、沁州黄、晋谷21、东方亮、大毛龙、小红苗、压

塌车、牛鞭谷等,这些都是种植多年的优质农家种,2009 年引入了张杂谷系列品种,产量虽有所增加,但是品质有待提升。2013 年 8 月成立蔚县吉家庄镇小杂粮协会,同时蔚县培育谷子加工龙头企业,促进谷子的生产、销售,提高产业附加值。

(二)蔚县谷子产业发展过程

蔚县谷子产业发展与武安和沁州黄不同,纵观蔚县谷子产业发展,虽有技术的引进和品种的更新,以及企业的推动,但是谷子产业效益、发展水平较武安市发展还有一定差距。

自然发展阶段。20 世纪 80 年代以前,蔚县谷子靠的是桃花米、狼尾巴、大毛龙、小红苗、压塌车、牛鞭谷等地方农家种。这些品种经过多年的种植已经出现品种严重退化、产量较低等现状。农户种植方式属于自给自足的谷子生产方式,除草间苗靠人工完成。谷子丰产年份就出售,获得少许经济收入,歉收年就自食自用。

品种更新阶段。20 世纪 80 年代以后逐渐出现了冀张谷 5 号、承农系列品种,进入 21 世纪,又引进了张杂谷系列新品种,但是在蔚县并未出现较大影响,虽然张杂谷产量有所突破,但受到品质的影响,并未有大规模品种更新。直到现在,蔚县谷子加工企业乐于收购的仍然是桃花米、冀张谷 5 号等品质优良的品种。因此品种更新阶段没有促进蔚县的谷子产业发展水平的进一步提升。

地膜谷子栽培的引进。2013 年地膜栽培在蔚县进行了示范,提高了产量,产生了较大影响。2014 年在河北省农林科学院谷子研究所的支持下进行了渗水地膜以及全膜穴播谷子生产技术,产量又提高了一个新台阶。2015 年继续对谷子全膜穴播机进行改进,增产增收效果较为显著。

(三)蔚县谷子产业发展与武安谷子产业发展的对比分析

蔚县谷子产业整体发展水平落后于武安,蔚县谷子产业与武安谷子产业发展的对照见表 9-1。主要表现在:一是单产水平偏低,蔚县谷子平均单产在 3 000~4 500 kg/hm²,而武安市通过品种更新单产已达到 4 500~6 000 kg/hm²;二是产业组织程度低,蔚县谷子种植大户、种植合作社较少,在吉家庄镇杂粮集散地,本县所产谷子本县企业加工不完,需要调出;而武安谷子在合作社、企业基本收购完毕,有的年份需要外调谷子;三是缺乏高端产品,武安仓盛兴等公司产品系列化,高、中、低档全覆盖,1.5 kg 装高端坛装产品售价达到 400 元/件。

表 9-1 蔚县与武安谷子产业发展对比分析

类别	武安	蔚县
面积	2 万 hm²	1.2 万 hm²
单产	4 500~6 000 kg/hm²	3 000~4 500 kg/hm²
品种、技术	以冀谷 19、冀谷 31 等优质、简化栽培谷子品种为主	桃花米、冀张谷 5 号、承农 2 号、沁州黄、晋谷 21、东方亮、张杂系列
基地认证	全部无公害认证、684.3 hm² 绿色认证,84.9 hm² 有机认证	没有认证

(续表)

类别	武安	蔚县
地理保护标志产品	2010年认证	2010年认证
种植合作社	30余家种植合作社	10余家种植合作社
企业发展	形成河北仓盛兴、华瑞农源两个年产2万吨龙头企业，带动能力较强	有蔚州贡米、罗川贡米等企业，加工能力较低、带动能力不强
产业组织	合作社本县谷子全部收购、需要往河南等地调入谷子	成立集散地，调出谷子
与科研单位合作	2004年与河北省农林科学院谷子研究所合作共建示范基地	2009年与张家口市农业科学院、2013年与河北省农林科学院谷子研究所合作
政策支持	2008—2012年市政府年投入100万元，用于谷子两种补贴，在企业土地征用、资金信贷等方面给予优惠	在企业土地征用、资金信贷等方面给予优惠

蔚县谷子产业发展缓慢的主要原因：一是生产基础较差，蔚县谷子生产区年降水量在380 mm左右，产量严重依赖年度降水量，谷子主产区交通条件较差，限制了谷子生产的发展；二是谷子主产区农户文化素质较差，接受新鲜事物能力较差，限制了新型谷子产业发展模式的形成；三是政府重视程度不够，错失战略机遇期，武安从2004年开始在政府推动下，进行了品种更新、良种补贴、产业组织等系列政策，抓住产业发展机遇期，而蔚县在2009年政府才开始重视谷子产业发展。四是龙头企业发展缓慢，产品开发滞后。企业是带动产业发展的重要动力，龙头企业的发展是谷子产业发展重要支撑，蔚县对于谷子加工企业的培育较迟，拥有着"四大名米"之一"桃花米"却未能抓住"名米"这一巨大影响力的名片，深入发掘历史文化，产品开发、品牌培育发展迟缓，未能有效带动谷子产业发展。

四、谷子产业发展的经验与启示

通过对武安政府推动型谷子产业发展模式、蔚县谷子产业发展的分析，得出以下经验与启示。

（一）政府推动是产业发展的关键

政府的有效推动是产业发展的关键，只有在政府的推动、引导、协调、扶持和监督下，农业产业化经营发展方向才不会偏离轨道，才能完成好产业发展规划、地理标识认定、基础条件建设、产业政策补贴等基础性、公益性工作。武安市政府从产业发展的角度布置各项工作，和科研单位合作，引进优质品种和技术，制定标准化生产技术规程；制定良种补贴、扶持龙头企业、种植专业合作社等相关政策；积极组织进行有机、绿色基地认证、地理标识保护等工作，对武安谷子产业发展起到重要的推动作用。

(二) 科技支撑是产业发展的保障

国内外经验表明：现代农业的发展越来越依赖于现代科技的支撑，科技支撑是提升产业发展水平，推动产业技术升级的根本保障。武安在谷子产业发展过程中，高度重视与科研单位的合作，从品种引进、筛选、试验、示范到标准化种植，从常规栽培到轻简化生产技术集成再到集雨高效栽培的技术升级，科技支撑起到重要的保障作用。

(三) 多元化参与是产业发展的重要因素

有效调动参与各方的积极性，让参与各方都得到实惠是产业发展的重要因素。政府部门需要当地产业发展，农业增效，农民增收；科研单位的需求是自己成果转化、示范基地的显示力度增强，提高单位的社会知名度；企业、种植专业合作社以及农户需要从中获取更大的经济效益。武安模式的特点是各方均得到了各自的利益，调动了政府、企业、科研单位、农户的积极性。谷子产业的发展既提升了农民的收入水平和生活水平，又改善了其生产生活条件，既带动了地方经济社会发展，又拓展了企业发展的空间。

(四) 以市场为导向是产业持续发展的根本

市场经济体制是发展现代农业的制度基础，市场机制在资源配置中起着主导作用，一个产业发展只有适合市场需求，才能够取得更大的经济效益。武安市谷子和沁州黄谷子产业发展成功的根本因素是抓住了当前社会膳食结构需要调整，优质小米等杂粮需求旺盛，以及干旱半干旱的丘陵山区发展谷子生产具有明显的比较优势，优质小米具有广阔的市场需求等特点。实践证明，近年来谷子（小米）市场需求持续提高，谷子价格特别是优质、绿色谷子价格由2.6元/kg上涨到目前的6.5元/kg，农户种植谷子达到了旱地谷子亩产千元（15 000元/hm²）的目标，企业优质小米开发取得显著的经济效益。

(五) 充分利用资源禀赋，挖掘历史文化是提升产业发展的有力抓手

农业产业是否可持续发展主要决定因素在本区域资源禀赋、市场条件，充分利用好各地资源禀赋，挖掘丰富谷子历史文化是提升产业发展的有力抓手。武安旱地面积占耕地面积的67%，种植谷子历史悠久，粟文化源远流长，当地农民种植和食用小米习惯久远。武安市充分利用了当地的资源禀赋，有效引导农户科学种植，把资源优势转变为产业优势和规模效益。在谷子产业发展中，各地应充分利用本地区的资源禀赋，开发各具特色的小米产品，充分发掘本地区有关谷子的历史文化、典故，用文化促进产业发展。

第三节 河北省谷子产业发展模式路径选择

一、河北省谷子产业发展模式选择的总体思路与目标

(一) 产业发展模式选择总体思路

河北省谷子产业发展模式受到多方面的综合影响，模式选择的总体思路是以市场需求为导向，以产业技术创新为支撑，以政策支持为保障，以企业、种植专业合作社、家

庭农场、种植大户等新型经营主体为基本单元，充分考虑区域的资源禀赋以及市场主体意愿选择适宜的谷子产业发展模式，以优化产业结构，改善品质，产业链增粗拉长，深入挖掘农业的多功能，促进一二三产业融合发展，推动产业供给侧结构性改革，不断增强市场竞争能力；形成适应新常态下的可持续发展的政府推动、企业带动、政企联动的谷子产业发展模式。

（二）产业发展模式选择总体目标

河北省谷子产业发展模式选择应达到以下几个目标：一是建立政府部门、科研单位、新型经营主体（企业、合作社、家庭农场、种植大户等）良性利益联结机制，推动产业可持续发展；二是培育一批具有一定规模和实力的企业和产业化组织，避免让"小而全、小而散"的小农户在市场上过度竞争；三是谷子产业链上各个市场主体由兼业化、自给自足向市场化、专业化、社会化转变，提高产业发展水平和运行效率；四是按照供给侧结构性改革理论，不断调整品种种植结构、产品开发结构，深入挖掘农业的多功能，促进一二三产业融合发展，不断提高产业的市场竞争能力和产业效益。

二、河北省谷子产业发展模式选择的原则

（一）适用性原则

河北省谷子产业发展模式的选择，要立足于谷子产业发展的全局，充分考虑本区域的经济发展水平、农民文化素质水平、资源禀赋和企业发展需求等条件，依托区域产业发展和资源优势，整合各发展环节，从实际出发，着眼大局，统筹考虑，选择与当地的发展目标、经济水平和产业需求相适应的，具有较强适用性的谷子产业发展模式。

（二）市场导向原则

遵循市场经济规律，充分发挥市场在谷子产业发展中的终端作用，从区域资源优势出发，面向市场，瞄准现实和潜在需求，进一步明确谷子产业发展模式，进行标准化、专业化生产，促进优势谷子产业形成。

（三）可持续发展原则

谷子产业发展模式选择要考虑社会因素、经济因素、环境因素、生态因素。谷子产业发展模式是不断发展与变化的，一个时期、一个区域不是一成不变的，它具有动态性和创新性。因此谷子产业发展模式的选择要保持可持续发展性。

三、河北省谷子产业发展模式选择

在模式选择的过程中，我们切不可一刀切，应紧密结合地方谷子生产状况、产业发展实际、政府政策以及企业、合作社、家庭农场、种植大户等新型经营主体的发展意愿，选择适合当地发展的谷子产业发展模式。根据目前河北省谷子产业发展模式实际情况，可归纳和提炼出政府推动型、企业带动型、政企联动型的谷子产业发展模式。

（一）政府推动型谷子产业发展模式

政府推动型谷子产业发展模式是指在谷子产业发展中，政府作为产业发展的主要领

导者和推动者，充分发挥其指导作用，从而加大产业发展的投资力度，统筹规划，强化对产业发展的宏观组织领导。该类型谷子产业发展模式主要在谷子主产区和谷子产业区，谷子产业是当地的特色产业，谷子产值在当地政府产业发展中占据重要地位。比如河北武安市谷子种植面积在2万hm²左右，占农作物种植面积的1/3，武安市把谷子产业列入三大农业支柱产业之一，武安磁山文化出土的谷子距今8 700多年，历史文化深厚。谷子产业为当地的特色优势产业，通过深入挖掘粟文化以及农业的多种功能，能够促进一二三产业融合发展。产业发展模式主要有"政府+企业+农户"、"政府+企业+科技+农户"、"政府+合作社+科技+农户"等（图9-1），该类型产业发展模式在产业发展的初级阶段对产业发展具有较大的推动作用，对于产业的做大做强不可或缺，但随着产业向高质量发展，政府的作用则更多体现在服务于宏观的指导，对于产业发展的直接作用将逐步弱化。

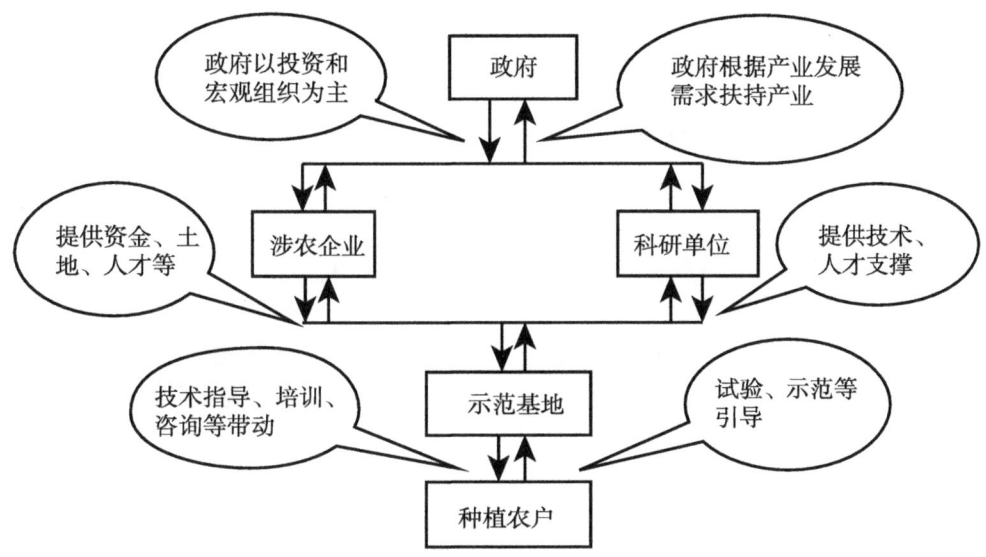

图9-1 政府推动型谷子产业发展模式

（二）企业带动型谷子产业发展模式

企业带动型谷子产业发展模式是指在产业发展中，企业或专业合作社起到主导和决定性作用，企业或者合作社组织谷子种植、加工和市场销售，以合同的形式与种植大户、家庭农场签订协议。企业带动型基地运行模式主要有"企业+基地+农户"、"企业+专家+基地"、"合作社+农户+科研单位"等多种形式（图9-2）。在管理上实行企业化管理，自主经营，独立核算，自负盈亏。在运行上，形成了以企业为龙头，以发展订单农业为保证，上连专家，下连农户的产业链，建立了产加销、农工贸一体化的运行机制。企业带动型谷子产业发展模型适用于谷子有特色、优势的产区，企业或合作社充分利用当地的自然地理资源、历史文化资源，深入挖掘谷子的多功能性，培育特色品牌，该模式具有普遍的适用性。企业带动型谷子产业发展模式瞄准市场需求，以企业发展和盈利为目标，市场竞争能力较强。

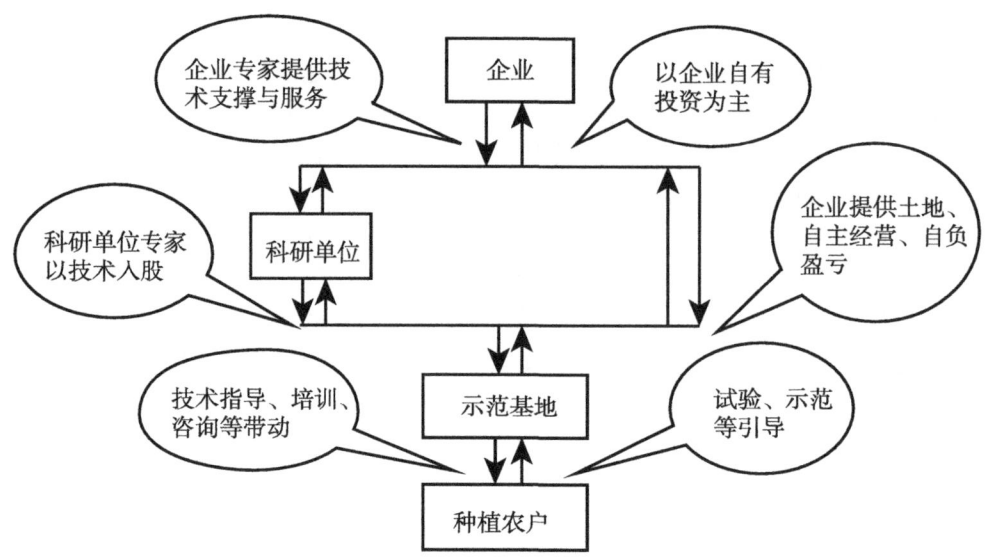

图 9-2　企业带动型谷子产业发展模式

(三) 政企联动型谷子产业发展模式

政企联动型谷子产业发展模式是指在谷子产业发展中，政府和企业相互配合，充分发挥各自优势（图 9-3）。政府主要负责统筹规划，强化对产业发展的宏观组织领导；企业主要负责产品开发、市场开发、组织生产，企业发展符合当地政府目标。谷子政企联动型发展模式适用于谷子主产区和谷子产业区，在产业发展的高级阶段能够形成相关配合、相互促进的可持续发展的产业发展模式。

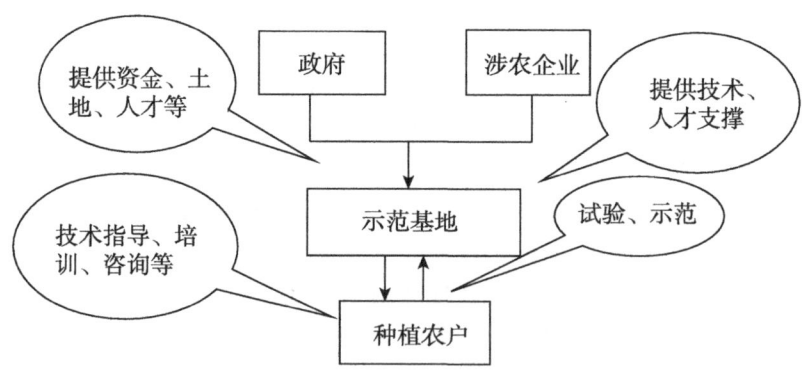

图 9-3　政企联动型谷子产业发展模式

总之，河北省谷子产业发展模式可以用图 9-4 来表示。

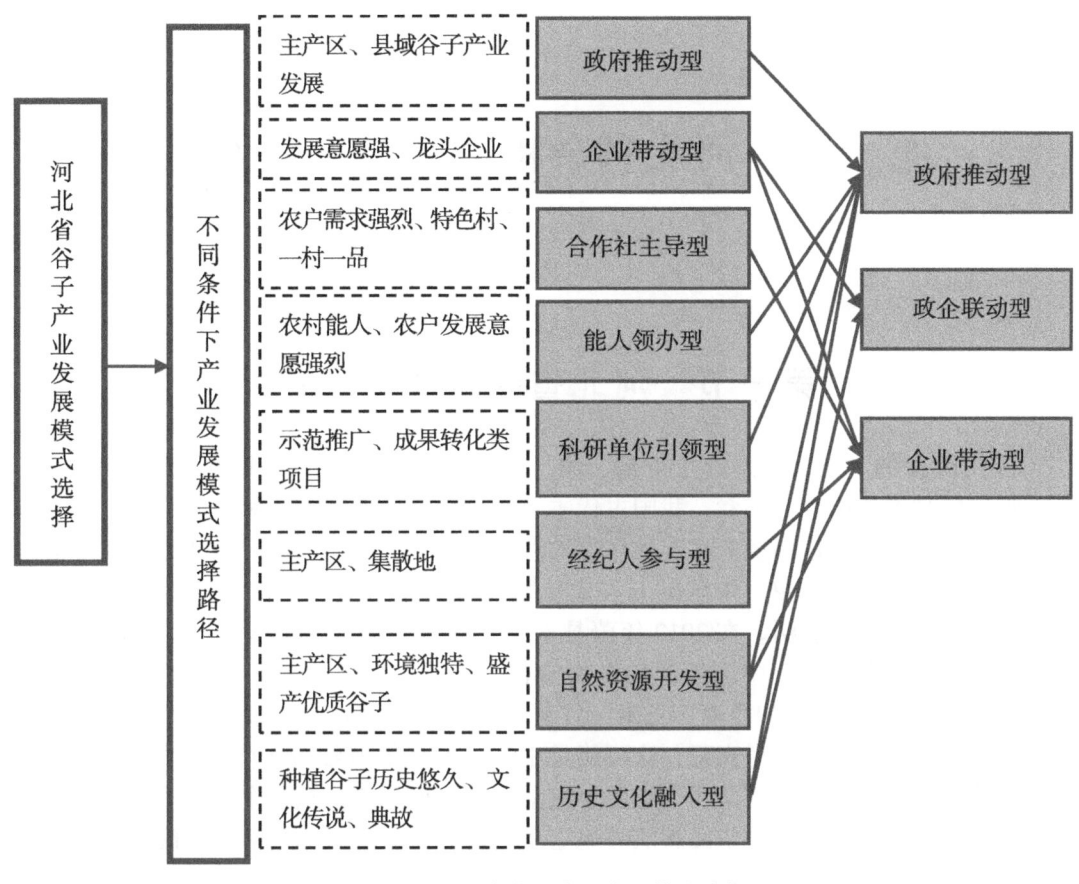

图9-4 河北省谷子产业发展模式选择

本章小结

将现有谷子产业发展模式归纳为企业带动、政府推动、合作社主导、能人领办、经纪人参与、科研单位引领、自然资源开发、历史文化融入等8种产业发展模式；以武安政府推动型、山西沁州黄企业带动型、蔚县谷子产业发展模式为典型案例分析，总结提炼河北省谷子发展模式经验与启示。总结提出政府主导型、企业带动型、政企联动型谷子产业发展模式总体思路与路径选择。同时在谷子产业发展模式的指导下，河北省杂粮产业发展也可以吸收谷子产业发展的经验和做法。

第十章　河北省杂粮文化与产业发展

第一节　河北省杂粮历史文化

古代所指的"五谷",一种指稻、黍、稷、麦、菽;另一种指麻、黍、稷、麦、菽。把这两种说法结合起来看,我国古代主要种植作物有稻、黍、稷、麦、菽、麻等6种作物。五谷文化是指围绕上述6种作物的种植、加工所衍生的生产生活方式、习俗观念、制度规范等文化现象。中国的五谷文化举足轻重,人类将野生杂草培育成五谷杂粮,五谷孕育了人类文明。在2012年蔚县五谷文化研讨会上,中国工程院院士刘旭指出:从种质资源角度讲,中国起源的作物像谷子、稻、大豆基本上都带有"皮"(颖壳),而国外起源的作物如小麦、玉米、甘薯、马铃薯大多没有"皮"。带有"皮"的作物耐贮存,因此可以应对灾荒,这可能是中华文明能够延续五千年的重要因素之一。而国外许多早期文明如玛雅文明等则由于灾荒、饥荒而毁灭。从这个意义上说,五谷文化是民族生命的延续,是中华民族能够屹立于世界的一个强大的遗传学基础。

一、河北省杂粮出土文化遗址

河北省农耕历史悠久,是中国原始农业的起源地之一,在距今10 000年左右进入农业社会。河北省邯郸磁山文化遗址、徐水南庄头遗址、石家庄南杨庄遗址都出土了粟,在我国农业考古史上都占有重要地位。

(一) 磁山文化遗址

磁山文化遗址位于河北省武安市磁山村东约1 km处的南洺河北岸台地上,东北依鼓山,距武安城17 km,是中国最初发现的一种新的新石器时代早期文化遗址,将中华文明上溯到8 000年前,早于仰韶文化1 000年。磁山被誉为世界上粮食粟、家鸡和中原核桃最早发现地。粟、家鸡和核桃三大发现,改写了世界粟作农业、家鸡驯养和核桃产地的历史。在发现的窖穴(灰坑)内有堆积的粟灰,一般堆积厚度为0.2~2 m,按照比重、体积推测,磁山遗址"粮仓"中储存的粟,至少应在5万kg以上。中国科学院地理科学与资源研究所吕厚远课题组用植硅分析表明,粟灰多数为黍,距今10 300年,少部分为粟,距今8 700年。以往认为粟起源于埃及、印度,磁山遗址粟的出土,提供了中国粟出土年代最早的证据。这一发现,把中国黄河流域植粟的记录提前到距今8 000多年前。遗址内农业生产工具和粮食加工工具的使用及粮食堆积的大量发现,证明磁山人已经摆脱了蒙昧状态,有了比较发达的农业,并种植粟类作物。农业的发展为饲养家畜提供了物质条件，而遗址内出土的狗、猪、羊、鸡等家畜骨骸又是当时人们以农业生产为主要生活来源的佐证。

（二）南庄头文化遗址

南庄头文化遗址位于河北省保定市徐水区南庄头村东北约 2 km 处，瀑河与鸡爪河之间。泥河湾、周口店、山顶洞等古文化遗址环绕着它，是中国北方地区年代最早的新石器时代的遗址，距今 9 700~10 500 年。南庄头遗址面积约 20 000 m²，已发现的遗迹有 5 条灰沟、2 座灰坑和 2 个用火遗迹。南庄头遗址出土遗物丰富，种类有石磨盘、石磨棒、骨锥、骨针、种子和少量的夹砂深灰陶、夹砂红褐陶片、石片以及水沟等人类活动的足迹，另外还有鼠、鸡、狗、狼、猪、鹿等动物骨骸，其中部分骨骸有烧烤、切割的痕迹。经国家考古权威部门鉴定认为，该遗迹晚于山顶洞人早于磁山文化。南庄头遗址的发现，填补了中国北方磁山、裴李岗新石器文化至旧石器时代晚期文化的空白，具有重要的学术价值，同时，也为研究中国北方地区全新气候环境的变迁提供了珍贵的地层剖面。该遗址所出的丰富遗物，为研究中国北方地区早期新石器文化的文化特征及农业、饲养业、制陶业的起源等提供了非常重要的材料。南庄头遗址发掘出的石器中发现了谷子和黍子的淀粉，距今 11 000 年左右，将粟类作物向前推了 1 000 年，而将谷子的利用向前推进了 2 000 年，并且在这 2 000 年期间，正是谷子从野生种青狗尾草向栽培驯化的转变时间，因为发现野生种青狗尾草的淀粉逐渐变少，而栽培种谷子的淀粉逐渐增多，成为主导地位。粟类作物在新石器时代开始栽培，但一直缺乏考古证据，南庄头是新石器时代后期，为这一观点提供了直接的证据。

（三）南杨庄文化遗址

南杨庄文化遗址位于石家庄长安区南村镇南杨庄村西北。遗址有三个类型，最上层属"庙底沟"类型，中层属"南杨庄"类型（与后岗类型同期），最下层属"南杨庄早期"类型，是我国考古界发现的新类型。出土器物有陶支架、陶灶、石磨盘等。遗址中还发现了房屋、陶窑、墓葬、灰坑等遗存，可以看出这是一个村落遗址。在这处村落遗址中，发现房屋 4 座，多为半地穴式建筑，有的可复原为四角攒尖式，有的可复原两坡水式门棚。这说明，那时的先民们，已经经历了从洞穴到营造住所、从追逐水草游猎游牧到聚集村落定居的历史性转变，开始了创造文明的全新生活。遗址的具体年代，经北京大学有关人员两次测试，结果分别为 5 080（±100）年和 5 400（±70）年。该遗址还出土了粟和用来加工粮食的石磨盘、石磨棒。

磁山遗址、南庄头遗址、南杨庄遗址均位于河北省太行山区，从 5 000 年前到 11 000 年前，与藁城台西商代遗址出土的酿酒作坊遥相呼应，也表明河北省太行山区是粟类作物的发源地。

二、五谷杂粮民俗文化

（一）在种植五谷方面

把握好节令，是确保秋收的基本条件。农事谚语："打蛇打在七寸上，种地种在节气上"；"夏种谷，芒种黍"；"立夏前后安瓜点豆"；"柳毛掉，混种稻"；"头伏萝卜，末伏芥菜";"萝卜要长大,夏至埋地下";"芒种不插秧,秋后吃稻糠";"头伏萝卜,二伏菜,三伏不误种荞麦",这些农谚是多年经验总结,对农业生产有着重要的指导意义。种地有"毁种"和"补种"一说。比如说,已经播了种,碰上天旱或苗不全,就要根据作物的生长期和气候特点改种别的作物。比如,耩了谷子苗不全,可以补种黍子,黍子苗不全,可以补种荞麦或糜子,荞麦苗不全就种黄家菜,总之都不能让地闲着,一闲就是一年,地荒不打粮。因地制宜、因时种植的节气歌指导着人们取得一年又一年的好收成。

  智慧的人们根据一些动物、事物的变化和兆头,逐渐掌握了天气变化的基本规律,在农事上也以变应变,适应自然并改造自然。农谚有:"有钱难买五月旱,六七月连阴吃饱饭。""头伏有雨二伏旱,三伏有雨吃饱饭。""伏里多雨,谷里多米。""立秋下雨百物收,处暑下雨万人愁。""水缸出汗牛大叫,隔日必有大雨到。""八月初一下一阵,旱到来年五月尽。"人们把天气与种地紧密联系起来,用耳熟能详、朗朗上口、浅显易懂的顺口溜表达出来,提醒自己,教育后代。

  勤劳是五谷丰登的基本要求,勤劳方能致富。俗语说:"种地不上粪,一年瞎胡混,种地不下功,到头一场空。""锄耧八遍,八米二糠。""秋不收,锄不丢。""锄地赛上粪,耪草能肥田。""谷地一步老三棵,跑马高粱,卧牛豆。""旱锄地涝耪地,锄头有水又有火。""早上工,晚收工,秋天落个好收成。""立秋前拔草草变肥,立秋后拔草草遍地。"庄稼汉子其实靠的就是勤劳和精耕细作,才能获得五谷丰登。还有一些顺口溜,如"工钱大些,天儿短些,糕软点儿,菜满点儿。"这些被世世代代农民实践着的谚语,把农业耕作与教育世人紧密结合,凸显了农谚的实践性和教育意义。

(二) 在收获五谷方面

  好收成是农民的最大心愿,每年秋天勤劳的人民都在忙碌中分享着收秋的喜悦,也创造了一个又一个"金黄色"的美丽画面。蔚县农谚有:"白露十天放大田""秋风天社,场里见谷垛""八月秋忙,绣女上场。"先拾掇场面,然后就该收庄稼了,先割黍子,再割谷子、高粱,最后拔豆子,整个过程需要镰刀、碌碡、扇车、簸箕、二股叉和四股叉等传统农业工具。打谷场上有一个最大的忌讳是,不准说:"没了、完了。"不论是扛口袋的,戳簸箕的,过筛子的,还是干别的活的,要问时就问:还有多少?答的人一定要说:多着哩。如此东家就非常高兴。如果说:"快了,完了,没了。"东家就会立即把答话的人逐出场面。这些都说明了收秋在农民心目中的重要性,也形成了一种区域性的秋文化。

(三) 在食用五谷方面

  旧时,科学技术不发达,劳动产出相对较低,老百姓日常居家过日子倡导的是简朴,特别是粮食是维持一家生计的关键,因此在粮食的使用和分配上蔚县人有着独特的办法,正如一句顺口溜:"三十里莜面、四十里糕、二十里荞面饿断腰。"为什么这么说呢,是因为吃了黄糕充饥,耐饿,其次是莜面、再次是荞面。当蔚县人发现和掌握了这个规律后,在后来的生产活动中,会根据每天所要付出的劳动量或体力来决定吃什么。特别是在粮食较为紧张的整个农耕社会里,善于持家的妇女们会结合男人一天所要干的活,来安排一天的饭食;一些善于精打细算的土财主,也会因此来安排家里长工、短工一天的饭食。

河北人种五谷、吃五谷,形成了一套独具特色的营养食谱。农耕忙时,一日三餐食谱:"早上粥,中午糕,晚上糊糊熬山药。"早上粥是用小米做成。中午黄糕俗称面性糕,以筋道、黄亮而闻名,是用去皮的黍子磨面和水,蒸熟,掇成椭圆状固体。蔚县人吃糕可概括为:六字真言"一夹二拽三吞四咽五六咕咚。"小儿满月和百岁时吃炸糕,说的是"百岁炸糕香又甜,后生可畏中状元。"用糕表达祝福最多的就是办喜事了:结婚前一天晚上为下营,新人要坐升子,里面放的就是面性糕,以取高(升)生之意;特别是闺女出嫁时,早晨要吃糕,俗称滚蛋糕,寓意为闺女出嫁圆圆满满地去婿家生活。晚上的糊糊熬山药是用黑豌豆、白豌豆、扁豆、蚕豆等混合磨面,炒熟做成的。农闲时节一日两餐:"早上平端,中午难拿,晚上没啥。"农忙时节这样安排一日三餐,原因是过去农民存粮少,农闲时分体力劳动少一些,故而这样安排一天饭食。晚上一般不吃晚饭,俗语说不吃"压炕饭"。碰上灾年,人们家里粮食不够吃,就尽量吃得稀一些,或者减少一顿饭,这样的境遇,蔚县人却用含蓄、诙谐的顺口溜道出,乐观、豁达的性格正如苏东坡所说:"蔚人劲勇而沉静"。合理的一日三餐安排,简单而朴素,不仅满足了蔚县人所说的"煎饥"(方言,意为耐饿)的需求,还映衬出了勤劳质朴的乡土情怀,是最为难能可贵的。

(四)在习俗方面

五谷养育了人民,满足了人们最基本物质需求,其价值和作用也逐渐被人们放大延伸到精神领域,被神化为人们日常生产、生活中的庇佑者。蔚县民间有一种"配五谷"仪式。每年的农历二月初一上午,老百姓在院子里放置桌子,上面放好混合在一起的五谷,然后上香、烧纸,香尽后将五谷收起藏好,待需要时拿出来用。农村盖新房,上梁是关键环节,要响爆竹、贴对联、用五谷,驱鬼辟邪以求吉祥平安。在农村,人们认为小产的妇女在满月之内是不能进入别家院子、家里的,认为这很晦气,将冲坏主人的好运气,因此,这种讲究代代相传,年轻的媳妇也会受到家人的提醒。可是一旦不注意,出现了这种情况怎么办呢?老百姓是有急救的办法的,那就是把五谷泡在清水中,用笤帚王子(这种笤帚专指用去籽后的黍穗子捆扎而成,是蔚县老百姓家里清扫炕上、衣服杂物的自制生活用品)蘸着五谷水泼洒,即可补救。

过年家家户户在黎明时分起来点旺火,笼旺火必须烧谷草(即谷穰:谷秧秆去穗)和菜籽秆,撒入五谷,寓意为来年家旺人旺,祈求五谷丰登。过去,不仅各家各户要点旺火,在村子的十字路口、堡门口、寺庙前都要点旺火,烧五谷。蔚县剪纸、拜灯山、蔚县秧歌、打树花、代王城二月初七点秆,这些极具代表性的非物质文化遗产均是蔚县人歌颂大自然、祈求风调雨顺、五谷丰登的娱乐、祈福活动。在年节的社火队里经常有一个手拿鞭子、身穿皮袄、头戴尖帽,绕着鞭子踱着步的人,这扮演的就是蔚县人村村都盖庙供奉的真武大帝,传说真武大帝是龟蛇合体的神灵,主管北方,能够给人们带来风调雨顺。

结婚时,要在新房床上撒五谷,一边撒一边唱:

— 249 —

一撒一元入洞房，一世如意百世昌！
二撒二人上牙床，二人同心福寿长！
三撒三朝下厨房，三阳开泰大吉祥！
四撒四季配才郎，四季花开满树香！
五撒五子登金榜，五凤楼前写文章！
六撒六继情意长，六龙捧日放光芒！
七撒七子团圆庆，七夕织女会牛郎！
八撒八仙来庆寿，八十儿女伴君王！
九撒九子同居住，九世儿孙列朝堂！
十把不撒，一窝养俩！
大的叫骡，二子叫马！
一把同心果，撒出四下落！
打着新贵人，来年生一窝！

从歌词中，我们可以体会到，五谷代表着人们那种美好的祝福和朴素的希望。

三、古代有关五谷杂粮的含义

（一）粟是古代的重要军事物资

古代有"兵马未动，粮草先行"之说。在行军打仗之前，粮草要准备周全，粮指谷子，草指谷草，所以说粟是古代军队救国救民的军粮。粟粒有层坚硬的外壳，能防潮防虫，可长久贮藏，因而自古以来就是官仓大量储积的"战备粮"和"救命粮"。《孟子·尽心》中所谓"粟米之征"即指军粮。中国历史上调运仓粟以救济灾民的记载不绝于耳，最著名的莫过于春秋时期"秦输粟于晋"的"泛舟之役"。

（二）粟在古代宫廷被用来做官吏的俸禄或封赏

《广雅·释诂》云："粟，禄也。"粟常用来作为赏赐之物。如唐贞观二年（628年），为庆祝皇子李治出生，唐太宗"赐天下是日生者粟"；金大定二年（1162年），蝗虫肆虐，归德军节度使宗宁"督民捕之，得死蝗一斗，给粟一斗，数日捕绝"。清顺治四年（1647年）下诏："中原底定……民年七十以上，加赐粟帛"。梁启超认为粟曾为货币，他在《中国古代币材考》一文中说："古代以粟为币，全国所有之粟，以一部分供民食，以一部分资币材，当岁凶粟乏之时，而两者之用，皆不可须臾缺"。解放后，谷子曾以货币的形式作为教师的工资予以发放。

（三）粟也是补官拜爵和减刑免罪之物

汉与匈奴作战，屯戍者众，边粟不足，于是募民能输及转粟于边者拜爵，爵得至大庶长。汉景帝时，"得输粟县官以除罪"。元至元年间，平阴县尹马钦拿出私粟600石赈济饥民，又给民粟种四百余石，忽必烈下诏奖谕，特赐西锦一端以旌其义。元代有一套完整的入粟补官制度，将江南、河南、陕西分为三等，如在陕西要想授从七品，须入粟1 500石以上，而在江南则要入粟5 000石以上。明建文四年（1402年），成祖朱棣命北平州县弃官避靖难兵者朱宁等219人入粟免死。明武宗时，富民纳粟赈济，千石以上者表其门，900~200石者，授散官衔，得至从六品。统治者为解决粮食不足的问题，用官爵诱使富户捐粟，而富户们则欲藉此来改善自己的政治地位，双方各有所求，各取所需，故而一拍即合，乐此不疲。

（四）粟是道德的象征

《管子·治国》曰："粟也者，民之所归也；粟也者，财之所归也；粟也者，地之所归也。粟多则天下财物尽至矣……粟者，王之本事也，人主之大物，有人之途，治国之道也。"《管子·小问》中有段齐国君臣之间的对话。齐桓公问："何物可比于君子之德乎？"隰朋答道："夫粟，内甲以处，中有卷城，外有兵刃，未敢自恃，自命曰粟。此其可比于君子之德乎？"桓公听后连声称善。以粟来比喻君子之德，足见粟之显赫尊贵。武王伐纣，伯夷、叔齐阻挠未果，天下归周后他们竟"不食周粟"，饿死于首阳山。孔子称赞伯夷、叔齐是"求仁得仁"，韩愈专门作《伯夷颂》颂扬其德。汉文帝时，淮南有歌谣曰："一尺布，尚可缝，一斗粟，尚可舂。兄弟二人不相容。"批评淮南王不容骨肉，手足相残。宋徽宗时，还有大臣引用此歌谣劝谏。"斗粟尺布"虽不及曹植的"煮豆燃萁"那样出名，却也有异曲同工之妙。经过文景之治，到汉武帝时，国力强盛，国库充盈，"太仓之粟，红腐而不可食，都内之钱，贯朽而不可校"后人用"粟红贯朽"来形容盛世钱粮之富足。由于粟不及麦稻精细，唐代以后人们以"脱粟饭"谓粗糙之饭，以"布袍脱粟"谓节俭清廉之吏。史载大名鼎鼎的海瑞"布袍脱粟，令老仆艺蔬自给"。

（五）粟在古代早期是问卜祀神之物

《诗经·小宛》云："握粟出卜"；《管子》云："握粟而筮者屡中"；姚际恒称："握粟出卜，古人常事"；顾炎武在《日知录》中解释其因说："古时用钱未广，诗书皆无货泉之文，而问卜者亦用粟，汉初犹然"。《逸周书·尝麦篇》云："神农时，天雨粟，神农遂耕而种之……然后五谷与助，百果藏实。"《周易·系辞下》云："神农教耕生谷，以致民利。"《管子·轻重》云："神农作树五谷淇山之阳，九州之民乃知食谷，而天下化之。"《淮南子·修务训》云："神农乃始教民播种五谷。"《古史考》云："神农时，民方食谷，释米加烧石上而食之。"高诱注《吕览》云："昔炎帝神农氏能植嘉谷，神而化之，号为神农。"《太平御览》云："炎帝始教天下耕种五谷而食之。"《路史·后记》云："炎帝神农氏……三岁而知稼穑般戏之事必以粟稷。"《拾遗记》云："炎帝时，有丹雀衔九穗禾，其坠地者，帝乃拾之，以植于田，食者老而不死"。

四、五谷杂粮成语典故、谚语

（一）成语典故

沧海一粟：北宋文人苏东坡因反对王安石变法，被贬至黄州，在黄州先后写了两篇《赤壁赋》，感叹世事的变化，当年声势浩大的曹操在赤壁兵败，人是历史大海中的一粒粟米，微乎其微，但每个人要在有生之年奋发进取才能不枉费一生。

贯朽粟腐：西汉初年，刘邦采取一系列措施恢复经济，使得农业生产突飞猛进。汉文帝和汉景帝仍坚持这个既定的国策，国库里钱币堆成山，穿钱的线都腐朽了，粮库里积压的粮食无数，仓库容纳不下，只好露天堆放，很多谷子腐烂不能再食用了。

握粟出卜：三国时期，魏国广陵太守琅邪人赵昱，是一个有名的忠孝人士。他13岁时，母亲生病有三个月，他目不交睫地侍候在左右，经常握粟出卜祈求神明保佑他母亲，有时磕头都流出血来，明显消瘦了许多，乡亲们称赞他是个孝子。

不食周粟：商朝末年，孤竹君的长子伯夷在父亲死后坚决不肯继承王位。后来商朝灭亡，周武王建立周朝，他也不愿出来为官，感到十分耻辱，就与弟弟叔齐决定不再吃周朝的粮食，两人隐居在首阳山，专门靠吃采山上的野果及野菜而生存。

一些词语中的粟，几乎都是渺小、细微的意思。如把粟状小粒之金叫"粟金"；把粟状花纹叫"粟文"；把细微差错叫"粟错"；把数量极少叫"粟许"；把小国林立叫"粟散"；把皮肤受凉所起的"鸡皮疙瘩"叫"粟肤"，等等。

(二) 农谚

只有青山干死竹，未见地里旱死粟：谷子的适应能力极强。它既耐旱、耐贫瘠的土壤，又耐酸、耐碱。尤以耐旱能力最强。农谚说得好："只有青山干死竹，未见地里旱死粟"。

正月十五雪打灯，一个谷穗打半升：农谚说："正月十五雪打灯，一个谷穗打半升"。从立春到芒种，有一场降雪，或一场降雨，就能保全谷子发苗的墒土。

不怕重茬谷，就怕谷重茬：谷子在干旱山区，丘陵地带种植面积较大，保收高产，是当地人民的主食，也是大牲畜的饲草。正因为播种面积大，出现了重茬谷和谷重茬的问题。多年的实践证明，种重茬谷不种重茬品种，最好是紫苗与绿苗或黄绿苗品种倒换种植，这样可减少片面消耗土壤养分，也易鉴别伴生的"莠草"。

头遍苗，二遍草，三遍四遍顺垄跑：谷子间苗除草中耕是提高谷子品质和产量的重要管理环节。

谷子浑身宝，人畜离不了：谷子和谷草均有使用价值。谷子是富含维生素，蛋白质，微量元素最全的食用粮食。谷草的草质优良，是大牲畜的主要饲草之一，营养成分也非常丰富。糠皮则是猪、鸡的良好饲料，同时也可以榨油。

旱不死的谷子，碱不死的糜子，涝不死的高粱：谷子具有较强的抗旱能力，尤其幼苗期耐旱性更强，再加上耐瘠薄、适应性广、产量稳定、保收率高的特点，所以，在我国北方的丘陵和山地的农业生产中占有很重要的地位。

谷锄一寸，赛过上粪：锄苗或间苗，在我国北方地区两项操作同时进行，这里的锄苗也包括定苗，它说明了早定苗对培育壮苗具有重要意义。定苗时，要留壮苗、齐苗、浓绿苗，不留弱苗、小苗、黄瘦苗，间苗必须连根拔除，以防止断苗重生。

冬谷深，春谷浅，夏谷盖上半个脸：谷子的播深依播期而定，早播种可深些，随播种的推迟，深度也随之变浅，这是科学的播种经验。冬播和顶凌播以 5cm 为宜，因为早春风大干旱，失墒严重。春播以 3cm 左右为宜，夏播则为 1.5~2cm，这是因为夏播已到雨季，气温高、湿度大，出生快，浅播能苗全苗壮。

谷子苗不够，小豆来补救：谷田出苗后，不论什么原因，造成缺苗断垄，若在补种谷子，会影响补种的谷苗因遮阳严重而不能良好生长。再说谷苗大小不一，不便管理。

所以一旦谷田缺苗断垄，农民都要补种一些小豆，以弥补缺苗造成的损失。小豆耐阴性较强，早熟，可晚播。

春种一粒粟，秋收万石粮：收获当从春天开始。抗击春旱的人们用智慧和行动印证着这一朴素的真理。其实，这是一条普遍真理，不仅预示着农业生产的丰与歉，映射着各行业工作的虚与实，也决定着每个人追求事业的成与败。因为，没有春种"一粒粟"的百般辛苦，就没有秋收"万石粮"的千重喜悦。

(三) 常识及故事

我国北方许多妇女在生育后，都有用小米加红糖来调养身体的传统，小米熬粥营养丰富，因此有"代参汤"之美称。中国科学家在2005年报道：最早的面条就是由粟制成的，具有4 000年的历史。

四大名米包括：山东"龙山小米"、山西"沁州黄小米"、山东"金米"、河北"蔚州贡米"。山东"龙山小米"——山东章丘，"龙山小米"源于"龙山文化"。从清朝乾隆年间开始向皇帝进贡。山西"沁州黄小米"——山西沁县，从明朝开始一直到清朝都是贡米。山东金乡县"金米"又称"金谷"，是金乡县传统种植作物。自清朝康熙皇帝始，即成为历代朝廷享用的"贡米"。河北"蔚州贡米"又叫"桃花米"。蔚县南北二坡及桃花一带是盛产小米的区域，著名的"桃花小米"声誉北国，据史书记载，蔚县桃花小米，远在明清时曾被列为"四大贡米"之一。另外，四大名米还有一种说法是山东"龙山小米"、山西"沁州黄小米"、山东"金乡金谷米"、陕西"米脂小米"。

四大贡米包括：龙山小米、蔚州贡米、车亭贡米、竹溪贡米，与四大名米重合两个。其中车亭贡米——"车亭"是河北涞水野三坡丘陵山区的一个自然村，更是我国古代数学家祖冲之的故里。这里独特的气候和土质条件使所产小米颗粒均匀、色泽金黄、米香浓郁、黏软爽口，其营养价值很高，早在汉朝就被御封为朝廷贡米，明清年间更负盛名，史称"车亭贡米"。竹溪贡米只得是大米，是湖北省竹溪县特产，唐代始封"贡米"。

天雨粟，鬼夜哭：据《淮南子》记载，仓颉造字，是一件惊天动地的大事，黄帝于春末夏初发布诏令，宣布仓颉造字成功，并号召天下人民共习之。这一天，天上下了一场不平常的雨，落下无数的谷米，后人因此把这天定名谷雨，成为二十四节气中的一个。也在此时，人们在夜里听到魔鬼的哭泣呻吟。可谓是惊天地泣鬼神。这便是"天雨粟鬼夜吟"的来历。后人对"天雨粟，鬼夜哭"是这样解释的：仓颉造字，加快和促进了人类文明发展，人们渴求知识，竞相读习仓颉创造的文字。天帝担心百姓只顾习字，忘记了种田。因为春天即将过去，误了农时，田园将会荒芜，所以就下了一场谷子雨，提醒和警示人们别忘了农时。人们掌握了文字，开始聪明起来，一些平时愚弄百姓的坏人、魔鬼，感到惊恐不安，便在黑夜里跑到野外哭泣吟诉。

马来西亚山区有"粟王"和"稻王"的传说，粟王在战斗中败给了稻王，从此水稻取代了粟，尽管马来半岛的居民很早已以稻米为主食，但山区各民族都种粟、食粟，山马族以粟为主食，被称为"粟人"。

(四) 河北省名米典故

河北省谷子历史文化源远流长，具有世界最早的谷子栽培历史，同时具有很多地方知名小米品牌,也不缺乏现代关于谷子精神故事的赞美。武安小米、黄粱梦小米、蔚州贡米、南和金米、黄旗小米获得国家地理标志产品,其中蔚州贡米与沁州黄小米、金米、龙山米并称中国"四大名米"。明清时期河北省出现了很多贡米及好吃的优质小米,如车亭贡米、龙兴贡米等。当前河北省各地的优质小米也非常多,南宫小米,以及上面提到的申请国家地理标志产品的小米。

1. 南和金米——邢台南和县

据白雀庵现存的《观音本传》载:三皇姑(观音菩萨原型),是北朝末期兴林国(今南和一带)妙庄王的三女儿妙善。妙庄王患病疮濒死,妙善舍手眼治好王病,感天动地,白雀庵失火,妙善从白雀庵移居苍岩山,泪洒兴林国,滴泪成井,井冒甘泉,从此,南和小米出奇好吃。《南和县志》载:大唐丞相宋璟曰:南和米,天下第一养粥也!并令手下人到南和高价征米,呈金米进皇宫。明朝万历年间,三位考生途中遭劫,身负重伤,住在老大娘家,以米维命,伤势奇迹痊愈,金榜题名,这个村由此得名——三官殿。为纪念老大娘,种了三棵柏树,修了一座桥,至今三官殿村仍然保留"三柏一拱桥",桥拱上的石雕谷穗清晰可见。

2. 龙兴贡米——石家庄行唐县

龙兴庄本名刘兴庄,位于今石家庄行唐县。清朝康熙四十五年(1706年),圣祖康熙驾幸佛教圣地五台山,途中行至阜平县王快村时,诗兴大发,随出一对联上联"王至王快王快乐",让随行的文武百官对下联,大臣们苦思冥想,走了近百里无以为对。当来到行唐县刘兴庄村时,一大臣灵机一动,对出下联"龙至兴庄龙兴庄"。此时,已近黄昏,当地官员呈上香喷喷的米粥,康熙闻米香而微醉,龙颜大悦,连声赞叹,称此粥胜过宫廷佳肴,当即封为贡米。此后,刘兴庄更名为龙兴庄,龙兴庄的小米也年年贡奉朝廷。

第二节 五谷文化引领产业发展路径分析

2017年12月中央农村工作会议强调,走中国特色社会主义乡村振兴道路,必须传承发展提升农耕文明,走乡村文化兴盛之路。乡村振兴给振兴杂粮产业带来重大机遇,应采取文化与科技双轮驱动策略,即从传统五谷文化的挖掘与宣传入手,运用现代科技,促进杂粮产业技术创新、产后加工增值,培育和扩大消费需求,促进产业可持续发展。这既是发展现代农业的需要,又是实现文化大繁荣大发展、提升中华民族软实力的需要。

一、将传统五谷遗产作为科技创新的宝贵资源

我国谷子农家品种资源是世界上最丰富的。首选,中国农业科学院国家种质库保存了27 000多份材料,其中有不少品质优良甚至名贵的品种。如,"十石准""压塌车""媳妇笑"等高产类型;"气死风""水里站""不死苗"等抗逆类型;"六十天还仓""耧里秀谷""六月鲜谷"等特早熟适于救灾的品种;味道香美的"十里香谷"(安阳)、"玉子青谷"、米色洁白的"馍馍谷""羊毛糯酒谷""乌黑金""干捞饭"等优

质专用类型等。对谷子农家品种进行系统搜集整理，对蛋白质、脂肪、维生素、微量元素等营养元素，抗旱、抗病、抗虫等抗逆性等进行鉴定评价，构建核心种质，利用现代分子生物技术开展育种攻关，培育优质型、高产型、加工专用型、抗旱型、抗除草剂等不同类型的谷子新品种，为谷子产业发展提供品种支撑。其次，《吕氏春秋》《氾胜之书》《齐民要术》等古代农书对粟的种植有着详细科学的描述，其中许多认识领先于世界。譬如，后魏时代，贾思勰对选用良种和良种繁育技术进行了全面系统的总结。他对苗秆和产量以及产量和品质之间的关联有着深入细致的观察与研究，许多描述与现代育种学、栽培学对于矮秆或半矮秆品种与高秆品种之比较观察几乎完全一致。应组织力量对农学典籍中的粟作栽培进行系统整理，鼓励农学与人文社会科学相结合的交叉研究，为谷子科研的开展提供有益的启示和可行方向。

二、开展文化营销，拉动杂粮消费

近年来，受农业供给侧结构性改革、镰刀弯计划及相关政策的支持，我国杂粮面积有了恢复性增长。但是，我国杂粮市场波动性较大，种植大户卖粮难问题不时出现，杂粮种植效益难以保证，这也表明我国杂粮消费需求有限，成为制约杂粮产业发展的瓶颈。课题组通过城市人群、年轻群体小米消费影响因素研究表明，学历对是否愿意消费小米有显著的正向影响，说明受教育水平越高，越愿意消费小米，对谷子历史文化、营养保健了解越多，消费意愿越强，90%的年轻群体愿意接受传统文化。该项研究也表明，我国目前对谷子历史文化、营养保健的挖掘不够、宣传不强，制约了谷子消费需求的扩大。应从以下几方面加强：一是借鉴韩国"身土不二"的宣传经验。应将粟文化提高到国家软实力的高度来重视，在中小学教材中增添有关粟文化的内容，通过广播电视等渠道加强对小米营养、保健知识的科普宣传，赋予小米以健康食品、民族文化等符号意义，着力培养年轻一代对杂粮的情感与偏好。二是餐饮企业可以仿效日本的粟饼屋。通过对餐具、环境氛围的打造，并利用传统技艺、食俗、节庆等文化资源，充分彰显粟文化特质，吸引那些对粟文化情有独钟的忠诚消费者。三是大力发掘传统饮食文化宝库。通过加工技艺的改良创新，推动小米主食化，是实现粟文化与杂粮产业良性互动的必由之路。四是我国文学作品、民间故事、轶闻轶事、民风民俗等资源中蕴含着丰富的粟文化内涵。杂粮食品企业应进行广泛深入的挖掘，开展全方位、多角度的文化活动，最大程度地满足消费者文化的、审美的、心理的、娱乐的多种需求。

三、融入地域文化，强化地理标志保护

河北省杂粮主产区大多也是五谷文化底蕴深厚的地区，当地政府应从战略高度做好五谷文化的宣传，通过原产地品牌保护、名优品种开发等途径，实现杂粮产业与区域文化形象互动发展。地理标志是基于原产地的自然条件和世代劳动者的集体智慧而形成，是一项重要的知识产权。地理标志保护产品，指产自特定地域，所具有的质量、声誉或其他特性取决于该产地的自然因素和人文因素，经审核批准以地理名称进行命名的产品。通过原产地域保护的农产品，既能严格保持其生物学特性、当地自然生态和历史人文因素，促进标准化生产、品牌化发展，又能让具备资格的企业共享这种品牌资源。

四、举办以五谷文化为主题的会展节庆活动和研讨会

农业节庆活动和研讨会可以动态地、全方位地、集中地宣传造势，是弘扬和传播五谷文化的有效手段。例如，优质的米脂小米曾因市场营销乏术，导致产量和价格低。2006年和2007年杨凌农高会上，米脂县科技局安排了"米脂婆姨推销米脂小米"的现场宣传活动，米脂小米一度脱销，这就是文化与市场相对接的范例。内蒙古敖汉旗政府充分挖掘8 000年谷子文化，邀请国内外有关谷子考古、文化、科研等方面的专家连续组织召开了四次世界小米起源大会，极大宣传和挖掘敖汉小米文化，充分和"全球重要农业文化遗产""生态环境全球500佳"这两个世界级品牌结合，打造敖汉旗谷子产业，并取得了显著成效。

五、选择优势农业园区，打造生态、文化、休闲产业发展样板，带动杂粮产业发展

选择有历史、有文化、自然禀赋优越的杂粮产业园区，建设集种植、加工、科研、示范、文化、休闲、旅游等于一体的产业示范园，将杂粮生态景观、生产基地、加工观光、农事体验、科普教育、创意农业及礼仪习俗等融为一体，促进一二三产融合发展，从而带动杂粮产业发展。

本章小结

河北省农耕历史悠久，是中国原始农业的起源地之一，在距今10 000年左右进入农业社会。河北省徐水南庄头遗址、邯郸磁山文化遗址、石家庄南杨庄遗址都出土了粟，在我国农业考古史上都占有重要地位。作为一种世世代代累积起来的历史文化遗产，五谷文化是企业和产业的一笔无形资产。乡村振兴给振兴杂粮产业带来重大机遇，应采取文化与科技双轮驱动策略，即从传统五谷文化的挖掘与宣传入手，运用现代科技，促进杂粮产业技术创新、产后加工增值，培育和扩大消费需求，促进产业可持续发展。这既是发展现代农业的需要，又是实现文化大繁荣大发展、提升中华民族软实力的需要。

第十一章 河北省杂粮发展潜力分析

第一节 河北省杂粮产业发展面临的机遇与挑战

一、机遇

（一）改革机遇

为深入推进农业供给侧结构性改革，2015 年农业部出台了《关于"镰刀弯"地区玉米结构调整的指导意见》，2016 年农业部印发了《全国种植业结构调整规划（2016—2020 年）》，2017 年中央一号文件《中共中央　国务院关于深入推进农业供给侧结构性改革加快培育农业农村发展新动能的若干意见》印发，这些文件均提出大力发展杂粮杂豆，推动特色农产品产业提档升级，把地方土特产和小品种做成带动农民增收的大产业。各省市县"十三五"和"十四五"农业规划中，着重提出加大结构调整，促进杂粮产业健康有序发展。河北也先后推出发展特色杂粮产业相关文件和支持政策，例如：成立了河北省杂粮杂豆产业创新团队，出台了《河北省谷子产业提质增效推进方案（2018—2020）》。科技和产业的支持力度前所未有，为杂粮产业技术创新和产业发展提供了重大机遇。2021 年，省农业农村厅印发《巩固提升脱贫地区农业特色产业专项工作方案》的通知，专门制定了河北省脱贫地区优质杂粮产业发展工作方案。其中，阜城县将高粱产业打造成为扶贫支柱产业，高粱种植面积达 10 万亩，覆盖 8 个乡镇、200 余个村、1.1 万余户农户，共带动 5 000 余名贫困群众顺利脱贫。

（二）政策机遇

乡村振兴战略必须坚持人与自然和谐共生，走乡村绿色发展之路。长期以来以粗放农业生产管理，农业资源过度开发、农业投入品过量使用、地下水超采以及农业内外源污染相互叠加等带来一系列问题日益凸显。节水、节肥、节药绿色高效发展方式是农业生产发展方向。谷子是所有作物抗旱节水性最突出的一种作物，其种子萌发需水量仅为自身重量的 26%，而高粱、小麦、玉米分别为 40%、45% 和 48%。谷子茎、叶上密布茸毛，气孔小，可有效抵御大气干旱。谷子的蒸腾系数为 257，同样的产量比玉米和小麦的分别低 112 和 253，谷子较玉米、小麦分别省水 30% 和 50%。因此，在现有农作物结构中，谷子是首选适合我省旱作农业之路的作物。为了推进绿色农业发展，《河北省 2017 年度耕地季节性休耕制度试点实施方案》提出，在廊坊、保定、衡水、沧州、邢台、邯郸六市地下水漏斗区开展季节性休耕 200 万亩，季节性休耕每亩补助 500 元。主要技术路径：实行"一季休耕、一季种植"，将主要依靠抽取地下水灌溉的冬小麦种植面积适当压减，只种植雨热同季的玉米、油料作物和耐旱耐瘠薄的杂粮杂豆等作物，减少地下水用量。季节性休耕期间支持农民种植二月兰、油菜等绿肥作物，不抽取地下水浇灌，不收获，下茬作物种植前直接翻耕入田，减少地表裸露，培肥地力。例如：谷子抗旱耐瘠，在同等产量水平下，谷子的耗水量只有小麦的 1/3，玉米的 1/2，是环境友好型作物，将在化肥农药零增长、压采地下水以及轮作休耕等绿色生产中发挥重要作用。省农业农村厅 2020 年度扩大谷子种植面积实施方案，在邯郸、邢台、石家庄、保定、唐山、承德等 6 个市的丘陵地区 2020 年新增加谷子面积，采取先种后补、物化补助的方式，杂交谷子每亩补贴不超过 80 元，常规谷子每亩补贴不超过 60 元。在黑龙港深层地下水超采区的沧州、衡水等 4 市，将水浇地小麦、玉米改为旱作作物，初步形成了春季旱作，夏季高粱等旱作雨养种植模式。2021 年河北省人民政府印发《关于持续推进四个农业，促进农业高质量发展行动方案（2021—2025）》，首次将谷子产业集群纳入全省打造十二个产业集群之一，从品种、基地、加工、品牌、种业等全产业链推进。政策的指向由宣传转入具体的落地实施阶段，为河北省杂粮产业发展带来了巨大的机遇。

（三）市场机遇

2017 年 12 月 28 日，习近平总书记在中央农村工作会议上指出："现在讲粮食安全，实际上是食物安全。老百姓的食物需求更加多样化了，这就要求我们转变观念，树立大农业观、大食物观，向耕地草原森林海洋、向植物动物微生物要热量、要蛋白，全方位多途径开发食物资源。"2021 年习近平总书记在陕西考察时说："现在不是说稀罕吃白面和猪肉了，反而有时候吃五谷杂粮吃得还挺好，对身体好。"中国农业科学院原党组书记陈萌山认为，过去的食物主要是"主粮"，而随着生活水平的提高，老百姓逐渐转变过去以米面为主食的消费习惯，更青睐丰富多样的菜果茶、肉蛋奶等"副食"。因此，大食物就是要转变食物结构，不仅向主粮要食物，更要向"副食"要食物。随着城乡居民消费观念的转变和消费层次急速扩张，市场对于优质杂粮产品的要求开始着眼于农产品质量和品牌化程度，打破旧有的吃得饱的饮食观念与食物结构，营养健康的均衡意识也是逐步提高，消费结构的升级为杂粮产业融合发展创造了巨大的发展潜力，同时杂粮产品在医疗保健与安全卫生等方面得到了不同层级营养学者的认可，各式杂粮杂豆的功能价值的开发为河北省杂粮产业的发展带来无限的市场机遇（冯静）。杂粮食品自身具备的多种功能，使得杂粮在世界范围内具有巨大的使用价值和商业价值。除了日常食品消费之外，还可以用作动物饲料粮食和工业用粮。谷子、豆类秸秆都是优质饲草，营养价值高于一般禾本科牧草，在畜牧业发展较快的河北东部、北部地区，传统饲草资源越来越少，而谷草逐渐成为了草食畜牧业的主要饲草来源，谷子等杂粮也将为畜牧业发展提供有力保障。

（四）文化传承机遇

五谷杂粮文化在河北省历史发展中占有重要地位。以谷子为例，中国科学院吕厚远带领课题组运用植硅体方法对河北武安磁山遗址出土的粟黍灰化物进行鉴定结果表明，中国的谷子有8 700多年的栽培历史，中国的原始农业起源和两河流域创造的农业文明同等重要。武安粟山、行唐龙兴庄、黄粱梦等典故广为流传。武安市被农业部命名为"中国小米之乡"、蔚县出产的"桃花米"为我国古代的四大名米之一。武安小米、蔚州贡米、南和金米、黄旗小米、黄粱梦小米等获国家地理标志产品保护。著名的《氾胜之书》和《齐民要术》都把谷子列为五谷之首。"江山社稷"，稷为"五谷"之长，与国家、天下息息相关。谷子产品作为乡情乡愁的载体，某种程度上还是凝聚海内外华人情感的纽带。可以说谷子农耕文明的代表，深入挖掘粟文化，传统和创新粟文化，将在未来产业发展中发挥重要作用。

二、挑战

纵使河北省杂粮产业发展面临诸多机遇，但同样也面临着诸多挑战。

一是缺乏适合产业化开发杂粮品种和绿色高效生产技术，在加工专用、营养保健品种选育方面，虽然河北省农林科学院谷子研究所等少数单位开展了适合加工专用、功能特色谷子品种选育工作，但成果转化较低，致使杂粮市场的旺盛需求与生产的盲目性、市场价格的不稳定性矛盾突出，目前我省推广品种主要适宜煮粥，加工以原粮筛选抛光为主。适宜加工的专用品种培育和加工技术研发滞后。谷子种植以农户分散种植为主，生产、收购、加工链条不完善。缺乏有效的组织和引导，市场谷种繁杂、品质参差不齐，产出的谷子多为混购混销，难以形成商品性好、优质率高、品质统一的规模原粮，好产品卖不上好价钱。由于种植分散，间苗、除草、收获以人工为主，劳动投入多，生产成本高，销售价格受市场影响，忽高忽低，直接影响了农民生产积极性。多数农民只是把杂粮作弥补粮食、饲料的不足，抵御和减少灾害的补充作物，轮作倒茬、填闲补种的作物。种与不种取决于农民个人的好恶，种植面积的大小取决于收成的好坏。大部分小杂粮生产仍处于靠天"吃饭"，广种薄收，产量低而不稳定。

二是杂粮深加工不足，龙头企业较少。河北省杂粮产业虽具有天然的可深加工的条件，规模化发展的基础，河北省武安以"农头工尾"为抓手，依托本地企业形成了小米加工产业集群，改变了往常谷子卖原粮的状况，实现了一、二、三产融合发展。2019年，武安小米特色产业一、二、三产总产值达9亿元，占农业总产值的47.4%，谷子加工转化率达75%以上。但是目前的现状是深加工不足，规模化程度不高，全省谷子加工企业300余家，大部分以小米加工为主，小米直接进入批发市场等，加工企业中仅9家为深加工企业，深加工产品多以小米酒、小米醋、小米粉为主，品种单一、开发深度浅，附加值低，对产业拉动作用不明显。主要表现在：杂粮的深加工不足。在课题组的调查走访中发现，河北省杂粮的主产区，涉及杂粮的加工企业数量可观，但是这些企业大多是中小企业，对于杂粮的深加工能力不足，对于杂粮的产品价值没有进行深度挖掘和加工，销售的产品基本上还是以杂粮的原粮为主，附加值没有得到挖掘，精品、新品匮乏，进而影响了杂粮产业的持续健康发展。龙头企业较少。调查发现，河北省小杂粮的主产区，涉及杂粮的加工企业基本都是由之前的小作坊或者大农户发展成小加工厂，规模严重不足，杂粮加工水平基本处于原粮加工的初级阶段。80%~90%的杂粮产品以原粮消费米、面、粉为主，加工的产品档次低，产品单一，有机产品、品牌产品多数为包装后的原粮，可口性、及时性、深加工产品和高附加值产品极少。产业链短、市场化程度低，严重影响杂粮产业发展。在一些地区，本来当地的小杂粮资源良好，可是龙头企业较少，带动作用不明显，"企业+基地+农户"的经营模式还没有全面展开，没有使小杂粮产业呈现规模化发展。

三是品牌意识不强，开发力度、宣传手段、市场营销等方面的严重不足。例如：作为古代四大名米之一的"桃花米"没有得到很好的继承发扬。区域公用品牌存在同质化竞争，"武安小米""蔚州贡米""南和金米"等品牌的市场认知度还不够高，缺乏在全国叫得响的知名商标和名牌企业，地理标志登记产品总量不足，品种偏少，竞争力不强。河北省品牌登记集中在2011—2014年，而山西省从2010—2018年持续增加新品牌。其次，绿色产品认证不足，高质量产品品牌效应没有显现。选取认证有效期区间在2017—2022年的绿色产品，综合考虑产品数量和批准产量与河北省进行对比发现，河北省谷子绿色产品认证批准数量8个，产量4 929.92 t，而居于第一、第二和第三位的山西、内蒙古和辽宁认证产品数量分别为104个、78个和23个，批准产量分别为99 729.41 t、58 319.60 t和50 638.50 t，这虽然反映了河北省在绿色谷子产品生产方面的规模优势，但是也凸显了我省在绿色产品生产认知和产量方面的差距。影响了河北省杂粮品牌建设的市场竞争力，制约杂粮产业的发展后劲。

四是文化资源利用不足。河北省谷子文化历史悠久、内涵丰富，但在打造企业文化、塑造企业形象方面对我省文化资源的挖掘深度和利用程度还很不够。

第二节 河北省杂粮短期供求分析

本节从河北省杂粮供给和需求角度分析杂粮生产是否满足居民需要，并判断未来河北省杂粮需求和供给形式，指导河北省杂粮生产。

一、河北省杂粮供给分析

（一）河北省杂粮产量与人均占有量

随着粮食的连年增产，河北省杂粮实现面积、单产和总产的全面提高。根据官方统计河北省2007—2018年连续12年杂粮总产量变化情况，产量年均增长3万t，累计增产33万t。截至2018年，河北省杂粮总产量87.4万t，近3年杂粮产量突破85万t（图11-1）。

按照河北省总人口计算，人均杂粮占有量逐渐增加，到2018年每年人均占有杂粮11.6 kg（图11-2）。

（二）河北省杂粮构成及产量

2018年河北省杂粮总产87.4万t，其中谷子43.61万t，占全省杂粮的49.9%；高粱3.81万t，占4.36%；燕麦16.03万t，占18.34%；荞麦1.47万t，占1.68%；绿豆

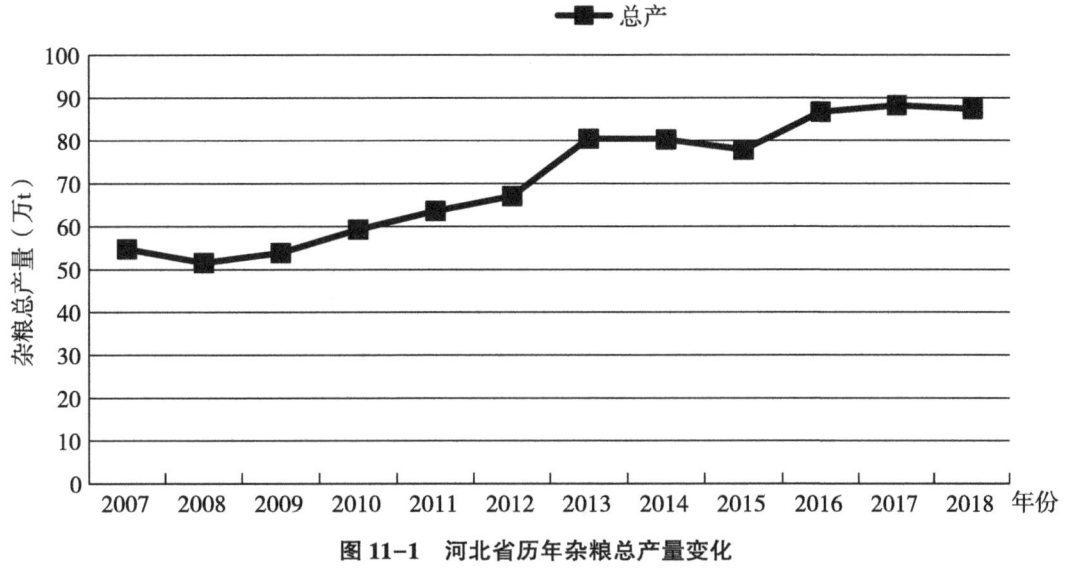

图 11-1 河北省历年杂粮总产量变化

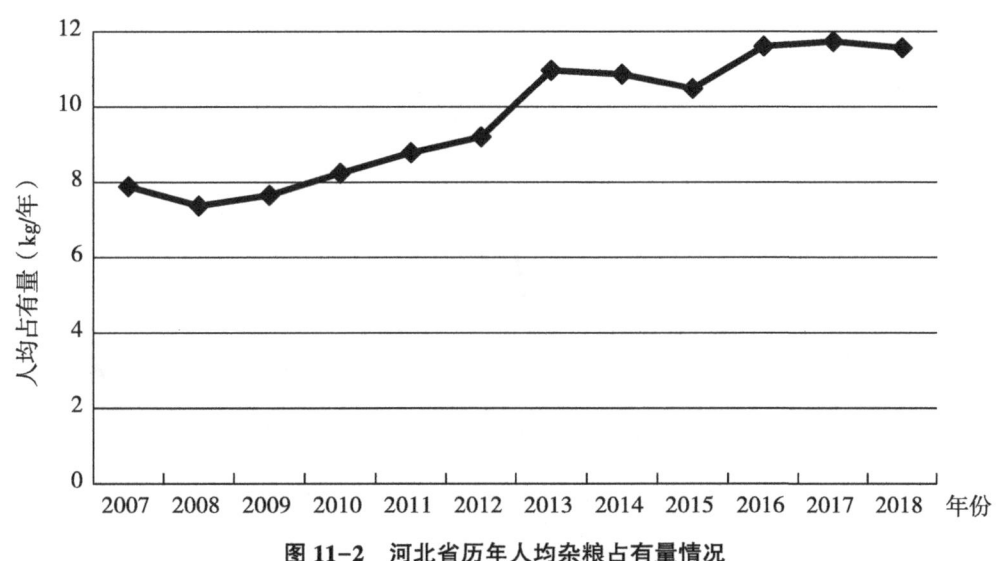

图 11-2 河北省历年人均杂粮占有量情况

1.79 万 t，占 2.05%；红小豆 0.8 万 t，占 0.92%；其他小谷物 15.57 万 t，占 17.81%；其他杂豆 4.31 万 t，占 4.93%（图 11-3）。

（三）河北省杂粮区域供给情况及人均年占有量

张家口市杂粮供给量最大，总供给量 39.6 万 t，人均年占有量 89.4 kg。其次是承德市杂粮供给量 12.9 万 t，人均年占有量 36.5 kg。除张家口市和承德市以外，其他各市杂粮供给均很少（图 11-4）。

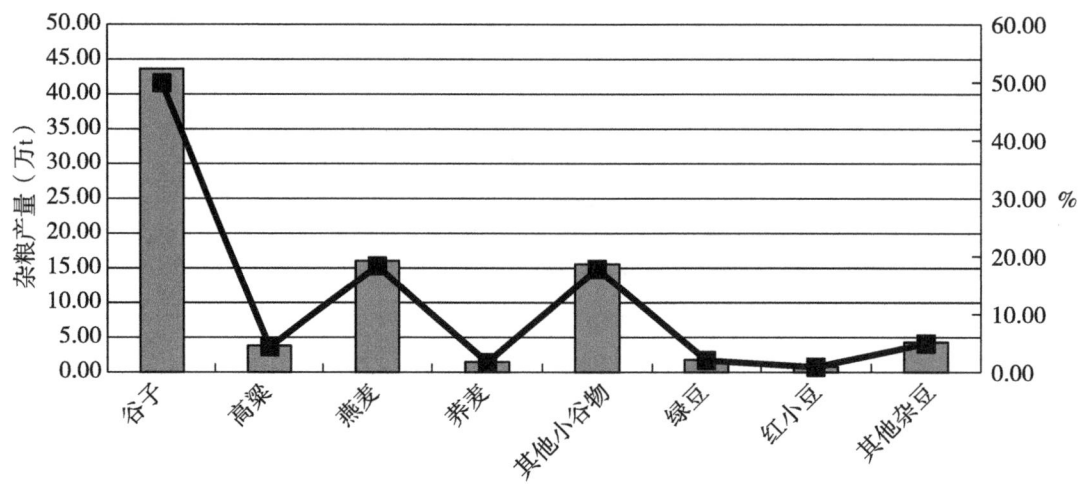

图 11-3　2018 年河北省杂粮产量情况

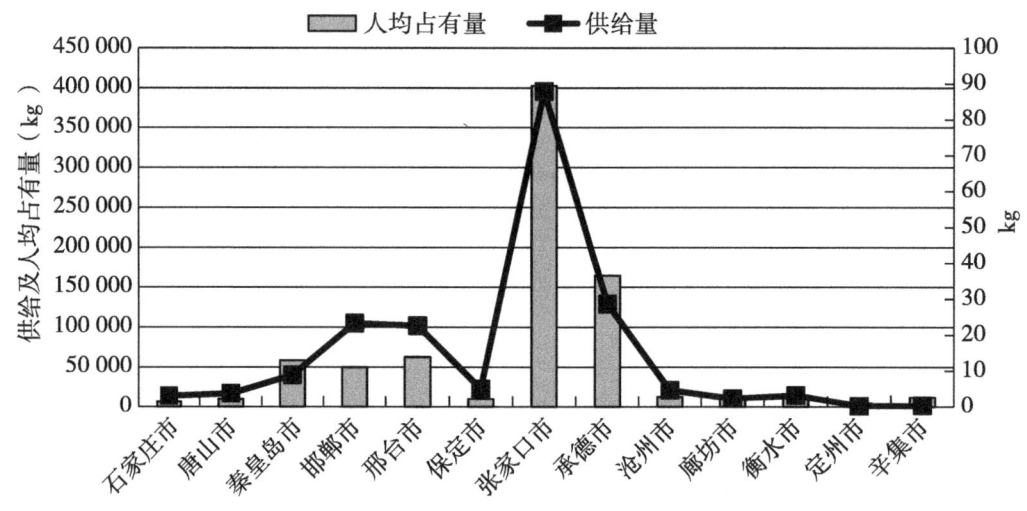

图 11-4　河北省各市杂粮供给及人均占有量情况

二、河北省杂粮需求分析

按照著名医学杂志 Lancet 推荐的每人每天摄入杂粮 125 g 计算,河北省年需求杂粮逐年增长,2018 年杂粮总需求 345 万 t(图 11-5)。河北省的杂粮供给量远远不够,还需要外调 257.6 万 t。

按照人均每天 125 g 的杂粮消费量计算,保定市和石家庄市总需求最高,分别为 48.7 万 t 和 47.3 万 t。从缺口考虑,除张家口市可以满足所需要的杂粮以外,其余各地均有缺口。张家口市成为杂粮调出市,其他各地均为杂粮调入市。保定市和石家庄市缺口排在第一和第二,分别是 46.3 万 t 和 45.9 万 t,河北省各地市杂粮供给不平衡(图 11-6)。

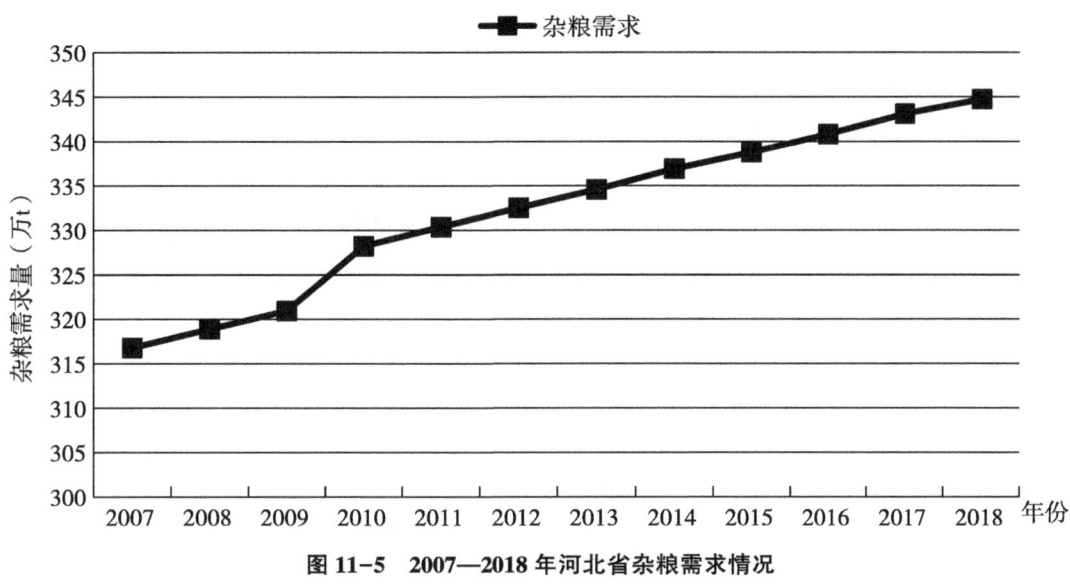

图 11-5　2007—2018 年河北省杂粮需求情况

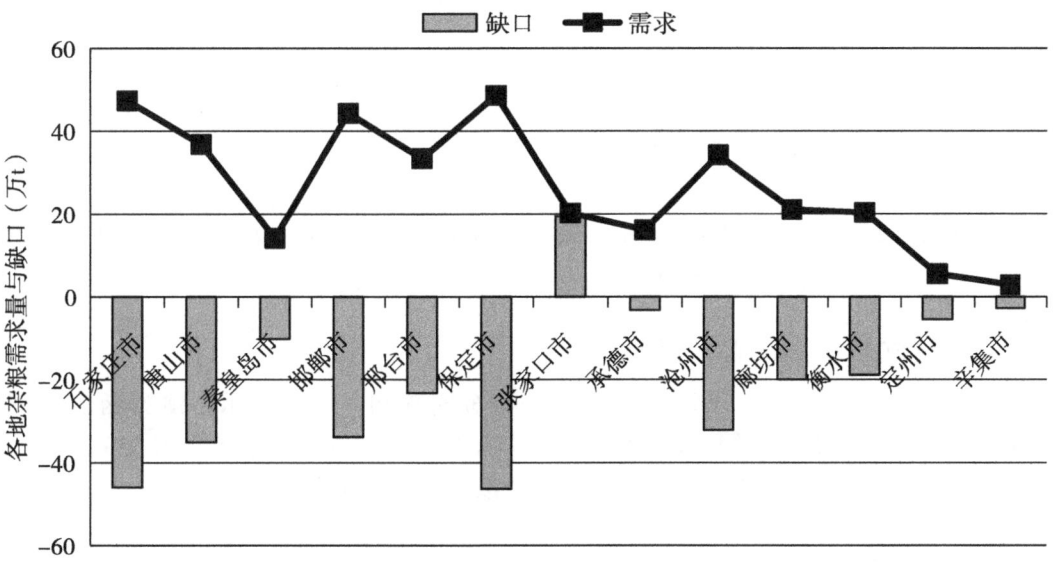

图 11-6　河北省各地杂粮需求和缺口

三、河北省杂粮供求趋势预测

一般而言，食物消费与饮食结构有四个阶段的变迁：第一阶段为主食中的杂粮和薯类等有色谷物比例减少，大米和小麦增加（白色革命）；第二阶段为大米和小麦等主食减少，肉、蛋、水产和植物油等副食比例增加；第三阶段为副食中的动物性蛋白食品和酒精类的消费增加；第四阶段为能够缩短调理时间的冷冻食品（熟食）、外食、家常配菜增加，进入所谓的"简化饮食"阶段，饮食流通大范围化，同时追求绿色食品、重视食品安全，此时也会出现将传统食品高级化的现象，饮食两极化是这个阶段的特征。目前认为，人类饮食应该迈入第五阶段，为了人类的健康、营养，应该是主食中的杂粮和薯类等有色谷物的比例逐渐增加，大米和小麦减少，促使人类回归杂粮的时代。由此，对未来供给和需求进行预测。

（一）河北省杂粮供给预测

根据河北省杂粮的供给情况，选择近12年的数据进行5年短期预测，结果显示，预测函数R^2是0.9282，非常接近1，函数拟合度较好，预计2023年，河北省杂粮供给110.4万t（图11-7）。如果把河北省杂粮种植面积增长考虑进来以后，预计2023年河北省杂粮预计供给达到120万t。

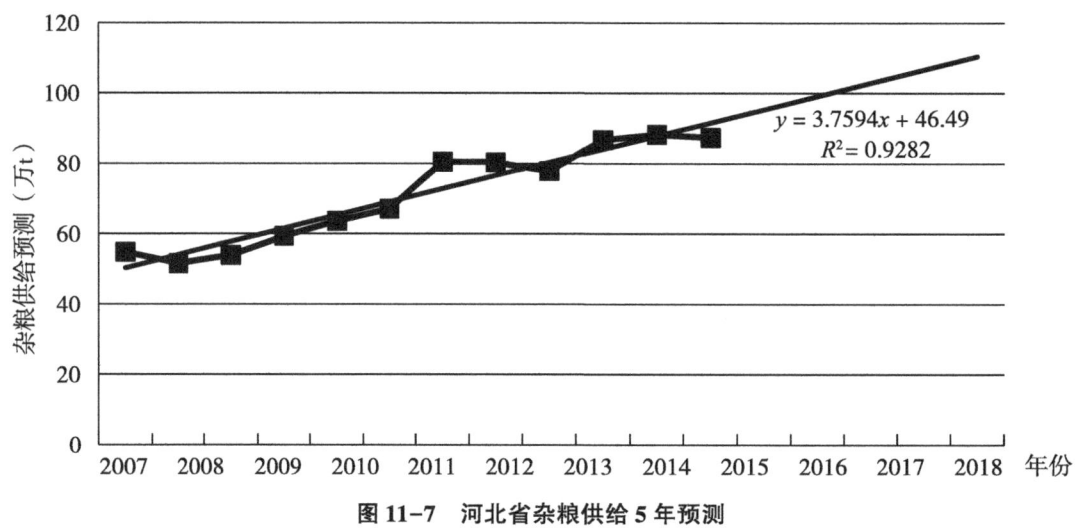

图11-7 河北省杂粮供给5年预测

（二）河北省杂粮需求预测

根据河北省杂粮的需求情况，进行5年短期预测，结果显示，预测函数R^2是0.9719，非常接近1，函数拟合度较好，预计到2023年，河北省杂粮需求359万t（图11-8）。考虑到人口减少的因素后，河北省杂粮需求将会降到300万t以内。

四、结论

通过对河北省杂粮供给和需求分析，以及短期内杂粮供给和需求的预测。河北省杂粮当前及未来仍然存在较大的杂粮缺口，预计到2023年河北省杂粮缺口约180万t，需要从省外或者国外调运。所以，在当前杂粮发展机遇好的背景下，政府要制定利于杂粮发展的有力政策，鼓励新型经营主体参与杂粮种植，适当制定优惠政策支杂粮新型经营主体。大力宣传杂粮营养健康优点，鼓励大量消费杂粮。

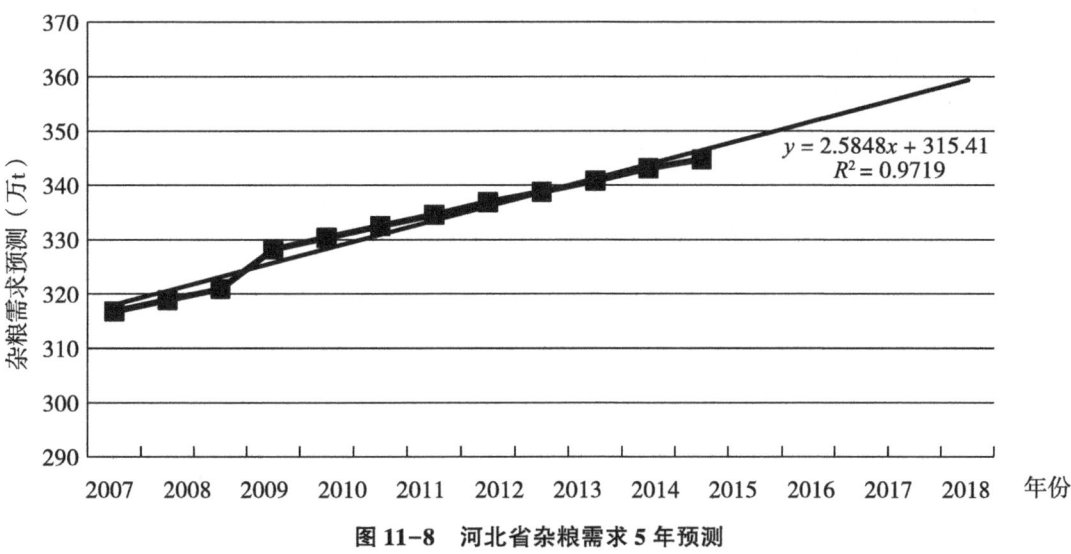

图 11-8 河北省杂粮需求 5 年预测

第三节 河北省水资源承载力分析

一、河北省水资源状况

从河北省水资源看,河北省水资源现状不容乐观,2010—2012 年有所上升,2013 年和 2014 年连续两年持续下降,到 2014 年下降到 106.14 亿 m^3,比 2012 年减少了 129.39 亿 m^3,下降 54.94%,2015 年和 2016 年有所回升,但 2017 年有所下降,需引起高度重视(图 11-9)。

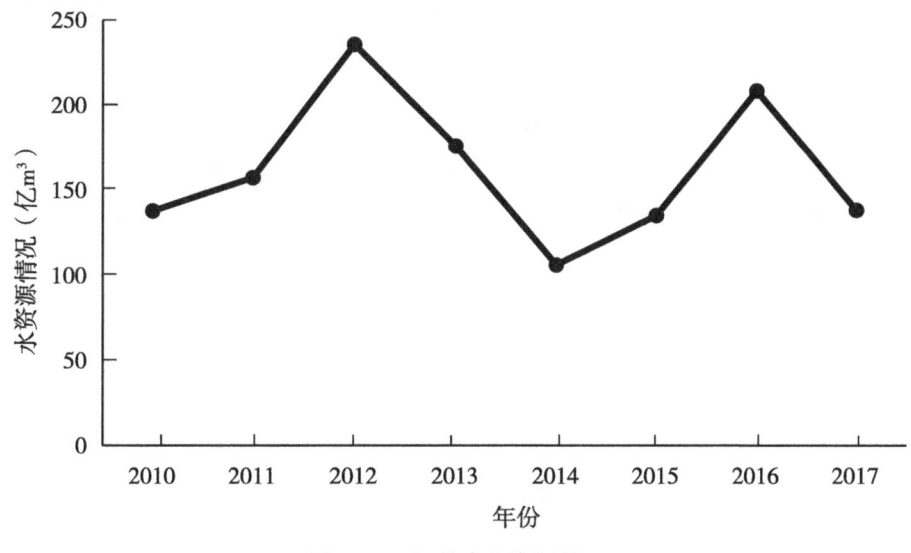

图 11-9 河北省水资源状况

从各地市水资源情况看，水资源比较丰富的地区为保定市、唐山市和秦皇岛市，其中水资源比较严峻的市为沧州市、廊坊市和邯郸市，水资源持续下降。从图 11-10 可以看到 2012 年和 2016 年各地市水资源总量比较明显，主要受当年河北省降水量偏多的影响，总体来看各地区水资源趋减。

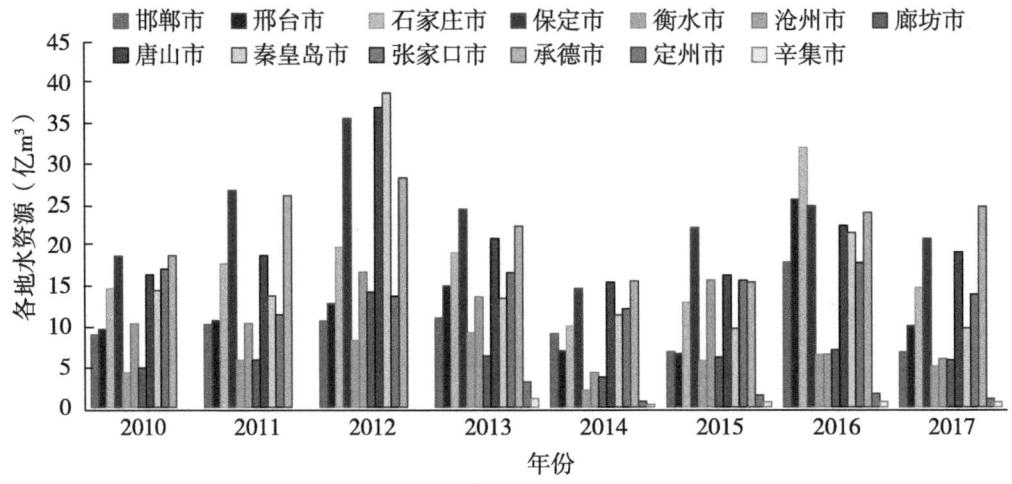

图 11-10　河北省各地市水资源状况（参见彩 11-10）

二、河北省地下水资源状况

河北省地下水资源处于紧张状态，整体表现为："上—下—上—下"的走势，2010—2012 年，地下水资源呈增加趋势，到 2012 年达到 164.84 亿 m^3，为近几年高点，2013 年和 2014 年分区地下水资源下降明显，到 2014 年减少到 89.19 亿 m^3，随着河北省地下水超采治理的不断深入，2015 年和 2016 年地下水位持续上升，到 2016 年水资源达到 154.71 亿 m^3，2017 年有所下降，为 116.34 亿 m^3（图 11-11）。

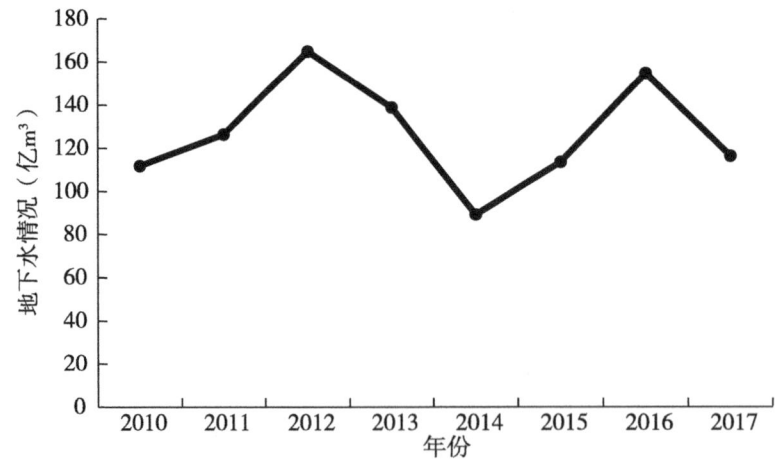

图 11-11　河北省地下水资源状况

河北省分区地下水资源量处于紧平衡状态。2012 年基本是各市分区地下水量的高点，其余年份处于下降态势（图 11-12）。从计算面积地下水资源状况可以看到，最高的为唐山市和秦皇岛市，靠近沿海地区，水资源较为充足，最差的为邯郸市、沧州市、衡水市、张家口市和承德市（图 11-13）。这与河北省实际发展情况类似，目前整个黑龙港地区地下水位下降非常明显，形成下降漏斗，成为华北最大漏斗区。

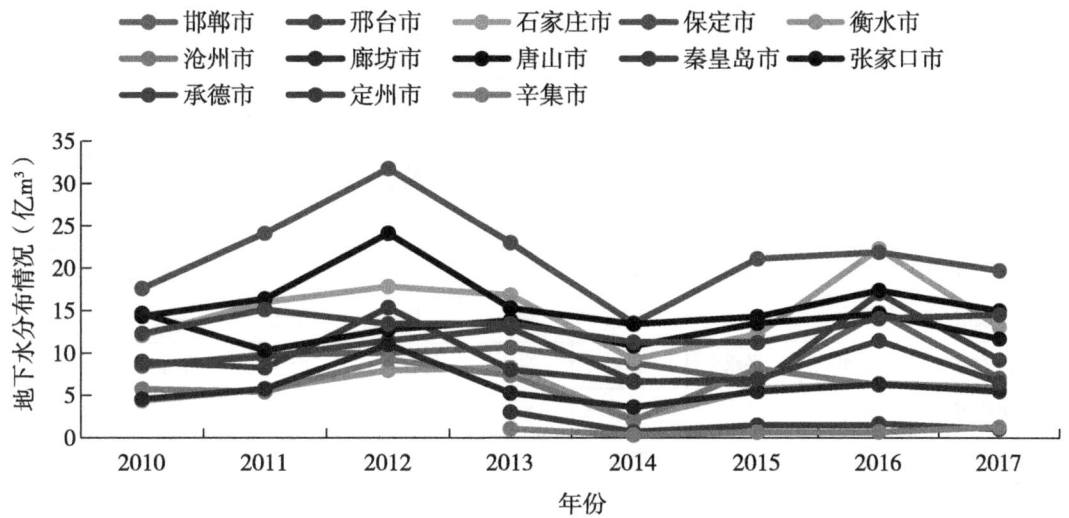

图 11-12 河北省各地市分区地下水资源状况（参见彩图 11-12）

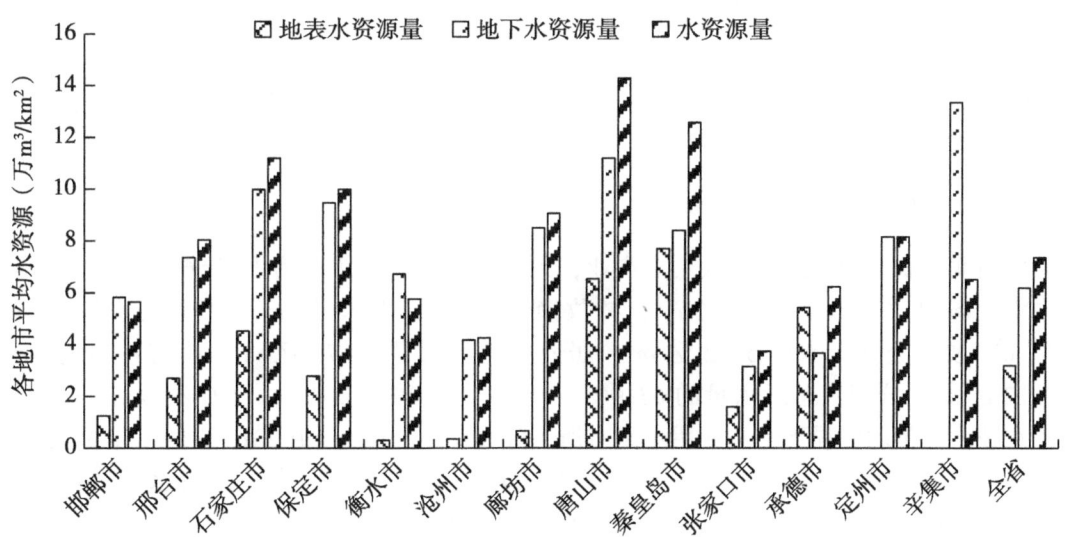

图 11-13 河北省各地市分区计算面积平均水资源状况

三、河北省自然降水情况

2017 年河北省全省平均降水量 478.8 mm，比上年减少 117.1 mm，比多年平均值少

52.9 mm，首先从全省降水情况看（2010—2017 年），2012 年和 2016 年河北省处于偏丰年，4 年处于平水年，2014 和 2017 年处于偏枯年，说明我省整体处于平水偏枯年，降水偏少。从地市看，邯郸和邢台地区近几年降水量较低，处于平水和偏枯较多（表 11-1）。

表 11-1 河北省年降水情况统计

地区	2010 年	2011 年	2012 年	2013 年	2014 年	2015 年	2016 年	2017 年
全省	平水	平水	偏丰	平水	偏枯	平水	偏丰	偏枯
邯郸市	偏枯	平水	平水	平水	偏枯	偏枯	偏丰	偏枯
邢台市	偏枯	平水	平水	偏丰	偏枯	偏枯	偏丰	平水
石家庄市	偏枯	平水	平水	平水	偏枯	平水	偏丰	平水
保定市	平水	偏丰	偏丰	平水	平水	平水	平水	平水
衡水市	平水	平水	偏丰	平水	枯水	平水	平水	平水
沧州市	平水	平水	偏丰	平水	枯水	平水	偏丰	平水
廊坊市	偏枯	平水	丰水	平水	平水	平水	平水	平水
唐山市	偏枯	平水	丰水	偏枯	平水	平水	偏丰	偏枯
秦皇岛市	平水	偏枯	丰水	平水	平水	平水	偏丰	偏枯
张家口市	偏丰	枯水	平水	偏丰	偏丰	偏丰	偏丰	平水
承德市	偏丰	偏枯	平水	偏枯	平水	平水	偏丰	偏枯
定州市	-	-	-	丰水	枯水	偏丰	偏丰	平水
辛集市	-	-	-	偏丰	枯水	平水	平水	平水

四、河北省农业用水情况

河北省农业用水是第一大用水产业，2017 年全省总用水量为 181.56 亿立方 m^3，其中农业灌溉用水量 114.31 亿 m^3，林牧渔畜用水量 11.78 亿 m^3，工业用水量 20.33 亿 m^3，城镇公共用水量 5.22 亿 m^3，居民生活用水量 21.75 亿 m^3，生态环境用水量 8.17 亿 m^3，分别占总用水量的 63.0%、6.5%、11.2%、2.8%、12.0%、4.5%。近几年在技术进步的前提下，农业用水量有所下降（图 11-14），由 2010 年的 134.87 亿 m^3 下降到 2017 年的 114.3 亿 m^3，下降了 15.24%。全省农业用水占总用水量的比例由 2010 年的 69.53% 下降到 2017 年的 62.96%。从各地市情况看，保定市农业用水量最大，其次是石家庄（图 11-15），当然这跟农业用地面积高相关。

从农田灌溉用水来看，全省农田灌溉用水量占总用水量比例由 69.53% 下降到 2017 年的 62.96%，呈下降趋势。从地市情况看（图 11-16），衡水市农田灌溉用水量占总用水量的比例最高，每年占到 80% 以上，其次是定州市，占比比较低的为廊坊市，在 60% 以下。

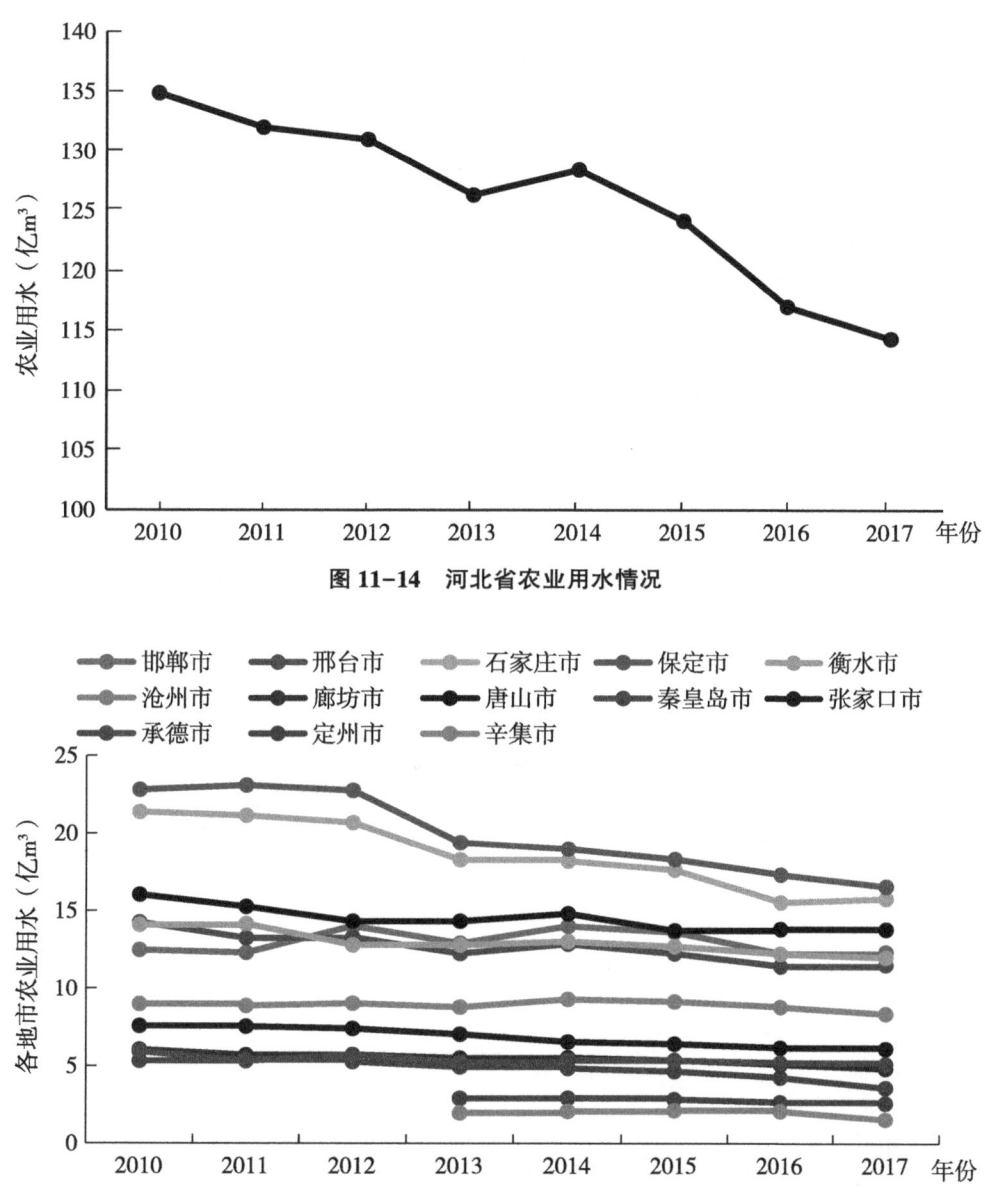

图 11-14 河北省农业用水情况

图 11-15 河北省各地市农业用水情况（参见彩图 11-15）

地下水是河北省农业用水的主要来源之一。由于长期超采，导致河北地下水位持续大范围下降。近几年有所缓解，但形势依旧不太乐观。但也表现出一些积极信号。河北省农业地下水用水量持续下降（图 11-17），由 2010 年的 108.48 亿 m³ 下降到 2017 年的 75.3 亿 m³，下降了 30.59%。地下水用水量占农业总用水量比例也由 2010 年的 80.44% 下降到 2017 年的 65.88%。但仍然占比较高。各地市占比较高的为保定、石家庄、辛集等地区（图 11-18）。

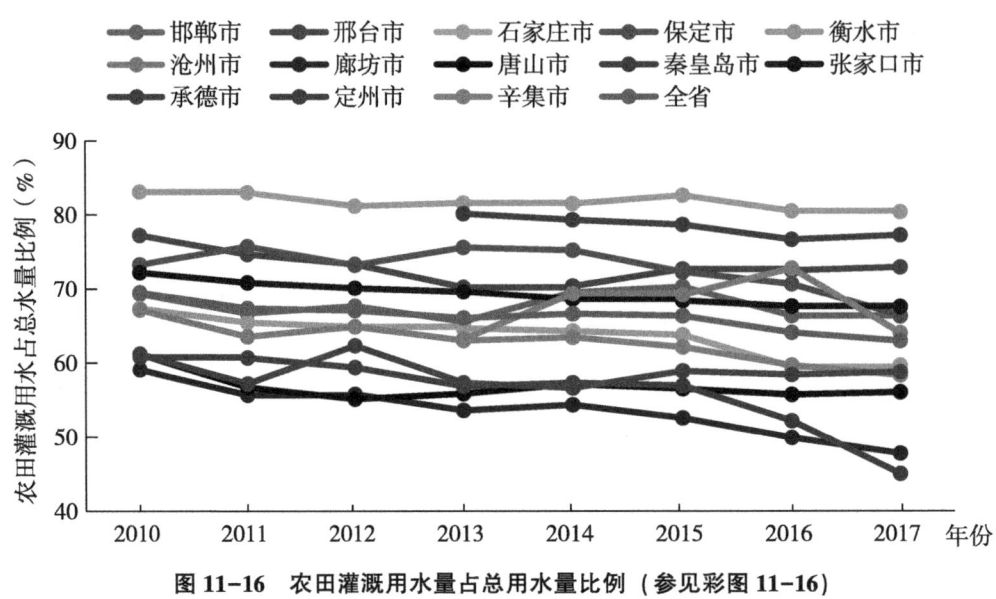

图 11-16 农田灌溉用水量占总用水量比例（参见彩图 11-16）

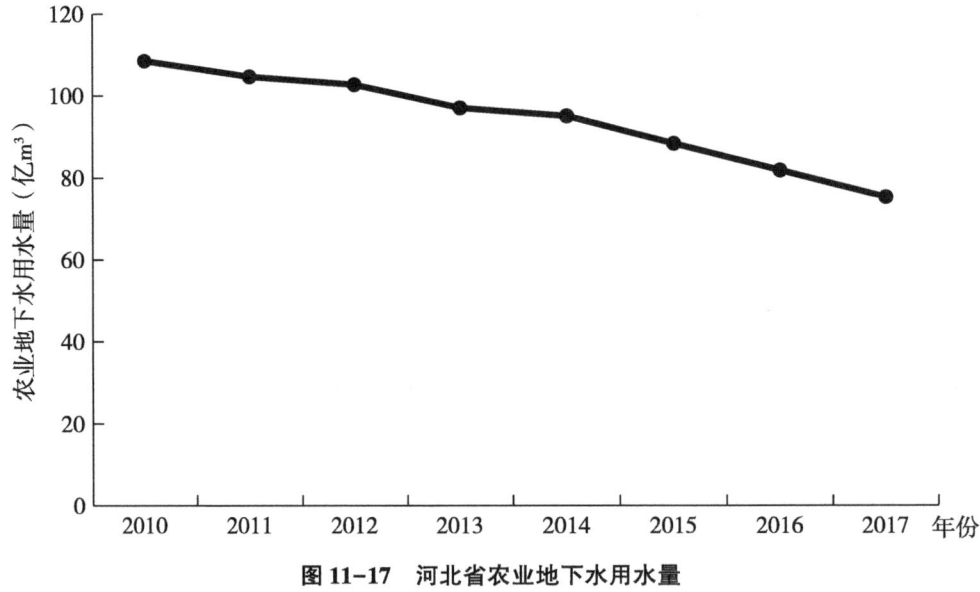

图 11-17 河北省农业地下水用水量

五、水资源约束下杂粮产业发展趋势

水资源一直制约着河北省农业发展，尤其是黑龙港区域的衡水、沧州、邢台和邯郸地区，小麦和玉米是我省两大粮食作物，2018 年小麦和玉米面积分别为 235.72 万 hm^2 和 343.77 万 hm^2，占到粮食播种面积的 36.05% 和 52.58%，总产分别为 1 450.73 万 t 和 1 941.15 万 t，占到全年粮食总产量的 39.2% 和 52.45%。为河北省乃至全国粮食安全做出巨大贡献。但同时也看到小麦和玉米每千克水资源需水量（表 11-2）。小麦每千克的

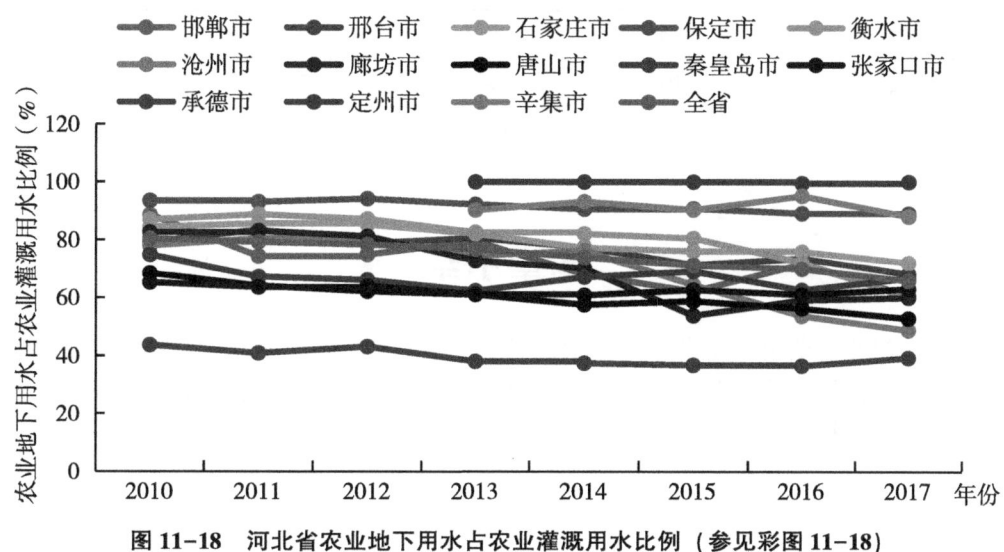

图 11-18 河北省农业地下用水占农业灌溉用水比例（参见彩图 11-18）

需水量是谷子的 1.98 倍，是高粱的 1.7 倍，玉米每千克的需水量是谷子的 1.44 倍，是高粱的 1.23 倍。

表 11-2 每千克粮食需水量 （kg）

作物	小麦	玉米	谷子	高粱
需水量	510	369	257	300

在保证河北省粮食安全前提下，可以考虑发展杂粮产业，一方面对缓解我省水资源是一种契机，另一方面可以保障河北省主粮的需求下满足居民对谷物营养膳食结构的需求。以 2014 年和 2015 年为例，我省粮食消费量分别为 3 130 万 t 和 3 165 万 t，占到当年粮食总产量的 87.7% 和 87.86%，其中小麦消费量 2014 年为 975 万 t，2015 年为 940 万 t，分别占到当年产量的 67.51% 和 63.39%。玉米消费量 2014 年为 1 335 万 t，2015 年为 1 340 万 t，分别占到当年产量的 70.31% 和 70.62%。河北省小麦和玉米的生产量远远大于消费量。

根据 2018 年作物单产计算四种作物保持目前单产情况下作物需水量，小麦、玉米、谷子和高粱分别为 314.11 万 kg、208.34 万 kg、94.68 万 kg、116.87 万 kg（表 11-3），小麦每公顷单产需水量是谷子的 3.32 倍，是高粱的 2.69 倍，玉米每公顷单产需水量是谷子的 2.2 倍，是高粱的 1.78 倍，虽然实现粮食增长，但大量消耗了宝贵的水资源。在适当减少小麦玉米面积情况下，发展杂粮绿色产业存在一种可能性，一方面可以降低我省小麦玉米的库存量，另一方面可以节约大量水资源。河北省杂粮生产具有多方面的优势，杂粮科研水平优势、杂粮品种优势、单产优势、集散地优势、文化优势，等等，目前在邢台、衡水等地区杂粮种植面积也呈扩大趋势，出现谷子+油葵、谷子+玉米等种植模式，实现节水不减粮的好趋势。

表 11-3　每公顷作物需水量

作物	小麦	玉米	谷子	高粱
单产（kg/hm^2）	510	369	257	300
需水量（万 kg）	314.11	208.34	94.68	116.87

本章小结

本章从河北省杂粮产业发展面临的机遇和挑战出发，研究河北省杂粮短期供求和趋势预测分析，指导河北省杂粮产业发展。同时分析了河北省水资源承载力，研究水资源约束条件下，杂粮产业的发展趋势。

第十二章 河北省杂粮优势区域布局与发展战略

第一节 河北省杂粮产业发展思路与目标

一、河北省杂粮产业发展思路

以健康中国战略、乡村振兴战略、巩固脱贫攻坚成果作为杂粮产业发展的行动指南，立足谷子、高粱、食用豆、燕麦、糜子等特色杂粮作物，以人们膳食结构调整、平衡营养、主粮替代及粮食安全补充作物基本定位，围绕河北省太行山、燕山、黑龙港低平原区，充分发挥谷子、高粱、食用豆等杂粮抗旱、耐瘠、环境友好的优势，大力发展旱作农业，以太行山、燕山提高山地、丘陵旱地资源利用率，黑龙港低平原区节约水资源为根本出发点，以市场为导向，调动政府、企业、农户、科研各方面积极性，聚集科技、人力、资金等多种资源，以提升杂粮产业竞争力为核心，合理布局，稳步发展，优化结构，促进增效，构建长效机制，着力提升河北省杂粮产业发展水平，为河北省水资源高效利用、农业增效、农民增收、乡村振兴作出贡献。

二、河北省杂粮产业发展战略目标

河北省杂粮产业未来 5~10 年，实现杂粮种植面积稳步发展到 61.5 万 hm^2，产量 150 万 t。需要完善产业组织，特别是专业合作社，健全制度，加强监管，保护农民利益。提高杂粮加工企业规模和水平，从优质、功能、绿色杂粮开发，产后加工产品开发两个方面实现跨越式发展。扶持龙头企业、杂粮加工集散地、中转站、批发市场，发展对外贸易，扩大杂粮消费出口。实现更大规模品种更新和技术更新，以抗除草剂、抗病毒病、优质品种/杂交种、加工专用品种取代传统品种，大力推广杂粮农机农艺结合、全程机械化、杂粮+油菜以及绿肥等绿色高效生产技术模式，人工投入降低50%，综合机械化率提高20%，单产提高12%，效益增加30%。

第二节 河北省杂粮优势区域布局

河北省杂粮优势区域布局关系到河北省种植业结构调整，保证耕地不撂荒，又能保障粮食的供应。本节分析河北省杂粮产业的优势布局，从杂粮生产聚集度、杂粮生产比较效益、杂粮加工企业分布等方面开展研究。

一、河北省杂粮生产聚集度分析

聚集度是个体占总体的比例，其指标存在两种解释，一是指标比例求交集，二是指标比例求并集，交集和还是并集根据实际情况和专家建议来确定，最终达到分析问题的目的。河北省杂粮生产聚集度分析是利用杂粮的种植面积占粮食作物总面积的比例和杂粮总产量占粮食总产量的比例，两个指标来判定是否为主产县。根据河北省杂粮的生产特点，和征求相关专家的意见，最后确定指标筛选的结果求并集。具体为河北省各县市杂粮种植面积占粮食作物总面积的比例、杂粮总产量占粮食作物总产量的比例，在同一年度的数据中，如果某县（市、区）的杂粮面积比例或产量比例高于全省平均数，则初步认定其为杂粮主产县。

（一）数据来源与处理

数据采用2007年和2020年的河北省农业统计部门的数据，应用概率分析界定河北省杂粮主产县。为了避免采用当前的数据来界定杂粮主产县时出现误差，所以又增加了2007年的河北省杂粮生产数据。这样不仅可以反映杂粮生产历史的变化，还可以根据历史发展来判断杂粮主产县，指导杂粮生产。

（二）杂粮主产县确定

根据2007年和2020年的河北省农作物生产数据（表12-1），选择谷子、高粱、荞麦、燕麦、红小豆、绿豆的面积和总产作为分析对象，以河北省粮食种植面积和粮食总产量为基数，通过Excel数据整理。

表12-1 杂粮主产县杂粮面积、产量占粮食作物面积、产量的比例

县（市）	生态类型区	2020年		2007年	
		杂粮面积占全省比例（%）	杂粮总产占全省比例（%）	杂粮面积占全省比例（%）	杂粮总产占全省比例（%）
尚义县	坝上高原区	70.41	41.05	66.14	36.2
沽源县		59.86	25.71	53.58	54.74
康保县		83.34	50.49	46.47	0
张北县		68.16	31.80	39.81	20.48
塞北管理区		37.41	9.43	80.2	59.44
察北管理区		14.81	3.90	76.72	47.75
丰宁县		51.33	26.64	15.92	8.69
围场县		8.44	5.10	3.06	6.6

(续表)

县（市）	生态类型区	2020年		2007年	
		杂粮面积占全省比例（%）	杂粮总产占全省比例（%）	杂粮面积占全省比例（%）	杂粮总产占全省比例（%）
承德县	燕山山区	5.55	3.64	11.22	5.92
崇礼区		65.11	47.67	27.26	42.91
隆化县		8.29	5.90	5.84	2.78
鹰手营子矿区		32.14	31.96	20.61	12.18
赤城县		17.94	10.57	15.51	14.64
蔚县		26.36	17.13	32.84	20.55
怀来县				5.88	1.22
下花园区		26.47	19.86	18.85	4.45
宣化区		18.08	10.64	9.37	1.1
阳原县		30.45	18.19	28.54	15.24
青龙县		16.81	11.34	25.96	17.1
宽城县		19.13	12.02	16.86	10.92
迁西县		13.02	8.49	9.8	3.89
平泉市		10.87	6.31	4.54	2.36
海港区		6.98	3.85	8.48	4.74
怀安县		15.97	11.25	8.39	2.16
双滦区		9.23	5.82	7.34	3.57
双桥区		6.46	4.98	7.88	4.48
燕山		7.17	2.87	6.07	1.42
滦平县		9.37	7.50	6.89	3.99
兴隆县		6.14	6.75	6.69	3.64
承德高新区		17.90	12.07		
山海关区		8.64	4.47		
张家口桥东区		6.87	3.40		
张家口桥西区		5.20	2.65	7.98	0
卢龙县		5.77	2.98		
万全区		32.74	16.74		
抚宁区		6.97	4.43	7.44	3.29

(续表)

县（市）	生态类型区	2020年		2007年	
		杂粮面积占全省比例（%）	杂粮总产占全省比例（%）	杂粮面积占全省比例（%）	杂粮总产占全省比例（%）
邢台县	太行山区	5.44	3.04	6.75	3.56
阜平县		6.98	4.21	9.13	3.4
永年区				5.07	1.7
沙河市				8.68	3.55
磁县		4.95	2.46	4.31	2.03
涞水县		4.24	2.45		
涞源县		4.48	4.68	9.45	3.32
唐县		4.55	2.49	12.63	4.89
曲阳县		7.35	5.62	13.9	6.53
井陉县				8.55	4.92
武安市		33.02	20.62	24.8	15.87
峰峰矿区		8.93	5.08	5.26	2.73
临城县				7.57	2.16
赞皇县		4.38	2.62	3.89	2.33
涉县		13.98	6.01		
井陉县		9.38	2.77		
平山县		5.00	2.65		
内丘县				6.75	2.25
丛台区	太行山前平原区	8.97	5.15		
复兴区		14.55	7.92		
成安县				6.25	3.36
晋州市				5.31	1.9
平乡县		5.43	3.35		
辛集市				4.76	2.46
邯山区				8.65	4.43

(续表)

县（市）	生态类型区	2020年		2007年	
		杂粮面积占全省比例（%）	杂粮总产占全省比例（%）	杂粮面积占全省比例（%）	杂粮总产占全省比例（%）
曲周县	低平原区			5.14	2.72
武邑县				4.35	2.22
清河县				3.66	1.87
枣强县				3.64	2.28
泊头市				6.31	3.08
威县		6.50	4.88	33.39	27.25
广宗县		16.02	11.07	12.68	8.54
南宫市		14.92	9.21	16.7	11.28
新河县				9.78	4.98
临西县				5.56	3.19
巨鹿县		5.37	2.97	12.05	6.49
阜城县		8.54	6.08		
渤海新区	滨海盐碱平原区	12.09	12.79		
昌黎县		5.78	2.96		
平均		5.57	2.23	4.94	1.7

经过各县与全省平均的比较，2020年河北省杂粮面积占比和总产量占比超过全省的有58个县，2007年河北省杂粮面积占比和总产量占比超过全省的有62个县，在十几年的杂粮发展中，杂粮的生产县少了4个。2020年58个杂粮生产县中有承德县、邢台县、平乡县、巨鹿县、平山县、磁县、唐县、涞源县、赞皇县、涞水县10个县市，面积比例没有超过全省平均值，但是总产量占比超过了全省平均值。2007年62个杂粮生产县中有辛集市、平泉县、武邑县、磁县、赞皇县、清河县、枣强县、围场县，面积比例没有超过全省平均值，但是总产量占比超过了全省平均值。因此按照面积占比和产量占比求并集的原则，河北省公共筛选出76个杂粮生产县。坝上高原区6县加2个管理区，燕山山区28个县，太行山区18个县，太行山前平原区7个县（市、区），低平原区13个县，滨海盐碱平原区2个市（区）。

(三) 河北省主要杂粮县域分布

根据河北省农业统计数据和部分调研数据，分别对谷子、高粱、绿豆、红小豆、燕麦、荞麦、糜子的各县种植面积进行分析，探索2007年和2020年杂粮作物的区域分布。由于糜子没有统计数据，因此糜子采用主产县的调研数据。

1. 谷子各县分布

通过对河北省2007年和2020年谷子种植面积的统计，发现2007年河北省谷子面积大于 1 万亩的县有 65 个，2020 年谷子面积大于 1 万亩的有 58 个。2007 年太行山区的谷子生产县有武安、易县、邢台县、平山县、行唐县等 18 个，燕山山区的谷子生产县有蔚县、阳原县、青龙县、承德县等 17 个，低平原区的谷子生产县有威县、南宫市、曲周县、枣强县、景县、故城县、南和县等 22 个，滨海平原黄骅 1 个县，山前平原 7 个县。2020 年太行山区谷子生产县有武安市、涉县、磁县等 13 个县，燕山山前谷子生产县有蔚县、阳原县、青龙县、承德县等 13 个县，坝上有围场县和丰宁县 2 个县，低平原区谷子生产县有 9 个县，太行山前平原区有藁城区、辛集等 5 个县。

2. 高粱各县分布

通过对河北省 2007 年和 2020 年高粱种植面积的统计，发现 2007 年河北省高粱种植面积大于 133.3 hm^2 的县有 40 个，2020 年种植高粱面积大于 133.3 hm^2 的县有 32 个。2007 年燕山山区高粱种植的县有青龙县、宽城县、滦平县、抚宁县等 11 个县，低平原区高粱种植县有沧县、武邑县、大城县、巨鹿县等 15 个县，滨海平原高粱种植县 2 个县，其他地区高粱种植县 12 个县。2020 年燕山山区高粱种植的县有平泉县、宽城县、阳原县、赤城县等 10 个县，低平原区高粱种植县有河间市、献县、孟村县、吴桥县、阜城县、景县等 15 个县，滨海区域高粱种植有渤海新区、黄骅市等 3 个县区。

3. 绿豆各县分布

通过对河北省 2007 年和 2020 年绿豆种植面积的统计，发现 2007 年河北省绿豆种植面积大于 133.3 hm^2 的县有 23 个，2020 年绿豆种植面积大于 133.3 hm^2 的县有 11 个。2007 年河北省绿豆主要种植在燕山山区的阳原县、蔚县、隆化县、涿鹿县等，低平原区的沧县、巨鹿县、武邑县、河间市、文安县等，太行山区的易县、永年区、曲阳县、井陉县等。2020 年河北省绿豆种植在燕山山区的蔚县、阳原县、赤城县、平泉县等，低平原区的南宫市、故城县、献县等。另外 2007 年绿豆种植面积大于 1 000 亩小于 2 000 亩的还有 21 个，主要分布在燕山、低平原区、太行山区、山前平原区等，2020 年绿豆种植面积大于 1 000 亩小于 2 000 亩的县有 16 个，主要分布在低平原区、燕山山区、滨海平原区等，绿豆目前全省各地均有种植。

4. 红小豆各县分布

通过对河北省 2007 年和 2020 年红小豆种植面积的统计，发现 2007 年河北省红小豆种植面积大于 66.7 hm^2 的县有 29 个，2020 年红小豆种植面积大于 66.7 hm^2 的县有 17 个。经过对 2007 年和 2020 年的综合分析，红小豆种植在燕山山区的康保县、赤城县、青龙县、承德县、卢龙县等，低平原区的永清县、泊头市等，滨海平原区的黄骅市，坝上及其他县市。

5. 燕麦各县分布

通过对河北省 2007 年和 2020 年燕麦种植面积的统计发现，燕麦区域种植性非常强，主要种植在坝上地区的 6 县加 2 个管理区，其他县市较少。

6. 荞麦各县分布

荞麦与燕麦相同，但是荞麦面积比燕麦少，同样主要分布在坝上高原区，2007 年种植较少，坝上 6 县均有分布。但是到 2020 年，主要分布在康保县，占全省 84.8%。

7. 糜子各县分布

经过调查发现,糜子主要在张家口的坝下和承德一小部分,张家口蔚县和阳原县约种植 1.8 万 hm^2,占全省的 64.1%,其他主要有宣化县、怀来县、涿鹿县、怀安县等。

二、河北省杂粮优势区域比较效益分析

河北省杂粮优势区域比较效益分析采用河北省主要杂粮的生产投入产出数据,分析各作物的比较效益。利用比较效益判断某一种作物或者某一些作物的效益如何,是一种相对的比较。

(一) 方法选择和指标确定

1. 方法选择

作物比较效益分析是一个多指标综合评价问题,可以运用多种方法分析,最主要的是主成分分析、模糊综合评价等多种方法测算。但这些方法多采用横截面数据,而不是采用时间序列数据,因此不能动态、持续地反映问题的特征。密切值法是应用范围很广的一种方法,又称比较效益模型,采用密切值法能解决这些比较效益的分析问题。方法如下:

若对 m 个区域,采用 n 个变量指标进行评价分析,构造一个初始矩阵 D,d_{ij} ($i=1, 2, \cdots, m; j=1, 2, \cdots, n$) 表示第 i 个区域在第 j 项指标的取值。则 $D=(d_{ij})_{m \times n}$。D 作为初始矩阵,由于指标间存在错综复杂的关系,有正向指标(指标越高,越有利于生产)和逆向指标(指标越高,不利于生产)之分,并且各指标量纲也不相同,为便于比较,对 D 进行无量纲规范化处理:

$$x_{ij} = \begin{cases} \dfrac{d_{ij}}{(\sum_{i=1}^{m} d_{ij}^2)^{1/2}} (j=1, 2, \cdots, n) \\ -\dfrac{d_{ij}}{(\sum_{i=1}^{m} d_{ij}^2)^{1/2}} (j=1, 2, \cdots, n) \end{cases} \tag{1}$$

将规范化处理后的矩阵记为:

$$X = (x_{ij})_{\min} \tag{2}$$

最优点集和最劣点集的确定:

$$令 \begin{cases} x_j^+ = \max(x_{ij}) \\ x_j^- = \min(x_{ij}) \end{cases} (j=1, 2, \cdots, n) \tag{3}$$

则最优点集为:

$$N^+ = (x_1^+, x_2^+, \cdots, x_n^+) \tag{4}$$

最劣点集为:

$$N^- = (x_1^-, x_2^-, \cdots, x_n^-) \tag{5}$$

越接近 N^+ 而与 N^- 相差越大的地区作物生产能力越高,反之越低。因此,作物生产能力最好的地区是在区域集中离最优点集最近、离最劣点集最远的区域。

最优点集和最劣点集是计算密切值的基础，是必不可少的一部分，密切值的计算用到最优点集的最大值和最劣点集的最小值，有了以上的部分，就可以计算密切值。密切值 C_i 反映各区域与极端点的接近程度，则：

$$C_i = \frac{d_i^+}{d^+} - \frac{d_i^-}{d^-}(i = 1, 2, \cdots, m) \quad (6)$$

其中：

$$d_i^+ = \left[\sum_{j=1}^{n}(x_{ij} - x_j^+)^2\right]^{1/2} \quad (7)$$

$$d_i^- = \left[\sum_{j=1}^{n}(x_{ij} - x_j^-)^2\right]^{1/2} \quad (8)$$

$$d^- = \max\{d_i^-\} \quad (9)$$

$$d^+ = \max\{d_i^+\} \quad (10)$$

d_i^+、d_i^- 分别表示 C_i 与作物生产能力最强的地区 N^+、最弱地区 N^- 之间的欧氏距离，d_i^+、d_i^- 分别表示 n 个最优点距离的最小值和 n 个最劣点距离的最大值。密切值使多个指标转化为能从总体上衡量各地区作物生产能力高低的单一指标。

2. 指标选择与解释

根据密切值法的要求，通过讨论和专家咨询，建立了标准的指标评价体系。选取经济效益（土地成本、物质成本、人工成本、经济效益）、生态效益（化肥用量、用电量、农药用量）、社会效益（单产、价格、用工量）3 个一级指标，10 个二级指标（表 12-2）。

表 12-2 杂粮种植密切值模型指标体系

一级指标	二级指标	指标解释	单位	作用方向
经济效益	物质成本	是作物生产过程中投入的种子、农药、肥料、机械、水电等其他资本投入	元/亩	负向
	人工成本	是作物生长过程中单独核算人工的施肥、打药、管理等用工费用	元/亩	负向
	土地成本	租用土地的租金	元/亩	负向
	经济效益	作物主产品产值	元/亩	正向
生态效益	化肥使用量	除了农家肥、商品有机肥等的尿素、复合肥等化学肥料	kg/亩	负向
	农药使用量	作物生长过程中喷施的杀虫剂、杀菌剂	kg/亩	负向
	用电量	作物种植过程中产生的电费	元/亩	负向
社会效益	单产	单位面积的作物主产品产量	kg/亩	正向
	单价	作物主产品的价格	元/亩	正向
	人工用量	作物生长季中单独核算的人工雇工量肥、打药、管理等用工费用	人/亩	负向

密切值模型的指标单位均以单位面积计算，折算成每亩计量。机械成本是谷子生育期管理过程中产生的个人机械使用和机械租赁的费用，计元/亩；人工成本是谷子生育期开展的谷子施肥、间苗、除草、收获所产生的雇工费用，计元/亩；纯效益是谷子主产品产值扣除总的生产成本，即为纯效益，计元/亩。

生态效益指标中均以各投入数量计算。但是在问卷调查中对数量的统计非常困难，因此调查各项投入是记录的各项费用，只有化肥的数据是实际的使用数量。所以农药、水电要进行数量的折算，各投入的折算单价通过调研得出，农药的单价为 36 元/kg；水电的使用量未满 1 kW·h，单价以 0.52 元/（kW·h）计算，1~35 kW·h 的单价为 0.51 元/（kW·h），35 kW·h 以上的单价为 0.50 元/（kW·h）。

（二）数据来源

依据河北省杂粮种植区域和数据获得局限性，选取谷子、绿豆、小豆、高粱、糜子 5 种作物为比较作物进行分析，对照选择玉米、黄豆、棉花、水稻 4 种作物。区域选取太行山区、燕山山区、低平原区、太行山前平原高产区、燕山山区平原区、滨海盐碱平原区 6 个类型区。数据来自国家谷子高粱产业技术体系信息平台、国家谷子高粱产业技术体系实际调研、河北省主要杂粮新型经营主体生产调研、河北省农业统计数据。分析将采取区域内作物的优势效益分析和杂粮作物在不同区域的效益分析。

（三）河北省各区域内作物的效益分析（表 12-3）

1. 低平原区作物的效益分析

河北省低平原区又叫黑龙港地区，是河北省中低产生态区，主要包括廊坊、沧州、衡水、邢台、邯郸的部分县市。该区域选取的作物是谷子、玉米、绿豆、红小豆、高粱、黄豆、棉花，经过密切值计算，对该区域的作物根据密切值大小进行效益排序，第一名是高粱、第二名是谷子、第三名红小豆、第四名是绿豆、第五名是玉米、第六名是黄豆、第七名是棉花。显然该区域的作物比较效益杂粮作物占到前 4 名，比玉米、黄豆、棉花的效益相对要好。

2. 太行山区作物的效益分析

河北省太行山区南起漳河（涉县境内），北至拒马河（涞源县境内），是该区域主要是玉米等杂粮作物。主要包括保定、石家庄、邢台、邯郸的西部县市。该区域选取的作物是谷子、玉米、绿豆、红小豆、高粱、黄豆，经过密切值计算，对该区域的作物根据密切值大小进行效益排序，第一名是谷子、第二名是高粱、第三名是红小豆、第四名是绿豆、第五名是玉米、第六名是黄豆。显然该区域的作物比较效益，杂粮作物仍然占到前 4 名，比玉米、黄豆效益相对要好。

3. 太行山前平原区作物的效益分析

河北省太行山前平原区是环境比较优越的地区，农作物产量较高，土壤肥沃、水资源相对充足。该区域主要是包括保定、石家庄、邢台、邯郸的部分县市。该区域作物种类较多，选取作物是谷子、玉米、绿豆、红小豆、高粱、黄豆、棉花，经过密切值计算，对该区域的作物根据密切值大小进行效益排序，第一名是高粱、第二名是谷子、第三名红小豆、第四名是绿豆、第五名是黄豆、第六名是玉米、第七名是棉花。显然该区域的作物比较效益杂粮作物占到前 4 名,比玉米、黄豆、棉花的效益相对要好。

4. 滨海盐碱平原区作物的效益分析

滨海盐碱平原区主要是沧州的东部,以盐碱地为主,农作物潜力相对较差。该区域选取谷子、玉米、绿豆、红小豆、高粱、黄豆、棉花。经过对该区域的作物密切值计算,根据密切值排序,第一名是谷子、第二名是高粱、第三名绿豆、第四名是玉米、第五名是红小豆、第六名是黄豆、第七名是棉花,显然排在前面的除了玉米第四名以外,其余谷子、高粱、绿豆、红小豆均排在黄豆和棉花的前面,杂粮相对效益较高。

5. 燕山山前平原区作物的效益分析

燕山山前平原区主要包括唐山和秦皇岛的平原地区,该区域选取的作物是谷子、玉米、绿豆、红小豆、黄豆、水稻。经过对该区域的作物密切值计算,根据密切值排序,第一名是谷子、第二名是红小豆、第三名绿豆、第四名是玉米、第五名是黄豆、第六名是水稻,显然排在前三的谷子、绿豆、红小豆都属于杂粮作物,其相对效益高于玉米、黄豆、水稻。

6. 燕山山区作物的效益分析

燕山山前作物复杂多样,主要是张家口坝下、承德、秦皇岛的山区部分。作物选择谷子、玉米、绿豆、红小豆、高粱、黄豆、糜子。经过密切值计算,对该区域的作物根据密切值大小进行效益排序,第一名是红小豆、第二名是绿豆、第三名是高粱、第四名是谷子、第五名是玉米、第六名是糜子、第七名是黄豆。显然该区域的杂粮占据主要优势,虽然糜子排在第六名,但是张家口区域的糜子种植是比较有优势的。

表 12-3 河北省分区域各作物的密切值及排序情况

区域	作物种类	密切值	排序	区域	作物种类	密切值	排序
低平原区	谷子	0.427	2	滨海盐碱平原区	谷子	0.012	1
	玉米	0.873	5		玉米	0.385	4
	绿豆	0.866	4		红小豆	0.509	5
	红小豆	0.809	3		绿豆	0.101	3
	高粱	0.285	1		高粱	0.081	2
	黄豆	1.088	6		黄豆	0.698	6
	棉花	2.053	7		棉花	1.161	7
太行山区	谷子	0.075	1	燕山山前平原区	谷子	0.168	1
	玉米	0.501	5		玉米	0.538	4
	绿豆	0.342	4		绿豆	0.311	3
	红小豆	0.240	3		红小豆	0.235	2
	高粱	0.194	2		黄豆	1.256	5
	黄豆	0.522	6		水稻	1.838	6

(续表)

区域	作物种类	密切值	排序	区域	作物种类	密切值	排序
太行山前平原区	谷子	0.445	2	燕山山区	谷子	0.310	4
	玉米	1.277	6		玉米	0.377	5
	绿豆	0.488	4		绿豆	0.116	2
	红小豆	0.467	3		红小豆	0.065	1
	高粱	0.210	1		高粱	0.285	3
	黄豆	1.245	5		黄豆	0.807	7
	棉花	2.124	7		糜子	0.460	6

(四) 河北省主要杂粮优势区域分析 (表12-4)

谷子在6个区域中种植比较效益分析显示,前四名的分别是滨海盐碱平原区、太行山区、燕山前平原区、燕山山区;滨海盐碱平原区主要特点盐分含量高,谷子具有抗贫瘠的特点,最近几年在该区域谷子种植较多,体现效益比较好;太行山区属于山地丘陵于一体的地形结构,土壤类型较少,有机质含量缺乏,对小类型作物种植比较有利;燕山山区自然条件差,地形复杂,杂粮种植面积较大,效益比玉米高。

表12-4 河北省主要杂粮优势区域的密切值及排序情况

作物种类	区域	密切值	排序	作物种类	区域	密切值	排序
谷子	低平原区	0.427	5	红小豆	低平原区	0.809	6
	太行山区	0.075	2		太行山区	0.240	3
	太行山前平原区	0.445	6		太行山前平原区	0.467	4
	滨海盐碱平原区	0.012	1		滨海盐碱平原区	0.509	5
	燕山山前平原	0.168	3		燕山山前平原	0.235	2
	燕山山区	0.310	4		燕山山区	0.065	1
绿豆	低平原区	0.866	6	高粱	低平原区	0.285	4
	太行山区	0.342	4		太行山区	0.194	2
	太行山前平原区	0.488	5		太行山前平原区	0.210	3
	滨海盐碱平原区	0.101	1		滨海盐碱平原区	0.081	1
	燕山山前平原	0.311	3		燕山山前平原		
	燕山山区	0.116	2		燕山山区	0.285	4

绿豆在6个区域的种植比较效益分析显示,前四名分别是滨海盐碱平原区、燕山山区、燕山山前平原区、太行山区;从现实情况看,四个区域均适合绿豆生长,平原地区较大,适应规模化发展,山区地形复杂,比玉米的效益高。

红小豆在6个区域的种植比较效益分析显示,前四名分别是燕山山区、燕山山前平原区、太行山区、太行山前平原区；综合来说，两山和两山前平原是红小豆的效益优势区。

高粱在 5 个区域的种植比较效益分析显示，前四名分别是滨海盐碱平原区、太行山区、太行山前平原区、低平原区和燕山山区并列第四。

第三节　河北省杂粮产业发展战略

根据河北省杂粮生产资源禀赋特点、生产基础条件等因素，科学合理布局杂粮生产。按照杂粮比较优势、现有资源条件和生产力水平、杂粮供给潜力，以及在河北省杂粮产业发展中功能与作用，以县域为基本单元，将河北省杂粮生产区域划分为优势主产区、战略提升区、稳固发展区三个功能区，并确定相应的功能定位、主攻方向和发展目标。

一、优势主产区

太行山区主要包括邯郸、邢台、石家庄、保定地区的山区丘陵地带，这部分为河北省谷子、杂豆的传统产区，特殊的气候和土壤条件，适合生产优质、绿色小米、杂豆。该区域定位为优质、功能、绿色谷子、绿豆、红小豆以及其他杂豆生产区域，立足满足本省杂粮企业需要，面向省外和外贸，按照企业、农户、科研单位、政府、保险、金融等融为一体的产业发展模式，发展精品谷子 13.3 万 hm^2，绿豆、红小豆等杂豆 1 万 hm^2。

二、稳步发展区

燕山山区主要包括张家口、承德、秦皇岛地区，这部分地区为河北省春谷区，一年一季，提高丘陵旱地土地资源利用率，部分保障该区域的粮食安全。该区域定位为发展高产杂交谷子 10 万 hm^2，优质常规谷子 3.3 万 hm^2；发展优质食用高粱 0.5 万 hm^2；发展优质绿豆 2 万 hm^2，优质红小豆 1 万 hm^2；优质抗倒糜子 3.7 万 hm^2；坝上高寒区由于气候环境，稳定扩大燕麦种植面积，充分发挥坝上高原的优势，发展燕麦 15 万 hm^2，荞麦 1 万 hm^2。

三、战略提升区

黑龙港低平原区主要包括沧州、衡水以及邯郸和邢台的部分地区，这部分地区原来为谷子、绿豆和红小豆的传统产区，但目前谷子面积只有 2.7 万 hm^2、绿豆 0.1 万 hm^2，红小豆更少。该区域为平原区适合联合收割机等大型农机具使用。本区域定位为发展轻简高效高产谷子、高粱、绿豆、红小豆等杂粮作物，以谷子简化栽培技术、杂交谷子、抗蚜糯高粱，高产早熟抗豆象绿豆、优质高产红小豆为主推品种，农机农艺结合、全程机械化生产技术、杂粮+油菜及绿肥等绿色高效生产技术为主，引领杂粮向现代农业转变，预计发展简化栽培技术谷子面积 6.7 万 hm^2，发展高粱 2 万 hm^2，发展高产优质的绿豆 1 万 hm^2，红小豆 1 万 hm^2。

第四节　河北省杂粮产业发展战略选择

一、选育适合产业化开发杂粮新品种

为了适应农业供给侧结构性改革，必须针对市场需求，培育适合产业化开发的杂粮新品种。

一是针对杂粮加工企业需求，选育优质杂粮新品种。要求杂粮品种的食味品种、商品品质兼优，谷子以大白谷、冀谷 19 为对照，糜子品种大紫秆、二紫秆、大青黍等农家种为对照，绿豆品种鹦哥绿豆为对照，选育出的杂粮新品种商品品质和食味品种超对照且高产、抗逆性强。

二是针对生产需求，选育适合轻简化、机械化生产的杂粮新品种。针对土地流转后规模化生产需求，培育谷子抗除草剂、中矮秆（夏谷 1.2 m 以下，春谷 1.4 m 以下）、品质达到二级优质米要求的品种；食用豆品种直立、不倒伏、成熟一致的品种，适合机械化、规模化生产；高粱抗除草剂、抗蚜、糯质、小粒适合酿造高端白酒的新品种；糜子选育抗除草剂、弱分蘖、抗倒性强、中矮秆适合机械化收获的新品种。

三是针对产后加工需求，选育加工专用、功能强化杂粮新品种。针对现有谷子品种亚油酸含量高、加工食品货架期短的难题，培育筛选谷子低脂肪（3.0% 以下）、高淀粉（籽粒含淀粉 65% 以上）、高油酸（亚油酸/油酸比值低于 4.0）等适合食品加工的谷子专用品种；培育适合糖尿病人食用的高抗性淀粉品种（抗性淀粉 10% 以上）等功能保健专用品种；培育适合绿豆芽豆生产的早熟适应性广的高产品种；培育适宜对外贸易与适宜淀粉加工的专用红小豆新品种；培育糯质、适合酿造黄酒的糜子新品种；培育适口性好、抗性淀粉含量高的食用高粱新品种；培育叶酸、维生素等功能成分突出的杂粮新品种。

二、研发杂粮绿色高效生产技术

依据河北省生态类型区，针对节水、节肥、节药绿色高效生产需求，开展谷子、绿豆、红小豆、高粱水氮高效品种筛选、水肥需求规律研究，明确对氮、磷、钾主要养分和水分的吸收、分配规律和利用效率，提出养分限量标准；开展绿色管理技术研究，研发高效新型专用肥料、有机肥替代化肥技术研究，形成减施化肥的绿色管理技术模式；研发农机农艺结合生产技术、精量播种、智能控制技术，研究集成适合不同区域的轻简化智能化生产技术。

三、加强研发杂粮产后加工技术

针对杂粮产业链短，产后开发滞后等问题，开展杂粮功能保健成分营养评价，开展杂粮功能研究（对三高富贵病等功能研究），为开发功能产品提供支撑。研究开发以大量消化谷子、食用豆、燕麦、高粱为目标的主食产品，以"三高"、孕婴、病弱等特定人群为目标的功能保健产品，以高附加值为目标的精深加工产品，以及以农业旅游观光

为目标的休闲食品。

四、加强杂粮知名品牌建设

以培育特色优势农产品为主线,在杂粮优势产区实施公用品牌建设,建议申请地方杂粮标志产品,建立以政府助力引导、产学研紧密结合、利益分配机制联结、质量信誉做保证的科技型产业共同体,共同体包括核心科研单位、优势种业企业、优势加工企业、优势生产合作社,形成产地到餐桌质量可追溯的产业技术体系,共同体内的产品使用统一的品牌标识,挖掘利用悠久农耕文化、小米加步枪红色文化、豆文化、燕麦文化,瞄准城市消费群,全力打造优质杂粮知名品牌。

五、促进杂粮产业深度融合

以发展谷子、食用豆、高粱、燕麦等杂粮产业链条为主线,支持企业在杂粮优势产业区进行杂粮文化主题公园、红色文化教育基地、科技集成创新中心、循环农业示范园、数字农业示范园等现代农业园区建设,将杂粮生态景观、生产基地、加工观光、农事体验、科普教育及礼仪习俗等融为一体,打造富有地域特色、环境优美、集"吃、住、行、游、购、娱"为一体的生态休闲农业旅游产业,促进一、二、三产融合发展。

六、弘扬深厚杂粮文化

充分挖掘和弘扬杂粮文化,指导杂粮产业的发展。加强谷子等杂粮文化的研究和宣传,组织力量进行传统文化和红色文化的挖掘与宣传、学术研究与文化传播,制作形成相应的影视作品、图书出版物,掀起五谷杂粮文化研究与普及的新热潮。加强杂粮营养保健功能的宣传与普及,发布科学的营养饮食知识,引领健康营养消费方向。通过宣传促进居民合理饮食,提高健康素养水平。

本章小结

本章以河北省杂粮优势区域布局与发展战略为研究内容,首先阐述了河北省杂粮产业发展思路与目标,然后采用生产聚集度和比较效益两种方法分析优势区域布局,总结出河北省杂粮产业发展战略,并提出发展河北省杂粮产业的建议。

第十三章　河北省杂粮产业发展对策建议

研究背景

一、优化河北省区域布局，为河北省杂粮可持续发展提供保障

（一）加强顶层设计，优化河北省杂粮产业空间布局

我国杂粮主产省和主产区纷纷借助实施乡村振兴战略的契机，制定本区域杂粮产业发展规划和出台系列支持政策。如山西省人民政府出台《山西小米品牌建设实施方案》《山西小米品牌建设发展规划》，组织召开了三届全国小米产业大会；内蒙古敖汉旗制定了《敖汉旗小米产业发展规划》，目标是打造百亿元小米产业，连续组织召开了八届小米起源与发展会议。建议河北省加强顶层设计，组织相关专家依据河北省各区域资源禀赋、生态特点、产业竞争力，制定《河北省杂粮产业发展规划》，优化杂粮生产区域布局，促进河北省杂粮产业转型升级和绿色高质量发展。

（二）逐步恢复太行山丘陵区、燕山丘陵区、黑龙港低平原区谷子及杂粮生产面积

将其作为种植结构调整、地下水压采治理的重要内容，面积至少应恢复到1 000万亩以上。这三个区域曾是我省杂粮的主产区，20世纪50年代仅谷子面积就有1 000多万亩。进入90年代以后，由于产量低，费工，费时，难以实现机械化等问题种植面积逐步缩减，改为小麦—玉米一年两熟种植制度。这种种植制度引发了区域地下水的严重超采，从而形成7万多平方千米的地下漏斗区。目前，谷子产量低、费工、费时、难以机械化的问题随着科技进步都已解决。河北省培育的杂交谷子产量已稳定通过500 kg/亩，创出超过700 kg/亩的高产纪录；常规谷子已稳定通过400 kg/亩，创出超过500 kg/亩的高产纪录。河北省研发的轻简化栽培技术已使谷子生产实现全程机械化。生产相同产量的粮食，谷子需水量只有小麦的1/2，玉米的2/3，近年来谷子价格却是小麦、玉米的一倍，且谷草是优质饲草，有利于构建优质畜牧业，因此，发展杂粮可以实现农业增效、农民增收。

二、开发多元化产后加工产品,推动杂粮产业转型升级

(一)加大对杂粮加工企业的支持力度,鼓励提高研发、加工转化能力

杂粮营养平衡、人体必需。随着消费者膳食消费理念的转变与消费结构的不断升级,消费需求日益旺盛。但不可否认,人们对未来食品的要求是安全、营养、美味、好吃、快捷、方便,追求品质、品牌。而目前河北省杂粮企业多数还停留在原粮初加工阶段,不好吃、不便捷、品质不高、品牌不响问题突出。建议政府、科学家、企业家、金融、保险、农民"六家握手"共同发力,打造河北省杂粮加工品牌企业;给予政策支持,延伸产业链条,从初级加工、深加工、精深加工等方面建立杂粮产业加工体系;瞄准多样化市场需求,以突破杂粮精深加工技术为重点,优化产品结构,细分消费人群。例如,开发适合老人、儿童、学生、孕妇等不同消费群体的产品,提高产品附加值,稳步扩大杂粮产品市场份额,形成"以加促销,以销带产"的良性循环。

(二)开发基于杂粮的人造食品,扩大杂粮消费

相比于传统食品制造,人造肉蛋奶食品能够将土地使用效率提高1 000倍,节约用水90%以上。美国HamptonCreek公司将豌豆和多种杂豆混合,研发"人造蛋",产品营养价值和味道与真蛋相似。瑞典OATLY公司开发的燕麦奶风靡欧美,目前在中国1 300多家咖啡店有售,在精品咖啡店掀起了消费新潮流,比传统牛奶减少了80%的碳排放。建议实施人造杂粮传统食品省级重点研发专项,构建细胞工厂种子,以车间生产方式合成奶、肉、油、蛋等,实施颠覆性技术路线,开发色香味俱全健康营养的杂粮人造产品,促进杂粮消费。

三、加强在收储和流通方面的政策支持,确保杂粮产业可持续发展

(一)将谷子等杂粮纳入河北省粮食收储范围,给予政策性支持

由于谷子耐储存、营养丰富,自古就是官仓大量储积的"战备粮"和"救命粮",除用于战争外,也是赈济救灾的主要手段。南宋名将岳飞靠着以小米为主"钱钱饭"战无不胜。毛主席深情地说:"长征后,我党像小孩子生了一场大病一样,是陕北的小米,延河的水滋养我们恢复了元气"。目前,谷子等杂粮消费形式单一,多以粥饭为主,市场需求量有限,面积与价格不稳。杂粮大多种在贫困地区,为农民的主要收入来源之一,扩大种植面积,价格就可能会降低,可能会出现增产不增收现象。扩大杂粮的销售出路在于加工转化,但是企业实现加工转化需要稳定的谷子货源,种植面积受市场价格波动影响,致使总产量小,远远不能满足企业转化的需求,导致了投资深加工领域的企业数量极少、延伸产业链产品研发严重滞后。专家指出,凡是起源于中国的作物都带有皮壳,利于贮藏,是中华文明历史得以延续以及战胜各种大灾大难的重要原因。为了提高农民扩大种植杂粮的积极性,稳定加工企业货源。建议在杂粮主产区试点启动对杂粮保护性收购机制,作为战备粮、应急粮纳入国家政策性收购范围,制定最低保护收购价格,以稳定市场价格。同时,给予地方杂粮储备以政策支持和储备补贴支持,使杂粮储备成为农民生产和企业消化的促进剂。

(二) 加强杂粮流通领域政策支持力度

目前,河北省杂粮农产品存在环节多、成本高、损耗大、效率低等诸多问题。杂粮产品小生产难以与大市场对接、交易手段比较传统和单一、"卖难买贵"现象持续存在,已成为制约杂粮流通以及产业发展的关键问题。建议加强杂粮流通领域的支持力度:一是杂粮集散地和农产品批发市场的提档升级,特别是加强对河北省藁城、曲周、孟村、蔚县四大杂粮集散地改造升级,建设标准化交易专区、检验检测中心、加工中心、仓储物流中心、配送中心的建设力度,改变传统农产品交易模式,推行电子结算,增强对国内外市场辐射力度;二是大力提升农产品流通主体组织化水平,建立农产品流通合作社,发展企业带农户的流通组织,培育大型农产品流通企业,培育市民化商户和多元化零售商;三是加快现代流通模式创新,大力发展农产品电子商务,鼓励农产品批发市场建设社区直供店加快产品流通,带动基地和农产品品牌建设。

四、倡导和扩大杂粮消费,服务健康中国战略

由于杂粮产量低、难以规模化生产等问题,谷子等小作物逐渐退居到了杂粮地位。随着科技进步,这些难题都已突破。河北省地下水压采区、两山地区、冀东盐碱土地等适宜种植杂粮且比较优势明显的区域有2 000万亩以上,关键在于做好消费引领这篇大文章。河北省作为杂粮主产区,在全国率先倡导消费杂粮,促进杂粮产业发展,这对于提高我省居民身体素质,打造健康中国,全面建成小康社会,实施乡村振兴战略,保障粮食安全都具有重要的战略意义。为此,应从居民日程消费、中小学生消费以及饲料消费等方面扩大杂粮消费。

(一) 重构中华民族膳食结构,扩大杂粮日常消费

杂粮营养丰富、药食同源,曾长期作为主粮培育了中华文明,重构以五谷杂粮配伍为主的膳食结构对推进健康中国具有重要意义。黍米膳食纤维是大米的6倍,维生素超过大米的4倍;小米所含铁、硒等微量元素是大米的3倍,100 g含有色氨酸202 mg,为谷类之首,有调节睡眠之功效。国家谷子高粱体系研究表明,小米膳食通过抑制糖异生、促进糖酵解、抑制炎症因子等多角度控制血糖的升高;每50 g燕麦含亚油酸相当于10粒"脉通"的含量;美国的研究表明,每天吃60 g燕麦可使胆固醇平均降低3%;英国的研究表明,每天早上喝一碗燕麦粥,可将心脏病死亡率降低6%。因此,建议在国人中倡导杂粮消费,构建适合中国居民的合理膳食结构,让杂粮成为人们餐桌的日常食品,杂粮日常消费占主粮的比例由目前的3%~5%上升到10%~20%,消费量每天在100~200 g。

(二) 弘扬杂粮文化,实施中小学生食育行动

中小学生是祖国的未来。目前,我国的中小学生身体素质不仅与欧美学生有差距,而且,与日韩的学生也拉大了距离。以日本为例,他们为解决肥胖症、高血压等健康问题,专门针对儿童颁布了《食育基本法》,以解决"吃什么、怎么吃"的问题,强调食育乃生存之本,更是智育、德育和体育的基础,每日学生免费午餐以传统食品为主,并要求学生自己动手,培养学生"身土不二"的情趣,与爱乡、爱国、爱家人、爱环境

相连。实施10年后,日本具备食品安全基础知识国民比例达到72%,继承传统料理年轻人49.3%,减少食物浪费居民比例67.4%,体验农牧渔国民比例36.2%,日本已经成为世界最长寿的国家。建议我国应借鉴日本食育文化经验,实施中小学生食育行动,实施中小学生免费午餐计划,将饮食健康教育纳入教育体系,构建适合我国中小学生的合理饮食结构,弘扬杂粮饮食文化、农耕文明。通过饮食教育告诉孩子们自己从哪里来,如何健康营养成长,还可以培养学生的爱国主义精神,增强他们的国家认同、民族认同和文化认同。

(三)在国家饲料标准中,增加中国杂粮元素

在我国农业发展历史上,杂粮的籽粒、麸皮和秸秆一直是作为优质饲料,能明显提升畜禽产量和品质。例如:青贮甜高粱饲草喂奶牛,产奶量较饲喂青贮玉米秸秆提高10%以上;用高粱替代饲粮中部分玉米不仅对育肥猪的生长性能无负面影响,还能够通过提高肌肉中部分不饱脂肪酸含量而改善肉品质;谷子秸秆鲜草蛋白含量14%,干草蛋白8%,能显著提升牛、羊、马、驴等牲畜的抗病性。而现在我国饲料配方多搬运的是西方标准,与我国国情和畜禽饲养环境有差异,造成饲养动物免疫力低下,抗病性差,使得抗生素及添加剂滥用,污染环境。建议要加强杂粮饲料利用研究,以杂粮籽粒和秸秆配伍原则,构建中国特色健康饲料标准,这对扩大杂粮饲料利用、畜牧产业健康发展具有重要意义。

五、加强杂粮品牌建设,促进产业转型升级

品牌农业是推进农业高质量发展、农业供给侧结构性改革、提升农业产业竞争力、促进农民增收以及乡村振兴的重要手段。《乡村振兴战略规划(2018—2022年)》提出塑造现代顶级农产品品牌,实施农业品牌提升行动,加快形成以区域公用品牌、企业品牌、大宗农产品品牌、特色农产品品牌为核心的农业品牌格局。目前,河北省杂粮产业存在着大而不强、品牌多而不优等问题,主要的原因还是在于河北省杂粮知名品牌少、区域公用品牌打造不足。建议河北省充分利用地区资源禀赋、历史文化,从企业品牌、区域公用品牌入手,着力加强杂粮品牌建设,推出河北杂粮知名品牌,讲好中国故事,河北故事,提高河北杂粮知名度和消费意愿;设立特色优势产业专项,集中打造一批区域公用品牌,以武安小米、曲周小米、涉县梯田小米、故城三豆、蔚县糜子、张北燕麦为核心,打造区域公用品牌;通过设立区域公用品牌建设专项、积极争取国家相关项目,为区域公用品牌建设提供项目支撑;通过高铁、高速公路广告牌、电视、报纸、微信等多渠道,加强区域公用品牌的宣传和打造;建立全域质量追溯与监测系统,从播种、田间管理、收获、加工、储运、销售等全产业链建立二维码系统,实现杂粮质量全环节可追溯,确保河北杂粮品质和质量;探索建立种植、养殖、加工、休闲体验于一体的一、二、三产业融合发展的示范园区,提升产业原有生产、经营、管理和服务的水平,强化产业各环节的融合,推动全产业链的拓展与延伸,促进产业转型升级。

六、宣传杂粮健康营养知识,引导大众杂粮消费

当前,我国谷子等特色杂粮产业正处于重大机遇期,其他省份特色杂粮产业快速发

展。例如：山西省小米、敖汉小米纷纷登陆高铁、央视甚至纽约时代广场，有力拉动了优质小米消费。河北谷子等杂粮产业具有显著区域优势、科研优势、资源优势，但是在宣传力度、区域品牌打造方面较先进省市还有一定差距。研究表明：大众对杂粮历史、文化、营养知识了解越多，杂粮消费意愿越强烈。国家谷子高粱体系拍摄的谷子专题片《粟说：一粒小米的故事》2018年12月在央视七套播出后，直接受众达到3 000万人次，多家网络媒体转播，引领了小米的消费。为此，建议国家应组织食品、营养、农学、文化领域专家学者撰写有关杂粮营养、文化、历史知识的科普文章，增强民众对杂粮的认知水平；结合地方食物资源、饮食习惯、传统食养理念，宣传以杂粮配伍为主的膳食结构的食品制作方法、健康营养知识和保健功能等；发挥我国杂粮文化历史悠久的特点，拍摄适应不同目标消费群体的专题片，利用各类新媒体手段定向、精准地将科普信息传播到不同人群，从而促进国人的杂粮消费。

七、加强信息监测预警，保障市场平稳运行

近年来，小米、绿豆等杂粮农产品市场波动较大，一个重要原因就是供求信息不畅导致的生产和消费严重脱节。优化资源配置、提质增效，围绕市场需求安排生产，提升农产品供给结构的适应性和灵活性，形成更有效率、更有效益、更可持续的农产品供给体系是我国推进农业供给侧结构性改革重要内容。建议省农业农村厅加强杂粮的信息监测预警工作，建立河北省杂粮监测预警中心，建立杂粮信息监测预警团队，组织全产业链省级分析师及时做好市场运行形势研判，及时组织完成杂粮品种月度、季度、年度全产业链信息分析报告，强化市场供需形势分析与研判，及时发布生产、价格、供求等信息，有效引导生产和经营者及时均衡上市销售，避免价格大起大落，促进市场稳定运行。通过给农户提供可靠的"先导性"信息，指导农户根据未来的供需情况来决定当前的生产。这种农业现代化管理方式的创新，可以全面监控分析农产品生产、流通、消费等各个环节的信息数据，促进产销及时对接、平衡供需，进而有效减少农产品市场的大幅波动和价格的大起大落。同时，运用大数据等技术手段，增强对全产业链的调控能力，让各环节能够分享合理利润。

本章小结

本章是本书的结束章节，根据上述分析，提出河北省杂粮产业发展的对策建议。从优化河北省区域布局为河北省杂粮可持续发展提供保障，开发多元化产后加工产品推动杂粮产业转型升级，加强在收储和流通方面的政策支持、确保杂粮产业可持续发展，倡导和扩大杂粮消费、服务健康中国战略，加强杂粮品牌建设，促进产业转型升级，宣传杂粮健康营养知识、引导大众杂粮消费，加强信息监测预警、保障市场平稳运行等方面提出对策建议。

参考文献

鲍国军,周海燕,2019. 甘肃省荞麦产业发展现状与对策 [J]. 甘肃农业科技 (5): 60-64.

曹丽霞,赵世锋,周海涛,等,2019. 冀北荞麦产业现状与发展建议 [J]. 中国种业 (6): 10-12.

曹雄,梁晓红,黄敏佳,等,2015. 酿造高粱肥料高效利用研究 [J]. 中国农学通报,31 (27): 99-103.

曾志红,王强,林伟静,等,2011. 绿豆的品质特性及加工利用研究概况 [J]. 作物杂志 (4): 16-19.

常向阳,姚华锋,2005. 农业技术选择影响因素的实证分析 [J]. 中国农村经济 (10): 36-42.

陈曦,赵翠媛,张月辰,2010. 河北省杂粮产业发展的 SWOT 分析 [J]. 贵州农业科学,38 (8): 232-235.

成楠,秦礼康,解春芝,2018. 红小豆沙加工工艺及其营养功能成分流向研究 [J]. 食品与机械,34 (1): 187-191.

程炳文,2008. 糜子产业发展对策与措施 [J]. 农产品加工 (3): 12-13.

程须珍,2017. 中国绿豆种质资源研究与创新利用 [C] //中国作物学会. 2017 年中国作物学会学术年会摘要集: 36-37.

崔纪菡,夏雪岩,范佳兴,等,2017. 谷子抗旱性鉴定研究进展 [J]. 东北农业大学学报,48 (1): 89-96.

窦长田,李彩菊,柳术杰,等,1997. 河北省红小豆品种特点及育种目标 [J]. 农村科技开发 (8): 21.

杜志宏,平俊爱,吕鑫,等,2017. 高粱机械化种植品种选择及优质高产栽培技术 [J]. 农业工程技术,37 (23): 52-54.

冯佰利,姚爱华,高金峰,等,2005. 中国荞麦优势区域布局与发展研究 [J]. 中国农学通报 (3): 375-377.

付成年,张生金,郎小芸,等,2016. 甘肃省甜高粱研究利用现状及产业化发展对策 [J]. 中国糖料,38 (5): 76-78.

高运青,徐东旭,尚启兵,等,2013. 绿豆品种在冀北地区种植观察与评价 [J]. 中国种业 (3): 34-37.

桂松,牛静,胡建,2019. 中国高粱产业发展现状分析 [J]. 农业与技术,39

(1): 18-20.

郭志利, 2005. 小杂粮利用价值及产业竞争力分析研究 [D]. 北京: 中国农业大学.

河北农业科学, 2007. 高产优质广适应性红小豆冀红9218、冀红8937的选育及推广获河北省科技进步二等奖 [J]. 河北农业科学 (3): 127.

胡新中, 李小平, 2013. 燕麦荞麦产品加工现状与思考 [J]. 农业工程技术 (农产品加工业) (12): 24-27.

靳开维, 2005. 荞麦加工开发的意义现状建议 [J]. 农产品加工 (9): 18-19.

李彩菊, 高义平, 柳术杰, 等, 2005. 河北省红小豆育种成就及今后育种目标 [J]. 杂粮作物 (3): 154-155.

李会芬, 2015. 我国红小豆的利用及加工现状 [J]. 现代农村科技项 (22): 67-68.

李顺国, 刘斐, 刘猛, 等, 2014. 我国谷子产业现状、发展趋势及对策建议 [J]. 农业现代化研究, 35 (5): 531-535.

李鑫娥, 任全军, 2008. 张家口市小杂粮产业化现状及发展策略 [J]. 河北北方学院学报, 24 (4): 73-75.

李彦姐, 王显瑞, 赵敏, 等, 2014. 赤峰地区糜子生产现状及发展对策 [J]. 内蒙古农业科技 (5): 121+132.

李玉勤, 2009. 杂粮产业发展研究 [D]. 北京: 中国农业科学院.

梁双波, 程汝宏, 2005. 小杂粮在我国种植结构调整中的地位与发展策略 [J]. 河北农业科学 (2): 93-95.

刘斐, 刘猛, 赵宇, 等, 2017. 2017年中国谷子糜子产业发展趋势 [J]. 农业展望, 13 (6): 40-43.

刘菊梅, 仝纪龙, 吴官胜, 等, 2010. 区域小杂粮生产优势综合评价指标体系分析 [J]. 中国农业资源与区划, 31 (3): 27-31.

刘龙龙, 张丽君, 马名川, 等, 2016. 山西省燕麦产业现状及发展趋势 [J]. 山西农业大学学报 (自然科学版), 36 (12): 905-907+912.

刘猛, 李顺国, 张新仕, 等, 2011. 河北省主要杂粮优势区域布局研究 [J]. 中国农学通报, 27 (26): 174-180.

刘猛, 吕芃, 夏雪岩, 等, 2019. 河北省高粱产业现状及发展趋势 [J]. 农业展望, 15 (10): 64-68+75.

刘猛, 夏雪岩, 刘斐, 等, 2018. 河北省区域谷子生产效益综合评价 [J]. 河北农业科学, 22 (1): 1-6.

刘猛, 赵宇, 刘斐, 等, 2012. 中国糜子生产现状及发展建议（英文）[J]. Agricultural Science & Technology, 13 (11): 2438-2441.

刘猛, 赵宇, 夏雪岩, 等, 2018. 谷子轻简高效生产技术集成模式的综合效益评价——以河北省谷子为例 [J]. 湖北农业科学, 57 (20): 13-18.

刘素娟, 2003. 河北省杂粮、杂豆良种发展概况 [J]. 种子世界 (7): 12-13.

刘素娟，段会军，李川，2003. 浅析河北省小杂粮产业现状 [J]. 河北农业大学学报（农林教育版）(4): 61-63.

刘晓敏，王慧军，李运朝，2010. 农户采用小麦玉米农艺节水技术意愿影响因素的实证分析 [J]. 安徽农业科学，38（12）: 6538-6541+6599.

刘笑然，2013. 东北三省的红小豆、绿豆生产 [J]. 中国粮食经济（9）: 38-41.

路威，杨静轩，魏阳吉，等，2019. 粮谷类地理标志产品分析与优质小米的推广 [J]. 农产品加工（18）: 89-93.

罗嵩，黄俊明，易勇，等，2017. 贵州省荞麦产业发展现状、问题、优势及对策 [J]. 耕作与栽培（6）: 49-53+68.

马福婷，张苗红，2011. 张家口市特色小杂粮产业发展现状与对策分析 [J]. 河北北方学院学报（自然科学版），27（6）: 46-48+53.

马秀杰，2014. 间作对绿豆生物性状、产量和品质的影响 [J]. 核农学报，28（3）: 546-551.

门洪文，郭守鹏，朱利，等，2018. 玉米间作绿豆或红小豆的经济效益分析 [J]. 安徽农业科学，46（12）: 45-47.

彭宣和，2017. 鄂西北绿豆产业现状、存在的问题与发展对策 [J]. 湖北农业科学，56（12）: 2209-2211.

乔治军，2013. 糜子产业发展现状与思路 [J]. 作物杂志（5）: 25-27.

屈洋，王可珍，康军科，2016. 陕西省高粱生产与产业发展策略 [J]. 中国种业（2）: 20-21.

任全军，黄文胜，刘玉贵，2009. 大力发展旱作农业推进特色杂粮产业 [J]. 农产品加工（创新版）(6): 67-69.

任长忠，崔林，何峰，等，2018. 我国燕麦荞麦产业技术体系建设与发展 [J]. 吉林农业大学学报，40（4）: 524-532.

申晓慧，2017. 黑龙江省红小豆生产现状 [J]. 中国种业（4）: 18-19.

沈方，郝瑞彬，尹力军，等，2018. 河北省粮食生产结构变化及其水土资源效应 [J]. 江苏农业科学，46（24）: 408-412.

沈铭伟，翟晓玲，史新鹏，2017. 保定市杂粮产业发展情况调研报告 [J]. 中国农业文摘-农业工程，29（1）: 40.

宋辉，刘欣，杨彦琪，2016. 河北省山区绿色名果和生态养殖及旱作杂粮特色产业发展研究 [J]. 统计与管理（3）: 58-60.

苏日娜，2013. 中国燕麦产业发展研究 [D]. 呼和浩特：内蒙古农业大学.

孙蕊，2019. 河北省谷子种植成本收益分析 [D]. 保定：河北农业大学.

孙欣，2009. "张杂谷"系列杂交谷子品种介绍 [J] 种子世界，4: 47-48

陶纯洁，袁鹏，王辛，等，2014. 荞麦产品开发利用与发展的研究 [J]. 粮食与食品工业，21（1）: 52-54.

田静，范宝杰，2002. 河北省小豆、绿豆生产研究现状及发展建议 [J]. 河北农业科学（3）: 59-64.

田静，范保杰，2004. 河北省食用豆类生产研究现状及发展建议［J］. 杂粮作物（4）：240-243.

田静，张松树，范保杰，2003. 河北省杂粮生产现状与发展建议［J］. 河北农业科学（1）：58-61.

王滨，2015."红豆"生北国——走进"中国红小豆之乡"宝清［J］. 黑龙江粮食（2）：44-46.

王海滨，贺晔，谢秋霖，2018. 山西省高粱产业发展思路与对策［J］. 中国农技推广，34（10）：17-19.

王金萍，吕芃，籍贵苏，等，2019. 抗蚜糯高粱杂交种冀酿2号的选育与栽培技术［J］. 河北农业科学，23（1）：75-77.

王上，郑瑛，杨国威，等，2019. 黑龙港低平原地区绿豆高产品种筛选［J］. 河北农业科学，23（2）：79-85+103.

王小英，王孟，王斌，等，2018. 马铃薯与绿豆间作模式研究［J］. 陕西农业科学，64（8）：19-21+50.

王亚楠，贾妍，王鑫，等，2019. 河北省粮豆生产概况及发展思路［J］. 现代农村科技（11）：108-109.

王亚楠，王雪，王桂荣，2019. 河北省荞麦产业发展现状及对策［J］. 现代农村科技（10）：102-103.

王有增，2014. 河北高粱产业的现状及发展前景分析［C］//中国农学会（China Association of Agricultural Science Societies）、中国农业生态环境保护协会. 2014中国现代农业发展论坛论文集：111-113.

文辉，2019. 赤峰市荞麦种植效益分析及产业发展对策［J］. 北方农业学报，47（3）：124-128.

吴宝华，王伟斌，孙连震，等，2005. 不同品种谷子秸草的营养成分分析［J］. 内蒙古农业科技（6）：33-34.

武玉环，郭静利，2016. 我国绿豆价格波动及趋势分析［J］. 北方园艺（18）：196-201.

项洪涛，冯延江，郑殿峰，等，2018. 黑龙江省杂粮产业现状及发展对策［J］. 中国农学通报，34（6）：149-155.

杨芳，杨如达，李海，等，2017. 山西省黍子产业现状及发展建议［J］. 山西农业科学，45（12）：2013-2015+2062.

杨焱，桑文媛，张梦晓，2018."互联网+"小杂粮现状分析及营销策略研究［J］. 山西农经（5）：37-41+45.

于运凯，2014. 玉米绿豆间作效应分析［J］. 黑龙江农业科学（2）：29-31.

袁素华，2016. 杂粮产业发展现状分析及建议［J］. 农业技术与装备（1）：58-60.

袁梓珂，2015. 浅谈红小豆的经济价值及产业化开发［J］. 农技服务，32（12）：232.

张必达，2018. 河北省红小豆产业发展研究［J］. 种子科技，36（3）：18.

张富强,李凡,2017.河北省甜高粱种养加工农业产业链的延伸策略研究[J].农业经济(6):14-16.

张富强,李凡,于继静,2016.河北省发展甜高粱产业市场分析[J].合作经济与科技(19):42-43.

张海金,2007.谷子在旱作农业中的地位和作用[J].安徽农学通报,13(10):169-170.

张会娟,胡志超,吕小莲,等,2014.我国绿豆加工利用概况与发展分析[J].江苏农业科学,42(1):234-236.

张小允,2019.我国小杂粮价格波动与预测研究[D].北京:中国农业科学院.

张新仕,宋世佳,徐珊珊,等,2018.河北省谷子产值成本贡献率分析[J].农学学报,8(4):97-100.

张雪峰,李冬辉,2017.我国谷子产业发展存在问题及改进建议[J].农村经济与科技,28(14):145-146.

张英蕾,战妍,李家磊,等,2012.红小豆的品质特性及加工利用研究概况[J].黑龙江农业科学(8):105-109.

智研咨询.2019年中国有机食品产业发展回顾[EB/OL].(2020-8-11)[2022-3-2].产业信息网.https://www.chyxx.com/industry/202012/915931.html.

朱周平,2012.西部特色杂粮产业现状发展策略研究[D].杨凌:西北农林科技大学.

邹剑秋,朱凯,张志鹏,等,2002.国内外高粱深加工研究现状与发展前景[J].杂粮作物(5):296-298.

附录　课题组撰写相关建议得到省市领导批示

附录1　关于"对接健康中国战略，振兴河北杂粮产业，助力乡村振兴"的报告

2019年11月18日，时清霜副省长在省委省政府决策咨询委农业农村组等部门《关于"对接健康中国战略，振兴河北杂粮产业，助力乡村振兴"的报告》上批示：请省农业农村厅阅研。

赵文鹤副主席11月15日批示：振兴杂粮产业，是促进食品安全健康和助力乡村振兴的重要内容。建议引起重视。

臧胜业书记11月16日批示：这是一个一举多得的大事和好事，建议省政府予以重视和支持。

董经纬部长11月15日批示：先请文鹤副主席、胜业书记审阅后，建议请时清霜副省长阅示。

王慧军院长11月14日批示：请报经纬部长、文鹤主席、胜业书记，建议报省政府。

批示和报告如下。

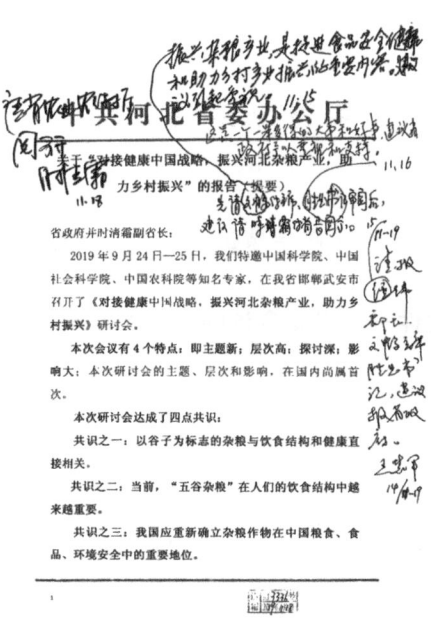

关于"对接健康中国战略，振兴河北杂粮产业，助力乡村振兴"的报告（提要）

— 297 —

关于"对接健康中国战略,振兴河北杂粮产业,助力乡村振兴"的报告(提要)

省政府并时清霜副省长:

2019年9月24日—25日,我们特邀中国科学院、中国社会科学院、中国农业科学院等知名专家,在我省邯郸武安市召开了《对接健康中国战略,振兴河北杂粮产业,助力乡村振兴》研讨会。

本次会议有4个特点:即主题新;层次高;探讨深;影响大;本次研讨会的主题、层次和影响,在国内尚属首次。

本次研讨会达成了四点共识:

共识之一:以谷子为标志的杂粮与饮食结构和健康直接相关。

共识之二:当前,"五谷杂粮"在人们的饮食结构中越来越重要。

共识之三:我国应重新确立杂粮作物在中国粮食、食品、环境安全中的重要地位。

共识之四:挖掘、弘扬谷子文化,为农业增效、农民增收、乡村振兴、塑造健康中国服务,需要政府、科学家、企业家、社会学者共同发力。

本次研讨会提出了五点建议:

1. 加强顶层设计,推进河北省杂粮产业高质量发展。
2. 恢复太行山、燕山丘陵区、黑龙港低平原区以谷子为代表的杂粮主体种植地位。
3. 加大宣传力度,培育壮大区域公用品牌。
4. 将谷子等杂粮纳入我省粮食收储范围,给予政策性支持。
5. 加大对杂粮加工企业的支持力度,鼓励提高研发、加工转化能力。

河北省委省政府决策咨询委农业农村组
河北省老科技工作者协会
河北省乡村振兴促进会
河北省农林科学院
2019年11月

附件一:与会专家名单
附件二:《报告》(原文)
联系人:河北省农林科学院李顺国

附件一:出席会议的知名专家学者名单

姓名	单位	职务/职称
刘 旭	中国工程院	全国政协常委、中国工程院原副院长、院士
臧胜业	河北省老科技工作者协会	会长、河北省委原常委、省纪委原书记
赵文鹤	河北省政协	原党组副书记、副主席
曹幸穗	中国农史学会	全国政协委员、会长、研究员
李成贵	北京市农林科学院	全国政协委员、研究员
李新彦	人民日报社	教科文部原主任、教授
吴远镇	中国台湾"中华有机农业协会"	执行会长
刁现民	中国农业科学院作科所	国家谷子高粱产业技术体系首席专家、研究员

赵志军	中国社会科学院考古所	研究员
董经纬	河北省委农工部	原部长、省委省政府决策咨询委农业农村组副组长
王慧军	河北省农林科学院	原院长、教授、国务院特贴专家
王新民	河北省科学院	原党委书记
张文军	河北省农业厅	原巡视员
赵治海	张家口市农业科学院	全国人大代表、杂交谷子发明人
刘山国	同福碗粥集团	董事长、中国食品协会副会长
程汝宏	河北省农林科学院	国家谷子改良中心主任
李建华	河北省文化厅	原副厅长
陆平	中国农业科学院作科所	研究员
杨天育	甘肃省农业科学院	研究员
李书田	内蒙古赤峰农科院	研究员
冯书妙	九知农业科技公司	董事长
孙钊	中国元一智库	董事长
张鹏越	河北三九药业	董事长

附件二：《报告》（原文）

关于"对接健康中国战略，振兴河北杂粮产业，助力乡村振兴"的报告

河北省委省政府决策咨询委农业农村组
河北省老科技工作者协会
河北省乡村振兴促进会
河北省农林科学院

2019年9月24日—25日，我们组织中国科学院、中国社会科学院、中国农业科学院、中国农业博物馆、国家谷子高粱产业技术体系、国家谷子改良中心、河北省老科技工作者协会、乡村振兴促进会的专家以及部分国内知名企业家，在我省邯郸武安市召开了"挖掘谷子文化，对接健康中国，壮大谷子产业，助力乡村振兴"研讨会。

一、本次会议的特点

1. 主题新：本次研讨会的主题是"对接健康中国战略，振兴河北杂粮产业，助力乡村振兴"，这个主题的论坛或研讨会，在国内尚属第一次。这个主题既符合习近平总书记关于健康中国的重要论述，也符合《乡村振兴战略规划（2018—2022年）》的目标。这次会议立意新颖，特点突出。

2. 层次高：出席会议的人数多、专家层次高。出席这次会议人数达160多人，其中著名专家学者有：全国政协常委、中国工程院原副院长刘旭院士；全国政协委员、中国农史学会会长曹幸穗研究员；全国政协委员、北京市农林科学院院长李成贵研究员；人民日报教科文部原主任李新彦教授；中国台湾"中华有机农业协会"执行会长吴远镇先生；国家谷子高粱产业技术体系首席科学家习现民研究员；中国社会科学院考古所赵志军研究员；全国人大代表、杂交谷子发明人赵治海研究员以及国家谷子高粱产业技术体系、河北杂粮创新团队的有关专家。中国老科协副会长、河北省老科协会长、河北省委原常委、纪委书记臧胜业同志；河北省乡村振兴促进会顾问、河北省政协党组原副书记、副主席赵文鹤同志也出席了会议。出席会议专家之多，层次之高为近年少有。

3. 探讨深：就谷子及杂粮产业发展进行了大跨度研讨，从1万年前的谷子驯化诞生，到历朝历代的变革、今日现状及未来发展方向。传递的信息、知识量极大，对谷子、杂粮的诞生、科技进步、生产管理、品牌建设以及其对人类、中华民族所做的贡献等方方面面问题进行了探讨。本次研讨会不仅

仅是探讨谷子一个农作物问题，而是对谷子及杂粮的物质、精神层面的全面认识，同时，对杂粮产业发展寄予了极大期望。

4. 影响大：政府领导、相关部门、科学家、企业家、文化工作者，自然科学、社会科学、历史、文化、产业经济学者一起研究问题，多视角、广领域研究谷子及杂粮产业的发展问题，克服了专家学者自娱自乐研究、坐而论道、泛泛而谈、不能落地的弊端。新闻媒体高度关注，人民日报、中央电视总台、各类网络新媒体、农民日报、河北日报等纷纷从健康中国、乡村振兴、产业发展、农耕文化等不同角度予以报道，引发专家学者、企业家、媒体人对谷子等杂粮在新的时代背景下的深层次思考，影响广泛。

二、会议共识

这次会议形成了一些非常值得关注的新共识。

1. 共识之一：以谷子为标志的杂粮与饮食结构和中国人的健康直接相关。与会专家一致认为，当前，随着工业化、城镇化、人口老龄化的加快，我国人民的生产和生活方式发生很大变化，不合理饮食，不健康生活方式引发许多新疾病、亚健康，慢性病病人急剧增加，直接影响国人健康和工作状态。2016年8月，习近平总书记在全国卫生与健康大会上指出，要把人民健康放在优先发展的战略地位；2016年10月，中共中央、国务院印发了《健康中国2030规划纲要》；2019年6月24日，国务院印发了《关于实施健康中国行动的意见》；2019年7月15日，国务院办公厅印发了《健康中国行动实施与考核方案》。这些文件都强调要坚持以"人民为中心"的发展思想，从"以治病为中心"转变为以"保障人民健康为中心"，加强早期干预，形成有利于健康的生活方式、生态环境和社会环境，为建设健康中国奠定坚实的基础。

2. 共识之二：当前，五谷杂粮在人们的饮食结构中越来越重要。与会专家指出，解决中国人的健康问题不能简单照搬国外。中华民族发端于农耕文明，以植物食品为主的饮食习惯哺育和培养了中国人特有的肠道微生物种群，是我们的基因所在。早在《黄帝内经·素问》中就有"五谷为养，五果为助，五畜为益，五菜为充，气味合而服之，以补精益气"的饮食调养原则，五谷在我国通常是指稻、麦、粟、粱、豆，这充分说明了五谷杂粮在中国饮食中的地位。解决中国人健康问题必须下决心改变当前国人不合理的膳食结构，建立适宜中国人的健康营养标准。

3. 共识之三：我国应重新确立杂粮作物在中国粮食、食品、环境安全中的重要地位。与会专家强调，近年来，虽然杂粮种植面积不大，区域有限，但它仍是中华民族膳食结构中不可或缺的食品。数量多了不行，种类少了也不行，缺了更不行。如今虽不是主粮，但必须要摆上中国人的每日餐桌。作为营养配餐，它老少皆宜、南北通吃，营养丰富，健康必备。作为环境友好作物，它资源节约、省水、省肥、省药、质量安全。杂粮中的植物蛋白富含人体必需的8种氨基酸，可提高脑部代谢效率；磷脂对脑部神经的发育、活动有良好的功效；膳食纤维在肠道内可吸附水分子，使食物残渣或毒素迅速排出体外，达到排毒的效果。此外，它药食同源，还有许多功能成分有待深入研究与开发。

4. 共识之四：挖掘、弘扬谷子文化，为农业增效、农民增收、乡村振兴、塑造健康中国人服务，需要政府、科学家、企业家、社会学者共同发力。政府要给予强有力的政策支持，加大宣传力度，引导国人建立包括五谷杂粮在内的合理膳食结构，由吃饱、吃好，向吃品质、吃营养、吃健康转变；科学家要从优良品种培育开始，进行杂粮的全产业链研发，为杂粮生产、加工、消费提供强有力的科技支撑；企业家应适应现代人工作、生活节奏不断加快的特点，针对不同消费人群，开发孕妇、儿童、少年、青年、中年、老年、男人、妇女、健康人群、亚健康人群、各种疾病人群等需求的健康营养食品，为打造健康中国人奠定基本的食品基础。广泛宣传合理膳食是人类健康最基础的工作，恢复五谷杂粮的本来面目，告知大众，它是中华民族的传统主食作物，是特色营养作物，是环境友好作物，是优质高效作物。

三、五点建议

我们认为,我省是中国杂粮主产区,种类齐全,分布广泛,栽培历史悠久。邯郸武安考古证明,在8 700年以前我们的先民就开始在这里种植谷子、黍子,是我国北方旱作农业和农耕文明的发源地。在我国几千年的发展历史中,五谷杂粮长期养育了中华民族,培育了中华文明。当前,我省正在进行农业供给侧结构性改革,产业结构调整,维系生态涵养功能,压缩高耗水作物、治理超采地下水,发展草食性畜牧业等,这些都为恢复杂粮生产提供了极好发展机遇。尤其是京津冀区域,这是中国高档消费人群最为集中、生态功能较为脆弱的地方,振兴杂粮产业更为重要。为此,我们建议:

1. 加强顶层设计,推进河北省杂粮产业高质量发展。我国杂粮主产省(区)纷纷借助实施乡村振兴战略契机,制定本区域杂粮产业发展规划,出台系列支持政策。如:山西省政府出台了《山西小米品牌建设实施方案》,组织召开了三届全国小米产业大会;内蒙古敖汉旗制定了《敖汉旗小米产业发展规划》,目标打造百亿元小米产业,连续组织召开了六届小米起源与发展会议。建议我省要加强顶层设计,组织相关专家依据我省区域资源禀赋、生态特点、产业竞争力制定《河北省杂粮产业发展规划》,推介河北省"杂交谷子""轻简化栽培技术"和"磁山文化"品牌,树立河北形象,促进河北杂粮产业转型升级和绿色高质量发展。

2. 恢复太行山、燕山丘陵区、黑龙港低平原区以谷子为代表的杂粮主体种植地位。将其作为种植结构调整、地下水压采治理的重要内容,种植面积至少应恢复到1 000万亩以上。这两个区域曾是我省杂粮的主产区,20世纪50年代仅谷子种植面积就有1 000多万亩。进入90年代以后,由于产量低、费工、费时、难以实现机械化等因素种植面积逐年缩减,改为小麦—玉米一年两熟种植制度。这种种植制度引发了区域地下水的严重超采,从而形成7万多平方公里的地下漏斗区。目前,谷子产量低、费工、费时、难以机械化的问题随着科技进步都已解决。我省发明的杂交谷子产量已稳定通过500千克/亩,创出超过700千克/亩的高产纪录,常规谷子已稳定通过400千克/亩,创出超过500千克/亩的高产纪录。我省发明的轻简化栽培技术已使谷子生产实现全程机械化。生产同样粮食产量,谷子需水量只有小麦的1/2,玉米的2/3,近年来谷子价格却比小麦、玉米高一倍,且谷草是优质饲草,有利于构建优质畜牧业,因此,发展杂粮可以实现农业增效、农民增收。

3. 加大宣传力度,培育壮大区域公用品牌。当前,我国谷子等特色杂粮产业正处于重大机遇期,兄弟省份特色杂粮产业快速发展。例如:山西的沁州黄小米、内蒙古的敖汉小米纷纷登陆高铁、央视甚至纽约时代广场,有力拉动了优质小米消费。河北谷子等杂粮产业具有显著区域优势、科研优势、资源优势,但是在宣传力度、区域品牌打造方面较先进省市还有一定差距。建议政府在不同媒体全方位、多角度、立体式宣传河北杂粮,推出河北谷子和杂粮知名品牌,讲好河北故事,提高河北杂粮知名度和消费意愿;设立特色优势产业专项,集中打造一批区域公用品牌;深度挖掘武安磁山粟文化,将磁山文化写进中小学教科书,让全国广大青少年深入学习了解中华民族这段光辉灿烂的历史,加强爱国主义教育,把小杂粮做成大产业,使其走向全国,走向世界。

4. 将谷子等杂粮纳入我省粮食收储范围,给予政策性支持。目前,谷子等杂粮消费形式单一,多以粥饭为主,市场需求量有限,面积与价格不稳。杂粮大多种在贫困地区,为农民的主要收入来源之一,扩大种植面积,价格就可能会降低,可能会出现增产不增收现象。扩大杂粮的销售出路在于加工转化,但是企业加工转化需要稳定的谷子货源。目前,种植面积受市场价格波动影响,致使总产量小,远远不能满足企业转化的需求,导致了投资深加工领域的企业数量少、产业链延伸产品研发严重滞后。专家指出,凡是起源于中国的作物都带有皮壳,利于贮藏,是中华文明历史得以延续以及战胜各种大灾大难的重要原因。为了提高农民扩大种植杂粮的积极性,稳定加工企业货源,建议:在我省试点启动对杂粮保护性收购机制,在主产区纳入国家政策性收购范围,制定最低保护收购价格,以稳定市场价格,逐步扩大种植面积及产量,促进市场稳定运行,保护农民利益。同时,给予地方杂粮储备以政策支持和储备补贴支持,使杂粮储备成为农民生产和企业消化的促进剂。

5. 加大对杂粮加工企业的支持力度，鼓励提高研发、加工转化能力。杂粮营养平衡、人体必需，随着消费者膳食消费理念的转变，未来食品的要求是安全、营养、美味、快捷、方便，追求品质、品牌。而目前我省杂粮企业多数还停留在原粮初加工阶段，不好吃、不便捷、品质不高、品牌不响等问题突出。建议政府、科学家、企业家、金融、保险、农民"六家握手"，共同发力，打造我省杂粮加工品牌企业，给予政策支持，延伸产业链条，从初级加工、深加工、精深加工等方面，优化产品结构，细分消费产品，提高产品附加值，稳步扩大杂粮产品市场份额，形成"以加促销，以销带产"的良性循环。

执笔：王慧军　河北省委省政府决策咨询委农业农村组组长
　　　张文军　河北省老科协农业农村分会会长
　　　张彦惠　河北省乡村振兴促进会执行会长
　　　李顺国　河北省农林科学院谷子研究所副所长

2019.11.14

附录2　关于深入推进院市合作打造邯郸小米优势产业助力乡村振兴的建议

2019年12月17日，邯郸市副市长杜树杰批示：感谢省决咨委对邯郸谷子的支持。请市农业农村局和农科院认真学习研究，提出具体措施，推动"邯郸小米"产业科学健康发展。

批示和建议如下。

关于深入推进院市合作打造邯郸小米优势产业助力乡村振兴的建议

关于深入推进院市合作打造邯郸小米优势产业助力乡村振兴的建议

为深入推进院市合作，2019年9月24—25日，我们邀请中国科学院、中国工程院、中国农业科学院、中国社会科学院等知名专家，在邯郸武安市召开了"对接健康中国战略，振兴河北省杂粮产业，助力乡村振兴"研讨会。本次会议有四个特点：主题新、层次高、探讨深、影响大；本次会议的主题、层次和影响，在国内尚属首次。会议达成了四点共识：以谷子为标志的杂粮与饮食结构和健康直接相关，应重新确立杂粮在中国粮食、食品、环境安全中的重要地位；深度挖掘、弘扬谷子文化，为落实健康中国战略服务；政府、科学家、企业家、社会学者共同发力，让谷子产业为农民增收、农业增效、乡村振兴助力。会后，我们撰写了《对接健康中国战略，振兴河北杂粮产业，助力乡村振兴》的报告，受到臧胜业、赵文鹤等省老领导的高度评价，时清霜副省长做出了批示。通过本次会议宣传了邯郸文化、提高了武安小米的知名度，对于推进院市合作具有重要意义。

2019年中央一号文件提出因地制宜发展多样性特色农业，强化农产品地理标志和商标保护。全国谷子主产区纷纷制定发展规划、支持发展谷子特色产业。山西省出台了《"山西小米"品牌建设三年发展规划》，成立山西小米产业联盟运营中心，制定了"山西小米"团体标准；延安市注册"延安小米"商标，出台系列政策支持延安小米发展；内蒙古敖汉旗制定了《敖汉小米产业发展规划》，提出了发展百亿元小米产业的目标。

邯郸是我国历史文化名城，悠久的历史孕育了灿烂的文化，其中磁山文化是中国农耕文化的代表，出土了8700多年的碳化粟，将中华文明上溯到8000年前，被誉为是世界小米的发源地，以"黄粱美梦""粟山""小米加步枪"为代表的谷子文化是我国粟文化的重要组成部分。邯郸市大力发展谷子特色产业，打造邯郸小米优势区，有着其他区域无与伦比的优势。除了悠久的历史外，邯郸市常年谷子种植面积在80万亩左右，是我国太行山优质谷子产业带的核心区。

邯郸发展小米产业具有三大优势：一是产业优势。武安小米、曲周小米、涉县梯田小米在全国具有较高知名度，现有一批小米产业化龙头企业，磁山粟、杨氏田乡源、晶秋、农夫果园品牌小米畅销大江南北；武安先后被命名为"河北小米之乡""中国小米之乡"，武安小米获"地理保护标志产品""河北省十大区域公用品牌"；曲周为河北省四大小米集散地，年交易小米10万吨以上，曲周小米为"地理保护标志产品"；涉县旱作梯田具有800年历史，被列入中国重要农业文化遗产，涉县梯田小米在市场上具有较高知名度。二是科技支撑优势。河北省农林科学院谷子研究所是国家谷子改良中心、河北省杂粮实验室和河北省杂粮创新团队的依托单位，围绕谷子全产业链建立了完善的学科体系，创新的抗除草剂谷子新品种及其配套技术是我国谷子栽培历史的一次革命。谷子研究所在武安建设示范基地已达15年，在院市合作的推动下于2019年11月29日在曲周依托河北东粮农业科技有限公司启动了河北省杂粮产业研究院，将进一步促进科技和经济的深度融合。三是政策优势。邯郸是我省地下水压采重点区域，省政府要求2022年要实现地下水采补平衡。邯郸也是河北省季节性休耕重要地区，年季节性休耕面积要求达到40万亩以上，休耕区技术路径为"一季休耕，一季雨养"，每亩补助500元，休耕和旱作雨养，谷子是理想的替代作物。

为此，我们提出以下建议：

一、加强顶层设计，科学制定邯郸市谷子产业发展规划

建议邯郸市在全省先行一步，加强顶层设计，组织专家依据邯郸市资源禀赋、文化特点、产业竞争力制定《邯郸市谷子产业发展规划》，优化谷子生产区域布局，促

进邯郸市谷子产业转型升级和绿色高质量发展。建议实施"三区一园一院"战略布局,种植面积力争利用5年时间发展为120万亩,打造成百亿元产业,建成全国谷子产业链示范样板和全国谷子产业先行区。以曲周为核心,打造休耕区谷子全程机械化示范区;发挥丘陵山区谷子旱作雨养比较优势,以武安为核心打造丘陵区优质谷子示范区;发挥涉县梯田农业文化遗产优势,以涉县王金庄为中心,打造原生态谷子休闲体验示范区;打造武安同会现代农业园区为谷子循环经济农业园区,争取申报国家现代农业园区;打造河北省杂粮产业研究院为新型研发机构,为谷子产业提供强有力的科技支撑。

二、强化全产业链科技支撑,助推产业发展

依托河北省农林科学院谷子研究所、河北省杂粮产业研究院以及全国谷子科研优势单位,强化谷子全产业链科技支撑。调优品种结构,以优质品种、加工专用品种、营养强化品种分类建设示范基地,为开发多元产品提供原料,提高产品附加值。调绿生产技术,以地膜替代技术、有机肥替代技术、绿色防控技术为主,示范推广谷子绿色高效生产技术。调顺产业体系,着力发展新产业新业态,促进一二三产深度融合,实现谷子产业"全环节升级、全链条升值"。同时突出新技术的应用,将信息化、智能化技术应用在谷子生产、加工、质量追溯领域,全面提高谷子产业的科技水平。

三、打造区域公用品牌,建立全域质量追溯体系

以武安小米、曲周小米、涉县梯田小米为核心,打造区域公用品牌。通过设立区域公用品牌建设专项、积极争取国家相关项目,为区域公用品牌建设提供项目支撑;通过高铁、高速公路广告牌、电视、报纸、微信等多渠道,加强区域公用品牌的宣传和打造。建立全域质量追溯与监测系统,从播种、田间管理、收获、加工、储运、销售等全产业链建立二维码系统,实现谷子质量全环节可追溯,确保邯郸小米品质和质量。

四、加强信息监测预警,保障市场平稳运行

依托河北东粮农业科技有限公司电商平台,建立谷子/小米价格监测预警中心,强化市场供需形势分析与研判,及时发布生产、价格、供求等信息,有效引导生产和经营者及时均衡上市销售,避免价格大起大落,促进市场稳定运行。通过中心建设形成在全国有影响的谷子定价中心,对外发布谷子供求信息、谷子价值指数,加强邯郸在全国谷子的定价权。

五、加强宣传力度,促进小米消费

我们研究表明:对小米历史、文化、营养知识了解越多,小米消费意愿越强烈,充分说明宣传的重要性。我们拍摄的谷子专题片《粟说:一粒小米的故事》2018年12月在CCTV-7播出后,直接受众达到3 000万人次,已成为小米的消费潜在人群。建议充分发挥邯郸粟文化丰富的优势,积极拍摄有关谷子文化、历史、营养的专题片,在电视、网络、微信等各类媒体报道;组织食品、营养、农学、文化领域专家学者在网络、电视、报纸等媒体积极宣传小米营养、文化、历史,增强民众对小米的认知水平。

(作者李顺国系河北省农林科学院谷子研究所副所长;王慧军系河北省委省政府决策咨询委农业农村组组长;刘猛系河北省农林科学院谷子研究所副研究员)

附录3 关于恢复和振兴河北省黑龙港流域谷子产业的建议

2020年11月6日,沧州市委书记王景武对《关于恢复和振兴河北省黑龙港流域谷子产业的建议》做出批示。2020年11月20日衡水市委书记赵革对《关于恢复和振兴河北省黑龙港流域谷子产业的建议》做出批示。

批示和全文建议如下。

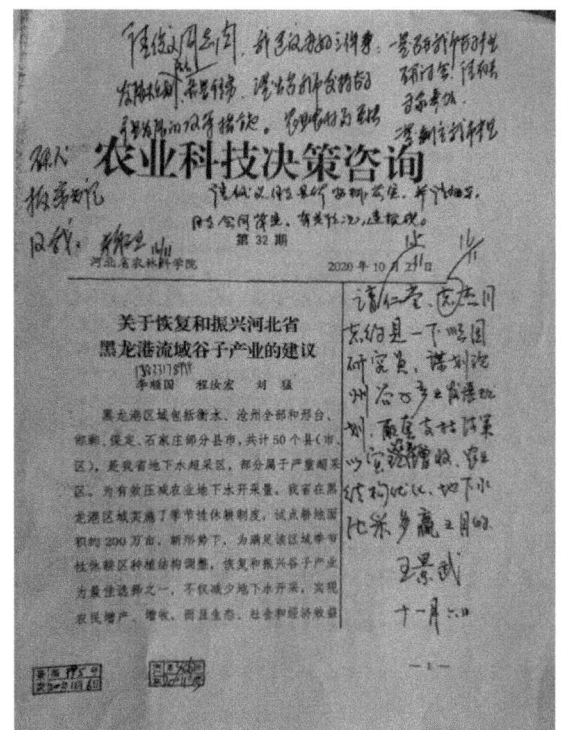
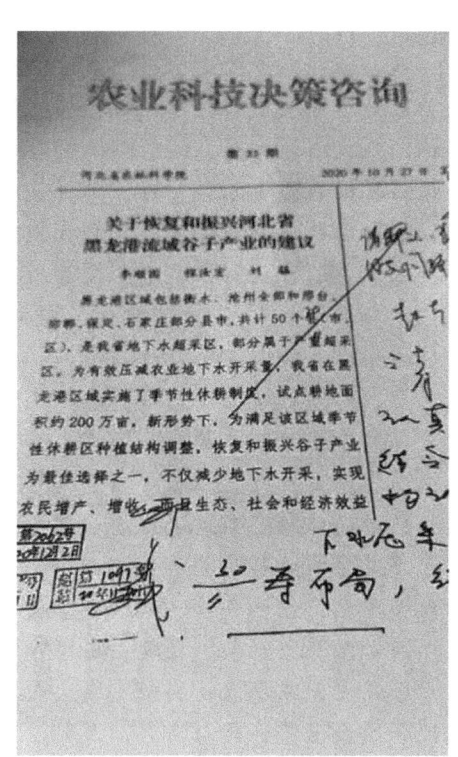

关于恢复和振兴河北省黑龙港流域谷子产业的建议

关于恢复和振兴河北省黑龙港流域谷子产业的建议

黑龙港区域包括衡水、沧州全部和邢台、邯郸、保定、石家庄部分县市,共计50个县(市、区),是我省地下水超采区,部分属于严重超采区。为有效压减农业地下水开采量,我省在黑龙港区域实施了季节性休耕制度,试点耕地面积约200万亩,新形势下,为满足该区域季节性休耕区种植结构调整,恢复和振兴谷子产业为最佳选择之一,不仅减少地下水开采,实现农民增产、增收,而且生态、社会和经济效益显著。

一、谷子产业具备的优势

(一)耐旱节水。谷子在禾本科作物中节水优势明显,其种子吸收本身重量26%的水分即可发芽,而玉米需要48%,小麦需要45%;每生产1克干物质,谷子需水257克,玉米需水369克,小麦需水510克。黑龙港流域年降水量500毫米左右,集中降雨期6月下旬至8月中旬,与谷子生育期吻合度高,90%以上的年份雨养可达到正常产量,与玉米相比,每亩节水100立方米左右。

(二) 生产成本低。新中国成立初期黑龙港流域谷子年种植面积达1000多万亩,目前不足50万亩,谷子面积萎缩的主要原因是生产繁琐,粒小难以实现精量播种,需人工除草和间苗,且缺乏相应的播种和收获机械。进入21世纪,在河北省农林科学院科研人员的努力下,谷子轻简化生产技术取得突破,在国内外首创了5种非转基因谷子抗除草剂材料,育成15个抗除草剂、适合机械化生产的谷子品种,无需人工间苗,研发出从播种到收获的系列机械,实现了谷子全程机械化轻简化生产,效率提高20倍。黑龙港区域地势平坦,适合谷子机械化规模化生产,比丘陵山区每亩节约成本300元左右。

(三) 生产效益高。据统计,2018年全国谷子平均亩产400千克左右,最高达600千克,平均单产较10年前提高90.6%。随着人们对谷子生态、营养等认知水平的提升,谷子消费需求不断扩大,价格呈持续上涨趋势,目前谷子价格每千克6.5~7.0元,是玉米的3倍以上。国家谷子产业技术体系多年监测数据表明,种植谷子效益呈持续增长趋势,较同期玉米亩增收300元以上。此外,谷子不同于其他粮食作物,新旧小米价格差异很大,在黑龙港区域旱作雨养和季节性休耕区采取油菜、绿肥接茬种植谷子,与小麦—谷子模式相比,谷子播种期提前1个月左右,可在中秋、国庆节前上市,成为全国最早上市的小米,比高峰期上市的价格每千克高1.5~2.0元,亩增收300元左右。

(四) 市场空间大。黑龙港区域目前已形成藁城、孟村、曲周等小米加工贸易集散地,加工贸易量超过全国的40%,年销售额达50亿元。但河北省谷子生产量不足,80%以上的原料谷子来自内蒙古赤峰、辽宁朝阳。黑龙港地区是优质谷子生产和高端小米加工的理想区域,京津冀有1亿多人的庞大消费人群,河北省扩大种植面积的市场空间巨大,为恢复和振兴黑龙港区域谷子产业奠定了坚实的市场基础。

(五) 研发实力强。河北省农林科学院建有国家谷子改良中心、河北省杂粮研究实验室、河北省谷子产业技术创新战略联盟、河北省杂粮产业研究院等创新平台,是国家和河北省谷子产业技术体系的主要技术依托单位,具有谷子育种、栽培生理、病虫害防控、产后加工、产业经济等全产业链研发优势,获得国家科技进步奖1项和省科技进步一等奖2项,整体研究居国际先进水平。近年育成的冀谷39实现了抗除草剂、一级优质、适合机械化生产等优良性状的聚合,米色金黄,克服了以往夏谷品种籽粒小、出米率低、米色浅的不足,商品性、适口性突出,2019年推广面积达70万亩,在部分地区实现了订单种植。

二、发展谷子产业建议

(一) 加强顶层设计,科学制定黑龙港谷子产业发展规划

依据黑龙港区域资源禀赋、文化特点、产业竞争力,结合河北省地下水超采综合治理、乡村振兴和健康中国等战略部署,组织专家制定《黑龙港区域季节性休耕区谷子产业发展规划》,在季节性休耕区规划种植100万亩谷子,同时以石家庄、邢台富硒土壤和小米集散地为核心打造富硒谷子产业带,以衡水、沧州为核心,打造休耕区谷子全程机械化生产产业带,以藁城马庄、曲周西刘庄等特色小镇为主、结合乡村振兴战略的

深入推进,打造系列小米小镇,逐步将该区建成全国谷子产业示范样板和全国谷子产业先行区,促进区域谷子产业转型升级和绿色高质量发展。

(二) 实施谷子良种补贴和试点保护性收购

对适合黑龙港区域种植的一级优质、适合轻简化机械化生产的高效谷子品种实施普遍性、稳定性的良种补贴政策,提高种植大户、合作社等新型经营主体的积极性;针对市场价格、种植面积波动较大等问题,在黑龙港区域试点启动保护性收购机制,作为战备粮、应急粮纳入政府政策性收购范围,制定最低保护收购价格,以稳定市场价格。

(三) 强化全产业链科技支撑,助推产业发展

依托河北省农林科学院谷子研究所(国家谷子改良中心、河北省杂粮研究实验室)、国家和河北省谷子产业技术体系、河北省杂粮产业研究院等,强化谷子全产业链科技支撑,加强优质专用品种、绿色轻简化节水生产技术示范与应用,促进谷子一二三产业深度融合,实现谷子产业"全环节升级、全链条升值",全面提升谷子产业科技水平。

(四) 打造区域公用品牌,建立全域质量追溯体系

以藁城宫米、南和金米、曲周小米为核心,设立区域公用品牌建设专项,争取国家相关项目,多渠道宣传,为区域公用品牌建设提供支撑,打造河北省知名区域公用品牌,建立谷子产业全域质量追溯与监测二维码系统,实现谷子产业全链条质量追溯。

(五) 加强信息监测预警,保障市场平稳运行

依托河北省杂粮产业研究院电商平台,建立谷子/小米价格监测预警中心,强化市场供需形势分析与研判,对外发布谷子生产、价格、供求信息和谷子价值指数,有效引导生产和经营者及时均衡上市销售,使黑龙港谷子产业成为全国谷子价格风向标,促进市场稳定运行。

(六) 加强宣传力度,促进小米消费

充分发挥黑龙港区域粟文化丰富的优势,积极拍摄有关谷子文化、历史、营养的专题片,在电视、网络、微信等各类媒体报道,增强民众对小米的认知水平,促进小米消费市场健康发展。

作者:李顺国系河北省农林科学院谷子研究所副所长、研究员、国家谷子高粱产业技术体系产业经济研究室主任、产业经济岗位专家。

程汝宏系河北省农林科学院谷子研究所所长、研究员、国家谷子改良中心主任、国家谷子高粱产业技术体系遗传育种研究室主任。

刘猛系河北省农林科学院谷子研究所科办主任、副研究员。

附录 4　我国粮食安全战略中尚需关注西北地区杂粮产业发展

2021 年 11 月 20 日，农业农村部科教司周云龙司长批示：产业经济岗位就该做这样的工作，对谷子产业经济岗位予以表扬，其他体现也要常做此类工作。

批示和报告如下。

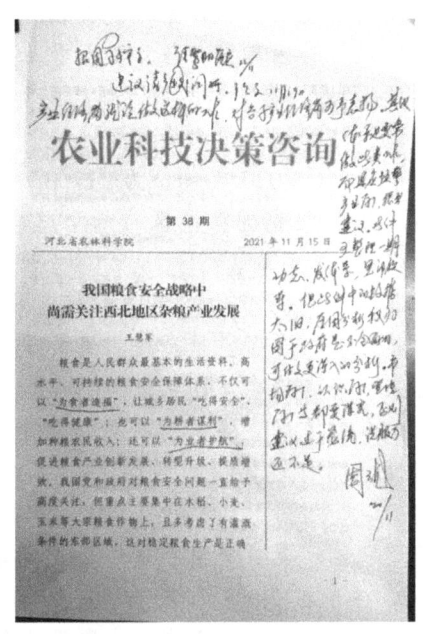

我国粮食安全战略中尚需关注西北地区杂粮产业发展
我国粮食安全战略中尚需关注西北地区杂粮产业发展

粮食是人民群众最基本的生活资料。高水平、可持续的粮食安全保障体系，不仅可以"为食者造福"，让城乡居民"吃得安全""吃得健康"；也可以"为耕者谋利"，增加种粮农民收入；还可以"为业者护航"，促进粮食产业创新发展、转型升级、提质增效。

我国党和政府对粮食安全问题一直给予高度关注，但重点主要集中在水稻、小麦、玉米等大宗粮食作物上。且多考虑了有灌溉条件的东部区域，这对稳定粮食生产是正确的。然而，占我国国土面积达 51% 的干旱、半干旱区域地域广阔，耕地资源丰富。西北及长城沿线干旱、半干旱区，国土面积占全国的 23.2%，耕地面积 4 亿多亩，占全国的 22.6%。该区气候干燥，降水量少，是粮食生产的不利条件。但该区域生态类型多样，气候冷凉，昼夜温差大，日照时数长，生物多样性明显，表现适应性强、抗旱耐瘠、生育期短的杂粮为适宜作物，能够形成优势产区和特色产业。该区人口密度在 100 人/平方千米以下，利于实现机械化、大规模的现代农业生产。

中华民族发端于农耕文明，发源于西北的干旱半干旱区域。以植物食品为主的饮食习惯哺育和培养了中国人特有的肠道微生物种群,是我们的基因所在。早在《黄帝内经·素问》中就有"五谷为养,五果为助,五畜为益,五菜为充,气味合而服之,以补精益气"的饮食调养原则,五谷在我国北方通常是指"粟、稷、麦、麻、菽",这充分说明了五谷杂粮在中国饮食中的地位。

现代社会,人们越来越重视膳食结构的多元化和饮食的均衡化。杂粮除含有碳水化合物、蛋白质、脂肪外,富含多种维生素、膳食纤维和矿物质及微量元素。杂粮中的植物蛋白富含人体必需的8种氨基酸;磷脂对脑部神经的发育、活动有良好的功效;膳食纤维在肠道内可吸附水分子,使食物残渣或毒素迅速排出体外。有研究指出,低杂粮饮食在造成疾病负担因素方面排在各种因素第一位。精细化米面主食及过量油脂消费是造成目前"富贵病"流行的重要原因,全谷物食品消费已成为一种国际性潮流。

西北地区杂粮单产水平低,增产潜力要大大高于小麦、玉米等主粮作物。以该区域种植面积最大的杂粮作物谷子为例,2020年单产为217.3千克/亩,比雨养旱作杂交谷子的产量水平低200千克以上。如果我国在该区布局1亿亩杂交谷子,可为国家增产100亿千克以上粮食,且成本低、效益高。

杂粮生产省水、省肥、省药,资源节约、环境友好、质量安全。其特有的生育期短、抗旱耐瘠、水肥消耗少特性,决定了它是适应当地的生态作物。如谷子每生产1克干物质仅耗水271克,而玉米、小麦均在470克以上。在相同产出的情况下,每亩较玉米、小麦等高耗水作物节水100立方米左右,可有效缓解西部水资源紧缺状况。同时,杂粮生育期具有很大的伸缩性,拥有较宽松的播期,是"发展资源节约型和环境友好型农业"的首选作物。

谷子、糜子等杂粮起源于我国,具有丰富的遗传资源,系统研究,可以在国家粮饲安全上起到意想不到的效果。谷子在20世纪70年代,产量与玉米、小麦产量一个水平,由于国家的粮食安全重点放在了小麦、玉米、水稻三大作物,使得谷子产量与三大作物拉开了距离。但是,三大作物的增产基因已经基本明确,这些作物的基因功能不断挖掘,给谷子、糜子的产量提高,提供了捷径。我国加大这方面的研究力度,可以占领干旱节水、耐瘠薄的作物育种高地。

为此,特提出如下建议:

1. 将西北地区杂粮作为生态作物布局,扩大种植面积。西北地区曾是我国杂粮的主产区,20世纪50年代该区仅谷子种植面积就有近亿亩。进入90年代以后,由于水利条件改善,增加粮食产量,改为小麦或玉米种植,这种种植制度引发了区域水资源的高度耗费,直接影响农业的可持续发展。目前,谷子产量低、费工、费时、难以机械化的问题随着科技进步都已解决。杂交谷子在西北地区创出超过700千克/亩的高产纪录,常规谷子也已稳定通过400千克/亩。轻简化栽培技术已使谷子生产实现全程机械化。在我国农业发展历史上,杂粮的籽粒、麸皮和秸秆作为优质饲料,能明显提升畜禽产量和品质,显著提升牛、羊、马、驴等牲畜的抗病性,有利于构建优质畜牧业,可缓解区域畜牧业饲草短缺的现状。

2. 做好杂粮消费大文章。健康中国战略是习近平新时代中国特色社会主义思想中"以人为本"的基本方略,我们应宣传、引导国人建立包括五谷杂粮在内的合理膳食结构,由吃饱、吃好,向吃品质、吃营养、吃健康转变。科学家要从优良品种培育开始,进行杂粮的全产业链研发,为杂粮生产、加工、消费提供强有力的科技支撑;企业家应适应现代人工作、生活节奏不断加快的特点,针对不同消费人群,开发孕妇、儿童、少年、青年、中年、老年、男人、妇女、健康人群、亚健康人群、各种疾病人群等需求的健康营养食品,为打造健康中国人奠定基本的食品基础。广泛宣传合理膳食是人类健康最基础的工作,恢复五谷杂粮的本来面目,告知大众,它是中华民族的传统主食,是特色营养食品。

3. 建立杂粮储备制度,服务国家长期粮食安全。专家研究指出,起源于我国的杂粮作物都带有皮壳,利于贮藏,是中华文明历史得以延续以及战胜各种大灾大难的重要原因。扩大杂粮的销售出路在于加工转化,但是企业加工转化需要稳定的货源。目前,种植面积受市场价格波动影响大,远远不能满足企业转化长期供货需求,导致了投资深加工领域的企业数量少、深加工产品研发严重滞后。建议在我国西北地区试点启动对杂粮保护性收购机制,在主产区纳入国家政策性收购范围,制定最低保护收购价格,以稳定市场运行,保护农民利益。给予地方杂粮储备以政策支持和储备补贴支持,使杂粮储备成为农民生产和企业消化的促进剂。

4. 加大对杂粮加工企业的支持力度。"产业强,粮食安"。要以"粮头食尾"和"农头工尾"为抓手,推动杂粮精深加工,做强绿色食品加工业。建议政府、科学家、企业家、金融、保险、农民"六家握手",共同发力,打造西北杂粮加工品牌企业,给予政策支持,延伸产业链条,从初级加工、深加工、精深加工等方面,建立杂粮产业加工体系,瞄准多样化市场需求,以突破杂粮精深加工技术为重点,优化产品结构,细分消费人群,例如,开发适合老人、儿童、学生、孕妇等不同消费群体的产品,提高产品附加值,稳步扩大杂粮产品市场份额,形成"以加促销,以销带产"的良性循环。

5. 加大宣传力度,扩大杂粮消费。组织食品、营养、农学、文化领域专家学者撰写有关杂粮营养、文化、历史知识的科普文章和图册,增强民众对杂粮的认知水平;结合地方食物资源、饮食习惯、传统食养理念,宣传以杂粮配伍为主的膳食结构的食品制作方法、健康营养知识和保健功能等;发挥我国杂粮文化历史悠久的特点,拍摄适应不同目标消费群体的专题片,利用各类新媒体手段定向、精准地将科普信息传播到不同人群,从而促进国人的杂粮消费。

6. 建议启动西北地区百亿千克杂粮增产工程。针对制约杂粮优质、丰产、轻简化、信息化等关键问题,以增产 100 亿千克杂粮为目标,建议国家启动实施西北地区百亿千克杂粮增产工程,为西北地区杂粮生产提供科技支撑。开展西北地区高肥效杂粮品种筛选、化肥农药减施增效、中低产田地力提升、撂荒地开发利用、全程机械化设备、智能化管理系统技术创新与研发,将优质高肥效品种、绿色高效生产技术、物联网技术等杂粮产业关键技术进行集成,形成标准化技术体系,在西北杂粮主产区开展高产创建、产业化示范区建设,从而带动杂粮增产增效。

附:西北及长城沿线干旱区杂粮产业发展现状调研报告

国家谷子高粱产业技术体系产业经济研究室

2021 年 12 月 8 日

附录5 强化产业后端导向型发展模式促进河北优质谷子产业集群高质量发展

2021年6月24日批示：将此报告印发各厅领导学习借鉴（专班负责）。各产业集群都要像谷子集群这样，拓展思路，学习先进，一个链条一个链条提出提升发展的具体办法。请越祥同志将意见拉出若干事情清单，提出目标、责任人、完成时限，一项一项推进。

报告和批示如下。

强化产业后端导向型发展模式促进河北优质谷子产业集群高质量发展

强化产业后端导向型发展模式促进河北优质谷子产业集群高质量发展
——赴山西省调研谷子产业的考察报告

为学习借鉴山西省谷子产业发展经验，加强省际间现代农业交流合作，促进河北省优质谷子产业集群建设，近日，由省农业农村厅分包优质谷子产业集群的厅领导带队，厅种植业处、省农业技术推广总站，省农林科学院谷子研究所，武安市、蔚县、藁城区三个谷子产业重点县（市、区）政府及企业负责人等一行20余人，对接山西省农业农村厅、山西省农业科学院，调研了山西小米运营中心和山西农业大学（山西省农业科学院）经济作物研究所，考察了太行明珠、沁州黄、太行沃土（羊肥小米）、汾阳皇、粮缘金土地、山花烂漫6家谷子种业、肥料、加工企业。通过考察学习山西省谷子产快速发展的经验，强化了"需求牵引供给、供给创造需求"的理念，坚定了走产业后端导向型发展模式的信心，力争通过3~5年的努力，将河北小米打造成全国知名品牌，带动河北优质谷子产业集群实现跨越式发展。

一、山西省谷子产业概况和经验做法

（一）山西省谷子产业概况

1. 谷子产业总体情况。山西省是全国谷子主产省之一，2018年谷子种植面积296.7万亩，居全国第一位，占全国谷子种植面积的25.4%；谷子总产量47.26万吨，占全国总产量的20.2%；谷子单产159.3千克/亩，是全国平均单产的79.4%。谷子在山西省11个地市均有种植，主要分布在太行山、吕梁山、晋西北区域。20世纪70年代中后期，山西省谷子种植面积为850万亩左右，总产90万吨。80年代以来，山西省谷子种植面积不断下降，2004年以后，谷子种植面积基本稳定在300万亩左右，总产量50万吨左右。

2. 谷子种植主要品种。山西省谷子种植品种主要有晋谷系列、长谷系列和张杂谷系列。晋谷系列、长谷系列品种主要种植在太行山、吕梁山地区，种植面积约占全省谷子的75%，以沁州黄、汾州香、东方亮三大品牌为代表，主要品种有沁黄1号、沁黄2号、晋谷21号、晋谷29号、晋谷40号、长农35号、长生07、长生08等优质品种，其中晋谷21号以其突出的商品性、适口性长期为山西省种植面积最大的品种；张杂谷系列品种主要分布在晋西北地区，种植面积约占山西省谷子的25%，主要品种有张杂谷3号、张杂谷5号、张杂谷10号、张杂谷13号等。晋谷系列与张杂谷系列相比，晋谷系列品种品质更佳，色泽金黄，谷香味浓，适口性好，但产量相对较低，约为200~300千克/亩；张杂谷系列品种虽品质不如晋谷，口感稍差，但产量较高，能达到350千克/亩以上。

3. 谷子种植方式。山西省谷子80%以上分布在丘陵旱地，且以春播为主。沁州黄、羊肥小米、山花烂漫、东方亮等品牌小米基地均以有机旱作种植为主，施用农家肥、有机肥，不使用化肥、除草剂等化学制品，绿色有机基地种植面积占15%左右；地膜覆盖（包括全膜穴播、膜侧沟播等）占有较大面积，约占30%。山西省谷子机械化率在45%左右，除草剂使用率在30%左右，整体轻简化水平在全国处于较低水平。

4. 谷子品牌建设与加工企业建设情况。2017年以来，山西集中全省之力打造省级区域公用品牌"山西小米"，突出"优质"和"特色"两张牌，整合小米产业生态、品种、技术、功能、品牌五大优势，融入农耕文明、红色历史、传统旱作、制作工艺、养生保健、人文情怀等传统农业文化元素，充分将山西优质小米资源优势转化为产业优势和经济优势。"小米还是山西的好"这句朴实而又响亮的广告语，已变成实实在在的业内共识，涌现出一批成长性好、核心竞争力强的骨干企业，"山西小米"已成为山西现代特色农业的一张"黄金名片"。全省有小米加工企业200余家，其中有自主品牌的小米加工企业90余家，省级龙头企业21家、市级龙头企业24家，著名商标24个，驰名商标3个，"三品一标"认证89家。30年老品牌沁州黄年销售收入增长30%，"沁州黄小米"品牌价值达到14.7亿元；入盟企业河曲县万家福小米销售额增长20倍；汾阳皇米业有限公司由做产品开始做品牌，投资4500万元新建年加工能力年产3万吨小米生产线,初步实现"好米变名米,名米卖好价"的目标。

(二) 山西省发展谷子产业经验做法

山西省谷子产业始终坚持以"品牌建设"为引领的现代农业发展模式,聚焦政府、企业和农户力量同向发力抓推进,引导资源要素向重点区域集中提绩效,强化核心种植区域和加工基地辐射带全局。

1. "政府推动、品牌打造"是推动山西省谷子产业快速发展的保障。"山西小米"省级区域公用品牌打造发端于2017年习近平总书记视察山西提出的"立足优势,扬长避短,发展旱作有机农业和现代特色产业。"山西省委、省政府将发展"山西小米"特色产业作为贯彻落实习近平总书记视察山西讲话精神的具体举措,率先在全国打造省级小米区域公用品牌"山西小米"。省政府先后出台了《"山西小米"品牌建设实施方案》《"山西小米"品牌建设三年发展规划》《关于加快杂粮全产业链开发的实施意见》等一系列政策文件,积极筹措省财政资金、申请中央投资给予"山西小米"产业持续支持。2018年以来,省级统筹6 000余万元支持小米产业,其中投入2 074万元用于品牌打造,2 000万元用于交易中心建设,2 000万元用于仓储建设;积极争取中央财政3.3亿元、省级补助1.2亿元用于优质粮食工程建设,主要实施内容包括"山西小米"标准体系建设、良种繁育工程、生产基地建设、质量监测体系建设、营销体系建设、品牌宣传推介、品牌管理、技术集成与成果转化、文化挖掘等,"山西小米"基地、标准、良种、质量保障、营销五大体系建设初见成效。

2. "科技引领、创新驱动"是推动山西省谷子产业快速发展的原创力。山西省高度重视谷子产业科技创新,借打造"山西晋中国家农业高新技术产业示范区"契机,山西农业大学与山西省农业科学院合并成立新的山西农业大学,先后加强了与谷子产业相关的"国家功能农业工程中心""有机旱作农业实验室",正在积极谋划成立"国家杂粮重点实验室"建设,投入专项资金支持杂粮项目研究,开发了"太行明珠"小米方便粥、沁州黄小米营养粉等系列产品。组织27名专家成立标准委员会,先后制定了《山西小米种植技术规范》《山西好粮油生产质量控制技术规范》,形成了地方、团队、企业标准体系。积极推行人才兴粮战略,加大人才培养与引进力度,以"百名博士服务"、人才入企等形式推动企业与科研院所加强对接,提供全方位服务。

3. "以优质品种高标准打造原粮基地"是实施"山西小米"品牌战略的根基。"山西小米"定位中高端市场,把质量视为"山西小米"品牌建设的生命,坚持高标准高质量贯穿"山西小米"品牌建设的始终,贯穿整个生产环节。山西小米优势企业均是以优质谷子晋谷21号为主推品种,通过优质谷子品种、有机栽培技术、特色产区"三位一体"培育区域公用品牌和企业品牌。羊肥小米、沁州黄小米、汾州香、山花烂漫等品牌小米严格按照有机栽培要求管理,不使用化肥、农药等化学制品,施用农家肥、有机肥,坚持三年轮作制度,保障了小米品质。羊肥小米是中国首家高端私人订制服务省级扶贫龙头企业,依据轮作年份,开发出3年、4年、5年不同档次的优质小米高端产品,并给予农户种植轮茬补贴。沁州黄小米公司严格实行统一地块标准、统一种植品种、统一技术规程、统一配方施肥、统一订单收购的"五统一"基地管理模式,确保小米质量。

4. "深入挖掘山西小米文化"是"山西小米"品牌建设的灵魂。山西小米文化源远流长,他们把小米文化与"山西小米"品牌建设有效嫁接,给"山西小米"品牌植入了鲜活、厚重的文化元素。深入挖掘"山西小米"在农耕文明中的历史定位,弘扬"小米加步枪"的红色文化,宣传"山西小米"的特殊营养功效,传播传统与现代小米制品的制作工艺。举办"山西小米"文化节、开设"山西小米"高端论坛,组织创作宣传"山西小米"的文艺作品,讲述"山西小米"故事,感悟"山西小米"天人合一的文化价值,解码"山西小米"好吃、营养、养生、保健的独特品质,体味"山西小米"文化与众不同的天然奥妙。拍摄"山西小米文化宣传片",组织编写《山西小米志》等,让"吃山西小米、品灿烂文化、享养生之道"的品牌核心价值深入人心,家喻户晓。文化挖掘赋予了"山西小米"灵魂,"中国杂粮之都""中国小米之都"一批杂粮市县陆续揭牌,地理标志保护产品达到18个,占全国小米地标产品的1/3,居全国首位。

5. "依托山西小米运营中心,统筹山西小米品牌建设"是推动山西谷子产业发展的龙头。在省政府引导下,山西省粮食行业协会、山西省粮油交易中心、山西鹏异昌农牧有限公司牵头成立山西小米运营中心有限公司,对内服务"山西小米"的整条产业链,对外服务"山西小米"经销商和广大消费者。公司紧紧依托"山西小米"品牌产品,大力弘扬小米文化、科学倡导健康理念、高度整合优质资源、积极参与市场竞争、全面创新经营模式,先后在北京、哈尔滨、天津、重庆等地举办数场"山西小米"品牌推介活动,受到社会各界广泛关注和充分肯定。公司先后同阿里巴巴、京东、天猫等大型电商签订了战略合作协议,全力拓展线上"山西小米"销售平台;加快"山西小米"品牌专营店、直营柜和专店专柜直销,在北京、天津、上海、深圳、广州、武汉、重庆等地开设20个专营店,在大型超市设立"山西小米"专柜,加强线下销售体系建设。建设"中国杂粮交易网",定期发布全国"产、购、储、加、销"信息,为宏观调控、市场预警提供决策依据。"山西小米"品牌采用申请授权制度,授权后才能使用"山西小米"品牌,建立准入与退出机制,使用"山西小米"品牌,必须严格遵守品牌规则,执行品牌标准。

二、河北省谷子产业优势和短板

(一) 河北省谷子产业的优势

1. 资源禀赋优越。河北省是中国地貌最全的省份,有高原、山地、丘陵、平原、湖泊和海滨,地貌的多样性导致谷子品种类型丰富、特点鲜明,既有生育期短的夏谷,也有生育期长的春谷,夏谷生产的小米煮粥省火、粥色鲜亮、入口绵香,适合快节奏的现代生活;黑龙港区域实施季节性休耕,夏谷春播可在国庆节、中秋节之前上市,是全国最早上市的当年小米,价格通常比10月初正常上市的小米高1.0元/千克;冀中南冲积扇平原石家庄—邢台—邯郸谷子主产区富硒土壤达1 800平方千米,生产天然富硒小米优势明显。河北省谷子文化底蕴深厚,武安磁山文化遗址出土的碳化粟距今达10 300多年,重量测算达到50 000千克之多,出土时间之久远、数量之多属全球之最。河北省有龙兴贡米、蔚州贡米、黄旗小米、藁城官米等众多皇家文化属性小米,具备开发高端精品小米的潜力。河北省毗邻京津,区域内城市群密集,是全国最大的高端小米消费区域，开发高端小米具备运输成本低的优势，在京津冀一体化背景下，河北省定位为生态农业区和安全食品生产区，为我省谷子产业发展提供了更大的发展空间。尤其是近年来，面对地下水压采任务，谷子作为抗旱节水的秋季作物，可在旱作雨养项目区大面积种植，既节水又能保证产量和效益。

2. 谷子轻简化栽培水平较高。2018 年河北省谷子种植面积 177.6 万亩，占全国的 15.2%，居全国第三位；总产量 43.61 万吨，占全国的 18.62%；单产 245.6 千克/亩，是全国平均单产的 1.22 倍，较山西省谷子单产高 86.3 千克/亩，是山西谷子单产水平的 1.54 倍。河北省在全国率先推广抗除草剂谷子品种，除草剂使用率达到 80% 以上，谷子综合机械化水平为 65.7%，较全国平均水平领先 13.6 个百分点，较山西领先 18.5 个百分点。

3. 谷子加工集散地优势显著。河北省有石家庄藁城马庄、邯郸曲周、沧州孟村、张家口蔚县吉家庄镇等全国知名四大小米集散地，分布着 300 余家小米加工厂，购销覆盖全国，加工原粮 80% 需要外省调入，贸易量高峰时期曾占全国加工量的 1/2，小米集散地谷子加工产值达 60 亿元左右。加工总量高，副产品产量高，也为谷子综合利用、开发小米面、米糠油等提供了原料优势。

4. 谷子科技创新全国领先。河北省拥有"国家谷子改良中心""国家谷子改良中心张家口分中心""河北省杂粮研究实验室""河北省谷子产业技术创新战略联盟""中国作物学会粟类作物专业委员会"等科技创新平台、产业与学术组织，有河北省农林科学院谷子研究所、张家口市农业科学院等科研实力国际领先的科研单位。在国家谷子高粱产业技术体系有 6 个岗位 4 个试验站，数量居全国首位，从学科门类上，涵盖了谷子种质资源、分子遗传、育种、栽培生理、农机、病虫害防控、产后加工、产业经济等谷子产业整个链条。我省培育的冀谷和张杂谷系列品种享誉全国，优质简化栽培品种占据全国 60%，杂交谷子占据全国 90% 以上的品种市场，张杂谷、冀谷品种已成为河北省响亮的名片。

(二) 河北省谷子产业的短板

1. 品牌建设差距较大影响产业效益提升。对标山西省小米品牌建设，我省在小米区域公用品牌、企业品牌、产品品牌建设方面差距较大。全省还没有形成省级区域公用品牌，各县区域公用品牌在全国影响力较小，缺乏"沁州黄"一类的全国知名小米品牌。小米由于品牌建设不足，附加值较低，缺乏市场竞争力，平均销售价格远低于山西小米价格。我省四大小米集散地以低端产品为主营，多以无商标无品牌的大包装向批发市场销售，盈利能力和企业效益较低。

2. 标准化生产与质量控制体系相对薄弱影响产业整体实力提升。山西省沁州黄、羊肥小米、山花烂漫等高端小米基地均是以晋谷 21 号优质品种为主，建立了标准化有机旱作生产质量体系和监控体系，严格按照技术标准种植谷子。例如，羊肥小米依据谷子轮作年份开发出了三年、五年高端精品小米，售价分别达到 100 元/千克、160 元/千克。而我省品牌小米多数还没有建立一套绿色有机谷子生产和控制体系，小米质量生产控制不稳定，影响了高端品牌打造。市场谷种繁杂、品质参差不齐，产出的谷子多为混购混销，难以形成商品性好、优质率高、品质统一的规模原粮，严重影响我省小米平均售价水平。

3. 加工深度不够影响产业做强做大。我省谷子90%以上以初级加工为主，缺乏精深加工规模龙头企业，加工企业中仅9家为深加工企业，深加工产品多以小米酒、小米醋、小米面条为主，品种单一、开发深度浅、附加值低、企业规模小、盈利水平低。而山西的"太行明珠小米方便粥""沁州黄小米营养粉"等深加工产品目前在市场上已具有了较高知名度。就全国而言，小米深加工产品目前快速发展，英伦之恋小米锅巴、巧媳妇小米醋等深加工产品开发与市场营销模式都值得我省学习借鉴。

4. 文化资源利用不足影响产业发展后劲。河北省谷子文化历史悠久、内涵丰富。我省有目前世界上出土碳化粟最早的磁山文化，有全国重要农业文化遗产涉县王金庄旱作梯田系统，多地流传与谷子有关诸如黄粱梦、粟山等典故、故事。河北省农林科学院对中国粟文化进行了系统梳理，出版的《中国粟文化研究》专著，填补了世界粟文化研究空白；拍摄了第一部谷子专题纪录片《粟说：一粒小米的故事》，在CCTV-7播出后反响热烈。但是在充分利用文化资源打造企业文化、塑造企业形象方面做得还远远不够，与山西的沁州黄、内蒙古的敖汉米文化影响力相比有很大差距。

三、对策和建议

对标山西省谷子产业发展，看到了我省谷子产业发展的明显差距和蕴藏的巨大提升空间，从我省谷子产业的优势看到了产业发展的强大后劲，按照《河北省人民政府印发关于持续深化"四个农业"促进农业高质量发展行动方案（2021—2025年）的通知》《河北省谷子产业高质量推进方案（2021—2025年）》《河北省优质谷子产业集群2021年推进方案》有关部署和工作要求，我省推动谷子产业发展，要突出"科技、绿色、品牌、质量"四大要素，强化"发挥优势、错位发展，突出特色、打造精品"的思路，从品牌、加工、营销等产业链后端入手，重塑产业后端导向型发展模式，在营造需求与供给的动态平衡中积极开拓市场，力争通过三至五年努力，实现河北省谷子产业高端化、品牌化、精品化目标，促进河北优质谷子产业集群持续高质量发展。

（一）坚持"四动"模式，统筹推进产业发展。遵循市场规律，构建"政府推动、企业带动、创新驱动、协会联动"的谷子产业高质量发展模式。政府部门负责统筹中央、地方各类资金，加大谷子产业集群支持力度，重点支持绿色谷子基地建设、社会化服务组织、科技创新、基础设施提升改造、区域公用品牌打造等基础性、公共性领域，形成强大的产业推动力。企业以及新型经营主体负责产品开发、市场运作、企业品牌打造等，通过市场培育壮大支柱性企业。科研院所与部分企业针对产业需求研发新工艺、新品种、新产品，成为驱动产业发展的核心动力。行业协会负责制定行业标准、准入制度等，组织行业攻关、搭建产学研交流平台。

（二）挖掘粟文化内涵，强化品牌打造。深入挖掘武安磁山10 300年粟文化，蔚州贡米、南和金米、孤竹小金米、龙兴贡米、车亭贡米等文化内涵，为"河北小米"插上文化的翅膀。与健康中国、乡村振兴、文化旅游相结合，提炼文化亮点，开展文化研究，创新微电影、短视频、品牌故事、功能与营养著作等多样文艺作品，开展乡村田园体验等多种形式宣传活动，挖掘"河北小米"品牌文化；组织开展拍摄"河北小米"以及各县区域品牌专题片，在高铁、航空以及各级媒体广泛宣传，提升河北小米知名度。充分利用我省粟发源地、小米历史文化丰富的优势，计划今年9月份在粟的发源地武安市组织召开首届"粟之源"谷子产业发展大会暨第三届中国谷子文化与产业发展高峰论坛。邀请全国知名专家、院士、各级领导、全国谷子龙头企业、谷子产业链各环节代表，从谷子历史文化、品种、绿色高效生产技术、产后加工、品牌建设、市场营销等方面开展高峰论坛，举办河北优质小米、深加工产品展会，邀请各级媒体给予广泛报道，提升河北小米知名度。会议将对河北小米特色优势达成共识，集中各级专家智慧研讨河北谷子产业发展方向，对河北省谷子产业高质量发展提供智力支持，并形成长效机制，以后逐年召开，形成品牌。

（三）组建河北小米运营中心，提升河北小米组织化水平。学习山西小米运营中心的经验，创新河北省小米组织机制，计划由河北省谷子产业技术创新战略联盟、河北省杂粮产业研究院以及河北省优势谷子企业共同组建河北小米运营中心。中心主要职责包括河北小米区域公用品牌建设，品牌形象设计、品牌发布会、品牌宣传、品牌管理等；产业信息监测预警，定期发展各地谷子小米价格、价格指数，根据调研、数据分析结构发展产业预警简报；品质化验以及全省谷子质量追溯体系建设，对全省各地谷子、小米不定期抽检，从生产、加工、运行等建设质量追溯体系。

（四）加强谷子加工产品研发和市场建设，延伸小米产业链条。充分利用河北省谷子轻简化水平高、生产成本低、加工量大的优势，加强谷子深加工产品开发力度。一是对接国家体系、省体系以及国内加工研究优势单位，研发小米大众化食品、功能食品等系列产品；二是对河北省小米醋、小米酒等传统加工产品进行转型升级，强化资产重组、优势整合，加强宣传、品牌建设和营销体系建设；三是重点对小米集散地开展谷子副产品综合利用产品开发，开发米糠油、小米面粉、小米面条等附加值高的产品，延伸产业链条，提高产业附加值。重点对武安市同会现代农业园区、蔚县景蔚五谷香米业有限公司等龙头企业改造优化小米加工工艺，建设现代化、全自动小米加工生产线，配套建立仓储设施，确保小米质量。重点对藁城马庄小米集散地改造提升，完成市场道路、门面和重点企业加工设备的更新换代，建设现代物流、仓储与交易市场。逐步实现谷子产品物流网络化、信息化、标准化和设施现代化。

（五）健全标准化生产与质量安全体系，全面提升品质和质量安全水平。组织专家制定"河北小米"标准与生产技术规程+N个地标小米标准与生产技术规程，形成包括种植、储藏、运输、加工技术等环节的"河北小米"生产技术标准体系。建设"河北小米"质量信息采集和检验检测体系，实现谷子生产、收购、储藏、加工、运输、销售等流通环节全过程监测，及时排查质量安全隐患。完善建立质量追溯体系，按照"河北小米"产品"生产有记录、流向可追踪、信息可查询、安全可追溯"的质量管理要求，推动企业建立质量追溯体系，实现品质保证、品牌保护，满足消费者需求。

（六）发挥育种优势，做强种子产业。凭借优势品种，抢占市场制高点，开启河北小米产业的新天地。一是强化育种工作。充分依托国家谷子改良中心、河北省农林科学院、张家口市农业科学院、巡天种业等单位技术优势，加快谷子优质新品种研发和老旧品种更新换代，瞄准市场需求选育推广适口性、商品性兼优粥用品种，高抗性淀粉及富硒、富锌功能品种，高油酸、冻融稳定性强加工专用品种。围绕3个育种方向，组建专家团队,尽快取得突破性进展。二是加快品种筛选。发挥省杂粮杂豆产业技术体系创新团队作用,加快品种筛选步伐。在武安、藁城、蔚县、景县等气候和立地条件不同地区,建立4个谷子品种展示田,对现有品种进行展示与综合筛选评价,突出保健功效,从产量、抗逆、品质、食味等多角度评价展示品种,筛选市场认可和适宜机械轻简化栽培的品种。2021年底推介品质出众、符合区域特色的品种2~4个,功能元素生物富集效果出众的专用品种2~3个,为实现区域单一品种规模化种植奠定基础。同时,研发饲草型谷子品种,扩大张承地区退耕区域种植面积。三是建立优质谷子扩繁中心。依托我省优势种业公司,选定适宜区域,按照技术规程,精心组织良种生产。

(七)加强品种展示,优化基地布局。在武安、蔚县、藁城建设品种展示田3个,通过产量、品质、抗逆性综合评估,向加工企业推介优质专用品种;进一步优化"两山一中心"优质谷子基地布局,在武安重点打造太行山夏谷高端谷子基地,在蔚县重点打造燕山春谷高端谷子基地,在藁城重点打造谷子产业集群加工中心。采用国家一级优质谷子新品种,配套绿色防控技术、全程机械化生产技术、富硒谷子生产技术,对接小米加工企业,采取"全程不落地"收储模式。创新资金补贴机制,形成地方、省级、国家、自筹多元化投入机制。对龙头企业建立的精品有机小米基地,重点补助良种、有机肥、太阳能杀虫灯、绿色防控等;对小米加工集散地重点支持订单农业,对企业选定的良种给予补助;鼓励支持社会化服务组织建设,重点对农机服务、绿色防控给予补助,提高谷子机械化、轻简化、绿色化生产水平。

报告起草人:
李顺国　河北省农林科学院谷子研究所副所长、研究员
董海岳　河北省农业农村厅种植业处二级调研员
刘　猛　河北省农林科学院谷子研究所副主任、副研究员
王成敏　河北地质大学管理学院副教授
赵文庆　河北省农林科学院谷子研究所助理研究员
李令蕊　河北省农业农村厅植保植检总站推广研究员

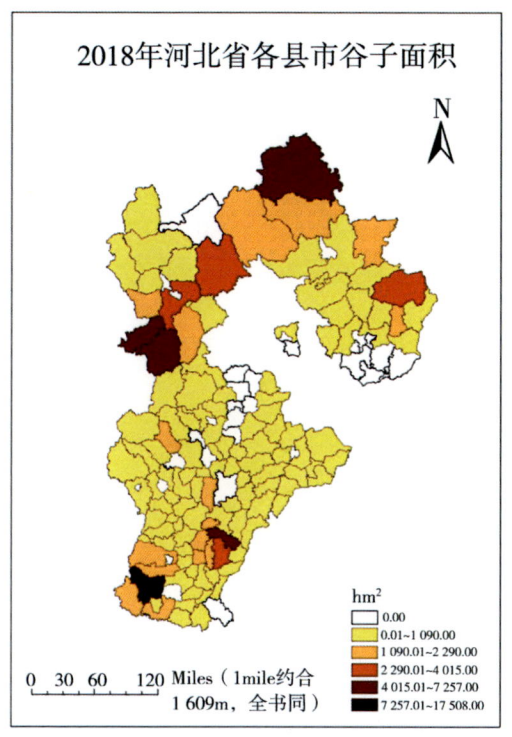

彩图 3-21 河北省谷子面积县域分布

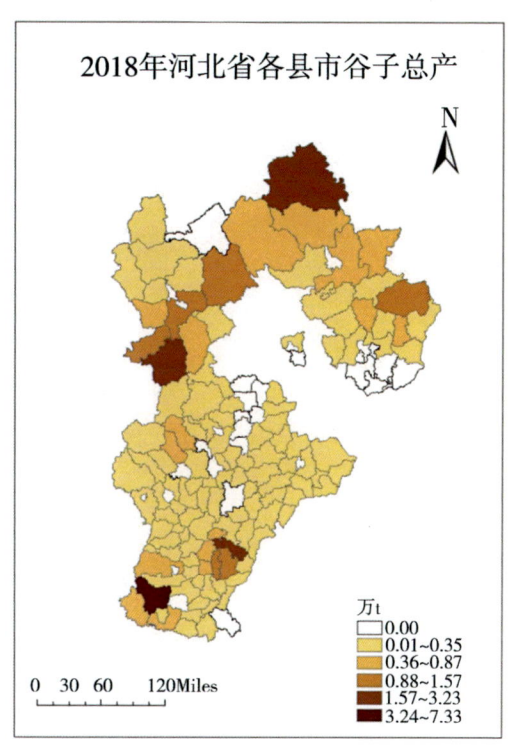

彩图 3-22 河北省谷子总产县域分布

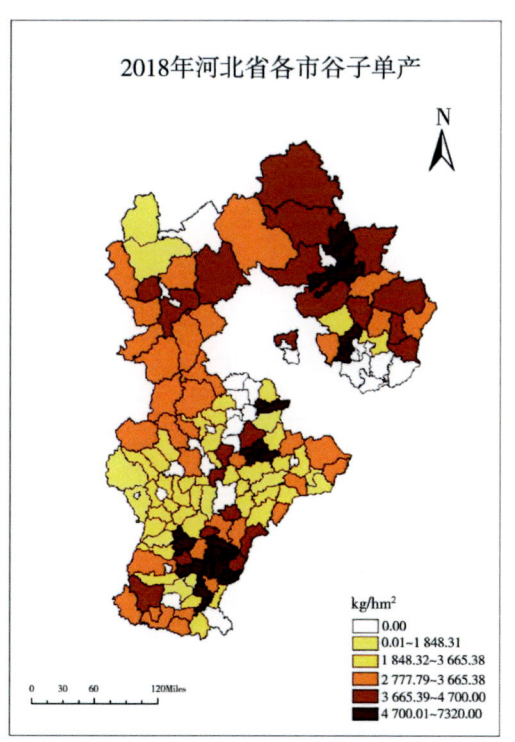

彩图 3-23 河北省谷子单产县域分布

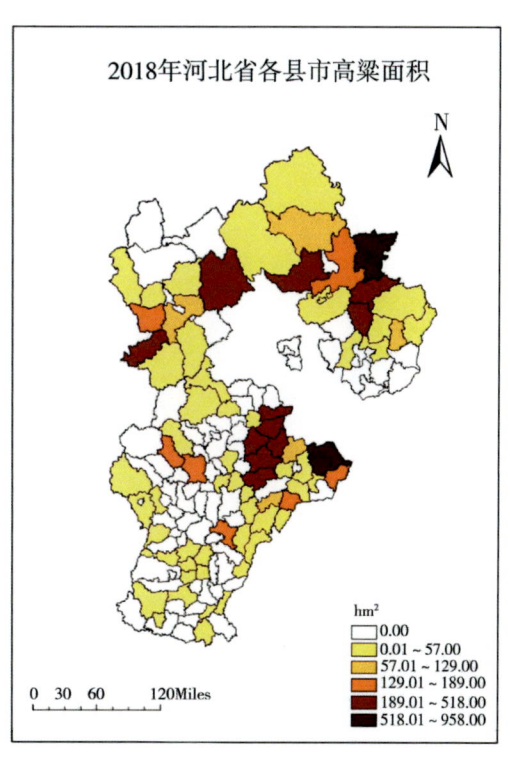

彩图 3-24 河北省高粱面积县域分布

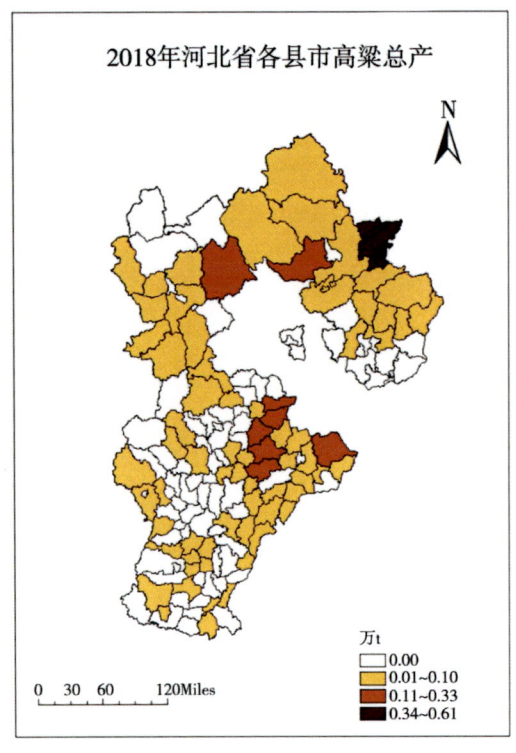

彩图 3-25　河北省高粱总产县域分布

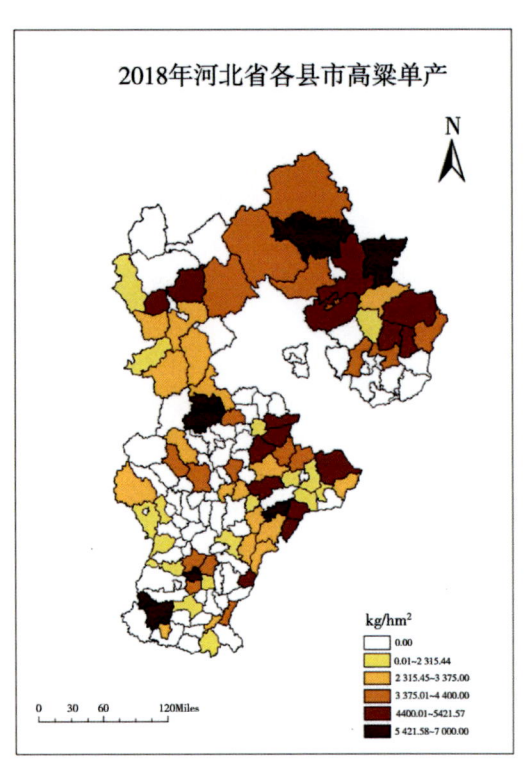

彩图 3-26　河北省高粱单产县域分布

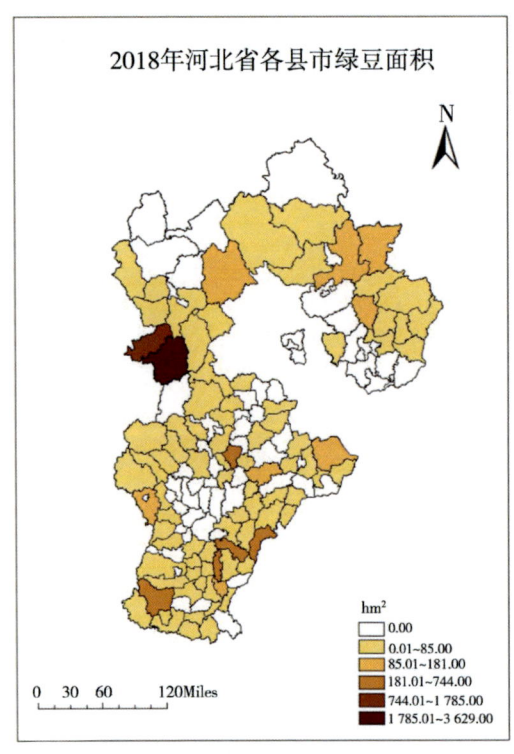

彩图 3-27　河北省绿豆面积县域分布

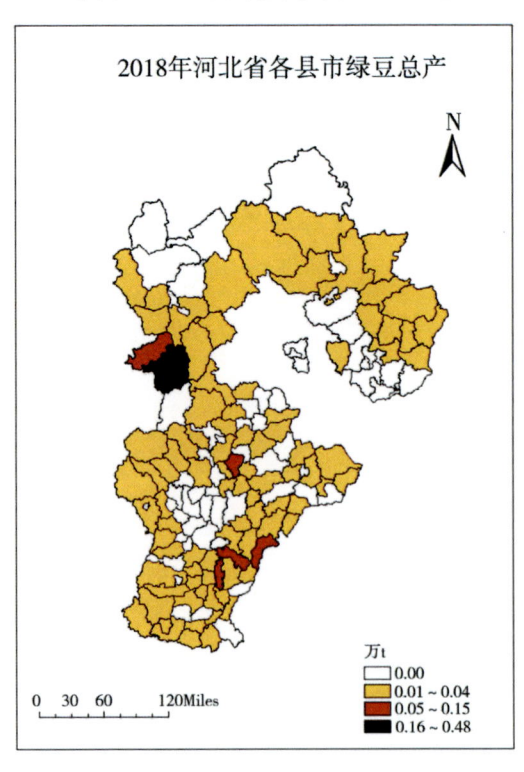

彩图 3-28　河北省绿豆总产县域分布

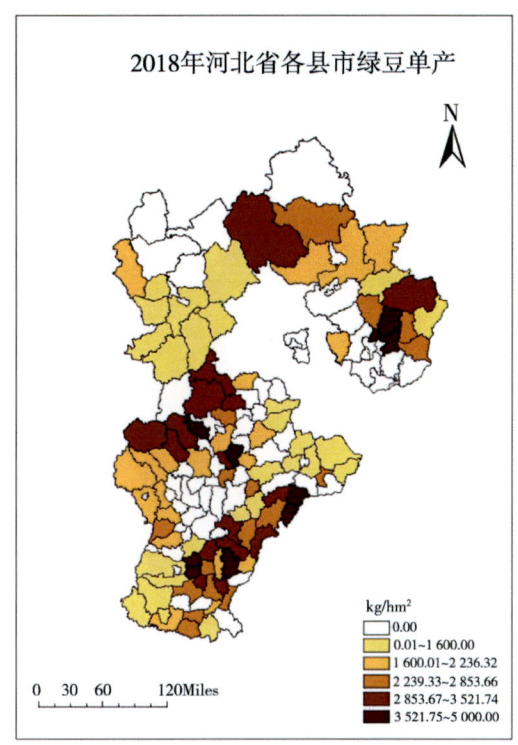

彩图 3-29　河北省绿豆单产县域分布

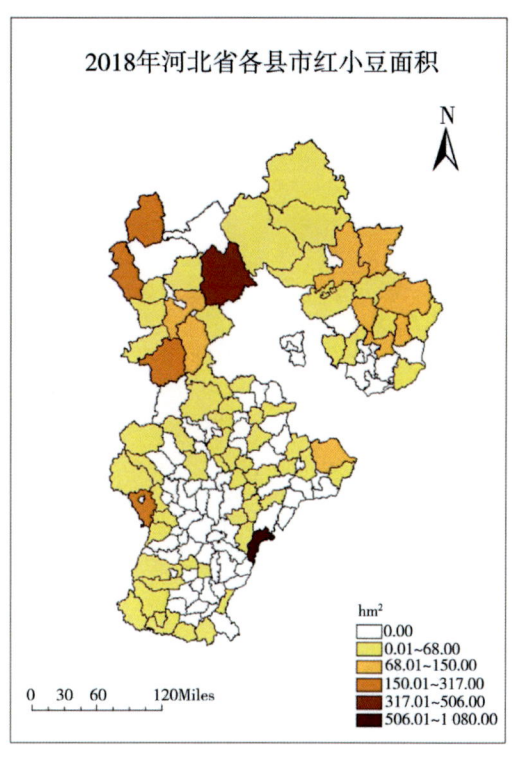

彩图 3-30　河北省红小豆面积县域分布

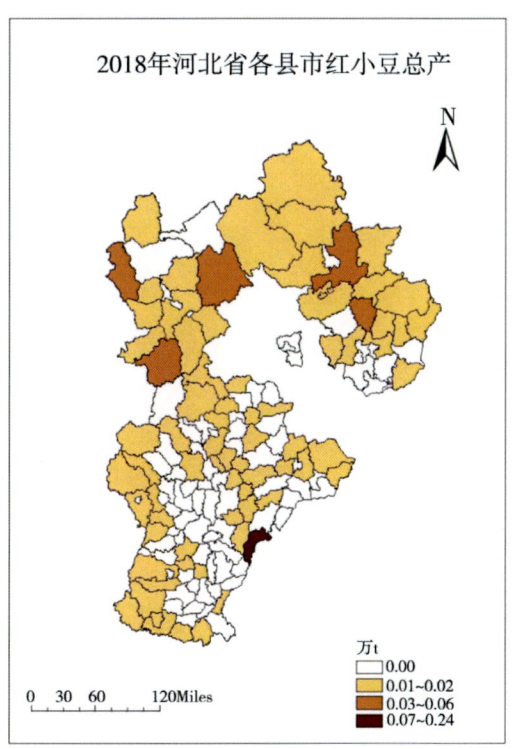

彩图 3-31　河北省红小豆总产县域分布

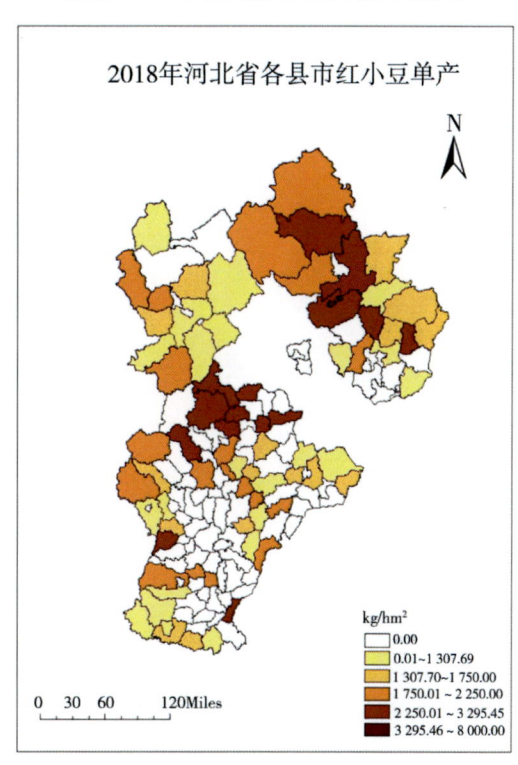

彩图 3-32　河北省红小豆单产县域分布

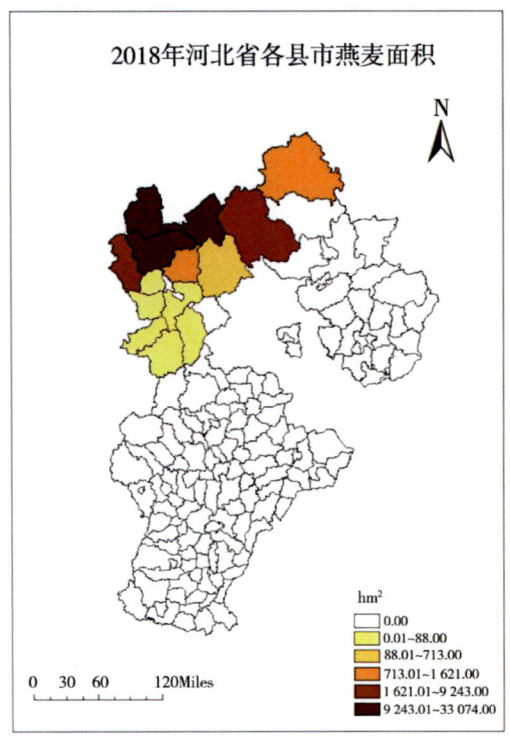

彩图 3-33　河北省燕麦面积县域分布

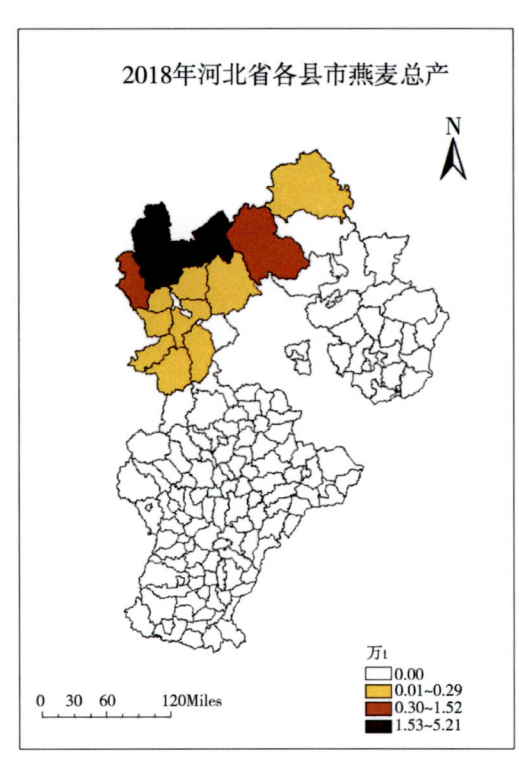

彩图 3-34　河北省燕麦总产县域分布

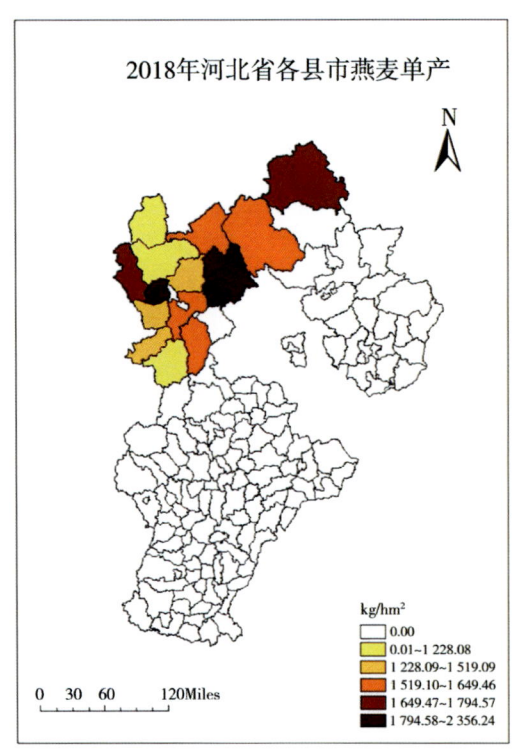

彩图 3-35　河北省燕麦单产县域分布

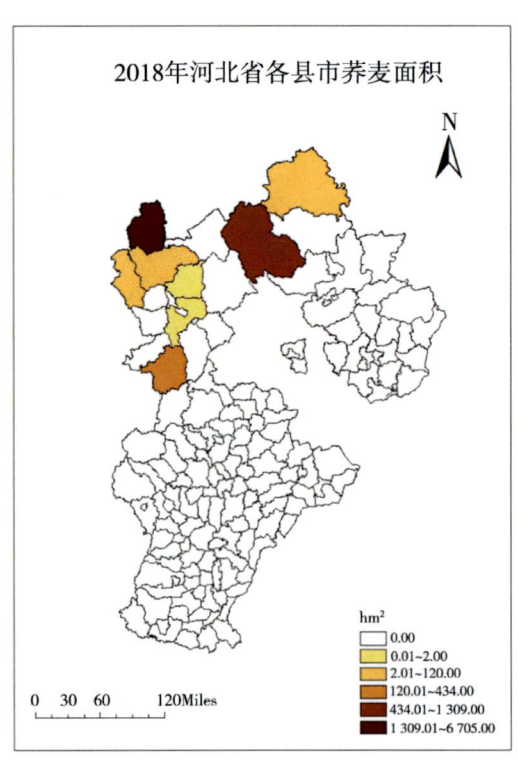

彩图 3-36　河北省荞麦面积县域分布

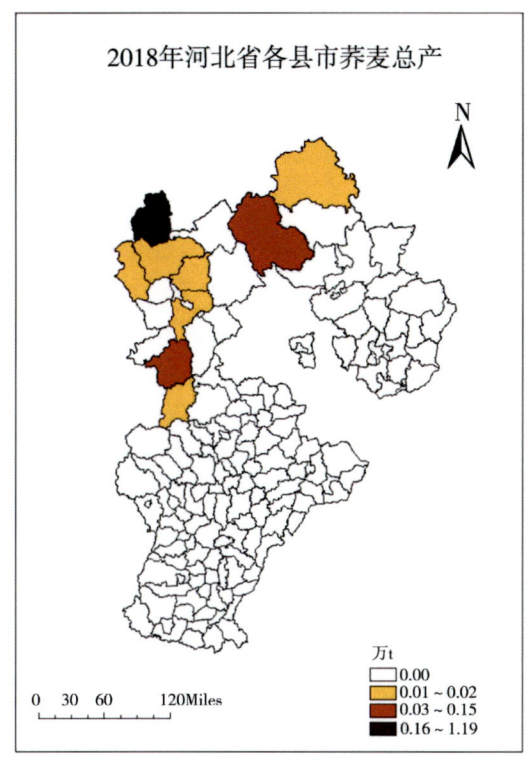

彩图 3-37 河北省荞麦总产县域分布

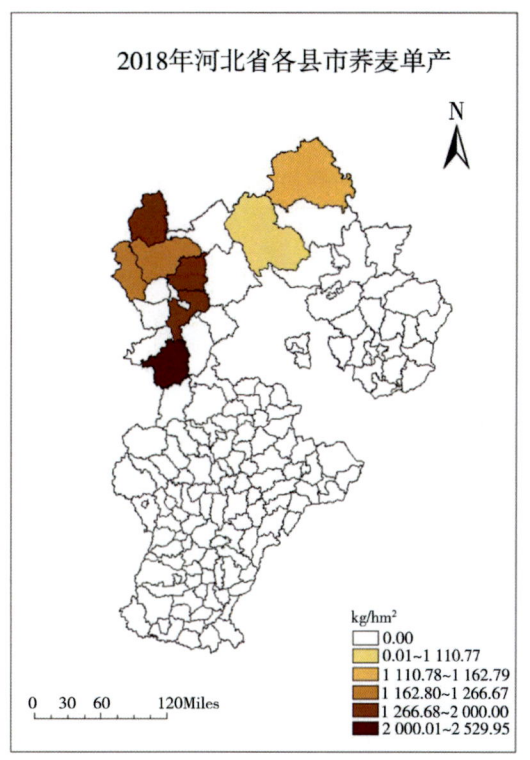

彩图 3-38 河北省荞麦单产县域分布

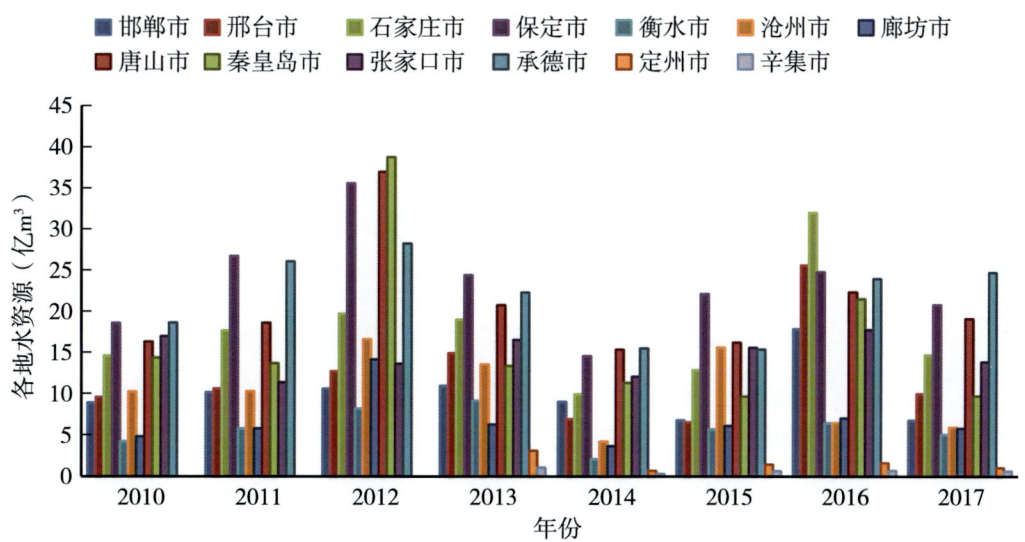

彩图 11-10 河北省各地市水资源状况

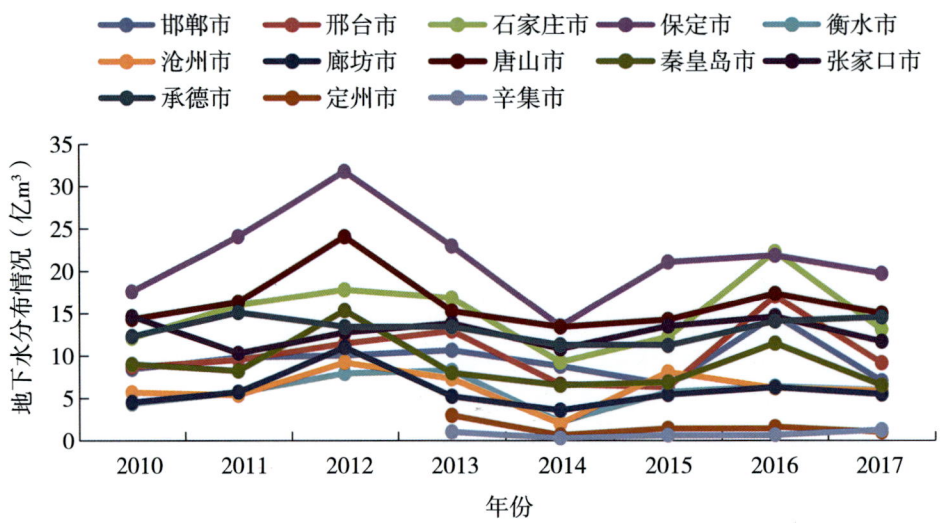

彩图 11-12　河北省各地市分区地下水资源状况

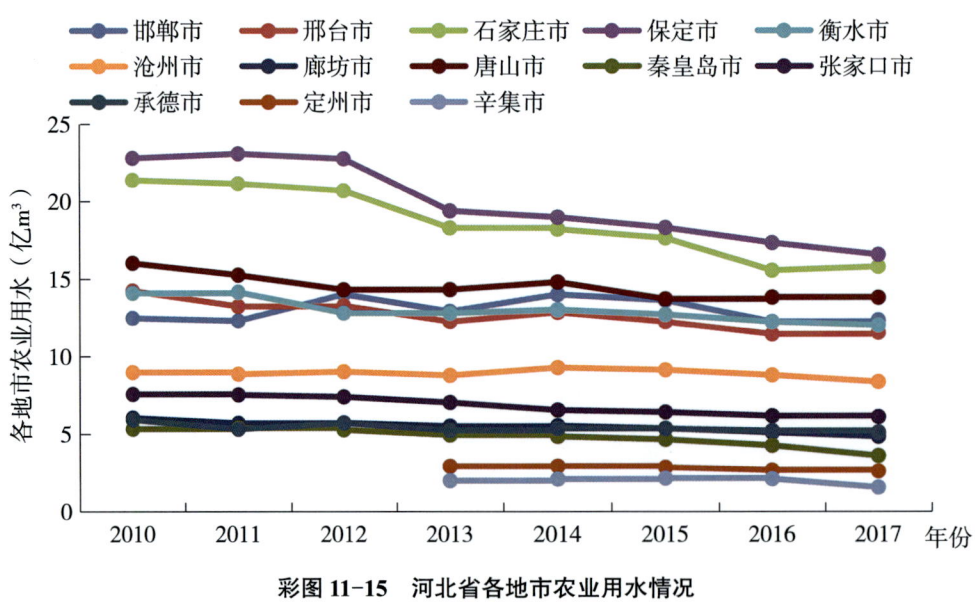

彩图 11-15　河北省各地市农业用水情况

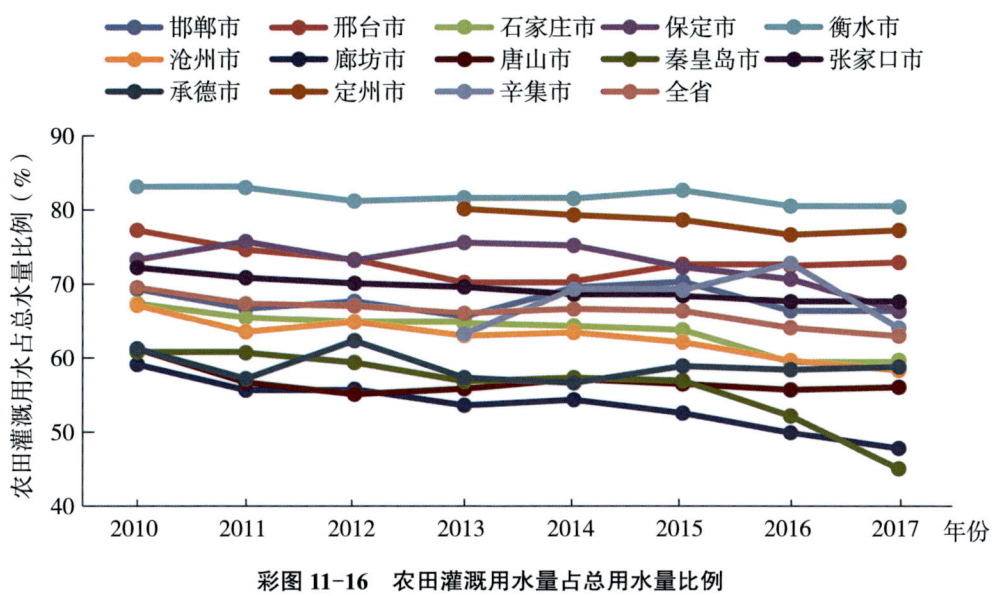

彩图 11-16　农田灌溉用水量占总用水量比例

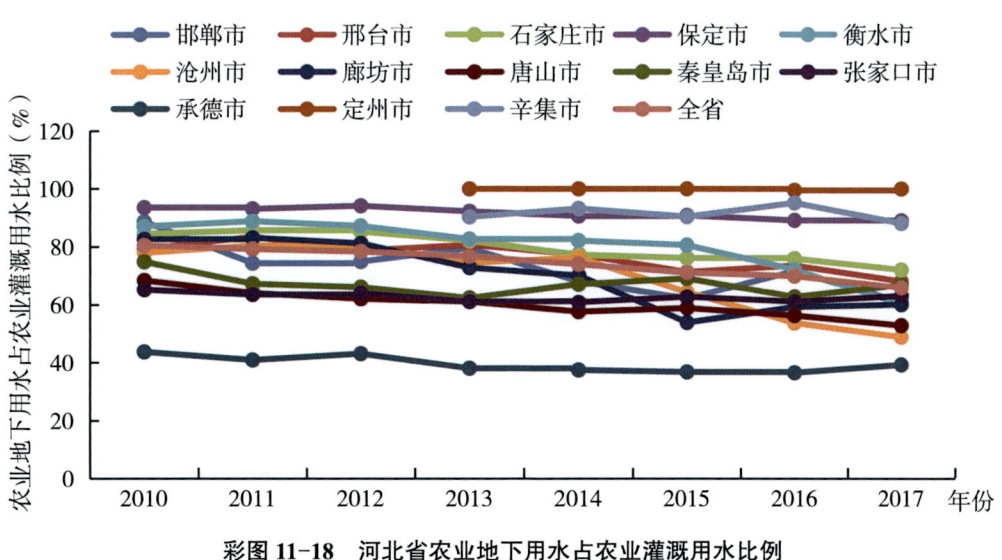

彩图 11-18　河北省农业地下用水占农业灌溉用水比例